CLAUDIA RODEN

Die Küche des Vorderen Orients

Eine Fülle von herrlichen Rezepten
aus Marokko, Tunesien,
Ägypten, Griechenland, der Türkei
und Persien

Deutsche Erstveröffentlichung

W0231060

WILHELM HEYNE VERLAG
MÜNCHEN

HEYNE-BUCH Nr. 4334
im Wilhelm Heyne Verlag, München

Titel der englischen Originalausgabe
A BOOK OF MIDDLE EASTERN FOOD
Deutsche Übersetzung von Babina Kulenkampff

Copyright © 1968 by Claudia Roden
Copyright © der deutschen Übersetzung 1982 by Wilhelm Heyne Verlag
Printed in Germany 1982
Umschlagbilder: Fotostudio Teubner, Füssen
Umschlaggestaltung: Atelier Heinrichs & Schütz, München
Satz: Schaber, Wels
Druck: Ebner Ulm

ISBN 3-453-40324-X

INHALT

Für Paul, Simon, Nadia und Anna

ÜBER DIE AUTORIN

Claudia Roden wurde in Kairo geboren und erzogen. Dort nahm sie die Bräuche und Kulturen der verschiedenen Gemeinschaften der arabischen Welt in sich auf: die der Armenier, Kopten, Juden und Europäer. Sie verließ Ägypten, um ihre Ausbildung in Paris und England zu beenden. Während dieser Zeit bereiste sie weite Teile Europas und Südamerikas. Anschließend studierte sie Kunst in London, wo sie seither einige ihrer Arbeiten ausgestellt hat, in denen sie versucht, das Feuer und die Farben des Vorderen Orients auszudrücken. Nach dem Suezkrieg, als fast alle Ausländer aus Ägypten ausgewiesen wurden, ließ sie sich mit ihrer Familie in England nieder.
Frau Roden lebt jetzt mit ihren drei Kindern in London.

Einleitung

Meine Rezeptsammlung ist das gemeinsame Werk verschiedener Personen aus dem Vorderen Orient, die wie ich im Exil leben. Sie ist das Ergebnis der nostalgischen Sehnsucht nach einem Essen, das die fortwährende Lebensfreude in einer Welt darstellt, die so anders als die westliche ist.

Diese Sammlung begann vor 15 Jahren mit einem Rezept für *Ful medames.* Ich ging damals noch in Paris zur Schule. Jeden Sonntag war ich zusammen mit meinen Brüdern und einem Vetter eingeladen, *Ful medames* bei meinen Verwandten zu essen. Dieses Mahl wurde zu einem Ritual. In Ägypten als Arme-Leute-Essen bekannt, waren die kleinen braunen Bohnen in Paris gleichbedeutend mit all dem Glanz und der Wärme von Kairo, unserer Heimatstadt, und die Verkörperung all dessen, wonach wir Heimweh hatten.

Unsere Gastgeber lebten in einem Ein-Zimmer-Appartement, und beide arbeiteten, so daß sie das Gericht nur mit *ful* aus Dosen bereiten konnten. Wie in einer Zeremonie beträufelten wir die Bohnen mit Olivenöl, drückten etwas Zitrone darüber aus, würzten sie mit Salz und Pfeffer und legten ein hartgekochtes Ei in die Mitte. Welche Wonne! Schweigend aßen wir die Bohnen, zuerst ganz, dann zerdrückten wir sie mit der Gabel und kombinierten ihre mehlige Konsistenz, ihren etwas erdigen Geschmack mit dem sauren Aroma der Zitrone, das durch das Olivenöl gemildert wurde. Zuletzt zerkrümelten wir das Ei und vermengten sein warmes Gelb mit dem Braun der Bohnen.

Als ich Ägypten verließ, stellte ich mir zunächst vor, unser Essen sei ausschließlich ägyptisch. In Europa entdeckte ich jedoch, daß es fast alle unserer Gerichte auch in anderen Ländern des Vorderen Orients gibt. Über »unser Essen« zu schreiben hieß daher, über die Gerichte des Nahen Ostens ganz allgemein zu schreiben. Ich konnte die kulinarische Tradition Ägyptens nicht von anderen unterscheiden und mußte daher fast alle Länder des Vorderen Orients in meine Sammlung aufnehmen, um ein vollständiges Bild von dem zu geben, was ursprünglich meine »Familiengerichte« waren.

Ich habe die Rezepte der einzelnen Länder insofern willkürlich behandelt, als ich alle diejenigen besonders ausführlich dargestellt habe, die in Beziehung zu meinem persönlichen Leben stehen, aber ich hoffe, auch den anderen Ländern gerecht geworden zu sein.
Die nah-östliche Küche ist im Grunde genommen einfach und nur manchmal mit viel Arbeit verbunden. Die Zubereitung der meisten Gerichte ist schnell und einfach. Manche müssen lange kochen, erfordern aber nur wenig Vorbereitung und kaum Aufsicht. Meistens können sie am Tag vorher gekocht werden und gewinnen dadurch an Geschmack. Manchmal kann die Kochzeit durch moderne Küchengeräte wesentlich verkürzt werden.
Die Küche des Vorderen Orients ist preiswert. Die Rezepte können Anregungen für aufregende neue Möglichkeiten geben, preisgünstige Fleischstücke und Hackfleisch zuzubereiten. Die oft verwendeten Gemüse findet man heute fast überall in Deutschland. Die Gewürze gibt es in den meisten Supermärkten, griechischen und indischen Läden zu kaufen. Einige Zutaten, wie etwa Weinblätter, Pinienkerne und *Fila*-Gebäck, kann man in griechischen Läden oder in Feinkostgeschäften bekommen.
Zusammen mit den Rezepten habe ich einige Erzählungen, Gedichte und Beschreibungen von Zeremonien, Riten und Mythen, Sitten und Gebräuchen aufgenommen, die alle mit Essen zu tun haben. Ich glaube, daß sie die Gerichte interessanter und verständlicher machen, weil sie diese in ihre natürliche und traditionelle Umgebung stellen und so zu ihrem genußvollen Verzehr beitragen.
Vor allem habe ich Geschichten von Goha wiedererzählt, dem Volkshelden des Nahen Ostens, der in Ägypten manchmal Insch' Allah al Masri genannt wird und in verschiedenen Ländern als Joha, Abbu Nawwas und Nasr-ed-Din Hodja bekannt ist. Er ist jeweils ein ziehender *Imam* (Priester), ein Bauer, ein *Qadi* (Richter), Ehemann, Eselstreiber oder Hofnarr.
Da die arabischen Namen der Gerichte von Land zu Land etwas verschieden sind, habe ich diejenigen verwendet, die in Ägypten am gebräuchlichsten sind, außer in Fällen besonderer nationaler Spezialitäten.

Ursprünge und Einflüsse

Die frühen Ursprünge der nah-östlichen Küche lassen sich auf die Gerichte der Beduinen und der Landbevölkerung der einzelnen Länder zurückführen. Im Fall von Ägypten kann man bis in die Pharaonenzeit zurückgehen, um dieselben Gerichte wiederzufinden, die noch heute von den Ägyptern gegessen werden: gegrillte Gans, *Melokhia* Suppe, *Bamia* und *Batarekh.* In seinem *Wörterbuch der Bibel* schreibt J. Hastings, daß »die Hebräer in der Wildnis sehnsüchtig auf die Gurken, Melonen, den Lauch, die Zwiebeln und den Knoblauch Ägyptens zurückschauten; alles wurde nach und nach von ihnen in Palästina kultiviert«. Er führt noch andere in der Bibel erwähnte Nahrungsmittel auf, so z. B. verschiedene Sorten Bohnen und Linsen, Erbsen, bittere Kräuter, Oliven, Feigen, Trauben und Rosinen, Datteln, Mandeln und Nüsse. Diese wurden ähnlich wie in Ägypten zubereitet, wahrscheinlich, weil die Juden sich aus ihrer Zeit in Ägypten daran erinnerten. Eine Spezialität, die von den Hebräern übernommen wurde, war ein Fisch, der aufgeschlitzt, gesalzen und in der Sonne getrocknet wurde. Man konnte ihn gut auf lange Reisen mitnehmen, und er wird noch heute überall im Vorderen Orient als Delikatesse geschätzt.

Der spezielle Charakter und Stil der nah-östlichen Küche entstand in Persien während der Sassaniden-Zeit (3.–7. Jhdt. v. Chr.). Die Regierungszeit König Khusrows I. leitete die strahlende Periode der Sassaniden-Ära ein und mit ihr den Untergang der byzantinischen Macht. Alexander der Große und seine Nachfolger hatten Teile von Persien und Indien zu hellenistischen Hochburgen gemacht. Die Trümmer der hellenistischen Zivilisation blieben viele Jahrhunderte hindurch zurück und vermischten sich mit persischen und indischen Einflüssen, Philosophien, Mythen und Kulturen. Die Ähnlichkeit der Küche dieser Länder zeugt heute noch davon.

In der Regierungszeit Khusrows II. (frühes 7. Jhdt.) wurde Byzanz endgültig besiegt. Mit den Triumphen des Herrschers wuchsen auch seine Brutalität und Verschwendungssucht. Persische Legenden beschreiben seine fantastischen Bankette, die vor Luxus und Extravaganz glänzten. Arthur Christensen beschreibt in seinem Buch *L'Iran sous les Sassanides* einige der populärsten Gerichte jener Zeit und die bevorzugtesten Rezepte des Hofes. Ein »Gericht für den König« bestand aus heißen und kalten Fleischsorten, Reisgelee, gefüllen Weinblättern, marinierten Hühnchen und einem süßen Dattel-Püree. Ein »Khorassanianisches Gericht« wurde zusammengestellt aus am Spieß gegrilltem Fleisch und in Butter gebratenem Fleisch mit einer Sauce. Ein »Griechisches Gericht« wurde aus Eiern, Honig, Milch, Butter, Reis und Zucker hergestellt – eine Art Reispudding. Ein »Dehkan Gericht« bestand aus Scheiben von gesalzenem Hammel mit Granatapfelsaft; das Ganze wurde mit Eiern serviert.

Junge Zicklein waren beliebt, ebenso Fleisch, mit Spinat und Essig gekocht. Man aß alle möglichen Sorten von Geflügel; vor allem gemästete Hennen wurden gejagt und »erschreckt«, bevor man sie tötete und am Spieß grillte. Der Pürzel wurde als Delikatesse betrachtet. Heute nennt man ihn manchmal »Schwiegermutters Bissen«. Fleisch wurde in Joghurt mariniert und mit Gewürzen verfeinert. Man bereitete viele verschiedene Sorten von Mandelgebäck zu, Marmelade wurde aus Quitten bereitet, Datteln mit Mandeln und Walnüssen gefüllt. All das wird auch heute noch gemacht. Unsere Gerichte wurden bereits von Khusrow und seiner Lieblingsfrau Shirin genossen.

Auch nach seinem Untergang zeugten die Musik und das Essen noch lang von dem persischen Reich. Noch heute verraten arabische Gerichte ihren persischen Ursprung durch ihren Namen. Die Araber selbst, unkultiviert und primitiv, besaßen eine sehr beschränkte kulinarische Tradition. Ihre Ernährung basierte auf Milch, Schaf und Datteln – dem Essen der Wüste und der Oasen. Erst der aristokratische Glanz der Perser machte sie mit dem »guten Leben« bekannt. Unter diesem Einfluß erreichte die Kochkunst vom Ende des 8. bis zum 10. Jahrhundert ihren Höhepunkt. Ein schöpferischer kulinarischer Genius wirkte bei den Banketten der Kalifen von Bagdad, die für ihre Vielfalt und Verschwendung sprichwörtlich wurden. Man weiß, daß Kochbücher geschrieben worden sind, doch ist leider keines erhalten geblieben. Mas'udi, ein Dichter jener Zeit, erzählt in seinem Buch *Wiesen aus Gold,* daß der Kalif Mustakfi einmal sagte: »Es ist mein Wunsch, daß wir uns an dem und dem Tag versammeln und gemeinsam über die Vielfalt des Essens sprechen mögen und über die Gedichte, die über dieses Thema geschrieben worden sind.« Die Anwesenden stimmten zu. An dem angegebenen Tag begab sich Mustakfi zu der Gesellschaft und bat jeden, das vorzubringen, was er vorbereitet hatte. Jedes Mitglied des Kreises sprach nacheinander, indem er sich an den Herrscher der Gläubigen wendete. Einer rezitierte Verse von Ibn al Mu'tazz, dem tragischen Prinzen, der nur einen Tag lang regierte und 908 umgebracht wurde, in denen Schüsseln mit *Kämakh* beschrieben werden. Ein anderer rezitierte eine Arbeit von einem Dichter-Astrologen und kulinarischen Experten, Husain al Kushajun, in der ein Tisch mit Delikatessen beschrieben wird: mit gegrillten Zicklein, Rebhühnern, Hähnchen, *Tardina, Sanbusaj, Nad, Buran* und süßen Bonbons. Ein anderer stand auf und rezitierte ein Gedicht von Ibn al-Rumi, in dem *Wast* beschrieben wird. Ein anderer zitierte Ibrahim von Mosul über das wunderbare *Sanbusak* (vgl. S. 75). Noch andere rühmten *Harissa, Madira, Judhaba* und *Qata'if.* Jedesmal befahl Mustakfi, die erwähnten Dinge zu servieren. Sie aßen bei Musik und den Stimmen süßer Mädchen. Niemals zuvor hatte der Erzähler den Kalifen seit dem Tag seiner Machtübernahme so glücklich gesehen. Allen Anwesenden gab er Geld und Geschenke. Leider, so fügt der Erzähler hinzu, sollte dieser Kalif eines Tages von Ahmad ibn Buwaith dem Buwayhid abgesetzt werden, der ihm die Augen ausstechen ließ.

Während des Untergangs und der Auflösung der abbassidischen Macht überlebte trotz Rebellion und Aufruhr der unglaubliche und unerschöpfliche Wohlstand der Gegend. Kunst, Handel, Philosophie und Gastronomie blühten auf. In *Wiesen aus Gold* rät Mas'udi, sein anderes Werk *Ahbar-Az-Zaman* zu lesen (das leider verlorengegangen ist), in dem man, wie er sagt,

> »genau unterrichtet werden kann über die verschiedenen Weine, über Nachtische, über die Art und Weise, sie in Körben und auf Tellern anzurichten, entweder zu Pyramiden aufeinandergeschichtet oder als kulinarischen Überblick geordnet, der jedem wohlerzogenen Mann geläufig sein muß. Man kann (in dem Buch) auch etwas lesen über die moderne Art der Zubereitung von Gerichten, über die Kunst, verschiedene Aromen und Gewürze zu kombinieren; über Konversationsthemen genauso wie über die Art und Weise, seine Hände in der Gegenwart eines Gastes zu waschen.«
>
> (Aus der franz. Übersetzung von Barbier de Meynard)

Aus jener Zeit des Zusammenbruchs wurden zwei Rezeptbücher gefunden. Eines, das *Kitab al Wusla il al Habib,* wurde wahrscheinlich von drei Autoren verfaßt; es ist detailliert von Maxime Rodinson untersucht worden. Das andere stammt von Muhammad ibn Hasan ibn Muhammad ibn al-Karim al-Katib al-Baghdadi. Wie zu jener Zeit üblich, schrieb al-Baghdadi »im Namen des gnädigen Gottes, des Mitleidigen«. Er teilte das Vergnügen in sechs Gruppen ein: Essen, Trinken, Kleidung, Sex, Geruch und Töne. Von diesen, sagte er, sei das edelste und wichtigste das Essen; darum habe er das Buch geschrieben. Darin enthalten sind jedoch nur beliebte Rezepte der damaligen Zeit, die er selbst gerne aß, und er ließ jene beiseite, die er als »merkwürdige und ungewöhnliche Gerichte« beschrieb, »für deren Zubereitung ungesunde und schlechte Zutaten verwendet werden«.

Die beschriebenen Gerichte gehörten alle zur Hof-Küche. Diese *haute-cuisine,* oder vielmehr *haute-cuisines* (aus Bagdad, Damaskus etc.) waren diejenigen, die von den Eroberern, welche die mohammedanischen Armeen in die vier Erdteile schickten, überall eingeführt wurden. Die besten Gerichte aus den eroberten Ländern wurden mit den besten des eigenen Landes in einen gemeinsamen kulinarischen Topf geworfen. Der Handel zwischen den Ländern des arabischen Imperiums ermöglichte es, daß die Ingredienzien, die in einem Land wuchsen, auch in anderen erhältlich waren.

Die nächste große kulinarische Periode war die des Ottomanenreiches. Eine neue Küche entstand, die teilweise auf der arabischen basierte und ihr ähnlich war, die zum Teil aber auch von den neuen Ländern übernommen wurde, die von den türkischen Kämpfern erobert worden waren. Zahlreiche Gerichte des Balkans z. B. tragen türkische Namen. Selim dem Grausamen und Suleiman dem Prächtigen verdanken wir unsere gefüllten Gemüse und *Mussakas* und unsere berühmten Backwaren wie *Baklava* und *Konafa.*

Heutzutage, im kosmopolitischen und europäisierten Klima, wird das Essen generell leichter und verdauungsfreundlicher zubereitet. So sind Gerichte entstanden, in denen sich östlicher und westlicher Geschmack vereint haben.

Soziale Aspekte

Die Handlungen des Kochens und Essens geben viele ineinander verwebte Facetten des nah-östlichen Charakters und Lebensstils wieder. Es sind intensive, soziale Handlungen, und die Gerichte beinhalten gleichzeitig eine jahrhundertealte lokale Kultur, Kunst und Tradition.

Gastfreundschaft ist überall im Nahen Osten eine zwingende Pflicht. »Wenn an Deiner Haustür Leute stehen, schließe sie nicht vor ihnen« und »Gib dem Gast zu essen, auch wenn Du selbst hungerst« sind nur zwei von zahlreichen Aussprüchen, die die Leute an ihre Pflicht erinnern sollen.

Anweisungen von Mohammed im Koran, Sprichtwörter, religiöse, mystische und abergläubische Glaubensbekenntnisse haben Regeln für das *savoir vivre* aufgestellt, um die sozialen Verhaltensweisen der Menschen untereinander festzulegen, und manchmal sind sie mit sozialen Verpflichtungen verknüpft.

Das oberste Ziel der Zivilisation und der guten Sitten ist es, wohlgefällig zu sein, den Gast oder den Gastgeber zufriedenzustellen. Man benutzt dafür Regeln, die durch die Tradition genau festgelegt sind: Willkommen, Großzügigkeit, Heiterkeit und Anteilnahme am Leben anderer. Einen Freund dazu zu überreden, zum Mittagessen zu bleiben, ist ein Triumph und eine große Ehre.

Es ist ebenso eine Ehre, Gast zu sein. Neben der üblichen Pflicht der Herzlichkeit und des Willkommens, herrscht ein Bedürfnis nach der Wärme des persönlichen Kontakts und der heiteren Gesellschaft, ein Wunsch, sich in Gruppen zusammenzufinden. Es ist üblich, bei der Zubereitung des Essens eine Extra-Portion bereitzuhalten, falls ein unerwarteter Gast ankommen sollte. Ist die Mahlzeit vorüber, sollte immer ein guter Rest übrigbleiben, sonst könnte man denken, jemand sei nicht ganz gesättigt und hätte noch mehr essen können.

Der Gastgeber sollte alles Essen, das er im Haus hat, vor den Gast hinstellen und sich für die Dürftigkeit entschuldigen mit Worten wie »Das ist alles, was der Kaufmann hatte«, oder »Ich war gerade auf dem Weg zum Schneider«, oder »Die letzten zwei Wochen mußte ich die Hochzeit meiner Nichte vorbereiten und hatte keine Zeit, mehr zu kochen«. Wenn ein Gast unerwartet kommt, darf der Gastgeber niemals fragen, warum er gekommen ist, sondern muß

ihn mit lächelndem Gesicht und einer Miene tiefer Freude begrüßen. Nach der Begrüßungszeremonie sollte er seine Freude über den Besuch und die Ehre dieses Besuchs ausdrücken. Der Gast sollte niemals sofort sagen, warum er gekommen ist, wenn es dafür einen bestimmten Grund gibt, sondern sich erst nach der Familie, den Freunden und den Nöten des Gastgebers erkundigen. Letzterer muß seinen Gast behandeln, als sei er dessen Diener; mit ihm zu zanken wäre eine Schande. Er darf seine Gäste niemals fragen, ob sie etwas essen oder trinken möchten, sondern muß automatisch alles auftragen und darauf bestehen, daß es angenommen wird, ohne auf wiederholte Ablehnungen einzugehen.
Andererseits muß ein Gast seine Rolle ebenso korrekt spielen. Er sollte »seine Stimme kontrollieren, seinen Blick nicht schweifen lassen und das Essen loben«. Das heißt, obwohl er alles kommentieren, darüber in Bewunderung ausbrechen und dazu gratulieren muß, sollte er nicht zu genau hinsehen. Der Koran rät ihm, nett und höflich zu reden: »Säe Weizen, keine Dornen. Alle Leute werden Dich mögen und lieben.«
Ein Gast muß zuerst das angebotene Essen ablehnen, aber nach heftigem Zureden nachgeben. Wenn er eingeladen wird, muß er ein Geschenk mitbringen. Und wenn dies eine Schachtel Konfekt ist, muß der Gastgeber sie sofort öffnen und ihm etwas anbieten.
Köchinnen trachten immer danach, dem Geschmack derjenigen zu entsprechen, die das Gericht essen werden. Sie brauchen und erwarten Anerkennung. Die Kochkunst wird unter den weiblichen Fähigkeiten hoch eingeschätzt. Ein arabisches Sprichwort sagte: »Eine Frau hält ihren Mann zuerst durch ein hübsches Gesicht, dann durch seinen Magen und schließlich mit einem *Sheb-sheb* (Holzpantoffel).«
Die Menschen wenden sich dem Essen besonders bei wichtigen Ereignissen zu. Hochzeiten, Beschneidungen, religiöse Feste, Geburten, fast alle Gelegenheiten verlangen nach einem bestimmten Gericht, einer Delikatesse oder sogar nach einer ganzen Folge von Spezialitäten. Wenn diese fehlen, wo sie eigentlich üblich sind, ist das ein Grund zur Beleidigung und für Gerede.
Es heißt, daß es eine Blumensprache gibt. Im Nahen Osten gibt es auch eine Essenssprache. Ein Code der Etikette beim Servieren und Darbieten bestimmter Gerichte drückt feine soziale Unterschiede aus. Welches Stück, wovon und in welcher Reihenfolge zeigt den

Status der Person an, der serviert wird. Es gibt Regeln für das Vorgehen, je nach dem sozialen und familiären Status und dem Alter des Gastes. Eine Respektsperson oder das Familienoberhaupt bekommt das Beste zuerst. Einem Gast, der selten oder von weit her kommt, wird vor demjenigen serviert, der ein regelmäßiger und familiärer Besucher des Hauses ist. Eine zukünftige Braut wird im Haus ihres späteren Mannes förmlich behandelt. Aber wenn sie verheiratet ist, fällt ihr Status bei Tisch ganz erheblich, um wieder zu steigen, sobald sie ein Kind erwartet. Wenn sie einen Sohn gebärt, bleibt ihr Status hoch.

In einigen Teilen des Vorderen Orients, wo die Folklore reich an Aberglauben über das Böse Auge, *Djinns* und Omen ist, glaubt man von einigen Nahrungsmitteln, daß sie magische Kräfte haben.

Manche dieser Aberglauben sind lokal begrenzt, andere gibt es überall in den Ländern des Nahen Ostens. So glaubt man z. B., daß das Essen von gelben Dingen Lachen und Glück bringt, oder daß Honig und Süßigkeiten das Leben versüßen und vor Traurigkeit und Übel schützen.

In der Vergangenheit wurde manchen Nahrungsmitteln aphrodisische Wirkung zugesprochen. Scheich Omar Ibn Muhammed al Nefzawi empfiehlt in seiner heute berühmten Arbeit aus dem 16. Jahrhundert, *Der parfümierte Garten,* verschiedene Dinge als Heilmittel gegen Impotenz oder als starke sexuelle Stimulanten. Für ersteres empfiehlt er, »ein anregendes Gebäck zu essen, das Honig, Ingwer, eine fieberheilende Pflanze, Kardamom, Spatzenzungen, chinesischen Zimt, Muskatnuß, Essigsirup, Nieswurz, Knoblauch, Zimt, Pfeffer und andere Gewürze« enthält. Zu den Dingen, von denen »alle gelehrten Männer« wissen, daß sie eine positive Wirkung für die Anregung von Liebeswünschen haben, gehören: Spargelomelett, Zwiebelomelett, grober Zimt und Pfeffer, in Butter gebratene Eier, die in Honig gewälzt und mit wenig Brot gegessen werden, und einfache Kichererbsen.

Kochen im Vorderen Orient ist äußerst traditionell und unintellektuell – eine ererbte Kunst. Dennoch fühlt jede Köchin, daß sie innerhalb der traditionellen Grenzen improvisieren kann. Sie kann ihre Kunstfertigkeit und ihren Witz, ihr empfindsames Gefühl für das Essen, seine Beschaffenheit und sein Aroma beweisen, indem sie ein einzigartiges und exquisites Gericht mit einem unverwechselbaren eigenen Geschmack versieht.

Der traditionelle Tisch

Bevor man zu Tisch geht, werden die Gäste in einem anderen Raum unterhalten, wo sie oft auf Sofas in Bodenhöhe sitzen. Ein Mädchen geht mit einer großen Kupferschale und einer Flasche herum, aus der es Wasser gießt, damit die Gäste ihre Hände waschen können; gleichzeitig wird ein Handtuch herumgereicht.

Die Eßtische sind niedrig und rund – große Metalltabletts, die auf einer Art Stuhl ruhen oder auf kurzen, geschnitzten Holzbeinen, die manchmal mit Perlmutt und Schildpatt eingelegt sind. Die Tabletts selbst sind aus Kupfer, Messing oder Silber, gehämmert und graviert, manchmal mit Silber oder anderen Metallen eingelegt. Dünne Metallfäden bilden traditionelle orientalische Dekorationsmuster und Schriften. Normalerweise werden mehrere Tische in den Raum gestellt, und die Teilnehmer des Diners sitzen auf Kissen darum herum. Bevor das Essen beginnt, wird von allen das Wort *Bismillah* (Im Namen Gottes!) gesprochen.

Während des Essens wird eine strikte Etikette gewahrt. Man erzählt, daß Imam Hassan (der Sohn Alis) zwölf Regeln aufgestellt habe, die zu beachten seien.

> Die ersten vier sind *notwendig,* nämlich: zu wissen, daß Gott der Geber ist; zufrieden mit dem zu sein, was er gibt; »Im Namen Gottes« zu sagen, wenn man anfängt zu essen und »Dank sei Gott«, wenn man aufhört. Die nächsten vier sind *üblich,* und es ist gut, sie zu beachten, obwohl sie nicht gefordert werden: die Hände vor dem Essen zu waschen; auf der linken Seite des Tisches zu sitzen; mit drei Fingern zu essen; die Finger nach dem Essen abzulecken. Die letzten vier sind Höflichkeitsregeln: von dem Gericht zu essen, das direkt vor einem steht; kleine Stücke zu essen; das Essen gut zu kauen; nicht die anderen anzustarren, die mit am Tisch sitzen.

Diese zwölf Regeln bilden die traditionelle Basis der Tischsitten für die meisten Leute. Daneben gibt es aber noch andere, subtilere Punkte des *savoir vivre.* Es wird geduldet, mit fünf Fingern zu essen, wenn das Gericht keine sehr feste Konsistenz hat, wie z. B. *Couscous.* Wenn man satt ist, sollte man dennoch fortfahren, an einem Gericht zu knabbern, von dem andere noch essen, da, wenn eine Person aufhört zu essen, alle anderen sich ebenfalls veranlaßt sehen könnten, aufzuhören und das Gericht abgeräumt würde. Man darf

die Finger nur am Ende der Mahlzeit ablecken. Dieses vorher zu tun, wäre ein Zeichen, daß man fertig ist.
Manchmal, in Gegenden, wo Frauen noch nicht emanzipiert sind, werden nur Männer eingeladen. Der Islam betrachtet Frauen mit Mißtrauen. Der Prophet Mohammed hat angeblich gesagt: »Ich habe dem Mann kein schmerzvolleres Unglück hinterlassen als die Frau.«
Wenn das Mahl beendet ist, verlassen die Gäste den Tisch, um sich noch einmal die Hände zu waschen und Kaffee oder Tee einzunehmen.
Ähnliche Regeln werden in Haushalten, wo westliche Essensgewohnheiten angenommen worden sind, den westlichen Gepflogenheiten noch hinzugefügt. Auch hierin drückt sich die Neigung zur alten Tradition aus. Bei kalten Buffets in unserem Haus z. B., standen die Gäste weit ab vom Tisch und mußten gebeten und gedrängt werden, zu essen.
Denjenigen aus dem Vorderen Orient, die meine Beweggründe mißverstehen und sich durch meine Beschreibung der »Tischmanieren« beleidigt fühlen (was einige tun werden, wie ich fürchte), möchte ich sagen, daß die Sitte, mit den Fingern zu essen, köstlich ist und mindestens so fein wie irgendeine Sitte westlicher Kulturen. Ich fühle nur Respekt für die Eleganz dieser Regeln des *savoir vivre.*

Diätregeln der Moslems

Eine Bemerkung über islamische Diätregeln ist wichtig in einem Kochbuch, das maßgeblich durch sie beeinflußt wurde.
Die islamische Religion ist der wichtigste Teil der Kultur des Nahen Ostens und die Hauptquelle der Sitten und Traditionen in den einzelnen Gebieten. Der religiöse Kodex ist vor allem vom Koran abgeleitet, der den Gläubigen als Vorbild und Lebensregel gilt. Der Koran besteht aus einer Sammlung von Offenbarungen oder Befehlen, die der Prophet Mohammed durch den Engel Gabriel als Botschaft Gottes erhielt und die er nach göttlicher Anweisung weitergab. Immer wenn Mohammed die göttlichen Botschaften erhielt, gab er sie den Jüngern weiter, die gerade bei ihm waren und die sie auf jedes verfügbare Material, sei es Stein oder Stoff, niederschrieben.

Nach dem Tod des Propheten wurden diese Fragmente kopiert und aufgehoben, um später von einem gewissen Zayd b. Thabit gesammelt zu werden. Die *Suren* oder Kapitel wurden nicht in chronologischer Reihenfolge aufgeschrieben und so aus ihrem ursprünglichen Kontext herausgerissen. Um sie zu würdigen, sollte man an die sozialen Umstände der damaligen Zeit und an den Einfluß der Sitten und des Aberglaubens früherer Jahrhunderte denken.
Mohammed hat Essen häufig im Koran erwähnt und immer wieder auf dessen Gnadencharakter als Geschenk Gottes hingewiesen. Er wiederholte oft Gebote und Verbote verschiedener Nahrungsmittel. Verboten sind:

1. Tiere, die bereits tot sind, bevor sie geschlachtet werden, oder diejenigen, die aus anderen Gründen als zum Essen getötet werden;
2. Blut;
3. Schweinefleisch;
4. Tiere, die als Opfer für eine heidnische Gottheit oder im Namen einer Gottheit getötet wurden;
5. Alkohol oder fermentierte Getränke und alle betrunken machenden Liköre, obwohl sie zunächst erlaubt waren. Sie sind auch beim Kochen verboten.

Ein Tier, das für den Verzehr getötet wird, muß auf eine bestimmte Weise geschlachtet werden: die Person, die es tut, muß sagen: »Im Namen Gottes, Gott ist der Höchste!« und dann die Kehle des Tieres durchschneiden.
Diese Regeln werden in der ganzen Welt des Islam mit größerer oder geringerer Sorgfalt befolgt.

Allgemeine Merkmale des nah-östlichen Essens

Ich habe hier eine Reihe von Merkmalen aufgelistet, die die allgemeine Richtung der nah-östlichen Küche kennzeichnen. Das mag dazu beitragen, das Verständnis für den Charakter dieser Küche zu fördern.
Die Fette, die früher meistens verwendet wurden, waren ziemlich

schwer. Besonders *Alya*, das ausgelassene Fett von Schafs- oder Lammschwänzen, war sehr beliebt. Viele der mittelalterlichen Rezepte, die ich aufgenommen habe, beginnen mit »schmelze einen Schwanz« oder »im Schwanz braten«. Sie beziehen sich auf *Alya*. Heute wird es durch eine geklärte Butter – *Samna* – oder normale Butter, Margarine und Öl ersetzt.

Samna ist Butter (meistens aus Büffelmilch), die über kochendem Wasser geschmolzen und gereinigt wird, indem man sie durch dünnen Musselin streicht. Die Unreinheiten, die Butter so leicht dunkel werden lassen, sind dann genauso abgesondert wie ein großer Teil des enthaltenen Wassers. Sie ist kräftig und hat einen besonderen Geschmack. Wenig davon erzielt die gleiche Wirkung wie eine viel größere Menge normaler Butter. Sie hält sich auch sehr gut.

Öl wird meistens von den Juden benutzt, während Kopten Sesamöl bevorzugen. In allen Ländern wird Olivenöl für die Gerichte verwendet, die kalt gegessen werden, ebenso für Fisch.

In den mittelalterlichen Rezepten habe ich vorgeschlagen, Butter oder Öl statt »Schwanz« zum Braten von Fleisch zu verwenden, und Sesamöl durch Nuß- oder Pflanzenöl zu ersetzen, da es nicht überall erhältlich ist.

So gut wie jede Stadt im Vorderen Orient hat ihre *Attarine* oder Gewürzstraße, in der in winzigen Läden Gewürze verkauft werden. Jedes Land scheint eine bevorzugte Kombination von Gewürzen und Kräutern zu haben. Eine beliebte libanesische Gewürzmischung besteht aus einem Teil scharfem Pfeffer (Cayenne), zwei Teilen süßem Pfeffer (Paprika) und zwei Teilen Zimt. Eine andere arabische Spezialität, *Taklia* genannt, besteht aus gemahlenem Koriander, der mit gestoßenem Knoblauch gebraten wird. Der Duft davon strömt aus jedem Haus in Ägypten. Eine andere Mischung enthält Zimt, Muskatnuß, Nelken und Ingwer und wird »Vier Gewürze« genannt. Normalerweise trocknen die Leute ihre Gewürze selbst und mahlen oder zerstoßen sie erst bei Bedarf, um ein Maximum des Aromas zu erhalten.

Ich würde raten, beim ersten Versuch eines Gerichts nur sehr kleine Mengen von Gewürzen und Kräutern hinzuzufügen. Wenn man den Geschmack dann kennengelernt hat und ihn angenehm findet, kann man die Menge später beliebig erhöhen.

Die vorhandenen Arbeitsutensilien und Feuerstellen haben den Kochstil in großem Maße beeinflußt. Herde sind erst seit kurzer

Zeit üblich. Früher wurde meistens über einer Art Primus-Ofen gekocht, der *Fatayel* heißt. Es war ein langwieriger, langsamer Vorgang, und die Töpfe wurden manchmal zum Köcheln über Nacht stehen gelassen. Es war auch üblich, und ist es heute teilweise noch, bestimmte Gerichte in die örtliche Bäckerei zu schicken, um sie im Backofen garen zu lassen. Das war ein Charakterzug des Lebensstils. Das Leben an den Öfen war voller Aktivität und Humor. Großtanten haben mir erzählt, daß sie ihre Töpfe mit einem Teig aus Mehl und Wasser versiegelten. Offensichtlich diente das dazu, ein Gericht mit Druck zu kochen, aber auch, um sicherzugehen, daß niemand eine ungesunde, unreine und verbotene Zutat aus Bosheit hineinschmuggelte. Manche Leute gaben genau an, wie sie ihre Töpfe in die riesigen Öfen hineingestellt haben wollten.
Ein anderer Faktor, der dazu beitrug, die Tradition des langsamen, langen Kochens sowie der arbeitsaufwendigen Gerichte beizubehalten, ist die soziale Einstellung, wonach die Frau im Haus zu bleiben hat. Das galt noch bis vor kurzem.
Nüsse sind seit uralter Zeit in verschiedenen Gerichten und auf unerwartete Weise verwendet worden. Eines der regionalen Charakteristika, die die Nationalität eines Kochs verraten, ist die Wahl der Nüsse. Wo ein Ägypten oder Syrer gemahlene Mandeln oder Pinienkerne benutzen würde, um die Sauce anzudicken – wie z. B. *Tarator* (S. 132) oder Mandelsauce –, würde ein Türke zu gemahlenen Walnüssen greifen. Perser verwenden ebenfalls Walnüsse – z. B. in ihrer *Faisinjan*-Sauce (S. 157) für Hühnchen oder Ente. In Persien wird Granatapfel- oder Sauerkirschsauce zur Walnußsauce hinzugefügt, während sie in der Türkei mit der beliebten Garnierung aus rotem, in Öl geschmortem Paprika besprenkelt wird.
In den meisten Ländern ist es üblich, eine Schüssel mit frischem Joghurt auf den Tisch zu stellen, der mit so verschiedenartigen Dingen wie *Eggah*, Pilaws, gefüllten Gemüsen, Salaten und Kebabs gegessen wird. Manchmal wird er mit Salz, Minze und zerstoßenem Knoblauch gewürzt.
Ich habe genaue Mengen und Maße in den Rezepten angegeben und einige wenige Variationen genannt. Trotzdem möchte ich betonen, daß viele weitere Variationsmöglichkeiten existieren. Man kann durchaus etwas andere Zutaten, in anderen Mengenverhältnissen, bei einem Gericht verwenden und einen ebenso guten Geschmack erzielen. Manchmal können drei statt einer Tomate ver-

wendet werden, und Zwiebeln und Knoblauch können ausgiebiger benutzt oder ganz weggelassen werden, ohne das Gericht zu verderben. Man kann frischen Koriander oder Kerbel durch Petersilie ersetzen und Zimt und Gewürzmischungen miteinander austauschen. Suppen können dick oder dünn, Salate mehr oder weniger sauer gemacht werden - je nach Geschmack.

Alle Rezepte sind für sechs Personen berechnet, sofern nicht anders angegeben; aber sie sind, gemäß nah-östlicher Sitte, eher großzügig bemessen.

Vorspeisen – *Mezze*

Mezze gehören zu den köstlichsten Charakterzügen des nah-östlichen Essens – sie sind tatsächlich fast eine Lebensart. Von den Cafés am Nil bis zu den Bergregionen des Libanon und den palastartigen Villen in Marokko und Persien gilt: *Mezze* mit *Ouzo,* einem Bier, mit Sirup oder Kaffee kann ein Vergnügen sein, das nahe an eine teils sinnliche, teils mystische Verzückung grenzt.

Mezze passen sich ideal dem westlichen Lebensstil an. Eine kleine Auswahl davon kann bei einer Party zusammen mit Drinks serviert werden, eine größere Auswahl vervollkommnet jedes aufregende Buffet.

Zu den einfachen *Mezze,* die kaum Arbeit machen, gehören: alle Arten von Nüssen; gesalzene und eingeweichte Kichererbsen; Oliven; Gurken, die in dünne Scheiben geschnitten und ½ Stunde vorm Servieren gesalzen werden; geviertelte Tomaten; in Würfel oder in Stifte geschnittener Käse, der manchmal gegrillt oder gebraten wird. Salate sind als *Mezze* sehr beliebt, ebenso alle Sorten eingelegter Gemüse, Saucen und Dips aus *Tahina* (Sesammehl), Kichererbsen und Auberginen. Dazu ißt man arabisches Brot.

In diesem Kapitel stelle ich Gerichte vor, die allgemein als *hors d'œuvre* bezeichnet werden, obwohl einige von ihnen auch als Salat oder als Beilage zu Hauptgerichten serviert werden können. Andere *Mezze* findet man in dem Kapitel über Salate und pikante Kleinigkeiten. Rezepte für Fleisch, Geflügel und Fisch können ebenfalls in der Menge reduziert und als Appetitanreger oder erster Gang serviert werden. *Hamine*-Eier z. B. (S. 111) oder gekochte Eier mit Kümmel geben gute *Mezze* ab. Man findet die Rezepte dazu im Kapitel über Eiergerichte.

Wenn Sie eine Auswahl von Appetitanregern vorbereiten, arrangieren Sie sie so, daß die Farbe und Konsistenz eines jeden durch den Kontrast oder die Ähnlichkeit mit dem danebenstehenden möglichst gut zur Geltung kommt. Stellen Sie z. B. die kleinen, sich klar abzeichnenden Fischspießchen oder *Ta'amia* neben weiche, blasse Saucen und Dips; glänzende schwarze Oliven neben hell-

braune *Tahina*-Creme und hellgrüne Gurkenstifte neben ein leicht gefärbtes Auberginenpüree.
Für die folgenden Rezepte sind ziemlich große Mengen angegeben, die für sechs Leute ausreichen, wenn nur ein oder vielleicht zwei Vorgerichte serviert werden. Halbieren Sie die Menge, wenn Sie viele verschiedene Vorspeisen anbieten wollen (wie es bei uns üblich ist).

Frische Kräuter

In Persien gelten frische Kräuter als *Mezze,* und eine Schüssel mit verschiedenen Sorten steht bei den meisten Mahlzeiten auf dem Tisch.
Eine alte Sitte für Frauen ist, die Kräuter mit Brot und Käse nach der Mahlzeit zu essen. Nach altem Glauben hilft das, ihren Mann von einer Rivalin fernzuhalten.
Waschen Sie einige Zweige frischer Petersilie, Minze, Schnittlauch, Kresse, Dill, Koriander, Frühlingszwiebeln etc. und arrangieren Sie sie hübsch in einer Schüssel.

Persisches Sprichwort: »Sogar der Wurm in einem Stein frißt Kräuter.«

Eiervorspeise *Ein sephardisches Gericht*

3 große, hartgekochte Eier
1 große, gekochte Kartoffel
2 TL Gänse- oder Hühnerfett oder weiche Butter
Salz
schwarzer Pfeffer

Die Eier schälen und kleinhacken. Die Kartoffel vor dem Abkühlen zerdrücken. Das Fett sämig rühren und mit Salz und Pfeffer abschmecken; leicht mit der Kartoffel und den Eiern vermischen. Lauwarm oder kalt servieren.

Wara Einab *Dolma oder Gefüllte Weinblätter*

Es gibt viele Variationen der gefüllten Weinblätter. Normalerweise wird für heiße *Dolma* durchgedrehtes Fleisch verwendet, für kalte *Dolma* gar keines. Dennoch werden übriggebliebene, mit Fleisch gefüllte *Dolma* manchmal auch kalt gegessen und schmecken auch dann köstlich. Frische Weinblätter sind am besten, aber es ist meist bequemer, eingelegte Blätter zu verwenden.

Heiße gefüllte Weinblätter

250 g eingelegte, abgetropfte Weinblätter
120 g Langkornreis
250 g durchgedrehtes Rind- oder Lammfleisch
1 gehäutete und gehackte Tomate
1 kleine, feingehackte Zwiebel
3 TL feingehackte Petersilie
3 TL feingehackte Sellerieblätter (nach Belieben)
Salz
schwarzer Pfeffer
2 TL Tomatenmark (nach Belieben)
2 in Scheiben geschnittene Tomaten (nach Belieben)
2 halbierte oder geschnittene Knoblauchzehen
Saft einer Zitrone (oder mehr)

Wenn man eingelegte Weinblätter verwendet, diese in eine Schüssel legen und mit kochendem Wasser übergießen. Die Blätter müssen gut durchnäßt werden und 20 Minuten ziehen. Wasser abgießen, in frischem kalten Wasser spülen, abgießen und noch einmal spülen. Das entfernt das überflüssige Salz.
Wenn man frische Weinblätter verwendet, diese einige Minuten in kochendes Wasser tauchen (nur wenige auf einmal), bis sie weich sind.
Reis in kochendem Wasser einweichen und waschen; unter kaltem Wasser abspülen. Gut abtropfen lassen. In einer großen Schüssel den Reis mit dem Fleisch, den gehackten Tomaten, Zwiebeln, Petersilie, Sellerie, Salz und Pfeffer vermengen. Für eine besondere griechische Version 2 TL oder mehr Tomatenmark hinzufügen.

Ein Weinblatt auf einen Teller legen, mit der geäderten Seite nach oben. Einen gehäuften TL der Füllung in die Mitte, nahe beim Stiel, geben, Das Stilende des Blattes über die Füllung schlagen, dann beide Seiten zur Mitte einschlagen und wie eine kleine Zigarre aufrollen. Mit den Handballen leicht zusammendrücken. Nach ein paar Versuchen geht das Ganze recht schnell. Solange weitermachen, bis die Füllung aufgebraucht ist.
Den Boden eines großen Saucentopfes o. ä. mit Tomatenscheiben oder übriggebliebenen Blättern auslegen, um ein Ansetzen der gefüllten Blätter zu verhindern. Diese werden dicht nebeneinander daraufgelegt, wobei hier und da ein Stückchen Knoblauch dazwischengesteckt wird. Mit Zitronensaft beträufeln und ca. ⅛ l Wasser zufügen. Manche Köche fügen dem Wasser etwas Safran bei, um die Füllung gelb zu färben. Der Geschmack verändert sich dadurch nicht.
Einen kleinen Teller auf die gerollten Blätter legen, damit sie nicht aufgehen; den Topf mit einem Deckel verschließen. Auf kleiner Flamme mindestens 2 Stunden köcheln lassen, bis die Blätter weich sind. Wasser nachgießen, sobald es aufgesogen ist. Benutzt man einen Schnellkochtopf, verringert sich die Kochzeit auf 20 Minuten. Der Geschmack wird bei längerer Kochzeit jedoch besser.
Auf eine Platte geben und heiß servieren.

Variationen: Nach einer libanesischen Variation fügt man noch 4 zerstoßene Knoblauchzehen (zu den geschnittenen) und 1 TL Minze mit Wasser verrührt ca. 20 Minuten vor Ende der Kochzeit hinzu. – Perser, Libanesen und Griechen geben auch gerne ½ TL gemahlenen Zimt in die Füllung.

Kalte gefüllte Weinblätter

250 g eingelegte, gewässerte Weinblätter
250 g Langkornreis
2–3 gehäutete, gehackte Tomaten
1 große, feingehackte Zwiebel oder
4 TL feingehackte Frühlingszwiebeln
2 TL feingehackte Petersilie
2 TL getrocknete, zerstoßene Minze
1/4 TL gemahlener Zimt
1/4 TL gemahlener Piment
Salz
schwarzer Pfeffer
2 in Scheiben geschnittene Tomaten (nach Belieben)
3–4 Knoblauchzehen (nach Belieben)
1/8 l Olivenöl
1/4 TL Safran (nach Belieben)
1 TL Zucker
Saft 1 Zitrone (oder mehr)

Die Blätter wie im vorherigen Rezept beschrieben zubereiten. Reis in kochendem Wasser einweichen und umrühren; unter kaltem Wasser abspülen. Gut abtropfen lassen. In einer Schüssel den Reis mit Tomaten, Zwiebeln (oder Frühlingszwiebeln), Petersilie, Minze, Zimt und Piment vermengen, mit Salz und Pfeffer abschmecken. Die Blätter mit der Mischung füllen und – wie vorher beschrieben – aufrollen. Dicht in einen großen, flachen Topf schichten, der mit Tomatenscheiben oder übriggebliebenen Weinblättern ausgelegt wurde. Ab und zu einen Knoblauchstift dazwischenstekken.
Olivenöl mit ca. 1/8 l Wasser (und Safran) mischen. Zucker und Zitronensaft zugeben und die Flüssigkeit über die Blätter gießen. Einen kleinen Teller auf die Rollen legen, damit sie nicht aufgehen. Den Topf zudecken und auf kleiner Flamme mindestens 2 Stunden köcheln lassen, bis sie ganz durch sind. Gelegentlich Wasser nachgießen, sobald es aufgesogen ist. Im Topf abkühlen lassen, bevor man die gefüllten Blätter herausnimmt. Kalt servieren.

Variationen: Perser geben gerne noch 2 TL gehackten Dill und kernlose Rosinen oder Korinthen in die Füllung. – Eine andere Variation gibt dem Ganzen eine andere Konsistenz, indem man *Hummus,* d. h. Kichererbsen, hinzufügt. 60 g davon über Nacht einweichen, in einem Mörser zerstampfen und in die Füllung mischen; dafür 60 g weniger Reis verwenden. – Auch Pinienkerne (ca. 60 g) können dazugenommen werden.

Auberginen-Püree

Diese Art, Auberginen zuzubereiten, wird auch »Arme-Leute-Kaviar« genannt.

3 Auberginen
3 TL Olivenöl
2–3 TL gehackte Petersilie
1–2 zerstoßene Knoblauchzehen
Saft 1 Zitrone (oder mehr)
Salz
schwarzer Pfeffer

Am besten gelingt das Püree, wenn man die Auberginen über dem Holzkohlengrill gart. Meistens jedoch wird man sich mit dem Ofengrill oder der Gasflamme begnügen müssen.
Die Auberginen grillen, bis die Haut schwarz wird und anfängt, Blasen zu werfen und das Fleisch weich und saftig ist. Unter kaltem Wasser die Haut abreiben; dabei darauf achten, daß alle verkohlten Teile entfernt werden. Vorsichtig soviel Saft wie möglich herausdrücken, da er bitter ist. Auberginen in eine Schüssel geben und mit der Gabel zerdrücken oder im Mörser zu Mus zerstampfen. Elektrische Mixer sind ebenfalls hervorragend geeignet. Das Öl unter ständigem Schlagen langsam zugießen. Dann die übrigen Zutaten zugeben und gut mit dem Püree verschlagen. Abschmecken und je nach Geschmack mehr Zitronensaft, Knoblauch oder Kräuter hinzufügen.

Gebratener oder gegrillter Käse

Griechische Käsesorten, wie z. B. *Halumi, Kephalotyri* und *Kasseri* oder der bekannte *Kashkaval,* die hart und salzig sind, werden gerne in Würfel geschnitten, gebraten oder gegrillt und mit einem Spritzer Zitronensaft serviert.
Der Käse wird über Holzkohle oder im Ofen gegrillt und einige Male gewendet, bis er zu schmelzen beginnt. Braten Sie den Käse auch abwechselnd in heißem Öl oder in Butter; wenden Sie ihn zuerst in Mehl, wenn Sie mögen. Heiß mit einem Spritzer Zitronensaft servieren.
Diese Vorschläge gelten natürlich auch für europäische Käsesorten wie Holländer, Gruyère etc.

Auberginen mit Joghurt

Ein ähnliches Rezept wie dieses findet man unter dem Namen *Buran* in al-Baghdadis Kochhandbuch aus dem 13. Jahrhundert. Dort wird es mit gebratenen Fleischbällchen serviert und das Gericht mit zerstoßenem Kümmel und Zimt gewürzt.

3 Auberginen
3 TL Olivenöl
2 Becher Joghurt à 150 g
Saft 1 Zitrone
1–2 zerstoßene Knoblauchzehen
Salz
1 TL feingehackte Petersilie (nach Belieben)

Auberginen braten und schälen, wie auf S. 27 beschrieben, und den bitteren Saft ausdrücken. Zu Mus verrühren und das Öl unter ständigem Schlagen langsam dazugießen. Joghurt zufügen und solange schlagen, bis er sich völlig mit dem Püree vermengt hat. Die übrigen Zutaten (außer der Petersilie) zugeben. Alles in eine Schüssel füllen und mit Petersilie garnieren. Kalt servieren.

Gebratene Auberginen mit Joghurt

3 Auberginen
Salz
Öl
2 zerstoßene Knoblauchzehen
2 Becher Joghurt à 150 g
getrocknete und zerstoßene Minze zum Garnieren

Auberginen in 1 cm dicke Scheiben schneiden. Mit Salz bestreuen und ca. ½ Stunde in einem Sieb stehen lassen, damit der bittere Saft abtropfen kann. Mit kaltem Wasser spülen und abtrocknen. Die Auberginenscheiben auf jeder Seite ein paar Minuten in heißem Öl braten, bis sie hellbraun sind. Knoblauch zugeben und weiter braten, bis sie goldbraun und aromatisch sind. Auberginenscheiben aus der Pfanne nehmen, auf Küchenkrepp abtropfen und abkühlen lassen.
Joghurt mit Salz abschmecken (manche Leute bevorzugen es, den Knoblauch frisch zum Joghurt zu geben, statt ihn mit den Aubergi-

nen zu braten). Abwechselnd eine Lage Auberginen und Joghurt in eine Schüssel geben, dabei mit Joghurt beginnen und abschließen. Mit Minze garnieren und als Vorspeise oder Salat servieren.

Gebna Beida *Weißer Käse*

2½ l Milch
1 TL Salz (oder mehr)
4 TL flüssige Labessenz (läßt die Milchproteine gerinnen)

Mindestens 2½ l Milch verwenden, da selbst die Käsemenge, die man daraus gewinnt, sehr klein ist.
Milch in einen Topf geben und langsam erhitzen. Salz und Labessenz zufügen und die Milch weiter erhitzen, bis man den Finger gerade noch ohne Schmerzen hineinhalten kann. Den Topf nicht zudecken, da das Kondenswasser den Prozeß stören könnte. Die Milch nicht zu heiß werden lassen, da sonst alles schief geht.
Die Flamme ausdrehen und den Topf mit einem Tuch bedecken. Die Milch teilt sich in Quark und Molke. Über Nacht oder mindestens 6 Stunden ruhen lassen.
Die Mischung in einen Durchschlag oder ein großes Sieb geben, das mit feuchtem Musselin ausgelegt ist, und über Nacht abtropfen lassen. Am folgenden Tag den Quark herausnehmen und in einen Korb oder eine Plastikschüssel mit kleinen Löchern geben. Das läßt ihn noch weiter trocknen und gibt ihm die Form des Korbes. Den weißen Käse einen weiteren Tag liegen lassen. Dann den wunderschönen, porzellan-weißen Käse auf einen Teller legen und – in kleine Würfel geschnitten – als appetitanregende Vorspeise servieren. Der Käse schmeckt auch köstlich, wenn er ein paar Tage alt und ziemlich trocken ist: man schneidet ihn in Scheiben und brät ihn zusammen mit Eiern. Derselbe Käse, ohne Salz zubereitet, schmeckt hervorragend mit Marmelade.

Gebratene Leberstücke, heiß oder kalt

4–6 Scheiben Kalbs- oder Lammleber
2 EL Olivenöl
2 EL Essig
Salz
schwarzer Pfeffer
Öl
Saft ½ Zitrone
2 EL feingehackte Petersilie (nach Belieben)
1 kleine, feingeschnittene Zwiebel (nach Belieben)
eine gute Prise Kümmel (nach Belieben)

Kalbsleber ist schmackhafter als Lammleber, aber natürlich sehr viel teurer. Die Leber waschen, in kleine Stücke schneiden und alle Sehnen entfernen. Olivenöl, Essig und Gewürze zu einer Marinade vermischen. Die Leber darin eine Stunde oder länger marinieren. Die Leberstücke gut abtropfen lassen. In heißem Öl ein bis zwei Minuten braten, so daß sie außen gut durch, innen aber noch saftig sind (Leber trocknet sehr schnell aus und schmeckt nicht, wenn sie zu durchgebraten ist). Soll die Leber kalt gegessen werden, muß sie länger braten. Die Leberstücke können ebensogut gegrillt werden, dann sollte man sie heiß essen. Mit Zitronensaft beträufelt servieren. Je nach Geschmack mit Petersilie, Zwiebel oder Kümmel überstreuen.

Zwiebeln mit Essig

Es heißt, der Prophet Mohammed habe den Geruch von Zwiebeln nicht leiden können, obwohl er sie gerne aß, und deshalb die Leute gebeten, keine Moschee aufzusuchen, wenn sie nach Zwiebeln oder Knoblauch rochen. Aber obwohl Zwiebeln in der arabischen Folklore angeblich sehr niedrig eingeschätzt werden, sind sie äußerst beliebt und werden oft roh, in Viertel oder Scheiben geschnitten, gegessen.

Eine persische Art, Zwiebeln zu servieren

2 große, milde Zwiebeln
Salz
2–3 EL Weinessig
1 EL getrocknete, zerstoßene Minze

Zwiebeln in Halbmondscheiben schneiden. Mit Salz bestreuen und Essig und Minze zugeben. Zwiebeln in dieser Würzmischung wenden und vor dem Servieren mindestens 1 Stunde stehen lassen. Sie werden weich, verlieren viel von ihrer Schärfe und nehmen das Aroma der Gewürze auf. Man kann sie als Vorspeise servieren oder in kleinen Schüsseln zum Hauptgericht auf den Tisch stellen.

Arabisches Sprichwort: »Er hat ein Jahr lang gefastet, dann brach er das Fasten für eine Zwiebel.«

Hirn-Salat

Hirn wird von vielen Leuten im Nahen Osten als Delikatesse angesehen. In manchen Teilen des Nahen Ostens glaubt man, daß damit das eigene Gehirn genährt werde und die Intelligenz wachse. In anderen Teilen wiederum existiert der Glaube, die eigene Intelligenz würde auf die des Tieres reduziert, und Leute, die daran glauben, können keinesfalls überredet werden, Hirn zu essen.

2 Kalbshirne oder 4 Lammhirne
Salz
Essig
½ große, milde Zwiebel oder
4–6 feingehackte Frühlingszwiebeln
Saft ½ Zitrone (oder mehr)
4–6 EL Olivenöl
schwarzer Pfeffer
2–3 EL feingehackte Petersilie
½ TL gemahlener Kümmel (nach Belieben)

Hirn sollte möglichst frisch zubereitet werden. Eine Stunde lang in kaltem Wasser, dem Salz und 1 EL Essig beigegeben wurde, einweichen. Vorsichtig die dünne äußere Haut entfernen und unter fließendem kalten Wasser abspülen. Zehn Minuten in Salzwasser, dem 1 TL Essig zugegeben wurde, leise köcheln lassen.
In der Zwischenzeit die gehackten Zwiebeln in Zitronensaft marinieren. Hirne abtropfen und trocknen lassen, in Scheiben schneiden. Sie sollten fest genug sein, ihre Form zu behalten. Eine Lage Hirnscheiben in einer flachen Schüssel arrangieren.
Olivenöl in die Zwiebel-Zitronen-Mischung rühren, mit Salz und Pfeffer abschmecken und über die Hirne geben. Das Gericht mit Petersilie garnieren und evtl. mit Kümmelpuder bestreuen. Als Vorspeise oder Salat servieren.

Gebratenes Hirn

2 Kalbshirne oder 4 Lammhirne
3 TL Essig
Salz
weißer oder schwarzer Pfeffer
Mehl
1 geschlagenes Eigelb
feine Semmelbrösel
Öl zum Ausbacken
2 EL feingehackte Petersilie
Saft ½ Zitrone (nach Belieben)

Hirne eine Stunde lang in Wasser einweichen, dem 2 TL Essig beigegeben wurden. Feine Häutchen entfernen und unter fließendem kalten Wasser abspülen. Hirne in kochendes Salzwasser (mit dem restlichen Essig) legen und ca. drei Minuten köcheln lassen. Herausnehmen und gut abtropfen lassen. In kleine Stücke schneiden. Zuerst in gepfeffertem Mehl, dann in geschlagenem Ei (mit Salz gewürzt) und zuletzt in Semmelbrösel wälzen. In heißem Öl ein paar Minuten ausbacken, bis die Stücke goldbraun sind. Auf Küchenkrepp abtropfen lassen. Heiß oder kalt, mit Petersilie garniert und evtl. mit Zitronensaft beträufelt, servieren.

Dips und cremige Salate

Tahina

Tahina in seinen verschiedensten Formen ist im Nahen Osten überaus beliebt. Es wird als Vorspeise mit arabischem Brot serviert (vgl. S. 299) und zusammen mit vielen kalten und einigen heißen Hauptgerichten serviert.

Tahina selbst ist eine Paste, die aus Sesam-Mehl gemacht wird. Man findet sie in allen griechischen und orientalischen Geschäften sowie in einigen Delikatessenläden. Die übliche Handelsform sind Töpfe mit 150 cm³.

1–3 Knoblauchzehen
Salz
Saft von 2½ Zitronen (oder mehr)
150 cm³ Tahina-*Paste*
½ TL gemahlener Kümmel (nach Belieben)
6 EL feingehackte Petersilie oder 2 EL nur zum Garnieren
nach Belieben Scheiben von hartgekochten Eiern zum Garnieren

Knoblauch mit dem Salz zusammen zerdrücken. Mit etwas Zitronensaft in einer großen Schüssel mixen. *Tahina*-Paste zufügen und gut vermischen. Den restlichen Zitronensaft zugeben und genug kaltes Wasser, um eine weiche Creme zu erhalten. Heftig schlagen. Mit Salz und Kümmel würzen; abschmecken und soviel Knoblauch, Salz oder Zitronensaft zusätzlich hinzufügen, bis das Aroma ziemlich stark und herb ist.
Tahina wird oft einfach so serviert, nur mit etwas Petersilie bestreut; man kann aber auch die oben angegebene, größere Menge Petersilie daruntermischen. Die Creme läßt sich gut im elektrischen Mixer herstellen, da sie darin um so cremiger wird.
Tahina-Creme in einer Schüssel servieren und arabisches oder anderes Brot zum Dippen bereitstellen. Eventuell mit hartgekochten Eiern garnieren.

Variationen: Etwas oder auch der ganze Zitronensaft kann durch weißen Essig ersetzt werden. Manche Leute würzen noch zusätzlich mit Senf.

Tahina-Creme mit Mandeln

Die *Tahina*-Creme wie vorher zubereiten, aber die Petersilie weglassen und vielleicht nur 1 Knoblauchzehe verwenden. ½ TL Zucker und 6 EL gemahlene Mandeln zufügen. Gut mixen und evtl. etwas mehr Wasser zugießen, um die Konsistenz cremiger zu machen. Mit 5 geschälten Mandeln garnieren, die zu einer Blüte gelegt werden. Mit Brot oder als Beilage zu Hühnchen und Fischgerichten servieren.

Tahina-Creme mit Joghurt

2–3 Knoblauchzehen
Salz
150 cm³ Tahina-*Paste*
150 g Joghurt
Saft von 2½ Zitronen (oder mehr)
feingehackte Petersilie zum Garnieren

Wie im ersten Rezept für *Tahina*-Creme Knoblauch mit Salz zerdrücken und die *Tahina*-Paste damit mischen. Joghurt und Zitronensaft unter ständigem Schlagen daruntermischen, bis eine dicke Creme entsteht. Abschmecken und je nach Geschmack noch stärker würzen.
In einer Schüssel anrichten, mit Petersilie garnieren und arabisches Brot dazu servieren. Man kann diese Creme aber auch zu gegrilltem oder gebratenem Fleisch und zu Salaten reichen.

Teradot *Tahina mit Walnüssen*

Dies ist eine türkische Variation der *Tarator*-Sauce (S. 132) und eine Spezialität aus Jehan in der südlichen Türkei.

120 g Walnüsse
2 Knoblauchzehen
Salz
3–4 EL Tahina-*Paste*
Saft von 2 Zitronen
4 EL gehackte Petersilie

Walnüsse und Knoblauch in einem Mörser mit etwas Salz zerstampfen, bis die Walnüsse fast, aber nicht ganz, pastenartig sind. Die *Tahina*-Paste und den Zitronensaft langsam dazugeben und gut verrühren. Die Petersilie hinzufügen.
Wenn ein elektrischer Mixer verwendet wird, den Zitronensaft und die *Tahina*-Paste gleichzeitig mit den Walnüssen und dem Knoblauch vermischen, damit die Walnüsse nicht zu sehr zerkleinert werden und danach ihre leicht rauhe Beschaffenheit verlieren. Eventuell ein paar EL Wasser zugeben, um die Masse cremiger zu machen.
Mit gebratenen Muscheln, gebackenem Fisch oder als Beilage zu verschiedenen Salaten und Gemüsen servieren.

Baba Ghanoush *Auberginen mit Tahina*

Die angegebenen Mengen ergeben eine ziemlich große Portion, die ausreicht, als Dip bei einer Party serviert zu werden.

3 große Auberginen
2–4 Knoblauchzehen
Salz
150 g Tahina-*Paste oder weniger (je nach der Größe der Auberginen)*
½ TL gemahlenen Kümmel (nach Belieben)
2 EL feingehackte Petersilie
einige schwarze Oliven oder 1 in dünne Scheiben geschnittene Tomate zum Garnieren

Die Auberginen zubereiten wie für das Auberginenpüree (S. 27). Knoblauch mit dem Salz zerstampfen. Auberginen mit einem Kartoffelstampfer oder einer Gabel zu Mus zerdrücken, den Knoblauch und etwas mehr Salz dazugeben. Zu einem cremigen Püree vermischen. Wenn vorhanden, einen elektrischen Mixer benutzen.
Tahina-Paste und Zitronensaft abwechselnd dazugeben und dabei kräftig weiterschlagen. Abschmecken. Die Creme in eine größere oder mehrere kleine Schalen gießen. Mit Petersilie und schwarzen Oliven oder mit Tomatenscheiben garnieren.

Tahina bil Fessih *Tahina mit Salz-Fisch*

Fessih ist ein Fisch, der gesalzen und dann in den heißen Sand gelegt wird, um »reif« zu werden. Er hat eine weiche, salzige Beschaffenheit. Eine beliebte Art, ihn zu essen, ist, ihn in kleine Stücke zu schneiden und mit *Tahina*-Creme und Zwiebelringen zu servieren.
Eine moderne Version, die auch im Westen serviert werden kann, ersetzt *Fessih* durch Anchovisfilets oder eingelegte Heringe. Dafür eine *Tahina*-Creme zubereiten wie auf S. 32, aber ohne die Petersilie. Mit einer mittelgroßen Dose Anchovisfilets mischen, die abgetropft und grob gehackt wurden oder mit zwei geschnittenen, eingelegten Heringen und einer mittelgroßen spanischen Zwiebel, die in dünne Scheiben geschnitten wurde. Mit gehackter Petersilie bestreuen und mit arabischem Brot oder *Pitta* servieren.

Hummus *Kichererbsen*

Diese harten, runden, maisfarbenen Erbsen, die im Geschmack etwas erdig sind, eignen sich für unendlich viele Gerichte. Püriert stellen sie eine ausgezeichnete Basis für eine *Tahina*-Creme oder eine Fleischsuppe dar. Im ganzen gelassen passen sie wunderbar zu Hähnchen, Fleisch und Kalbsfüßen. Mit Reis oder Fadennudeln gemischt oder in einem Stew für *Couscous* (S. 225) ergeben sie einen besonderen Geschmack.

Heute braucht man die Kichererbsen nur noch über Nacht in Wasser einzuweichen, und sie sind bereits in ca. 1 Stunde gar. Früher dagegen erforderten sie eine viel intensivere Vorbereitung. Die Kochzeit variiert je nach Qualität, dem Herkunftsort und dem Alter der Kichererbsen. Man kann sie jedoch nie zu lange kochen, da ihr Geschmack und ihre Konsistenz immer gleich bleiben.

Hummus bi Tahina *Kichererbsen mit Tahina*

120–180 g Kichererbsen, über Nacht eingeweicht
Saft von 2–3 Zitronen
2–3 Knoblauchzehen
Salz
150 cm³ Tahina-*Paste*

Garnierung:
1 EL Olivenöl
1 TL Paprika
1 EL feingehackte Petersilie

Die eingeweichten Kichererbsen ca. 1 Stunde in kochendem Salzwasser garen, bis sie weich sind. Abgießen (Wasser aufbewahren) und ein paar ganze Erbsen zum Garnieren aufheben. Den Rest durch ein Sieb drücken oder in einem Mörser zerstampfen; am besten jedoch in einem elektrischen Mixer pürieren. In diesem Fall den Zitronensaft und etwas Wasser sofort zugeben. Die übrigen Zutaten hinzufügen und zu einer cremigen Paste verrühren. Mehr Wasser zugießen, falls nötig.

Wenn Sie von Hand rühren, zuerst den Knoblauch mit Salz zerstampfen, zu den zerdrückten Kichererbsen geben und gut vermischen. Langsam die *Tahina*-Paste zufügen, dann den Zitronensaft. Gut verrühren. Eventuell etwas Wasser zugießen, bis die Masse die

Konsistenz einer cremigen Mayonnaise hat. Dabei ständig probieren, um gegebenenfalls noch mehr Zitronensaft, Salz oder Knoblauch zuzugeben.
Dies ist eines der Gerichte, die traditionell seit Jahrhunderten auf dieselbe Art und Weise serviert wurden. Creme in eine Schüssel geben und etwas mit Olivenöl vermischten roten Paprika darüberträufeln. Mit gehackter Petersilie bestreuen und mit einigen ganzen Erbsen in einem dekorativen Muster garnieren.
Als Dip mit arabischem Brot oder *Pitta* servieren.

Variation: Eine andere, ziemlich scharfe Version entsteht durch die Verwendung von Cayenne-Pfeffer statt Paprika. Etwas davon wird in die Creme gemischt, der Rest darübergestreut, abwechselnd mit etwas gemahlenem Kümmel.

Artischocken, in Öl geschmort

2 Zitronen
6 Artischocken oder
400 g Artischockenherzen aus der Dose
4 EL Olivenöl
2 Knoblauchzehen
Salz
weißer Pfeffer

Eine Schüssel mit Wasser und dem Saft ½ Zitrone bereithalten. Stiel und die harten äußeren Blätter der Artischocken abschneiden und die übrigen Blätter bis 1 cm um das Herz entfernen. Das »Herz« herausschneiden. Jede vorbereitete Artischocke mit dem Saft ½ Zitrone beträufeln und in die Schüssel mit gesäuertem Wasser legen. Das verhindert ein Verfärben der Artischocken.
½ l Wasser mit dem Saft der restlichen 1½ Zitronen zum Kochen bringen; gleichzeitig Olivenöl, die beiden ganzen Knoblauchzehen, Salz und Pfeffer zugeben. Dann die Artischockenherzen einlegen und ohne Deckel ca. 20 Minuten köcheln lassen, bis sie gar sind. Abkühlen.
Wenn Sie Artischockenherzen aus der Dose verwenden, lassen Sie sie gut abtropfen und nur in dem Zitronensaft und Öl zugedeckt 15 Minuten köcheln; mit Salz, Pfeffer und Knoblauch würzen. Wasser ist nicht nötig. Je nach Größe halbiert oder ganz im eigenen Saft kalt servieren.

Ta'amia *oder* Falafel

Dies ist eines von Ägyptens Nationalgerichten, das reiche Leute genauso gerne essen wie arme. Es wird zum Frühstück, Mittag- oder Abendessen gereicht.
Die christlichen Kopten, die angeblich die reinsten Vertreter des alten Ägypten sind, erheben den Anspruch, es sei ihr Gericht, genauso wie die *Melokhia*-Suppe (S. 88). Ihr Anspruch ist wahrscheinlich gerechtfertigt, da die Gerichte, deren Ursprung nicht verfolgt werden kann, auf jeden Fall sehr alt sind. Während der koptischen religiösen Feste und besonders in der Fastenzeit, wenn kein Fleisch gegessen werden darf, stellt jede koptische Familie Tag für Tag riesige Mengen von *Ta'amia* her. Was die Familie nicht selbst verzehren kann, wird an nicht-koptische Freunde verteilt.
Ta'amia sind kleine Pasteten oder Briolettes, die aus getrockneten, dicken weißen Bohnen gemacht, köstlich gewürzt und in Öl ausgebacken werden.

500 g getrocknete weiße Bohnen
(Ful nabed)
2 rote spanische Zwiebeln oder
1 Bund Frühlingszwiebeln, feingehackt
2 große, zerdrückte Knoblauchzehen
1 Bund feingehackte Petersilie
1–2 TL gemahlener Kümmel
1–2 TL gemahlener Koriander
½ TL Backpulver
Salz
Cayenne-Pfeffer
Öl zum Ausbacken

Die getrockneten Bohnen sind in allen griechischen und einigen Delikateßläden zu bekommen. Wenn möglich, kaufen Sie sie schon geschält.
Bohnen 24 Stunden lang in kaltem Wasser einweichen. Bei ungeschälten Bohnen die Haut entfernen. Abgießen und kleinhacken. Mit Zwiebeln, Knoblauch, Petersilie, Kümmel, Koriander, Backpulver und Salz mischen, mit Cayenne-Pfeffer abschmecken. Alle Zutaten zu einer weichen Paste stampfen. Das dauert lange und kostet viel Kraft. Wenn Sie einen Fleischwolf haben, drehen Sie die Mischung zweimal durch, bevor Sie sie zerstampfen. Die Paste mindestens ½ Stunde ruhen lassen.
Walnußgroße Häufchen abnehmen und daraus flache, ca. 4 cm große Fladen formen. Noch einmal 15 Minuten ruhen lassen und in

heißem Öl ausbacken, bis sie dunkel goldbraun sind. Heiß zu Tomaten und Gurkensalat oder zu *Tahina*-Creme (S. 32) servieren. *Ta'amia* schmeckt sowohl als Vorspeise wie auch als Hauptgericht mit vielen Salaten und Brot.
Das Backpulver kann auch durch 15 g Hefe oder 7 g Trockenhefe ersetzt werden.

Auberginenscheiben mit Käse

2 längliche, große Auberginen
Salz
Öl
250 g Doppelrahmkäse, griechischer Halumi oder Mozzarella
3–4 Eier
3 EL feingehackte Petersilie
Semmelbrösel

Die Auberginen längs in Scheiben schneiden und jede Scheibe dreimal durchschneiden, so daß kleinere Dreiecke entstehen. Mit Salz bestreuen und ca. ½ Stunde in einem Sieb stehen lassen, damit der bittere Saft abtropfen kann. Das läßt sie außerdem nicht so viel Öl aufnehmen. Das Salz mit kaltem Wasser abspülen und die Auberginen leicht ausdrücken. In Öl braten, bis sie leicht gefärbt sind. Aus der Pfanne nehmen und auf Küchenkrepp abtropfen lassen.
Den Käse mit einer Gabel zerdrücken, bzw. den Halumi oder Mozzarella zerkrümeln. 2 geschlagene Eier und die Petersilie zugeben und gut vermischen. Etwas Käsemischung auf eine Scheibe streichen und eine zweite Auberginenscheibe darauflegen, so daß ein Sandwich entsteht. Ebenso mit dem restlichen Käse und den Auberginen verfahren.
Das andere Ei (oder Eier) verschlagen. Die Auberginen-Sandwichs darin wenden und mit Semmelbröseln überziehen. 2–3 Minuten in Öl ausbacken, bis sie goldbraun sind. Auf Küchenkrepp abtropfen lassen und heiß servieren.

Dukkah

Dies ist eine weitere, sehr beliebte, alte ägyptische Spezialität, die zum Frühstück, als Vorspeise oder als leichtes Abendessen serviert wird. Jede Familie hat ihr eigenes Rezept dafür. Ich stelle Ihnen hier zwei Mischungen vor. Zunächst die meiner Mutter:

500 g Sesam-Samen
250 g Koriander-Samen
120 g Haselnüsse
120 g gemahlener Kümmel
Salz
Pfeffer (probieren Sie es mit 1 TL Salz und ½ TL Pfeffer)

Die Zutaten einzeln rösten und zusammen zerstoßen, bis sie fein zerstampft, aber nicht pulverisiert sind. Man kann das in einem Mörser oder einem elektrischen Mixer tun. In letzterem Fall nur sehr kurz zerkleinern, da sonst das Öl der Samen und Nüsse aus allen Zutaten eine Paste macht. *Dukkah* sollte jedoch immer eine trockene Mischung sein.
Die angegebenen Mengen ergeben eine große Portion, aber *Dukkah* hält sich in verschlossenen Behältern viele Wochen.
In einem 1860 erschienenen Buch heißt es: »Eine Mahlzeit derjenigen, die sich keinen Luxus leisten können, besteht häufig aus Brot und einer Mischung, die *Dukkah* genannt wird. Sie setzt sich meistens zusammen aus Salz und Pfeffer mit *Za'atar* oder wildem Majoran oder Minze oder Kümmel und mit einem oder mehreren oder allen der folgenden Zutaten – nämlich Koriander-Samen, Zimt, Sesam und Kichererbsen. Jeder Bissen Brot wird in diese Mischung gestippt.«*
Versuchen Sie, die Zutaten nach Ihrem Geschmack zu mischen. Rösten Sie die Zutaten immer getrennt voneinander. Wenn Sie Kichererbsen verwenden, kaufen Sie möglichst vorgekochte, gesalzene und getrocknete, die in den meisten griechischen und indischen Läden erhältlich sind. Sie sind winzig klein, weiß und sehr rund.

* Lane: »Manners and Customs of the Modern Egyptians«

Koftit Ferakh *Gebratene Hühnerbällchen*

2 gekochte Hühnerviertel, am besten Brüstchen
2 große Scheiben Weißbrot
Milch
1 großes Ei
Salz
schwarzer Pfeffer
Mehl
Öl zum Ausbacken
Saft ½ Zitrone (nach Belieben)

Hühnchen enthäuten, entbeinen und alle Sehnen entfernen. Fleisch durch einen Wolf drehen oder sehr fein hacken. Das Brot entrinden. Die Scheiben in etwas Milch einweichen und ausdrükken. In einer Schüssel Fleisch, Brot, Ei und Gewürze mischen. Gut durchkneten und kleine Bällchen formen. In Mehl wenden und in Öl ausbacken, bis sie tief goldbraun sind. Bällchen heiß oder kalt mit ein paar Tropfen Zitronensaft beträufelt servieren.

Batarekh

Seit der Zeit der Pharaonen als Delikatesse berühmt, ist dieses Gericht noch heute ein äußerst beliebter Leckerbissen: der gesalzene und getrocknete Rogen der grauen Meeräsche. Er hat eine dunkle, orange- bis sienabraune Farbe und schmeckt sehr aromatisch. In Ägypten kann man *Batarekh* bereits getrocknet und fertig zum Essen kaufen. Vor einiger Zeit konnte ich zu meinem Entzücken einen perfekten *Batarekh* in Paris essen. Er war von Frau R. Telio, die nun in Montreal wohnt, gemacht worden, die ihn, gut versiegelt, ihrem Bruder in Paris geschickt hatte. Hier ist ihr Rezept:
Da man bei uns kaum Rogen von Meeräschen finden wird (in Kanada wird er tiefgefroren vom Block verkauft), nehmen Sie statt dessen Rogen vom Kabeljau. Für den Erfolg des Rezeptes ist es wichtig, nur heilen Rogen ohne Löcher etc. zu verwenden. Den Rogen in Salz wenden und auf eine dicke Schicht Küchenkrepp legen. Er fängt dann an, seine Feuchtigkeit zu verlieren. Sobald das Papier durchnäßt ist, auswechseln. Dabei den Rogen umwenden und mit neuem Salz bestreuen. Das Erfolgsgeheimnis liegt darin, das Papier so oft wie möglich zu erneuern, bis es fast trocken bleibt. Das dauert einige Tage.

Danach den Rogen auf einem Tablett vor das offene Fenster stellen oder auf einer Schnur an einen lúftigen Ort hängen, bis er noch mehr ausgetrocknet ist. Dieser Prozeß wird ca. 8 Tage dauern, bei frischem Kabeljaurogen sogar noch länger. Dieser Prozeß kann dadurch abgekürzt werden, daß man den Rogen gelegentlich in einen ausgeschalteten, warmen Ofen legt, aber man muß aufpassen, daß er nicht zu trocken und dadurch krümelig wird. Wenn der Rogen hart und ziemlich trocken ist, ist er fertig zum Essen.
Den *Batarekh* in sehr dünne Scheiben schneiden und mit Brot servieren, das entweder gebuttert oder in Öl getaucht wird. Wenn Sie mögen, spritzen Sie etwas Zitronensaft darüber.
Der getrocknete *Batarekh* kann monatelang im Kühlschrank aufbewahrt werden. Jeder muß einzeln in einen Plastikbeutel eingewikkelt und versiegelt werden.
Ich habe *geräucherten* Kabeljaurogen getrocknet, indem ich ihn gelegentlich in einen ausgeschalteten warmen Ofen gelegt und dann für ein paar Tage an einen luftigen, trockenen Platz gehängt habe. Das Resultat war hervorragend und mit wenig Aufwand verbunden. Daher kann ich Ihnen diesen Ersatz für *Batarekh* wärmstens empfehlen.

Taramsalata

Dieser »cremige Salat«, der im Westen sehr bekannt ist, ist eine griechische und türkische Spezialität. *Tarama* ist der getrocknete, gesalzene und ausgepreßte Rogen der grauen Meeräsche, aber man kann statt dessen auch geräucherten Kabeljaurogen nehmen. Wenn Sie den ganzen Rogen nehmen, der in Fischgeschäften verkauft wird, wählen Sie eine weiche Qualität.

3 dicke Scheiben Weißbrot
Milch
90 g Tarama *oder geräucherter Kabeljaurogen*
1–2 zerdrückte Knoblauchzehen oder
2 TL Zwiebelpulver oder beides
Saft von 1–2 Zitronen
4 EL Olivenöl
schwarze Oliven zum Garnieren

Rinde vom Brot entfernen und dieses in etwas Milch einweichen. Wenn Sie geräucherten Kabeljaurogen verwenden, entfernen Sie die Naturhäute und zerstampfen Sie ihn heftig in einem Mörser, um die körnige Beschaffenheit zu zerstören. Das eingeweichte und ausgedrückte Brot, Knoblauch und/oder Zwiebelsalz zugeben und weiter stampfen, bis alles weich ist. Nach und nach den Zitronensaft und das Olivenöl zugießen. Abschmecken, bis der gewünschte Geschmack erreicht ist. Die Mischung schlagen, bis sie eine cremige, hellrosa Paste ist. Bei Benutzung eines elektrischen Mixers auf mittelhohe Stufe schalten. Etwas Milch oder Wasser zugeben, falls nötig.
Mit schwarzen Oliven garnieren und mit dünnem Toast servieren.

Variationen: Manche Leute geben eine gekochte und zerstampfte Kartoffel oder ein Eigelb zu, um die Paste zu binden. Das folgende Rezept ergibt eine festere Creme, die ähnlich wie Mayonnaise aussieht.

90 g geräucherter Kabeljaurogen
2 Scheiben leicht getrocknetes, rindenloses Weißbrot, in Wasser eingeweicht und ausgedrückt
1 zerdrückte Knoblauchzehe
1 gute Prise Cayenne-Pfeffer
Saft von 1–2 Zitronen
ca. 180 cm³ Sonnenblumen-, Nuß- oder Pflanzenöl

Rogen häuten und cremig schlagen. Die weiteren Zutaten, wie vorher, untermischen. Zitronensaft und Öl langsam zugießen, wie bei einer Mayonnaise. Ständig schlagen, bis eine schöne weiche Creme entsteht. Zum Schluß 1 EL heißes Wasser zugeben.

Midye Tavasi *Türkische gebratene Muscheln*

Teig:
15 g frische oder 7 g getrocknete Hefe
1 Prise Zucker
180 g Mehl
2 EL geschmolzene Butter
1 Prise Salz
2 getrennte Eier
30 große Miesmuscheln
150 cm³ Weißwein (nach Belieben)
Salz
Mehl
Öl zum Ausbacken

Für den Teig: Die Hefe in 150 cm³ lauwarmem Wasser, dem eine Prise Zucker zugegeben wurde, auflösen. Ca. 10 Minuten an einem warmen Platz stehen lassen oder bis sich Schaum bildet. Mehl in eine große Schüssel sieben. Die geschmolzene Butter, Salz und die Eigelb daruntermischen. Langsam die Hefemischung zugeben, dabei ständig mit einem Holzlöffel schlagen. Der Teig sollte ziemlich flüssig sein. An einem warmen Platz ca. 1 Stunde gehen lassen. Kurz vor Gebrauch die steifgeschlagenen Eiweiß unterziehen.
Währenddessen die Muscheln gut waschen. Zerbrochene oder offene Schalen wegwerfen. Bart, Seegras und Kletten mit einem scharfen Messer entfernen. Dann die Muscheln einzeln unter fließendem Wasser schrubben, bis kein Sand mehr abfällt.
Die Muscheln in einen großen Topf mit 150 cm³ Wasser oder Weißwein geben. Leicht mit Salz würzen, den Topf zudecken und stark kochen lassen, bis sich die Schalen öffnen. Das dauert 5–7 Minuten. Muscheln auslösen und auf einem Tuch abtrocknen.
Wenn der Teig fertig ist, die Muscheln schnell in Mehl wälzen, in den Teig tauchen und 3 oder 4 gleichzeitig in das heiße Öl legen – am besten in Olivenöl. Ca. 1 Minute backen, bis sie braun und knusprig sind. Sofort mit *Teradot* (S. 132) oder mit *Tarator*-Sauce (S. 34) servieren.

Blehat Samak *Kleine Fischspießchen*

Das Rezept für Fischspieße von S. 130 vorbereiten, aber die Mischung in kleinere, murmelgroße Bällchen oder winzige Kroketten formen; in Öl goldbraun ausbacken. Sie sind sehr schnell gar. Heiß oder kalt servieren. Diese Häppchen können auch in Fischsud oder der Tomatensauce, die bei dem Hauptgericht angegeben ist, köcheln und dann kalt serviert werden.

Kalte Plaki-Muscheln

48 große Muscheln
2 gehackte, mittelgroße Zwiebeln
Salz
100 cm³ Olivenöl
1 gewürfelte, mittelgroße Karotte
1 große, gewürfelte Kartoffel
1 mittelgroßer, gewürfelter Sellerie
2–3 Knoblauchzehen
1 EL Zucker
3 gehäutete und gewürfelte Tomaten
3 EL gehackte Petersilie
2 EL Tomatenmark
schwarzer Pfeffer

Muscheln waschen und säubern wie im vorigen Rezept beschrieben. In einem geschlossenen Topf mit ca. 300 cm³ Wasser und etwas Salz 5–7 Minuten kräftig kochen lassen, bis sie sich öffnen. Muscheln auslösen und den Kochsud aufheben.

Zwiebeln in Olivenöl dünsten, bis sie weich und goldgelb sind. Karottenwürfel zufügen und bei schwacher Hitze noch 2 Minuten schmoren. Dann Kartoffel, Sellerie, Knoblauchzehen, Zucker, Tomaten, Petersilie und Tomatenmark zugeben. Mit Salz und Pfeffer abschmecken und mit dem Muschelsud auffüllen. Leicht umrühren und auf kleiner Flamme köcheln lassen, bis alle Gemüse gegart sind und die Sauce würzig ist. Wenn sie zu stark eingekocht ist, noch etwas Wasser zugeben. Vorsicht, daß die Gemüse nicht ansetzen. Zum Schluß die Muscheln zufügen und weitere 5 Minuten köcheln; vom Herd nehmen und abkühlen lassen.

Kalt als Vorgericht oder als kaltes Mittagessen servieren.

Carmel Avocado-Püree

Dies ist ein modernes israelisches Vorgericht, das erst durch die Einführung der Avocado-Frucht im ganzen Nahen Osten bekannt wurde.

3 reife Avocados
Saft 1 Zitrone (oder mehr)
1–2 Knoblauchzehen, mit Salz zerdrückt
½ große, geriebene, milde Zwiebel
weißer Pfeffer
3–4 EL Olivenöl
3 EL feingehackte Petersilie

Avocados aufschneiden und den Kern entfernen. Fleisch aushöhlen und mit einer silbernen Gabel zerdrücken. Die restlichen Zutaten untermischen und zu einer weichen, cremigen Paste verarbeiten. Abschmecken. Ein elektrischer Quirl läßt die Paste noch cremiger werden. Auf kleine Cracker oder dünnen Toast streichen und servieren.

Variationen: 200 g Thunfisch aus der Dose abtropfen lassen und zerpflücken. Zusammen mit etwas Mayonnaise in das Avocado-Püree geben und auf Crackern oder Toast servieren.
Das Fleisch von 2 reifen Avocados mit der halben Menge Doppelrahmkäse vermengen und abschmecken. Wie oben servieren.

Salate – *Salatat*

Gleichgültig ob einfach und unprätentiös, ob reich und exotisch: Salate gibt es zu fast jeder Mahlzeit im Vorderen Orient. So gut wie alles kann man als Salat anmachen: frische, rohe und gekochte Gemüse, Hülsenfrüchte, gemahlenes Getreide *(burghul),* Brot, Käse und Fleisch, einschließlich Hirn und Zunge (vgl. voriges Kapitel). Gehackte, rote italienische oder spanische Zwiebeln, zerstoßener Knoblauch und gehackte Petersilie gehören zu den beliebtesten Zutaten.

Große Sorgfalt wird auf das Anrichten verwendet, und das Farbenspiel ist genauso wichtig wie der Geschmack und die äußere Beschaffenheit.

Als generelle Regel gilt: gekochte Gemüse werden meistens mit Olivenöl und Zitrone angemacht, während rohes Gemüse mit einer Sauce aus Olivenöl und Zitrone oder Essig gereicht werden kann. Früher glaubte man, daß Olivenöl jede Krankheit heilen würde, mit Ausnahme derjenigen, an der einer Person vorbestimmt war, zu sterben.

»Es wird erzählt, daß Adam Schmerzen litt und sich darüber bei Gott beklagte; Gabriel kam mit einem Olivenbaum vom Himmel, gab ihn Adam und wies ihn an, den Baum zu pflanzen, die Früchte zu ernten, das Öl herauszupressen und dieses immer dann zu benutzen, wenn er Schmerzen habe. Er versicherte ihm, daß es alle Krankheiten und Übel kuriere ...«*

Wenn reines Olivenöl zu teuer ist, kann ebenso jedes andere verwendet werden.

Die Zutaten zu einem Salat sollten so frisch wie möglich sein. Rohes Gemüse und grüner Salat müssen ohne Flecken, gut gewaschen, kalt, knackig und trocken sein. Gekochtes Gemüse sollte nicht zu lange gekocht, sondern noch etwas fest sein. Hülsenfrüchte sollten ebenfalls nicht zu weich gekocht werden. Sie nehmen, genau wie gekochtes Gemüse, die Salatsauce besser auf, wenn sie noch warm sind.

---

* Donaldson: »*The Wild Rue*«

Salat-Saucen

Die Salat-Saucen im Nahen Osten sind eine Mischung aus Olivenöl und Zitronensaft oder Essig (am besten Weinessig), die in dem gleichen Mengenverhältnis wie die französische Vinaigrette gemischt werden. Der zerdrückte Knoblauch wird mit Salz und Pfeffer dazugegeben. Häufig wird die Sauce schärfer angemacht als im Westen; man nimmt z. B. genausoviel Zitronensaft wie Öl oder sogar noch mehr.
Wenn nicht anders angegeben, reicht die unten beschriebene Menge an Salatsauce für die folgenden Rezepte aus. Sie können jedoch selbstverständlich mehr Öl, Essig oder Zitronensaft und Gewürze zugeben, wenn Sie es für nötig halten.

1 EL Zitronensaft oder Essig
3 EL Olivenöl
1–2 zerhackte Knoblauchzehen (nach Belieben)
Salz
schwarzer Pfeffer

Häufige zusätzliche Gewürze sind gehackte Petersilie, frische oder getrocknete Minze, Dill, frischer Koriander und Frühlingszwiebeln.

Na'na Mukhalal

Ein mittelalterliches Rezept von al-Baghdadi für eine Essig-Sauce: »Nimm frische großblättrige Minze und streife die Blätter vom Stiel. Im Schatten waschen und trocknen; mit aromatischen Kräutern bestreuen. Wenn erwünscht, Sellerieblätter und geschälte Knoblauchviertel dazugeben. In eine Glasflasche füllen und mit gutem Essig, der mit Safran gefärbt wurde, begießen. Stehen lassen, bis die Minze die Säure des Essigs aufgenommen hat, so daß letzterer seine Schärfe verloren hat: dann servieren.«

Tomatensalat

750 g feste, geschnittene Tomaten
1 rote italienische oder große, milde Zwiebel oder gehackte Frühlingszwiebeln
2 EL feingehackte Petersilie
½ TL gemahlener Kümmel
Salat-Sauce (S. 48)

Man braucht die Tomaten nicht zu häuten. Tomaten, Zwiebeln, Petersilie und evtl. Kümmel miteinander vermischen. Die Sauce darübergießen und gut durchmischen. Sie können die Tomatenscheiben auch fächerartig auf einer Platte arrangieren, die Sauce darübergießen und das Ganze mit der Petersilie, den Zwiebeln und dem Kümmel bestreuen.

Süßer Paprika-Salat

3 süße grüne Paprikaschoten
Salat-Sauce (S. 48)
1 EL feingehackte Petersilie

Die Paprikaschoten halbieren und von jeder ein winziges Stück probieren, ob sie nicht zu scharf sind. Samen entfernen und die Paprika bei niedriger Flamme grillen, bis die Haut Blasen wirft, dunkel wird und das Fleisch weich ist. Häuten und in lange Streifen schneiden. Sind die Schoten normalerweise knackig und scharf, so werden sie beim Grillen mild und süß.
In eine Schüssel füllen, Petersilie in die Salat-Sauce geben, über die Paprika gießen und gut durchmischen.

Israelischer gemischter Salat

2 Tomaten
2 kleine Gurken
6 Oliven
1 große, rohe, geschälte Karotte
1 rohe, geschälte Rote Bete
1–2 geschälte und entkernte Avocados
2 feste, gekochte Kartoffeln
1 große, milde Zwiebel
1 süße Paprikaschote
2 hartgekochte Eier

Alle Zutaten hacken oder in kleine Würfel schneiden. In einer Schüssel vermengen und mit *Tahina*-Creme (S. 32), saurer Sahne oder einer Vinaigrette-Sauce anmachen.

Salatit Khodar Meshakel
Gemischter Salat aus frischen Gemüsen

Diesen Salat nicht zu lange vorm Servieren anmachen, da die Zutaten sonst welk werden. Kurz vor dem Auftragen erst die Sauce zufügen. Die Zutaten können je nach Geschmack variiert werden.

1 kleiner Salat
2 kleine Gurken oder 1 lange Salatgurke
3 Tomaten
1–2 rote italienische oder
1 große milde Zwiebel bzw.
1 kleiner Bund Frühlingszwiebeln
6 dünn geschnittene Radieschen (nach Belieben)
3–4 EL feingehackte Petersilie
1 EL feingehackter, frischer Dill oder Kerbel (nach Belieben)
2 EL feingehackte, frische Minze oder
1 TL getrocknete, geriebene Minze (nach Belieben)

Sauce:
3 EL Olivenöl
1 EL Zitronensaft oder Weinessig
1 Knoblauchzehe, mit Salz zerdrückt (nach Belieben)
Salz
schwarzer Pfeffer

Die Gemüse sorgfältig und vorsichtig waschen. Zwiebeln schälen. Salat zerkleinern; Gurken (geschält oder ungeschält) in kleine Würfel schneiden. Tomaten würfeln (Kerne entfernen und Saft abtropfen lassen), Zwiebeln mit einem scharfen Messer fein schneiden. Das so vorbereitete Gemüse in eine Salatschüssel geben und leicht mit den Radieschen und den Kräutern vermischen.
Die Saucenzutaten gut verrühren, über den Salat träufeln und gut durchmischen.

Kohlsalat

1 kleiner, fester Kohlkopf oder ½ großer
Salz

Sauce:
3 EL Olivenöl
1 EL Zitronensaft oder Weinessig
1–2 zerdrückte Knoblauchzehen (nach Belieben)
schwarzer Pfeffer
½ TL Zucker (nach Belieben)

Man kann sowohl roten, als auch weißen Kohl verwenden. Die harten äußeren Blätter entfernen, ebenso den Strunk. Den Kohl sorgfältig waschen und in Streifen schneiden: entweder immer einige Blätter zusammen, oder man schneidet – oben beginnend – dünne Scheiben von dem ganzen Kohl herunter, die man dann noch einmal vertikal durchtrennt. Den geschnittenen Kohl leicht mit Salz bestreuen und mit den Händen durchmischen. Mindestens ½ Stunde in einem Sieb stehen lassen und ein Gewicht obenauflegen. Er wird viel Wasser verlieren und weich und biegsam werden.
Den Kohl fest mit den Händen ausdrücken und in eine Salatschüssel geben. Die extra gemischte Sauce darübergießen. Nur wenig Salz zugeben, da der Kohl ja bereits gesalzen wurde. Salat und Sauce kräftig mischen.

Cacik *Gurkensalat mit Joghurt*

Ein türkischer Salat, der überall im Nahen Osten sehr beliebt ist.

1 große oder 2 kleine, geschälte und gewürfelte Salatgurken
2–3 Knoblauchzehen
½ l Joghurt
weißer Pfeffer
1 EL getrocknete, zerstoßene Minze oder 3 EL feingehackte, frische Minze
getrocknete Minze zum Garnieren

Die gewürfelte Gurke mit Salz bestreuen und in einem Sieb ½ Stunde abtropfen lassen. Knoblauch mit etwas Salz zerdrücken; nehmen Sie ruhig mehr als 3 Zehen, wenn Sie mögen. Ein paar Löffel Joghurt mit dem Knoblauch vermischen, dann zu dem restlichen Joghurt geben und gut mischen. Mit Salz und Pfeffer abschmecken. Zum Schluß die Minze zufügen, die dem Ganzen einen besonders frischen Geschmack verleiht. Gurken ausdrücken und mit der Joghurtsauce vermengen. In eine Schüssel füllen und mit Minze garnieren.

Variation: Nehmen Sie Joghurt und saure Sahne zu gleichen Teilen, statt einer reinen Joghurtsauce.

Salata Meshwiya

Dieser Salat ist überall in Nordafrika sehr beliebt, besonders in Tunesien. Er ähnelt dem französischen *Salade Niçoise,* so daß sein Ursprungsort sowohl Nizza als auch Tunis sein könnte.

375 g feste Tomaten
2 große, süße Paprikaschoten
1 milde Zwiebel oder
6–7 Frühlingszwiebeln
1 scharfe, getrocknete Chili-Pfefferschote (nach Belieben)
100 g Thunfisch aus der Dose
2 hartgekochte, in Scheiben geschnittene Eier
2 EL Kapern
2 EL feingehackte Petersilie

Sauce:
1 EL Zitronensaft
3 EL Olivenöl
Salz
schwarzer Pfeffer

Falls die Tomaten enthäutet werden sollen, kurz mit kochendem Wasser überbrühen. Paprikaschoten halbieren und mit der Hautseite nach oben grillen, bis sie weich und mild sind. Enthäuten und entkernen. Zwiebeln und Chilischote fein hacken. Die Tomaten an einem Ende aufschneiden, Kerne entfernen, den Saft abtropfen lassen und in Scheiben schneiden. Paprika in feine Streifen schneiden.
Alle Gemüse in eine große Salatschüssel geben; den abgetropften und zerpflückten Thunfisch, Eier und Kapern zufügen. Saucenzutaten mischen, über den Salat gießen und gut durchmischen. Mit Petersilie bestreut servieren.

Selleriesalat mit Käsesauce

250 g Doppelrahmkäse
Saft von 1 Zitrone
2 EL Olivenöl
150 g Joghurt
Salz
weißer Pfeffer
1 feingehackte Sellerieknolle

Käse, Zitronensaft und Olivenöl mit der Gabel vermengen, bis alles schön cremig ist. Joghurt, Salz und Pfeffer zugeben und den Sellerie leicht unterheben.

Michoteta *Gurkensalat mit Käse*

Dieser ägyptische Salat wird meistens mit einem salzigen, griechischen Käse gemacht, wie z. B. mit Teleme oder Feta.

250 g cremiger Käse (auch Quark oder Cottage Cheese)
Saft von 1 Zitrone
2 EL Olivenöl
1 rote oder große milde Zwiebel, fein gehackt
½ große, geschälte und gewürfelte Salatgurke
Salz
schwarzer Pfeffer

Den Käse mit einer Gabel zerkrümeln (evtl. 1 TL Wasser zugeben) und mit dem Zitronensaft und dem Olivenöl vermengen. Zwiebel und Gurke zufügen und mit Salz und Pfeffer abschmecken. Dieser Salat schmeckt hervorragend zu *Ful medames* (S. 216), einem Gericht aus braunen Bohnen.

Toureto *Israelischer Gurken- und Brotsalat*

5–6 Scheiben trockenes, rindenloses Weißbrot
1 große, geschälte und gewürfelte Gurke
2 zerdrückte Knoblauchzehen
4 EL Olivenöl
Saft ½ Zitrone (oder mehr)
Salz
weißer Pfeffer
1 gestrichener TL Paprika, der mit 1 EL Olivenöl vermischt wird

Brot in Wasser einweichen und ausdrücken. Mit den anderen Zutaten mischen und durch ein Sieb streichen oder im Mixer pürieren. Wenn nötig, zweimal durchsieben, um die Masse cremig zu machen. Kalt stellen.
Mit der Paprika-Öl-Mischung beträufeln.

Hamud Shami

Obwohl *Shami* syrisch heißt, ist dies ein ägyptischer Salat, der durch seinen typischen Geschmack nach Zitrone und Knoblauch charakterisiert wird. Er wirkt eher wie ein Hühnchen-Gelee und nicht wie ein Salat.

600 cm^3 Hühnerbrühe
1 EL Öl
2 große, zerstoßene Knoblauchzehen
4 EL gemahlener Reis
Saft von 1 Zitrone (oder mehr)
½ TL Kurkuma (Gelbwurz)

Eine gut gewürzte Hühnerbrühe zubereiten.
Öl in einem Topf erhitzen und den Knoblauch darin braten, bis er goldfarben und aromatisch ist. Einen Schöpflöffel voll Brühe hineingießen. Den gemahlenen Reis in etwas Wasser auflösen und mit der Knoblauchbrühe vermengen. Die restliche Brühe auf kleiner Flamme nach und nach zugießen, dabei ständig rühren. Die Mischung so lange unter Rühren weiterkochen lassen, bis sie sehr dick wird. Den Zitronensaft und Kurkuma zugeben und langsam zum Kochen bringen; dabei gut rühren. In eine Servierschüssel füllen.
Abkühlen und evtl. im Eisschrank ganz kalt werden lassen. Die Mischung wird zu einem köstlichen gelben Gelee erstarren. Es sieht besonders schön in einer durchsichtigen Schüssel aus. Dieser ungewöhnliche Salat schmeckt hervorragend zu kaltem Huhn und heißem Reis oder als Vorspeise mit Brot oder Weinblättern, die hineingestippt werden.

Orangen-Salate

Marokkanischer Orangen-Salat

3 große Orangen schälen und darauf achten, daß die bittere weiße Haut vollständig entfernt wird. In sehr dünne Scheiben schneiden; auf einer Platte anrichten. Mit Orangenblütenwasser beträufeln und mit gemahlenem Zimt bestäuben.

Orangen-Salat mit Radieschen

Für diesen marokkanischen Salat wird ein Bund Radieschen in dünne Scheiben geschnitten und mit 1 oder 2 geschälten, in kleine Stückchen geschnittenen Orangen vermischt. Das Ganze wird leicht mit Salz und etwas Zitronensaft gewürzt.

Orangen-Salat mit Avocados

Dies ist ein moderner israelischer Salat. 2 Orangen werden geschält, in Scheiben und dann in mittelgroße Stücke geschnitten. Mit dem Fleisch einer festen, nicht allzu reifen Avocado, das ebenfalls in Stücke geschnitten wurde, vermischen. Das Ganze mit Zitronensaft, Olivenöl, Salz, weißem Pfeffer und einer Prise Zucker abschmecken.

Salate aus gekochtem frischen Gemüse

Gemischter Gemüsesalat

Man kann jedes Gemüse für den folgenden Salat verwenden, aber die hier aufgeführten sind die gebräuchlichsten.

2 Kartoffeln
1 Rote Bete
2 Zucchini
120 g oder ein paar grüne Bohnen
½ kleiner Blumenkohl
Salz
Salat-Sauce (S. 48)

Kartoffeln schälen, Rote Bete und Zucchini schaben, Bohnen von Fäden befreien und waschen, Blumenkohl säubern. Die Gemüse einzeln in Salzwasser knapp garen oder am besten dünsten. Abgießen. Die Kartoffeln und die Rote Bete würfeln, die Zucchini in Scheiben, die Bohnen der Länge nach schneiden und den Blumenkohl in Röschen zerpflücken.
Die Gemüse auf einer großen Platte jeweils getrennt in kleinen Häufchen anrichten und mit der gut gemischten Sauce übergießen.

Spinat-Salat

1 kg frischer Spinat oder
500 g tiefgefrorener Blattspinat
Salat-Sauce (S. 48)

Die Spinatblätter sehr gründlich waschen, die harten Stiele abschneiden und die Blätter in ihrem eigenen Saft ca. 15 Minuten in einem zugedeckten Topf dämpfen. Wenn man gefrorenen Spinat verwendet, diesen in einem Sieb auftauen, gar kochen und gut abtropfen lassen.
Den Spinat in eine Salatschüssel geben, die Salat-Sauce darübergießen und gut durchmischen.
Der Salat erhält einen besonderen Geschmack, wenn man den Spinat in Olivenöl brät, statt ihn zu dünsten. Er wird dann mit Salz, Pfeffer und evtl. Zitronensaft gewürzt.

Spinat-Salat mit Joghurt

Spinat verträgt sich ausgezeichnet mit Joghurt und schmeckt auf diese Weise zubereitet besonders gut:

500 g frischer oder 250 g
tiefgefrorener Blattspinat
150 g Joghurt
1 zerkleinerte Knoblauchzehe
Salz
schwarzer Pfeffer

Den Spinat sorgfältig waschen und die harten Stiele entfernen; abtropfen lassen. Die Blätter hacken und in ihrem eigenen Saft dünsten, bis sie weich sind. Verwendet man gefrorenen Spinat, diesen in einem Sieb auftauen und gar kochen. Abkühlen lassen.
Joghurt und Knoblauch miteinander verschlagen und in den Topf geben. Gut mischen und mit Salz und Pfeffer würzen.

Rote-Bete-Salat

Meistens wird Rote Bete gekocht und in Scheiben geschnitten, mit Olivenöl, Zitrone, Salz und Pfeffer abgeschmeckt und mit gehackter Petersilie bestreut serviert. Eine ungewöhnlichere Art besteht darin, die Sauce mit Joghurt zuzubereiten.

2 EL Zitronensaft
2 EL Olivenöl
300 g Joghurt
Salz
500 g gekochte, gewürfelte Rote Bete
1 Rote Bete, in Scheiben geschnitten
1 EL feingehackte Petersilie

Zitronensaft und Öl mischen. Joghurt und Salz zufügen und gut schlagen. Die gewürfelte Rote Bete hineingeben und durchmischen. In eine Salatschüssel füllen und mit Rote-Bete-Scheiben und Petersilie garnieren.

Kartoffelsalat

650 g neue Kartoffeln
Salz
3–4 EL feingehackte Petersilie
2–3 EL feingehackte Frühlingszwiebeln

Sauce:
4 EL Olivenöl
2–3 EL Zitronensaft
2 zerdrückte Knoblauchzehen (nach Belieben)
Salz
weißer Pfeffer

Kartoffeln mit der Schale in Salzwasser kochen, bis sie gerade gar sind. (Wenn Sie von der guten Qualität nicht ganz überzeugt sind, die Kartoffeln lieber schälen und dämpfen.)
Die gekochten Kartoffeln schälen, sobald man sie anfassen kann. In kleine Würfel schneiden. Die Sauce mischen und über die noch heißen Kartoffeln gießen. Gut durchmengen und mit Petersilie und Frühlingszwiebeln garnieren.

Dicke-Bohnen-Salat

500 g frische oder tiefgekühlte Dicke Bohnen
2 EL feingehackte Petersilie oder frische Korianderblätter

Sauce:
3 EL Oliven- oder Salatöl
1–2 EL Zitronensaft
1–2 zerdrückte Knoblauchzehen (nach Belieben)
Salz
schwarzer Pfeffer

Bohnen in leicht gesalzenem Wasser weichkochen. Man kann auch tiefgefrorene nehmen, wenn frische nicht zu haben sind. Abgießen und abkühlen lassen.
Die Sauce zubereiten und in einer Salatschüssel über die Bohnen gießen. Die gehackte Petersilie oder den Koriander darüberstreuen und gut durchmengen.

Türkische Tarator-Sauce

Diese ist der syrischen oder libanesischen *Tarator*-Sauce (S. 132) sehr ähnlich, wird aber mit gemahlenen Walnüssen oder Haselnüssen statt der Pinienkerne und Mandeln zubereitet. Sie wird gewöhnlich in einer extra Schüssel serviert, und zwar zu einfacheren Gemüsesalaten; deshalb habe ich sie in dieses Kapitel aufgenommen.

2 dünne, rindenlose Brotscheiben
120 g gemahlene Hasel- oder Walnüsse
150 cm³ Olivenöl
3–4 EL Weinessig
1–2 zerstoßene Knoblauchzehen
Salz
schwarzer Pfeffer

Das Brot in Wasser tauchen und ausdrücken; zerkleinern und mit den gemahlenen Nüssen vermengen. Langsam, unter ständigem Schlagen, das Olivenöl zugeben. Dann den Essig zugießen und mit Knoblauch, Salz und Pfeffer abschmecken. Die Sauce sollte weich und cremig sein. Am besten gelingt sie in einem elektrischen Mixer.

Zucchini- oder Markkürbis-Salat

Dieser Salat wird am besten mit kleinen Zucchini gemacht, aber wenn man sie nicht bekommt, geht es auch mit Markkürbis. 500 g Zucchini im ganzen oder in Scheiben geschnitten in wenig Salzwasser kochen, bis sie weich sind (das dauert nur wenige Minuten). Wenn man Markkürbis verwendet, diesen in 1 cm große Würfel schneiden. Abgießen.
Wenn die Zucchini im ganzen gekocht wurden, in 1 cm dicke Scheiben schneiden. Sauce wie für den *Dicke-Bohnen-Salat* (S. 58) zubereiten und über die Zucchini oder den Markkürbis gießen. Mit 1 oder 2 EL feingehackter Petersilie bestreuen, leicht durchmengen und servieren.

Lauch-Salat

Die grünen Teile von 500 g Lauch längs aufschneiden und sorgfältig waschen, um allen Sand zwischen den Blättern zu entfernen. Die harten äußeren Blätter abschneiden, ebenso die Wurzeln. Lauchstangen in 3–5 cm dicke Scheiben schneiden und in leicht gesalzenem Wasser gerade weich kochen (ca. 15–20 Min.). Abgießen und abkühlen lassen.
Sauce wie für *Dicke-Bohnen-Salat* (S. 58) zubereiten und in einer Salatschüssel über den Lauch gießen. 1–2 EL feingehackte Petersilie darüberstreuen und gut durchmengen.

Variation: Den Lauch in einer Mischung aus dem Saft ½ Zitrone, 3 EL Öl und seinem eigenen Saft leicht köcheln lassen. Mit Salz, Pfeffer und ca. ¾ TL Zucker würzen. Zugedeckt ca. 20 Minuten simmern lassen, bis der Lauch sehr weich ist. Im Sud abkühlen lassen und kalt, mit gehackter Petersilie garniert, servieren.

Grüne-Bohnen-Salat

500 g frische grüne Bohnen waschen, Enden abschneiden und Fäden entfernen. Längs oder quer schneiden und in leicht gesalzenem Wasser kochen, bis sie weich sind. Tiefgefrorene Bohnen brauchen nur wenige Minuten.
Abgießen und abkühlen lassen. In eine Salatschüssel füllen und mit der im vorigen Rezept angegebenen Sauce übergießen. Mit 2 EL feingehackter Petersilie bestreuen, leicht durchmengen und servieren.

Rachèle-Salat

Dieser Salat war die Spezialität einer Köchin namens Rachèle, die viele Partys unserer Gemeinde in Kairo mit vorbereiten half. In Ägypten haben wir englische Pickles dafür verwendet. Meine Mengenangaben beziehen sich auf eine ziemlich große Portion, die für eine Party ausreicht. Ein eventueller Rest kann für künftige Gelegenheiten gelagert werden. Dieser Salat ist deshalb so außergewöhnlich, weil er sich viele Wochen lang hält, wenn man die Oberfläche mit Öl bedeckt und ihn in einem geschlossenen Behälter aufbewahrt.

1 kg Auberginen
Salz
Öl
1 große, gehacke Zwiebel
500 g enthäutete und in Scheiben geschnittene Tomaten
1 mittelgroßes Glas (ca. 200 cm³) milde, eingelegte Senffrüchte (oder andere süßsaure Pickles)

Die Auberginen in Scheiben schneiden, mit Salz bestreuen und mindestens ½ Stunde in einem Sieb ziehen lassen, damit der bittere Saft abtropfen kann. Die Scheiben ausdrücken und in Öl auf beiden Seiten goldbraun braten. In einer großen Pfanne die Zwiebel glasig dünsten, die Tomaten zugeben und leicht rühren, bis sie fast gar sind. Dann die Auberginen zugeben. Die Pfanne vom Feuer nehmen und abkühlen lassen.
Die Pickles kleinhacken und leicht mit den Auberginen und Tomatenscheiben vermischen. Der Salat kann auch sehr gut als Vorspeise gereicht werden.

Pilze in Olivenöl *Ein griechisches Gericht*

250 g kleine Champignons
3 EL Olivenöl
1 EL Wasser
Salz
schwarzer Pfeffer
Saft von ½–1 Zitrone
½ TL getrockneter Thymian (nach Belieben)
1–2 zerstoßene Knoblauchzehen
4 EL feingehackte Petersilie

Die Pilze waschen und trocknen oder mit einem feuchten Tuch säubern. Durchschneiden, wenn sie sehr groß sind. Öl und Wasser in einen Topf gießen, alle übrigen Zutaten, außer den Champignons, zugeben und zum Kochen bringen. Dann die Pilze zufügen und ca. 7 Minuten köcheln lassen. Die Champignons sollen weich sein. Abkühlen lassen und in eine Schüssel geben.
Vor dem Servieren noch einmal abschmecken, da die Intensität des Geschmacks sich mit sinkender Temperatur verändert. Kalt auf den Tisch bringen.

Salate aus Hülsenfrüchten

Hülsenfrüchte ergeben einen köstlichen, nahrhaften Salat, der sich gut als Beilage für leichte Hauptgerichte eignet. Die getrockneten Gemüse werden über Nacht eingeweicht, dann abgegossen und in frischem, ungesalzenem Wasser gekocht. Sie sollen weich, aber nicht vollkommen durchgegart sein und werden erst kurz vor Ende der Kochzeit gesalzen. Zum Schluß werden sie wieder abgegossen und möglichst noch heiß mit einer Sauce und Kräutern angemacht.
Salate aus Hülsenfrüchten werden manchmal auch püriert. In diesem Fall müssen sie länger gekocht werden, bis sie ziemlich weich sind. Dann gießt man sie ab, würzt sie und püriert sie entweder mit einer Gabel oder im elektrischen Mixer. Beide Arten werden kalt serviert.

Linsen-Salat

500 g Linsen, über Nacht eingeweicht
Salz
2–3 EL feingehackte Petersilie

Sauce:
7–8 EL Oliven- oder Salatöl
Saft von 1½–2 Zitronen (oder mehr)
1–2 zerstoßene Knoblauchzehen (nach Belieben)
schwarzer Pfeffer
½–1 TL gemahlener Koriander oder Kümmel (nach Belieben)

Am besten geeignet für diesen Salat sind die großen, dunkelbraunen Linsen. Nach dem Abgießen in frischem Wasser knapp gar kochen; das dauert etwa ½–¾ Stunden. Salz erst kurz vor Ende der Kochzeit zugeben.
Die Saucenzutaten mischen und über die noch heißen, abgegossenen Linsen gießen. Petersilie dazugeben und in einer Schüssel servieren.

Tabbouleh *Burghul(Weizenschrot)-Salat*

250 g feiner Weizenschrot
250 g feingehackte Frühlingszwiebeln
Salz
schwarzer Pfeffer
120 g feingehackte Petersilie (ca. 3 Bund)
1 Bund feingehackte, frische Minze oder 4 EL getrocknete Minze
100 cm³ Olivenöl (oder mehr)
Saft von 2 Zitronen (oder mehr)
2–4 feingehackte Tomaten (nach Belieben)
gekochte Weinblätter, grüner Salat oder weiche Kohlblätter

Weizenschrot ca. 10 Minuten in Wasser einweichen; in ein Haarsieb abgießen. Mit den gehackten Zwiebeln mischen und dabei mit den Händen fest pressen, damit sich der Saft der Zwiebeln mit dem Weizenschrot vermischt. Mit Salz und Pfeffer abschmecken. Petersilie, Minze, Olivenöl und Zitronensaft zugeben und gut durchmengen. Der Salat sollte entschieden sauer sein. Wer will, kann noch Tomaten hinzufügen.

Statt – wie üblich – in einzelnen Schüsseln kann man *Tabbouleh* auch in einer Pyramide anrichten. Diese wird dann mit schwarzen Oliven, tiefroten Tomaten, blaßgrünen Gurkenscheiben oder dunkelgrünen Streifen von Paprika und Petersilie garniert.

Ful Nabed

Püree aus getrockneten weißen Bohnen

Am besten nehmen Sie die dicken Bohnen, die man in allen griechischen Läden findet. Sie sind normalerweise bereits gehäutet.

2 feingehackte Zwiebeln
6 EL Olivenöl
500 g getrocknete weiße Bohnen, über Nacht eingeweicht
Saft 1 Zitrone
1 gestrichener TL Zucker
Salz

Sauce:
2 EL Olivenöl
Saft ½ Zitrone
2–3 EL feingehackter Dill oder Petersilie
1 TL Paprika oder 1 Prise Cayenne-Pfeffer (nach Belieben)

Die Zwiebeln in dem Öl glasig dünsten. Etwa ½ l Wasser zufügen und zum Kochen bringen. Das Einweichwasser der Bohnen abgießen und die Bohnen in die Zwiebel-Wasser-Mischung geben. Auf kleiner Flamme ohne Salz kochen, bis sich die Bohnen praktisch auflösen. Das dauert 1½ bis 2 Stunden, je nach der Qualität der Bohnen. Während des Kochens mehr Wasser zugeben, falls notwendig.
Wenn die Bohnen gar sind, sollte kaum noch Kochflüssigkeit vorhanden sein. Zu einer Paste verarbeiten. Mit Zitronensaft, Zucker und Salz abschmecken. Um eine sehr cremige Konsistenz zu erhalten, durch ein Sieb streichen oder in einem elektrischen Mixer pürieren.
Das Püree in eine Schüssel füllen. Sobald es kalt ist, mit etwas Olivenöl, Zitronensaft, gehacktem Dill oder Petersilie garnieren. Paprika oder Cayenne-Pfeffer geben dem Ganzen noch mehr Farbe.

Fattoush *Brot-Salat*

Es ist ratsam, die Gurke mit Salz zu bestreuen und in einem Sieb ca. ½ Stunde abtropfen zu lassen, bevor der restliche Salat zubereitet wird. Wenn die Gurkenflüssigkeit von dem Brot aufgesogen wird, stört es das Aroma und macht den Salat ziemlich langweilig.

1 flaches, arabisches Brot (Pita) oder 4 dünne Scheiben getoastetes, in kleine Stücke gebrochenes Weißbrot
Saft von 1–2 Zitronen
1 große oder 2 kleine, würfelig geschnittene Gurken
3–4 feste, gehackte Tomaten
1 mittelgroße, milde, gehackte Zwiebel oder ein Bund Frühlingszwiebeln
1 Bund feingehackte Petersilie
einige feingehackte Blätter frischer Minze oder 2 EL getrocknete, zerstoßene Minze
3 EL gehackter, frischer Koriander (nach Belieben)
2 zerstoßene Knoblauchzehen
6–8 EL Olivenöl
Salz
schwarzer Pfeffer

Die Brotstücke in eine Schüssel geben. Mit etwas Wasser oder Zitronensaft befeuchten. Mit den restlichen Zutaten vermengen. Abschmecken. Statt Gurken kann man auch Eissalat verwenden und Paprika zufügen.

Püree aus grünen Bohnen

250 g getrocknete grüne Bohnen, über Nacht eingeweicht
4 EL Olivenöl
Saft 1 Zitrone (oder mehr)
Salz
schwarzer Pfeffer
4 schwarze Oliven (nach Belieben)

Die Bohnen kochen, bis sie sehr weich sind. Gut abgießen und einige ganze Bohnen zum Garnieren aufbewahren. Den Rest zu einer weichen Paste mixen. Olivenöl und Zitronensaft, Salz und Pfeffer zufügen und mit einem Holzlöffel verrühren.
In eine Schüssel füllen und mit ganzen Bohnen und evtl. mit Oliven garnieren.

Piaz

120 g getrocknete grüne Bohnen, über Nacht eingeweicht
4 EL Olivenöl
Saft ½ Zitrone (oder mehr)
Salz
schwarzer Pfeffer
2 hartgekochte Eier
4 schwarze Oliven
1 in dünne Scheiben geschnittene Tomate

Die Bohnen kochen, bis sie sehr weich sind, ohne jedoch auseinanderzufallen. Gut abgießen. Olivenöl, Zitronensaft, Salz und Pfeffer zugeben, solange die Bohnen noch heiß sind. Die geachtelten Eier, schwarzen Oliven (entkernt und halbiert) und die geschnittene Tomate unterheben.

Reis-Salat

375 g Langkorn-Reis
2 EL Öl
Salz
2 feste, gehackte Tomaten
1 große, gewürfelte Gurke, die vorher gesalzen und entwässert wurde
½ feingehackte scharfe Chilischote
3 EL feingehackte Petersilie
3 EL feingehackte Minze oder 1 TL getrocknete Minze
1 EL feingehackter, frischer Schnittlauch
5–6 feingehackte Frühlingszwiebeln oder 1 große, milde Zwiebel
6–7 EL Olivenöl
Saft 1 Zitrone
schwarzer Pfeffer
Salz
1 Prise Cayenne-Pfeffer (nach Belieben)
schwarze Oliven und Gurkenscheiben zum Garnieren (nach Belieben)

Reis wie auf S. 273 angegeben zubereiten. Solange er heiß ist, die restlichen Zutaten zugeben und gut durchmengen. Würzen und phantasievoll mit Oliven und Gurkenscheiben garnieren.

Nougada *Mandel-Salat*

250 g gemahlene Mandeln
1 Prise Zucker
Salz
weißer Pfeffer
1 zerstoßene Knoblauchzehe
Saft von 1½–2 Zitronen
90 cm³ Oliven- oder Sonnenblumenöl
2–3 EL feingehackte Petersilie
gehackte Mandeln zum Garnieren

Die gemahlenen Mandeln in eine Schüssel füllen. Zucker, sehr wenig Salz und weißen Pfeffer zugeben. Knoblauch zufügen und abwechselnd Zitronensaft und Öl zugießen; dabei ständig mit einer Gabel schlagen. In eine Servierschüssel füllen und garnieren. Dieser Salat schmeckt besonders gut zu kaltem Fisch, kaltem Hühnchen oder *Kibbeh* (S. 179).

Joghurt

Joghurt ist ein wichtiger Bestandteil des Essens im Vorderen Orient. In al-Baghdadis mittelalterlichem Handbuch wurde davon als »Persische Milch« gesprochen. Im Iran ist er heute bekannt als *Mâst*, in der Türkei als *Yoğurt*. Syrer und Libanesen nennen ihn *Laban*, Ägypter *Laban zabadi*, während Armenier von *Madzoon* sprechen.

In manchen Teilen des Nahen Ostens glauben die Leute – wie auch im Balkan – daß Joghurt medizinische Heilkraft besitzt. Bei täglichem Konsum soll er das Leben verlängern und die körperliche Konstitution kräftigen.

Wenn Joghurt als wichtiges Element in der Küche verwendet werden soll, so lohnt es sich zu lernen, wie man ihn selbst herstellen kann. Hat man kein Joghurt-Gerät, wie sie jetzt überall angeboten werden, so gibt es ein relativ einfaches, altbewährtes Verfahren. Alles, was man dazu braucht, ist eine große Keramik- oder Glasschüssel, einen Teller, der sie vollkommen bedeckt und eine kleine Wolldecke – oder zwei Schals.

Für jeden halben Liter Milch braucht man 1 TL Joghurt-Kultur, d. h. frischen Naturjoghurt. Gibt man mehr Joghurt zu, so wird der neue saurer als gewünscht.

Die Milch in einem großen Topf zum Kochen bringen. Wenn der Schaum aufsteigt, die Hitze drosseln und die Milch ca. 2 Minuten leise kochen lassen. Platte abstellen und die Milch so weit abkühlen lassen, daß man gerade den Finger hineinhalten und bis 10 zählen kann (das ist die traditionelle Zahl). Die Hitze muß noch so groß sein, daß der Finger weh tut (ca. 41–43° C). Wenn die Milch wesentlich kälter oder heißer ist, gelingt der Joghurt nicht. Jegliche Haut von der Milchoberfläche entfernen.

Den Naturjoghurt in einer großen Glas- oder Keramikschüssel schlagen, bis er ziemlich flüssig ist. Ein paar EL heiße Milch nach und nach dazugeben und jeweils heftig verschlagen. Dann langsam, unter ständigem Rühren die restliche Milch zufügen und mischen, bis der Joghurt völlig aufgelöst ist.

Die Schüssel mit einem Teller oder mit Folie gut verschließen, in eine Wolldecke oder die Schals wickeln und an einen warmen Platz stellen. Die Milch darf keinen Zug bekommen! Nach ca. 8 Stunden (am besten über Nacht stehen lassen) ist der Joghurt normalerweise fertig. Läßt man ihn zu lange im Warmen stehen, kann er evtl. zu sauer werden. Im Eisschrank hält er sich eine Woche, aber es ist besser, jeden 4. Tag neuen, frischen Joghurt zu machen und dabei etwas von dem alten als Joghurt-Kultur zu verwenden.
Bei vielen Gerichten wird Joghurt als Kochflüssigkeit oder als Sauce verwendet. Damit er bei zu langem Erhitzen nicht gerinnt, muß man ihn durch die Zugabe von Mehl oder Eiweiß »stabilisieren«.

1 l Joghurt
1 Eiweiß oder
1 EL Mehl, das mit etwas kaltem Wasser oder kalter Milch verrührt wird
¾ TL Salz

Den Joghurt in einem großen Topf schlagen, bis er flüssig ist. Das leicht geschlagene Eiweiß oder die Mehllösung und das Salz zugeben. Gut mit einem Holzlöffel verquirlen. Unter ständigem Rühren *in einer Richtung* langsam erhitzen und zum Kochen bringen. Dann die Hitze so weit wie möglich reduzieren und den Joghurt gerade noch köcheln lassen, bis er ziemlich eingedickt ist (ca. 10 Minuten). Den Topf dabei nicht zudecken, da schon ein Tropfen des Kondenswassers den Joghurt ruinieren könnte. Nach dieser Behandlung kann der Joghurt, ohne zu gerinnen, mit anderen Zutaten gekocht werden, z. B. mit Fleisch oder Gemüsen.

Labna *Quark*

Dieser Quark wird hergestellt, indem man – je nach Geschmack – 1–2 TL Salz pro Liter in den Joghurt gibt. Der Joghurt sollte in ein mit feuchtem Musselin oder feinem Baumwollstoff ausgelegtes Sieb gegossen werden. Über Nacht abtropfen lassen. Die Molke wird dadurch entfernt, und zurück bleibt ein herrlich weicher, cremiger Käse. Den Käse in kleine Bällchen formen und mit etwas Olivenöl und Paprika beträufeln oder darin wenden.
Im Vorderen Orient ißt man diese arabische Spezialität oft zum Frühstück.

Pikante Pasteten

Pikante Pasteten gehören zu den interessantesten Merkmalen der orientalischen Küche: *Sanbusak, Börek, Pasteles, Bstilla, Fila, Brik, Spanakopitta, Lahma bi ajeen* – eine große Familie herrlicher kleiner Pasteten in Halbmondform, Dreiecken, Stiften, kleinen Körbchen genauso wie mittelgroße und riesige Pasteten. Es werden überall verschiedene Teigsorten verwendet, und um es noch komplizierter zu machen, heißen dieselben Pasteten in jedem Land anders, und derselbe Name kann zwei völlig verschiedene Pasteten bezeichnen.
Diese pikanten Pasteten ergeben ausgezeichnete Snacks und Vorspeisen, und zwar sowohl heiß als auch kalt. Besonders die kleinen sind köstlich und außerdem dekorativ auf Buffets und bei Partys. Die größeren, wie die marokkanische *Bstilla* (S. 82) und die tunesische *Tagine malsouka* (S. 85), ergeben ein wundervolles Hauptgericht.
Die Mengenangaben für die kleinen Pasteten beziehen sich meistens auf 30 Stück oder mehr und sind für Partys etc. gedacht.

Raghîf Alsinîyyeh

Eine außergewöhnliche Pastete wird von Abd al-Latif al-Baghdadi *, dem vielseitigen arabischen Gelehrten, Wissenschaftler, Geschichtsschreiber, Philosophen und Reisenden in einem Bericht über Ägypten im frühen 13. Jahrhundert, im *Kitab al-ifadah wa'l-l'tibar,* beschrieben.
»Eines der außerordentlichsten Gerichte, die in Ägypten hergestellt werden, ist das sogenannte *Raghîf Alsinîyyeh.* Es wird folgendermaßen gemacht: Man nimmt 30 *rotles* (Maß in Bagdad) Weizenmehl. Man knetet es mit 5½ *rotles* Sesamöl auf dieselbe Art und Weise, wie

* Nicht zu verwechseln mit dem al-Baghdadi, den ich schon häufig zitiert habe (s. S. 48).

das *Khoschcnan* genannte Brot. Das Ganze wird in zwei Teile geteilt; einer davon wird in eine runde *Rahgîf*(Kuchen)form gestrichen, die für diesen Zweck aus Kupfer, mit einem Durchmesser von 4 Spannen, gemacht ist und starke Griffe hat. Danach werden auf den Teig drei geröstete Lämmer gelegt, die mit gehacktem, in Sesamöl gebratenem Fleisch, zerstoßenen Pistazienkernen, verschiedenen scharfen und aromatischen Gewürzen wie Pfeffer, Ingwer, Knoblauch, Koriander, Kardamom, Nüssen und anderem gefüllt sind. Über alles wird dann Rosenwasser, mit Moschus vermischt, gesprenkelt. Danach legt man auf die Lämmer und in die freigebliebenen Räume 20 Stück Geflügel, genauso viele Poularden und 50 kleine Vögel, von denen einige geröstet und mit Eiern, andere mit Fleisch gefüllt sind, andere wiederum in dem Saft saurer Trauben oder Zitronen oder ähnlichen Flüssigkeiten gebraten wurden. Darüber kommen Pasteten und kleine Schachteln, die mit Fleisch, Zukker oder Bonbons gefüllt sind. Wenn man noch ein oder mehr in Stücke zerteiltes Lamm dazugeben würde, wäre dies nicht fehl am Platz, und man könnte auch noch gebratenen Käse hinzufügen.
Wenn alles in der Form eines Domes arrangiert ist, besprenkelt man das Ganze wieder mit einem Rosenwasser-Moschus-Gemisch. Es wird mit dem zweiten Teil des Teigs bedeckt, wobei sorgsam darauf geachtet wird, die Teigränder gut miteinander zu verbinden, damit kein Dampf entweichen kann. Danach wird das Ganze auf den Ofen gestellt, bis der Teig fest ist und die Pastete zu kochen anfängt. Dann wird das Gericht langsam in den Ofen geschoben, indem man die Form an den Henkeln faßt, wo man es weiterbacken läßt, bis die Kruste gut durch ist und eine rosarote Farbe annimmt. Wenn es soweit ist, wird es herausgenommen, mit einem Schwamm abgewischt und noch einmal mit Rosen-Moschus-Wasser besprenkelt, bevor es gegessen wird.
Dieses Gericht ist dazu geeignet, Königen und reichen Personen vorgesetzt zu werden, die weit weg von zu Hause auf die Jagd gehen oder in abgelegenen Orten an Vergnügungen teilnehmen; denn dieses Gericht enthält viele verschiedene Dinge. Es ist leicht zu transportieren, bricht kaum, erfreut das Auge, befriedigt den Geschmack und bleibt lange Zeit heiß.«*

* Zand und Videan: *The Eastern Key*

Für einen Teig von 500 g Mehl (S. 75 unter *Sanbusak*)

Käsefüllung I

500 g geriebener Käse
2 verquirlte Eier
weißer Pfeffer

Man benutzt am besten griechischen Halumi, Schweizer Gruyère, Edamerkäse, Gouda oder eine Mischung von allen mit etwas Parmesan. Auch italienischer Mozzarella schmeckt gut. Den geriebenen Käse mit den Eiern verrühren und mit Pfeffer abschmecken. Diese klassische Füllung kann auch mit etwas Muskatnuß und getrockneter Minze gewürzt werden.

Käsefüllung II

500 g krümeliger, weißer, griechischer Feta oder eine gleichgroße Mischung aus Feta und Hüttenkäse
3–4 EL feingehackte, frische Petersilie, Dill, Minze oder Schnittlauch
Pfeffer

Den Käse mit einer Gabel zerkrümeln; keinen cremigen Käse verwenden, da er schmilzt. Die gehackten Kräuter zufügen und mit weißem Pfeffer abschmecken. Kein Salz hinzugeben, es sei denn, der Käse erfordert es (Feta z. B. ist sehr salzig). Die Zutaten zu einer Paste verarbeiten.

Fleischfüllung I

1 mittelgroße bis große, feingehackte Zwiebel
2 EL Öl oder Butter
500 g mageres Lamm- oder Rindfleisch, durchgedreht
2 EL Pinienkerne
Salz
schwarzer Pfeffer
1 TL gemahlener Zimt oder
½ TL gemahlener Piment (nach Belieben)

Die Zwiebel in dem Fett glasig dünsten. Das Fleisch zugeben und leicht anbraten, bis sich die Farbe verändert. Pinienkerne zufügen und weitere 2 Minuten braten. Die Pinienkerne können auch extra geröstet und zum Schluß dazugegeben werden. Mit Salz und Pfeffer abschmecken. Je nach Geschmack die anderen Gewürze dazugeben. Mit ca. 5 EL Wasser ablöschen, da das Fleisch sonst zu trokken für eine Füllung wird. Weiterbraten, bis das Wasser aufgesogen und das Fleisch gar ist. Diese Füllung heißt *Tatbila.*

Fleischfüllung II

Die Füllung wie vorher zubereiten, aber ohne Pinienkerne. Wenn sie gar ist, Kalbshirn zufügen, das gesäubert, gewaschen, in gesäuertem Wasser gekocht und mit einer Gabel zerdrückt worden ist (s. u.). Das hält das durchgedrehte Fleisch zusammen und gibt der Füllung eine cremige Konsistenz.

Hirnfüllung

500 g Kalbs- oder Lammhirn
Essig
Salz
2–3 EL feingehackte Petersilie
weißer Pfeffer
1 gehacktes, hartgekochtes Ei (nach Belieben)

Das Hirn 1 Stunde lang in Wasser einweichen, das mit Essig versetzt wurde. Abgießen und unter fließend kaltem Wasser waschen; dabei die äußeren dünnen Häutchen entfernen. In kochendem, mit 1 EL Essig gesäuertem, gesalzenem Wasser ca. 10 Minuten kochen. Abgießen. Mit einer Gabel zerdrücken und Petersilie, eine gute Menge Salz und Pfeffer zugeben. Man kann auch noch das hartgekochte, zerkrümelte Ei daruntermischen.

Spinatfüllung I

500 g frischer oder
250 g tiefgefrorener Blattspinat
1 EL Butter
120 g geriebener Gruyère oder Edamerkäse
1 Ei
schwarzer Pfeffer
$\frac{1}{4}$ TL gemahlene Muskatnuß (nach Belieben)

Die Stiele bei frischem Spinat entfernen; vorsichtig waschen und die Blätter fein schneiden. Mit 1 EL Butter in einen Topf geben. Zudecken und im eigenen Saft auf niedriger Flamme unter gelegentlichem Rühren garen. Bei gefrorenem Spinat darauf achten, daß er nach dem Auftauen gänzlich abgetropft ist.
Den geriebenen Käse, das leicht geschlagene Ei und schwarzen Pfeffer zugeben. Salz nur zufügen, wenn notwendig. Eventuell etwas Muskatnuß darunterrühren.

Spinatfüllung II

500 g frischer oder
250 g tiefgefrorener Blattspinat
1 feingehackte Zwiebel
Öl
2 EL Pinienkerne oder gehackte Walnüsse
1–2 EL Rosinen
Salz
schwarzer Pfeffer

Stiele vom Spinat entfernen. Waschen, abtropfen lassen und fein hacken. Gefrorenen Spinat auftauen und Wasser ganz abtropfen lassen.
Zwiebel in Öl andünsten, bis sie weich ist. Spinat zugeben und im eigenen Saft köcheln, bis er gar ist. Pinienkerne oder Walnüsse leicht rösten. Das Öl abgießen und zusammen mit den Rosinen unter den Spinat rühren. Mit Salz und Pfeffer abschmecken.

Spinatfüllung III

500 g frischer oder
250 g tiefgefrorener Blattspinat
1 EL Butter
Salz
schwarzer Pfeffer
250 g Kalbshirn

Stiele vom Spinat entfernen. Waschen, abtropfen lassen und fein hacken. Gefrorenen Spinat auftauen und gut abtropfen lassen. Den Spinat mit etwas Butter im eigenen Saft garen. Mit Salz und Pfeffer abschmecken.
Hirn säubern, waschen und in gesäuertem Wasser kochen wie im Rezept für Hirnfüllung beschrieben (S. 72). Mit einer Gabel zerdrücken und mit dem Spinat mischen.

Khandrajo-(Auberginen-)Füllung

Dies ist eine sephardisch-jüdische Füllung, die dem französischen Ratatouille ähnelt.

500 g ungeschälte, in kleine Würfel geschnittene Auberginen
Salz
Öl
1 große, feingehackte Zwiebel
3 enthäutete und gehackte Tomaten
schwarzer Pfeffer

Die gewürfelten Auberginen mit Salz bestreuen und in einem Sieb ca. ½ Stunde stehen lassen, damit der bittere Saft abtropfen kann. Gut abspülen und trockentupfen.
2 EL Öl in einer Pfanne erhitzen und die Zwiebel darin goldbraun dünsten. Auberginen zugeben und leicht braten, bis sie weich und etwas gefärbt sind. Tomaten zufügen und großzügig mit Pfeffer würzen. Salz nur zugeben, wenn nötig, da die Auberginen bereits gesalzen sind. Zugedeckt köcheln lassen, bis die Gemüse sehr weich sind, dann leicht mit einer Gabel pürieren.

Hühnerfüllung

500 g gekochtes und entbeintes Huhn
2 EL Butter
2 EL Mehl
300 cm³ heiße Milch oder Hühnerbrühe
Salz
weißer Pfeffer
geriebene Muskatnuß
1 Ei

Hühnerfleisch in kleine Stücke schneiden.
Butter in einem Topf schmelzen, Mehl zugeben und gut rühren. 5 Minuten unter ständigem Rühren leicht köcheln, bis das Mehl durchgekocht ist. Langsam die heiße Milch oder Brühe zugießen, dabei immer wieder gut schlagen. Kochen lassen, bis die Sauce dick wird. Mit Salz, Pfeffer und Muskatnuß abschmecken und weitere 10 bis 15 Minuten köcheln lassen.
Vom Feuer nehmen, ein Ei hineinschlagen und gut verrühren. Zum Schluß das Hühnerfleisch darunterziehen.

Sanbusak

Dieses moderne Rezept ist in Syrien, Libanon und Ägypten beliebt. Seit Jahrhunderten wurde der Teig folgendermaßen erklärt: »Eine Tasse voll Öl, eine Tasse voll geschmolzener Butter, eine Tasse voll warmes Wasser, ein TL Salz vermengen und so viel Mehl wie nötig darunterziehen.« Auf normale Maßeinheiten übertragen bedeutet das:

Teig:
120 cm³ Öl
120 g geschmolzene Butter
120 g warmes Wasser
1 TL Salz
ca. 500 g gesiebtes Mehl

Füllung:
Käsefüllung I oder Fleischfüllung I (S. 71, S. 72)
1 geschlagenes Ei
Sesamsamen (nach Belieben)
Öl zum Ausbacken oder gereinigte Butter zum Braten

Öl und Butter zusammen in eine hitzebeständige Schüssel geben und über kochendem Wasser erhitzen, bis die Butter geschmolzen ist. Mit warmem Wasser und Salz vermengen und in eine große Schüssel gießen.

Langsam das Mehl einrühren, bis der Teig zu einem weichen, ziemlich fettigen Kloß zusammenhält. Eventuell etwas mehr Mehl zugeben. Der Teig sollte so wenig wie möglich bearbeitet werden, darum sofort mit dem Rühren aufhören, wenn er zusammenhält. Umgekehrt kann man auch das Öl und die Butter langsam in das Mehl gießen und Milch statt Wasser zugeben, bis der Teig sich vom Rand löst und einen Kloß formt. Auch hier den Teig nicht länger als notwendig bearbeiten.
Sanbusak haben der Tradition nach eine Halbmondform. Entweder den Teig dünn ausrollen und mit einem Gebäckmesser Kreise von 8 cm Durchmesser ausschneiden, oder walnußgroße Kügelchen abstechen und diese zwischen den Handflächen so dünn wie möglich auseinanderpressen.
Einen gehäuften TL Füllung in die Mitte einer Kreishälfte setzen; die andere Hälfte darüberlegen, so daß ein Halbmond entsteht, und die Ränder gut zusammendrücken. Für den traditionellen Girlanden-Rand den Rand überall einkerben. Die Halbmonde auf ein ungefettetes Blech legen; die Oberfläche mit geschlagenem Ei bestreichen und, je nach Geschmack, mit Sesamsamen bestreuen. Im vorgeheizten Ofen bei niedriger bis mittlerer Temperatur (150° bis 180°) backen, bis sie hellgelb sind (35–40 Min.). Statt dessen kann man sie auch in geklärter Butter braten oder in Öl ausbacken. In diesem Fall jedoch nicht mit Ei bestreichen.
Heiß oder kalt servieren, am besten jedoch, sobald die Pasteten aus dem Ofen kommen.

Pasteles

Diese kleinen Pasteten sind sephardisch-jüdische Spezialitäten, von denen man annimmt, daß sie von Spanien in die Türkei gebracht worden sind; aber sowohl der Teig als auch die traditionelle Füllung ähneln dem orientalischen *Sanbusak.* Die Form ist die eines kleinen Topfes mit Deckel, wie eine winzige Fleisch-Pastete. Die zwei gebräuchlichsten Füllungen sind: eine der beiden Fleischfüllungen (S. 72) und die Khandrajo-(Auberginen-)Füllung (S. 74).
Den Teig wie für *Sanbusak* zubereiten. Walnuß- oder eigroße Häufchen davon abstechen und mit einem Finger aushöhlen. Durch Drücken und Glätten der Ränder jeweils einen kleinen Topf formen. Diese Töpfchen mit einer der angegebenen Füllungen füllen

und mit einer Teigplatte, die etwas größer als der obere Durchmesser des Töpfchens ist, zudecken. Die Enden gut zusammendrücken. Deckel und evtl. auch die Seiten mit einer Mischung aus geschlagenem Ei und 2 EL Wasser bestreichen und alle Töpfchen auf ein ungefettetes Backblech setzen. Im vorgeheizten Ofen bei 150° C langsam backen, bis der Teig durch ist und die *Pasteles* goldfarben sind.

Eine einfachere Methode, die Töpfchen zu formen, besteht darin, fertige Backformen zu nehmen und mit Teig auszulegen. Diese sind jedoch meistens größer und nicht so fein.

Türkische pikante Börek

Für *Börek* gibt es so viele Rezepte wie Leute, die diese türkische Version der *Sanbusak* machen. Sie reichen von Pasteten- und Brotteigen bis zu Blätterteig-Pasteten.

1. Pastetenteig

500 g Mehl
½ TL Salz
250 g Butter
2 Eier
ca. 4 EL Wasser
1 geschlagenes, mit 1–2 EL Wasser vermischtes Ei zum Bestreichen

Mehl und Salz in eine große Schüssel sieben. Die Butter cremig rühren und mit den Händen in das Mehl kneten. 2 Eier zufügen und sie leicht untermengen. Genug Wasser zugeben, bis der Teig zusammenhält und einen weichen Kloß bildet. Aufhören zu kneten, sobald der Kloß entsteht. Mit einem feuchten Tuch bedeckt für mindestens 1 Stunde kalt stellen.

Den Teig auf einem bemehlten Brett so dünn wie möglich ausrollen. In Kreise von ca. 8 cm Durchmesser schneiden oder, wie vorher beschrieben, walnußgroße Häufchen zwischen den Handflächen flach drücken. Einen gehäuften TL irgendeiner der angegebenen Füllungen in die Mitte des Kreises geben, zu einem Halbmond zusammenschlagen und die Ecken und den Rand gut zusammendrükken. Auf ein ungefettetes Blech legen, mit der Ei-Wasser-Mischung bestreichen und im vorgeheizten Ofen bei 150° C in ca. 45 Minuten goldfarben backen.

2. Brotteig

Diese seltene Form des *Börek* ähnelt einer gefüllten Pizza.
Den Teig wie für *Lahma bi Ajeen* (S. 86) zubereiten. Eine der Käse- oder Fleischfüllungen bereitstellen (S. 71, 72).
Walnußgroße Häufchen von dem gut gekneteten, zu seiner doppelten Größe aufgegangenen Teig abnehmen. Auf einem bemehlten Brett ausrollen, aber nicht ganz so dünn wie für *Lahma bi Ajeen.* Einen gehäuften TL der Füllung in die Mitte geben und den Teig zu Halbmonden formen. Die Ränder mit Wasser anfeuchten und gut zusammendrücken. Auf ein gefettetes Backblech legen und mit einer Ei-Wasser-Mischung bestreichen. An einem warmen Platz stehen lassen, damit der Teig noch einmal aufgeht. Dann im vorgeheizten Ofen bei 200° C ca. 10 Minuten backen.

3. Blätterteig-Pastete

Da Blätterteig sehr kompliziert herzustellen ist, nimmt man am besten tiefgekühlten Fertigteig.
Den aufgetauten Teig so dünn wie möglich ausrollen bzw. die vorgeschnittenen, ausgerollten Teigstücke an den Rändern befeuchten und aneinanderdrücken. Kreise oder Quadrate von 8 cm Durchmesser ausschneiden und einen gehäuften TL irgendeiner der Füllungen daraufgeben. Den Teig entweder zu einem Halbmond oder zu einer Tasche formen und die Ränder bzw. Ecken gut zusammendrücken.
Die *Börek* auf ein Backblech legen, das mit kaltem Wasser besprenkelt wurde. Mit einer Ei-Wasser-Mischung bestreichen und dabei darauf achten, daß nichts daneben läuft. In einem vorgeheizten Ofen 5 Minuten bei 240° C backen, dann die Temperatur auf 180° C reduzieren und ca. ½ Stunde weiterbacken, bis die Pasteten goldbraun und gar sind.
Am besten schmecken die Pasteten heiß, wenn sie gerade aus dem Ofen kommen. Man kann sie aber genausogut auch kalt essen.

Fila-Pasteten

Fila ist ein sehr feiner, papierdünner Teig, der im ganzen Nahen Osten beliebt ist (*Phyllo* bei den Griechen, *Yufka* bei den Türken, *Brik* oder *Malsouka* bei den Tunesiern). Er ist leicht zu machen und billig.

Die Schwierigkeit bei der Arbeit mit *Fila* liegt darin, den Teig so dünn auszuziehen. Pasteten-Experten kneten ihn sehr lange heftig durch, bis er sehr elastisch ist, dann läßt man ihn 2–3 Stunden ruhen. Als nächstes wird der Teig in faustgroße Klöße geteilt, die einzeln wiederum geknetet und dann solange gezogen und gedehnt werden, bis der Teig fast durchsichtig ist.

Ein Teig von 500 g Mehl ergibt ca. 24 große Teigplatten, die sich, in Folie eingewickelt, bis zu fünf Tagen halten. Tiefgekühlt bleiben sie bis zu drei Monaten frisch. Wenn die tiefgekühlten Teigplatten (immer einzeln einpacken) vollständig aufgetaut sind, sollten sie möglichst bald verarbeitet werden, da sie sonst austrocknen und brüchig werden.

Kleine, pikante Fila

250 g Mehl mit soviel Wasser vermengen, daß ein zäher Teig entsteht. Sehr gut durchkneten und daraus ca. 12 Teigplatten ziehen. Eine beliebige Füllung (S. 71, 72, 73, 74, 75) vorbereiten. Die gebräuchlichste Form ist ein Dreieck, das folgendermaßen hergestellt wird: Eine Teigplatte der Länge nach in 4 rechteckige Streifen schneiden, die ca. 8 cm breit sind. Einen nach dem anderen über die ganze Länge mit geschmolzener Butter bestreichen. Einen TL voll Füllung jeweils am Ende eines Streifens daraufgeben (ca. 3 cm vom Rand entfernt). Eine Ecke über die Füllung legen, so daß ein Dreieck entsteht, dann das Dreieck zur anderen Seite legen usw., bis der ganze Streifen gefaltet ist. Alle Ränder gut zusammendrücken. Den gleichen Prozeß mit den anderen Teigstreifen wiederholen. Die Pastetchen auf ein geöltes Backblech legen, mit geschmolzener Butter bestreichen und im vorgeheizten Ofen bei milder Hitze (150°) 30–45 Minuten backen, bis sie kroß und goldbraun sind.

Eine andere, häufig verwendete Form, ist das Quadrat. Hierfür schlägt man zunächst das untere Ende über die Füllung, schlägt dann die Seitenkanten des ganzen Streifens etwas ein und faltet nun das Quadrat so lange, bis der ganze Teigstreifen verbraucht ist. Wie oben beschrieben backen.

Aus einem 10 cm breiten und 25 cm langen Streifen entsteht eine dünne Zigarre. Meistens verwendet man dafür eine Käsefüllung. Die Füllung ca. 1 cm vom unteren Ende auf den Teig geben, das untere Ende darüber schlagen, dann die Seitenkanten einschlagen und den Streifen wie eine Zigarre aufrollen. Wie oben backen.

Brik à l'Œuf

Diese tunesische Variation von *Fila* eignet sich vorzüglich als kleiner Snack. Man kann die Füllungen beliebig variieren und serviert die Pastetchen am besten sofort.

Füllung für eine Portion:
2 EL gehackte, in Butter gedünstete Zwiebeln
3 EL zerpflückter Thunfisch aus der Dose
1 TL feingehackte Petersilie
Salz
schwarzer Pfeffer
1 Ei

Käsefüllung:
3 EL geriebener Käse
2–3 in Scheiben geschnittene, in Öl oder Butter gedünstete Pilze
1 TL feingehackte Petersilie
Salz
schwarzer Pfeffer
1 Ei

Eine Lage *Fila* auf einem großen Teller oder einer flachen Oberfläche ausbreiten. Wenn die Füllung sehr feucht erscheint und Sie Angst haben, der Teig könnte brechen, legen sie zwei Lagen übereinander. Die Zutaten für die Füllung auf ein Ende des Teiges geben, dabei das Ei zuletzt darüber schlagen (die Zutaten nicht vermengen!). Das Ganze zu einem hübschen, sauberen Paket falten, dabei aber darauf achten, daß die Füllung nicht zerquetscht wird. Das Paket in nicht zu heißes Öl geben (am besten in einer Friteuse ausbacken). Wenn es goldbraun ist, herausnehmen, auf Küchenkrepp abtropfen lassen und sofort heiß servieren (man kann die Pastete auch auf sehr niedriger Stufe im Ofen warmhalten).

Große Pasteten

Spanakopitta

1 kg frischer Spinat
150 g Butter
Salz
schwarzer Pfeffer
¼ TL geriebene Muskatnuß (nach Belieben)
120 g geriebener Käse (Gruyère, Parmesan oder Feta)
8–10 Lagen Fila-*Teig*

Spinat waschen und die harten Stiele entfernen. Abgießen und hakken. Mit ca. 2 EL Butter, etwas Salz und Pfeffer und evtl. Muskatnuß leicht dünsten, bis er gar ist. Saft abgießen und den Spinat gut mit dem Käse vermischen.
Eine große, tiefe Backform oder ein tiefes Ofenblech einfetten. Nacheinander 4–5 Lagen Teig buttern und übereinanderlegen, so daß sie über die Form lappen. Die Spinat-Käse-Masse darauf verteilen. Dann die restlichen Lagen Teig mit Butter bepinseln und darüber legen. Die letzte Lage ebenfalls mit Butter bestreichen.
Die Pastete in den vorgeheizten Ofen schieben und bei 150° ca. ¾ Stunden backen. Dann die Hitze auf 220°–230° erhöhen, bis die Pastete kroß und goldbraun ist und alle Teiglagen gar sind (ca. 5 bis 10 Minuten).
Eine andere Version derselben Pastete kann aus *Börek*-Teig gemacht werden (S. 77). Eine – etwas größere – Hälfte des Teiges (man kann auch fertigen Strudelteig nehmen) ausrollen und in die Form legen, so daß sie ca. 4 cm über den Rand reicht. Gut festdrücken. Wenn die Füllung sehr feucht ist, den Teig mit Eiweiß bestreichen, damit er nicht durchfeuchtet. Die Füllung gut verteilen und mit der anderen Hälfte des Teigs bedecken, die ca. 2 cm größer als die Form sein sollte. Die Ränder gut zusammendrücken, evtl. etwas einschlagen und einkerben, um eine Ranke zu erhalten. Die Pastete mit der Gabel einstechen, damit der Dampf entweichen kann.
In einem vorgeheizten Ofen bei 240° fünf Minuten backen, dann die Hitze auf 150° reduzieren und noch einmal ½ Stunde backen, bis die Pastete kroß und goldbraun ist.

Tyropitta

Eine andere beliebte griechische Pastete wird mit Feta hergestellt, den man in fast jedem griechischen Geschäft findet.

500 g Fetakäse
2 Eier
weißer Pfeffer
4 EL feingehackter Dill, Schnittlauch oder andere Kräuter

Den Käse mit einer Gabel zerkrümeln. Die Eier hineinschlagen und mit Pfeffer abschmecken. Die Kräuter darunterrühren und alles gut mischen.
Die Pastete mit einer der beiden Teigversionen von *Spanakopitta* zubereiten.

Variation:

500 g weißer Fetakäse
2 kleine, feingehackte und leicht mit Salz gedünstete Zwiebeln
125 g Joghurt
weißer Pfeffer
3 gut verschlagene Eier

Den Käse mit einer Gabel zerdrücken. Mit den anderen Zutaten gut vermischen. Pastete wie vorher zubereiten.

Kotopitta

Diese griechische Hühnerpastete wird mit der Hähnchenfüllung von S. 75 und *Fila*teig hergestellt.

Bstilla

Dies ist eines der marokkanischen Gerichte, »Pastilla« ausgesprochen, die angeblich von den Mauren nach der *Reconquista* aus Andalusien mitgebracht worden sind.
Das »Göttermahl«, wie es von den Marokkanern genannt wird, wird bei besonderen Gelegenheiten zubereitet, z. B. wenn wichtige Gäste erwartet werden. Die Taubenpastete ist riesig und muß in einer entsprechenden Form gebacken werden. Selbst die sehr her-

abgesetzten Mengen, die ich angegeben habe, reichen leicht für 6–8 Leute. Traditionsgemäß wird die Pastete mit Tauben gemacht. Ich schlage jedoch vor, daß Sie statt dessen Poularden oder Hähnchen verwenden. Statt des außerordentlich schwierigen Originalteigs kann man durchaus einen fertigen *Fila*teig nehmen.

Füllung:
2 Poularden oder 1 großes Hähnchen
2 EL Butter
1 große, feingehackte oder geriebene Zwiebel
Salz
schwarzer Pfeffer
½ TL gemahlener Ingwer
¼ TL Safranpuder (nach Belieben)
½ TL gemahlener Zimt
½ TL gemahlener Piment
3 EL feingehackte Petersilie
7–8 Eier

Pastete:
180 g geschmolzene Butter
16 Lagen Fila*teig*
1 EL Zucker
¼ TL gemahlener Zimt
125 g gehackte, in Butter gedünstete Mandeln
1 geschlagenes Eigelb
etwas Zucker und Zimt zum Garnieren

Poularden oder Hähnchen waschen und in Viertel schneiden. In sehr wenig Wasser mit der Butter, der Zwiebel, den Gewürzen und der Petersilie ca. 2 Stunden köcheln, bis das Fleisch so weich ist, daß es von den Knochen fällt. Eventuell etwas Wasser zugeben. Die Brühe abgießen und aufbewahren. Die Küken (Hähnchen) enthäuten, entbeinen und das Fleisch in kleine Stücke schneiden.
150 cm^3 der Brühe mit den Eiern gut verschlagen. Mit Salz und Pfeffer abschmecken, in einen kleinen Topf geben und auf kleiner Flamme unter Rühren erhitzen, bis die Flüssigkeit cremig wird. Die Eier und das Hühnerfleisch ergeben die Füllung.
Eine runde oder viereckige, tiefe Form (4–5 cm tief) von 33 cm Durchmesser mit geschmolzener Butter ausstreichen. Die Form mit einer Lage *Fila*teig so auslegen, daß der Teig an den Rändern überlappt. 6 Lagen Teig übereinanderlegen, dabei jeweils mit Butter bestreichen. Die oberste Lage mit Zucker, Zimt und Mandeln bestreuen. Mehr als die Hälfte der Eimischung darauf verteilen und etwas von der übrigen Hühnerbrühe darübersprenkeln. Mit 4 weiteren Lagen *Fila* bedecken, die jeweils mit Butter bestrichen werden. Das Hähnchenfleisch sauber darauf verteilen und die restliche Ei-

mischung darübergeben. Mit etwas Hühnerbrühe besprenkeln. Mit den restlichen *Fila*-Lagen bedecken, die wiederum jeweils mit Butter bestrichen werden. Die obersten Lagen zwischen die überlappenden unteren Lagen und die Füllung stecken. Den überlappenden Teig gegen die oberen Schichten drücken (man kann es auch anders herum machen).
Die Oberfläche mit dem geschlagenen Eigelb bestreichen und bei 160° ca. 40 Minuten backen; dann die Temperatur auf 200°–220° erhöhen und weitere 15 Minuten backen, bis die Pastete kroß und goldbraun ist. Mit Zucker und Zimt bestreuen oder kreuzweise in Rauten einschneiden und servieren.

Ataïf mit Käse

Ataïf (Pfannkuchen) werden besonders gerne süß, mit Nüssen gefüllt und mit Sirup übergossen serviert (S. 319). Seltener füllt man sie mit Käse.
Ataïf wie auf S. 331 beschrieben zubereiten, aber statt des Zuckers Salz verwenden. Man kann die Pfannkuchen entweder mit einer Scheibe griechischem Halumi füllen oder mit einer Füllung aus 250 g geriebenem Gruyère, Edamer o. ä., 1 ganzen Ei und Pfeffer. Die Zutaten gut mit einer Gabel vermengen (je nach Käsesorte noch Salz hinzufügen).
Einen gehäuften TL Füllung in die Mitte jedes *Ataïf* geben, und zwar auf die ungebackene, weiche Seite. Den Pfannkuchen über die Füllung klappen, so daß ein Halbmond entsteht, und die Ränder mit den Fingern gut zusammendrücken. In heißem Öl goldgelb ausbakken und auf Küchenkrepp abtropfen lassen. Heiß oder kalt servieren.

Eine andere Käsefüllung wird aus griechischem Feta hergestellt, der mit weißem Pfeffer und Schnittlauch gewürzt wird. Normaler weißer Streichkäse eignet sich nicht, da er schmelzen würde.

Tagine Malsouka *Tunesische Fleisch-Pastete*

500 g mageres, gewürfeltes Lammfleisch
2 EL Öl
120 g getrocknete, über Nacht eingeweichte grüne Bohnen
Salz
schwarzer Pfeffer
¼ TL Safranpuder (nach Belieben)
½ TL gemahlenen Zimt
6 Eier
120 g geschmolzene Butter
12 Lagen Filateig
geschlagenes Eigelb

In einem Topf das Fleisch mit 2 EL Öl anbraten. Eingeweichte und abgegossene Bohnen zufügen, mit Wasser bedecken und mit Pfeffer, Safran und Zimt würzen. Zum Kochen bringen und zugedeckt ca. 2 Stunden leise köcheln lassen, bis die Bohnen weich, das Fleisch gar und die Flüssigkeit sehr reduziert ist. Etwas Wasser während des Kochens zugeben, wenn es zu schnell verdampft. Sobald die Bohnen weich sind, mit Salz abschmecken. Die Eier hineinschlagen und gut verrühren. Solange weiterrühren, bis die Eier etwas fest geworden sind und die Sauce cremig ist.
Eine große Backform mit geschmolzener Butter ausstreichen und 4 Lagen *Fila*teig so hineinlegen, daß sie am Rand überlappen. Jede Lage mit Butter bestreichen. Die Hälfte der Fleischfüllung darauf verteilen und mit vier weiteren, gebutterten Lagen Teig bedecken. Die restliche Fleischfüllung daraufgeben und mit den letzten Teiglagen zudecken. Die Oberfläche mit Eigelb bestreichen, die Ränder gut zusammendrücken und die Pastete bei 160°–180° vierzig Minuten backen. Dann die Hitze auf 200°–220° erhöhen und weitere 15 Minuten backen, bis die Pastete kroß und goldgelb ist und die Eier sich in der Fleischmasse gesetzt haben.

Lahma bi Ajeen

Dies ist eine Art arabische Pizza mit Fleischfüllung. Sie wird mit Brotteig zubereitet und ist nicht schwierig herzustellen. Die angegebenen Mengen reichen für 8–10 Personen.

Teig:
15 g frische oder 7 g getrocknete Hefe
250 cm³ lauwarmes Wasser
1 Prise Zucker
500 g Mehl
1 TL Salz
2 EL Öl

Die Hefe mit der Prise Zucker in ½ Tasse lauwarmem Wasser auflösen. An einem warmen Platz stehen lassen, bis die Mischung anfängt zu schäumen (etwa 10 Minuten).
In der Zwischenzeit das Mehl mit dem Salz in eine große, gewärmte Schüssel sieben. In eine Mulde in der Mitte das Öl und die Hefemischung geben. Den Teig heftig kneten, dabei nach und nach das restliche Wasser zugeben, bis der Teig weich ist. Weitere 15 Minuten heftig kneten, bis er elastisch ist und sich vom Schüsselrand löst. Mit einem feuchten Tuch zugedeckt an einem warmen, zugfreien Ort 2 Stunden stehen lassen. Damit die Oberfläche nicht austrocknet, den Teigkloß vorher einmal in etwas Öl wenden, bis er ganz davon überzogen ist.
Während der Teig geht, die Füllung vorbereiten:

Füllung:
500 g feingehackte Zwiebeln
750 g mageres, durchgedrehtes Lamm- oder Rindfleisch
500 g frische, enthäutete und gehackte, oder 400 g Dosentomaten
1 kleine Dose Tomatenmark (60 g)
1 TL Zucker
¾ TL gemahlener Piment
1–2 EL Zitronensaft
Salz
schwarzer Pfeffer
3 EL feingehackte Petersilie (nach Belieben)
1 Prise Cayenne-Pfeffer (nach Belieben)

Die Zwiebeln in etwas Öl dünsten, bis sie glasig sind und ihr Wasser verloren haben; sie dürfen jedoch keine Farbe annehmen. In einer großen Schüssel das Fleisch, die Tomaten und das Tomatenmark vermischen. Bei frischen Tomaten soviel Saft und Kerne wie möglich entfernen und sie zu einem Brei vermengen. Bei Dosentomaten

diese gut abgießen, da zuviel Flüssigkeit den Teig zu feucht macht. Zucker, Gewürzmischung und Zitronensaft zufügen und mit Salz und Pfeffer abschmecken. Das Öl von den Zwiebeln abgießen und diese in die Fleischmischung geben. Gut mit der Hand durchkneten. Eventuell Petersilie und Cayenne-Pfeffer zufügen.
Die Füllung wird manchmal so variiert, daß man die Tomaten ganz wegläßt und 60 g Pinienkerne und 2–3 EL Tamarinde statt dessen dazunimmt.
Den aufgegangenen Teig noch ein paarmal durchkneten und in viele, walnußgroße Kugeln teilen. Noch einige Minuten stehen lassen, dann die Kugeln einzeln auf einem bemehlten Brett zu Fladen von 12–15 cm Durchmesser ausrollen. Statt dessen kann man auch die Hände einölen, kleinere Kugeln nehmen und sie mit den Händen auf einem geölten Blech so dünn wie möglich auseinanderziehen.
Die vorbereitete Füllung großzügig auf jedem Fladen verteilen, so daß er vollständig bedeckt ist. Auf ein leicht geöltes Backblech legen und weitere 10 Minuten ruhen lassen. Im vorgeheizten, sehr heißen Ofen bei 230°–240° nur 8–10 Minuten backen. Die Pasteten sollten durch, aber noch weiß und weich genug sein, daß man sie aufrollen kann, wie manche Leute es tun.
Lahma bi Ajeen kann in einem warmen Ofen wieder aufgewärmt werden. Mit verschiedenen Salaten servieren.

Suppen – *Shorbah*

Im Vorderen Orient werden Suppen oft als eigene Mahlzeiten gegessen, zu denen arabisches Brot oder *Pitta* (S. 299) gereicht wird. Einige der reichhaltigen Suppen spielen bei religiösen Festen eine Rolle und werden »Fest-« oder »Hochzeitssuppen« genannt. Einige der Suppen und Stews wurden von den reichen, europäisierten Ägyptern, die die internationale Küche bevorzugten, als »Bediensteten-Essen« verachtet. Die meisten dieser Familien gaben ihren Dienern täglich eine bestimmte Summe, mit der sie sich z. B. für 2 Piaster Fleisch und für 1 Piaster Gemüse kaufen konnten. Das kam dann alles in einen großen Topf und wurde über einem Primus-Ofen oder *Fatayel* auf den Dächern der Luxus-Appartement-Häuser gekocht, wo meistens die Dienstboten-Zimmer waren. Manchmal legten die Bediensteten eines ganzen Blocks ihr Geld zusammen, um ein einziges, großes Gericht zu machen. Die kräftigen Aromata hüllten die darunter liegenden Straßen ein und übertönten das delikate Parfum des verfeinerten Essens ihrer Herrschaft.
Die Reichen verteidigten sich gegen den Vorwurf, sie würden gut essen, während ihre Diener nur billiges Essen bekämen, mit dem Hinweis, letztere würden ihr eigenes Essen *bevorzugen.* Darin lag allerdings sehr viel Wahrheit, und ich kenne viele Kinder reicher Familien, die auf die Dächer schlichen, um etwas von den Suppen und Stews ihrer Bediensteten zu bekommen.

Melokhia

Melokhia ist eines der ägyptischen Nationalgerichte. Es ist eine uralte Bauernsuppe, deren Herstellung man in den Zeichnungen der Pharaonengräber zu erkennen glaubt.
Die Frauen auf dem Lande bereiten diese Suppe fast täglich zu. Proteinhaltige Brühen sind zu teuer, daher werden die *Melokhia*-Blätter in dem Wasser gekocht, in dem vorher Gemüse gekocht wurde. Die Blätter geben der Suppe eine klebrige Beschaffenheit. Die Frauen

kochen die Suppe in großen Töpfen, die sie dann, auf dem Kopf tragend, ihren Männern auf das Feld bringen. Wenn die Männer abends nach Hause kommen, essen sie noch einmal mit dem gleichen Vergnügen davon.
Melokhia hat in den letzten Jahren an symbolischer und patriotischer Wichtigkeit gewonnen, da sie den nationalen, allgemeinen Geschmack repräsentiert, der dem snobistischeren, kosmopolitischen Geschmack des alten ägyptischen Regimes entgegensteht.
Da es fast nirgends frische *Melokhia*-Blätter zu kaufen gibt, ist es angebracht, getrocknete *Melokhia* zu nehmen, die es in fast allen griechischen Läden gibt.

2–2½ l Hühner-, Gänse- oder Fleischbrühe
Salz
schwarzer Pfeffer
1 kg frische oder 120 g getrocknete Melokhia-*Blätter*
2–3 Knoblauchzehen
Salz
2 EL Butter oder Öl
1 EL gemahlener Koriander
Cayenne-Pfeffer

Für die Brühe ein ganzes Huhn, eine halbe Gans oder Suppenfleisch ca. 2–3 Stunden kochen lassen, dabei gelegentlich den aufsteigenden Schaum entfernen. Mit Salz und Pfeffer abschmecken.
Das Fleisch herausnehmen, wenn nötig entbeinen und die Knochen wegwerfen.
Die getrockneten *Melokhia*-Blätter zwischen den Händen zerreiben und in eine große Schüssel geben. Etwas heißes Wasser darübergießen. Zur doppelten Menge aufquellen lassen und dabei, wenn nötig, Wasser nachgießen.
Die Brühe in einen großen Topf seihen und zum Kochen bringen. Die vorbereiteten *Melokhia*-Blätter dazugeben und gut umrühren. Ca. 20–30 Minuten kochen lassen.
Inzwischen die *Taklia*-Sauce (Knoblauchsauce) vorbereiten: Den Knoblauch mit etwas Salz zerdrücken, dann in Butter oder Öl braten. Wenn er goldbraun ist, Koriander und Cayenne-Pfeffer zufügen, zu einer Paste vermengen und noch etwas braten lassen.
Diese Mischung zu der Suppe geben, den Topf gut verschließen und weitere 2 Minuten kochen lassen. Zwischendurch umrühren, damit sich die Blätter nicht auf den Boden setzen. Nicht zu lange kochen! Abschmecken.

Dieses Gericht kann zuerst als Suppe serviert werden, dann zusammen mit Reis und schließlich mit einigen Stücken Fleisch vom Huhn oder der Gans.

Variation: Eine andere Brühe entsteht, wenn man 2 Stangen Lauch, 2 weiße Rüben, 2 enthäutete und geviertelte Tomaten, 1 Zwiebel und 1 Knoblauchzehe am Anfang dazugibt. Wenn die Brühe einige Stunden gekocht hat, das Gemüse zusammen mit dem Fleisch entfernen.

Beid bi Lamoun *Eier-Zitronensuppe*

Dies ist die griechische *Avgolemono,* bei der Eigelb oder ganze Eier zum Andicken der Suppe verwendet werden.

2 l Hühnerbrühe
Salz
weißer Pfeffer
60 g gewaschener Reis oder
60 g italienische Pastina oder
30 g Tapioca
3 Eigelb oder 2 ganze Eier
Saft von 1–2 Zitronen
2 EL feingehackte Petersilie oder
Schnittlauch (nach Belieben)

Eine kräftige Hühnerbrühe herstellen (evtl. einen Brühwürfel zufügen) und mit Salz und Pfeffer abschmecken.
Den Reis (bzw. Pastina oder Tapioca) in die kochende Brühe schütten und gar kochen. Die Eigelb oder ganzen Eier heftig schlagen, dabei nach und nach den Zitronensaft darunterrühren. Einen Schöpflöffel voll Suppe zu der Eimischung geben und gut verschlagen. Diese Mischung langsam unter ständigem Rühren zurück in den Topf gießen. Die Hitze der Platte muß sehr niedrig gehalten werden, damit die Eier nicht gerinnen. Die Suppe solange köcheln lassen und rühren, bis sie eindickt. Abschmecken und evtl. mehr Zitronensaft zugießen.
Mit Petersilie oder Schnittlauch garnieren und sofort servieren.
In Griechenland wird auch eine Fisch- oder Fleischbrühe für diese Suppe verwendet, was in anderen Ländern des Nahen Ostens sehr unüblich ist.

Hamud *Hühnersuppe mit Zitrone*

Hamud wird eigentlich als Sauce zu Reis serviert. Aber sie erscheint oft zweimal bei derselben Mahlzeit: zunächst als Suppe, dann verdickt als Sauce.

Gerippe und Innereien von 1 Huhn
3–4 Stangen geschnittener Sellerie, mit Blättern
2 geschnittene Lauchstangen (nach Belieben)
2–3 geraspelte Knoblauchzehen
Salz
schwarzer Pfeffer
Saft von 1–2 Zitronen
2–3 geschnittene Zucchini (nach Belieben)
120 g gekochter Reis (roh gemessen)

Aus Gerippe und Innereien eine Hühnerbrühe kochen. Das Hühnerklein muß sehr frisch sein und das Gerippe von einem am selben Tag gekochten Hühnchen, da sonst das daranhängende Fleisch trocken und hart ist und das Mark geschmacklos wird. Die Knochen etwas brechen, damit die Brühe mehr Aroma bekommt.
Es gibt zwei Möglichkeiten, die Brühe zuzubereiten. Man kann die Brühe vorweg kochen und durch ein feines Sieb streichen; dann wird das Gemüse in einer klaren Brühe gekocht. Ich koche jedoch normalerweise alle Zutaten zusammen, und zwar folgendermaßen:
Knochen und Hühnerklein in einen großen Topf geben. Sellerie und evtl. Lauch und Knoblauch zufügen und mit etwa 2 Litern Wasser bedecken. Zum Kochen bringen und den aufsteigenden Schaum abschöpfen. Mit Salz und Pfeffer würzen und den Saft von 1 Zitrone dazugießen. Ca. 1 Stunde köcheln lassen. Den Topf von der Platte nehmen und alle Knochen entfernen, so daß nur das Fleisch übrigbleibt. Falls man sie verwendet, die Zucchini zugeben und weitere 15 Minuten köcheln lassen. Nochmals abschmecken und evtl. mehr Zitronensaft zugeben. Die Suppe sollte gut nach Zitrone schmecken. Den gekochten Reis erst kurz vor dem Servieren zufügen, damit er nicht matschig wird. Man kann auch ca. 10 bis 15 Minuten vor Ende der Kochzeit den rohen Reis in die Suppe geben und ihn darin garen lassen.

Havuç Çorbasi *Türkische Karottensuppe*

750 g Karotten
4 EL Butter
Salz
schwarzer Pfeffer
1 TL Zucker
1–1½ l Hühnerbrühe
2 EL Mehl
150 cm³ Milch
3 Eigelb

Die Karotten schaben, waschen und kleinschneiden. In 2 EL Butter sautieren, bis sie leicht gefärbt sind; mit Wasser bedecken. Mit Salz, Pfeffer und Zucker würzen. Zum Kochen bringen, den Topf zudekken und köcheln lassen, bis die Karotten sehr weich sind. Abgießen, zu Mus zerdrücken oder im elektrischen Mixer pürieren.
Das Karottenpüree mit der Brühe in einem Topf vermischen. Zum Kochen bringen und solange köcheln lassen, bis sich das Püree in der Brühe fast aufgelöst hat. (Statt dessen kann man auch die Karotten in der Brühe kochen und dann alles zusammen im elektrischen Mixer pürieren.)
Die andere Hälfte der Butter in einem Topf schmelzen. Mehl zufügen und gut verrühren. Langsam die Milch zugießen und dabei ständig rühren, bis sich die Mischung verdickt. Vom Herd nehmen. Nacheinander die Eigelb unterziehen, dabei ständig schlagen. Dann die Mischung unter ständigem Rühren nach und nach in die Brühe geben (immer nur wenig auf einmal). Abschmecken und die Suppe fast bis zum Siedepunkt bringen, aber nicht kochen lassen, damit das Eigelb nicht gerinnt. Sofort servieren.

Ful Nabed-Suppe

Diese Suppe, die aus denselben dicken weißen Bohnen wie *Ta'amia* (S. 38) gemacht wird, ist in Ägypten besonders dort beliebt, wo es Kranke und Rekonvaleszenten gibt, die diese Suppe bekommen, um ihre Kräfte wiederzugewinnen.

500 g gehäutete weiße dicke Bohnen (Ful Nabed)
2 EL Olivenöl
Salz
weißer Pfeffer
3 EL feingehackte Petersilie
Saft 1 Zitrone

Die Bohnen über Nacht einweichen. Abgießen und mit 2 l Wasser in einen großen Topf geben. Zum Kochen bringen und ca. 1 Stunde weiterköcheln lassen, bis sie sehr weich sind. Bohnen und Flüssigkeit durch ein Sieb streichen oder in einem elektrischen Mixer pürieren.
Suppe wieder in den Topf gießen, Öl dazugeben und mit Salz und Pfeffer abschmecken. Einige Minuten weiterköcheln lassen und evtl. etwas mehr Wasser zugießen, falls die Suppe zu dick wird.
Mit Petersilie garniert servieren und über jeden einzelnen Teller Suppe etwas Zitronensaft pressen. Dazu Brot reichen.

Linsensuppe mit Spinat

250 g große braune Linsen
500 g frischer oder 250 g gefrorener Spinat
1 große, feingehackte Zwiebel
2–3 EL Öl
2 EL Tomatenmark (nach Belieben)
Salz
1 Prise Cayenne-Pfeffer

Linsen in einem großen Topf mit ca. 2 l Wasser bedecken und 30 bis 40 Minuten kochen lassen, bis sie gar sind.
Während dessen frischen Spinat waschen und gut abtropfen oder den gefrorenen Spinat in einem Sieb auftauen lassen. In Streifen oder Stückchen schneiden. Die gehackte Zwiebel im Öl dunkelbraun braten. Den vorbereiteten Spinat zufügen und auf kleiner Flamme sautieren. In der entstehenden Flüssigkeit zugedeckt ein paar Minuten lang köcheln lassen, dann in den Topf mit den gekochten Linsen gießen. Nach Geschmack Tomatenmark zufügen, mit Salz und Cayenne-Pfeffer abschmecken und köcheln lassen, bis sich die Aromata und die Farben gut vermengt haben.
Wenn nötig, noch etwas Wasser zugießen und sofort servieren.

Linsensuppe

Man kann dafür rote, gelbe, grüne oder braune Linsen verwenden. Obwohl man braune Linsen angeblich einweichen soll, ist es eigentlich nicht nötig.
Normalerweise wird die Suppe mit Wasser gekocht, aber Fleisch- oder Knochenbrühe machen sie kräftiger und gehaltvoller.

3 EL Butter
1 große, gehackte Zwiebel
1 gehackte Selleriestange mit Blättern
1 gehackte Karotte (nach Belieben)
375 g gewaschene Linsen
2 l Wasser oder Brühe
1 zerhackter Markknochen (nach Belieben)
Salz
schwarzer Pfeffer
Saft von ½–1 Zitrone
1 TL gemahlener Kümmel (nach Belieben)
kleine, mit Knoblauch gewürzte, gebratene Brotwürfel (nach Belieben)

Butter in einem großen Topf schmelzen und darin Zwiebel, Sellerie und evtl. Karotte dünsten. Linsen, Wasser oder Brühe und Markknochen dazugeben. Zum Sieden bringen und den Schaum abheben. Zugedeckt zwischen 20 und 45 Minuten köcheln lassen, bis die Linsen weich sind (je nach Qualität). Die kleinen gelben und roten Linsen lösen sich fast auf, die braunen nicht.
Wenn die Linsen gar sind, die Suppe mit Salz, Pfeffer und evtl. Zitronensaft und Kümmel würzen. Noch einige Minuten köcheln lassen, dann den Markknochen entfernen. Die Suppe entweder durch ein Sieb streichen oder im elektrischen Mixer pürieren. Zurück in den Topf gießen, zum Kochen bringen und für eine leichtere Suppe mehr Wasser zugießen, für eine dickere Suppe noch stärker einkochen lassen.
Mit kleinen Brotwürfeln servieren, die in Öl gebraten werden, dem 1–2 Knoblauchzehen zugegeben wurden.

Variationen: Wenn die Suppe zu dünn ist, kann man 60 g Reis hineingeben und ihn in der Suppe garen. – Statt Zitronensaft und Kümmel kann man *Taklia*-Sauce aus 2–3 Knoblauchzehen als Gewürz verwenden.

Eine türkische Variation: Die Linsensuppe mit Kümmel oder Koriander würzen und mit folgender Mehlschwitze binden: 2 EL Mehl ca. 2 bis 3 Minuten lang über kleiner Flamme in 2 EL geschmolzener Butter verrühren. 30 cl warme Milch unter ständigem Rühren zugeben und 10 Minuten leicht kochen lassen, dann in die Suppe rühren. 3 Eigelb mit einem Löffel voll Suppe verschlagen und zurück in die Suppe gießen; dabei ständig schlagen. Noch mal erhitzen, aber die Suppe nicht kochen lassen. Dazu paßt gut getoastetes, mit Käse überbackenes Brot.

Gelbe Erbsensuppe

375–500 g Trockenerbsen
1 Stange feingehackter Sellerie mit Blättern
2 l Fleisch- oder Hühnerbrühe oder Wasser
Salz
schwarzer Pfeffer
1 TL gemahlener Kümmel (nach Belieben)
Saft von ½ Zitrone (oder mehr)
2 EL feingehackte Petersilie
Croutons (geröstete Brotwürfel)

Falls nötig, die Erbsen waschen. Ich halte es jedoch für überflüssig, die Erbsen über Nacht einzuweichen. Je mehr Erbsen verwendet werden, desto dicker wird die Suppe.

Erbsen und Sellerie in die Brühe oder das Wasser geben, bis zum Siedepunkt erhitzen, den aufsteigenden Schaum abheben und zugedeckt solange köcheln lassen, bis die Erbsen sehr weich sind und sich fast auflösen. Je nach Qualität der Erbsen dauert das 1 bis 1½ Stunden. Mit einem Schnellkochtopf dauert es nur ca. 15 Minuten.

Wenn die Erbsen weich sind, mit Salz und Pfeffer würzen, nach Geschmack Kümmel und Zitronensaft zufügen. Die Suppe noch etwas kochen lassen, bis sich die Gewürze gut vermengt haben. Durch ein Sieb streichen oder im Mixer pürieren, so daß eine dünne Creme entsteht. Zurück in den Topf gießen, wieder zum Kochen bringen und, falls nötig, Wasser zum Verdünnen zufügen. Mit Petersilie garnieren und dazu Croutons reichen.

Türkische Spinatsuppe

Die traditionelle Ei- und Zitronenmischung zum Andicken einer Suppe oder Sauce gibt dieser Suppe ihren besonderen Geschmack.

2 l Fleisch- oder Hühnerbrühe
Salz
schwarzer Pfeffer
500 g frischer oder 250 g gefrorener Spinat
1 große Karotte
1 Stange Sellerie
einige Sellerieblätter
2 EL Butter
2 EL Mehl
3 Eigelb
Saft 1 Zitrone
2 EL feingehackte Petersilie
1 EL feingehackter, frischer Dill (nach Belieben)

Fleisch- oder Hühnerbrühe vorbereiten. Man kann auch Brühwürfel verwenden. Mit Salz und Pfeffer würzen.
Spinatblätter mehrmals sorgfältig waschen; gefrorenen Spinat gut auftauen und abtropfen lassen. Die Blätter fein hacken. Karotte, Selleriestange und -blätter waschen und kleinhacken. Karotte und Sellerie in der Brühe fast gar kochen. Spinat zufügen und weitere 10 Minuten köcheln lassen, bis das Gemüse sehr weich ist.
Inzwischen die Butter schmelzen, das Mehl einrühren und auf sehr kleiner Flamme einige Minuten weiterrühren. Unter ständigem Rühren einen Schöpflöffel voll Suppe zufügen. Dann die Mischung langsam wieder in die Suppe gießen und dabei ständig weiterrühren. Etwa 15 Minuten auf kleiner Flamme kochen lassen. Eigelb und Zitronensaft gut verschlagen, einen Schöpflöffel voll Suppe darunterschlagen und diese Mischung ebenfalls langsam in die Suppe zurückgießen; dabei nicht mit dem rühren aufhören. Die Suppe fast zum Kochen bringen, mit Petersilie und evtl. Dill bestreuen und servieren.

Grüne Bohnensuppe

2 Lauchstangen
60 g Butter
375–500 g getrocknete grüne Bohnen (über Nacht eingeweicht)
2 l Fleischbrühe oder Wasser
Salz
schwarzer Pfeffer

Die äußeren grünen Enden vom Lauch abschneiden und den Rest sehr gut waschen, vor allem zwischen den Blättern. In Ringe schneiden und in der Butter weichdünsten. Die eingeweichten Bohnen und die Brühe oder das Wasser zufügen. Zum Kochen bringen, den Schaum abheben und solange zugedeckt köcheln lassen, bis die Bohnen sehr weich sind. Nicht würzen, bevor sie fast gar sind. Je nach Qualität der Bohnen dauert das 1–1½ Stunden. Ein Dampfkochtopf reduziert die Kochzeit auf ca. ½ Stunde.
Mit Salz und Pfeffer würzen und noch einige Minuten kochen lassen. Die Suppe durch ein Sieb streichen oder in einem Mixer pürieren. Das Püree zurück in den Topf gießen und noch einmal aufkochen lassen. Falls nötig, mit Wasser verdünnen, abschmecken und servieren.

Variation: 2 gehäutete und gewürfelte Tomaten und 1 EL Tomatenmark gleich am Anfang dazugeben. Das gibt der Suppe eine leicht rosa Färbung. – Manchmal wird auch der Saft einer Zitrone zugefügt.

Joghurt-Suppen

Sowohl frische als auch saure Milch – vor allem Joghurt – sind ein sehr alter Bestandteil der nahöstlichen Kochkunst im allgemeinen. Bei bestimmten Suppen wird der Joghurt erst zum Schluß zugegeben und nur erhitzt, nicht gekocht. Dabei besteht nur geringe Gefahr, daß er gerinnt. Wenn Joghurt jedoch während des Kochens schon zugefügt wird, muß er zunächst »stabilisiert« werden (S. 68). Benötigt man große Mengen Joghurt, so empfiehlt es sich, diesen selbst zu machen (S. 67). Er ist nicht nur billiger, sondern hat auch einen frischeren und besseren Geschmack.

Labaneya *Spinatsuppe mit Joghurt*

Diese traditionelle ägyptische Suppe wird normalerweise aus den Blättern einer dem Spinat verwandten Pflanze gemacht, aus *Silq* (Runkelrübe). Die Suppe schmeckt aber ebenso gut mit frischem Blattspinat; auch tiefgefrorener Spinat eignet sich dazu.

500 g frischer oder 250 g gefrorener Spinat
1 Zwiebel
ca. 2 EL Öl
1 Stange feingeschnittener Lauch oder 3–4 Frühlingszwiebeln
120 g Reis
Salz
schwarzer Pfeffer
500 g (½ l) Joghurt
1 zerdrückte Knoblauchzehe (oder mehr)
½ TL Gelbwurz (nach Belieben)

Den Spinat gut waschen, abgießen und in große Stücke oder Streifen schneiden; gefrorenen Spinat in einem Sieb auftauen lassen und ebenfalls grob zerschneiden.
Die Zwiebel fein hacken und in einem großen Topf in dem Öl dünsten, bis sie etwas Farbe angenommen hat und weich ist. Den Spinat zufügen und leicht sautieren. Lauch oder Frühlingszwiebeln zusammen mit dem gewaschenen Reis dazugeben. Mit 1 l Wasser bedecken, mit Salz und Pfeffer würzen, zum Sieden bringen und solange sanft kochen lassen, bis der Reis und der Spinat gar sind. Das dauert etwa 15 Minuten; der Reis sollte nicht zu weich werden.
Inzwischen den Joghurt mit einer oder mehr Knoblauchzehen verschlagen. Wenn Reis und Spinat fertig sind, die Joghurtmischung in die Suppe gießen und gut verschlagen. Noch einmal erhitzen, aber nicht kochen, damit die Suppe nicht gerinnt.
Eine Prise Gelbwurz, die dem Reis und dem Spinat zugesetzt wird, gibt der Suppe eine hellgelbe, orientalische Farbe.

Kalte Gurken- und Joghurtsuppe

Dieses Rezept ist identisch mit dem von *Cacik* auf S. 51, nur daß man mehr Joghurt verwenden muß, um dem Ganzen eine flüssigere Konsistenz zu geben.

Variation: In Persien gibt man gelegentlich noch feingehackte, hartgekochte Eier, 2 EL Rosinen und ca. 1 EL feingehackten frischen Dill in den Joghurt.

Türkische Joghurtsuppen

1. Eine Suppe, die auf Fleischbrühe basiert, welche mit einer Mischung aus Mehl und Butter angedickt wird.

½ l Fleischbrühe
2 EL Butter
1½–2 EL Mehl
Salz
weißer Pfeffer
1 l Joghurt
2 EL zerdrückte, getrocknete Minze

Die Brühe in einem großen Topf zum Sieden bringen. Die Butter in einem kleinen Topf schmelzen, Mehl zufügen und ca. 5 Minuten auf sehr kleiner Flamme mit der Butter verrühren. Einen Schöpflöffel voll Brühe gut mit der Mehlschwitze verschlagen. Diese Mischung unter ständigem Rühren zurück in die Brühe gießen und wieder zum Kochen bringen (möglichst langsam, damit sich keine Klumpen bilden). Etwa 15–20 Minuten unter Rühren weiterkochen, bis die Suppe dick wird und den Mehlgeschmack verliert. Mit Salz und Pfeffer abschmecken und vom Feuer nehmen.
Joghurt in einer Schüssel kräftig durchschlagen und langsam unter heftigem Schlagen in die Suppe gießen. Den Topf wieder auf den Herd stellen und die Suppe fast bis zum Siedepunkt bringen. Nicht kochen lassen, da sie sonst gerinnt. Mit der Minze garniert servieren.

2. Hühner- und Graupensuppe mit Joghurt

1 große gehackte Zwiebel
2 EL Butter
1 l klare Hühnerbrühe
90 g Gerste (über Nacht eingeweicht)
2 EL feingehackte Petersilie
Salz
weißer Pfeffer
1 l Joghurt
2 EL getrocknete, zerstoßene Minze

Zwiebel in einem großen Topf mit der Butter dünsten, bis sie weich ist. Hühnerbrühe zufügen (man kann auch Brühwürfel statt frischer Brühe nehmen) und zum Kochen bringen.
Die eingeweichte, abgegossene Gerste in die kochende Brühe schütten und auf kleiner Flamme ca. $\frac{3}{4}$ bis 1 Stunde kochen, bis die Gerste aufgequollen und weich ist. Petersilie zufügen und mit Salz und Pfeffer abschmecken.
Den Joghurt mit etwas Suppe verschlagen. Dann die Mischung langsam, unter ständigem Rühren wieder zurück in den Topf gießen und die Suppe fast bis zum Siedepunkt erhitzen. Nicht kochen lassen, da sie sonst gerinnt.
Nachwürzen und mit der Minze garniert servieren.

3. Hühner- und Joghurtsuppe mit Reis

1 l Hühnerbrühe
Salz
weißer Pfeffer
60 g gewaschener Reis
1 l Joghurt
1 EL Mehl, aufgelöst in $\frac{1}{2}$ Tasse kaltem Wasser
3 leicht verschlagene Eigelb
2 EL zerstoßene, getrocknete Minze
2 EL Butter

Die gewürzte Hühnerbrühe zum Kochen bringen. Reis zufügen, die Hitze reduzieren und köcheln lassen, während man den Joghurt zubereitet. Diesen in einem extra Tropf gut verschlagen und das aufgelöste Mehl zufügen. Gut verrühren, da das Mehl den Joghurt stabilisiert. Die Eigelb unter die Mischung schlagen. Den Topf auf den Herd stellen und langsam, unter ständigem Rühren (in einer Richtung!), zum Kochen bringen. Wenn das Gemisch dick wird, langsam in die Hühner-Reis-Suppe rühren und so lange weiterköcheln lassen, bis der Reis gar ist. Abschmecken.

Die Minze leicht in der Butter braten und etwas davon über jeden einzelnen Suppenteller geben.

Tutmaj *Armenische Joghurtsuppe*

1 l Joghurt
2 verschlagene Eier
120 g Schnittnudeln (oder andere kleine Teigwaren)
Salz
weißer Pfeffer
1 große, feingehackte Zwiebel
60 g Butter
2–3 EL zerstoßene, getrocknete Minze

In einem großen Topf den Joghurt und die Eier zusammen verschlagen. Unter ständigem Rühren (in einer Richtung!) langsam zum Kochen bringen. Durch die Eier gerinnt der Joghurt nicht. ½ l Wasser zugießen und die Nudeln einstreuen. Mit Salz und Pfeffer abschmecken. Noch einmal aufkochen und weitere 10 Minuten köcheln lassen, bis die Nudeln gar sind.
Inzwischen die Zwiebel in der Butter goldgelb dünsten, die Minze zugeben und etwas weiterbraten. Beim Servieren die heiße Zwiebel-Minze-Butter über jeden einzelnen gefüllten Suppenteller gießen.

Eshkeneh Shirazi *Persische Joghurtsuppe*

Dies ist eine Spezialität aus Shiraz. Sie erhält ihr besonderes Aroma durch den Bockshornklee, der im Iran *shanbalileh* heißt.

2 EL Butter
1–2 feingehackte Zwiebeln
2 EL Mehl
60 g gehackte Walnüsse
1 Bund feingehackter Bockshornklee
1 l heißes Wasser
Salz
schwarzer Pfeffer
1 l Joghurt

Die Butter in einem großen Topf schmelzen. Darin die Zwiebeln goldgelb dünsten. Das Mehl dazugeben und einige Minuten auf sehr kleiner Flamme mit den Zwiebeln verrühren. Walnüsse und Bockshornklee hinzufügen; einen Schöpflöffel heißes Wasser zugeben und alles kräftig verschlagen. Dann unter ständigem Rühren den Rest des Wassers langsam dazugießen. Mit Salz und Pfeffer ab-

schmecken, zum Kochen bringen und zugedeckt ca. 15–20 Minuten köcheln lassen, bis die Suppe dicklich wird und den mehligen Geschmack verloren hat.
Den Joghurt mit einem Schöpflöffel voll heißer Suppe kräftig verschlagen. Die Mischung langsam unter ständigem Rühren zurück in die Suppe gießen. Auf kleiner Flamme fast zum Sieden bringen, aber nicht kochen lassen. Sofort servieren.

Fleischsuppen

Im Vorderen Orient gibt es unzählige Arten von Fleischsuppe: fast ebenso viele, wie es Gemüsesorten gibt. Ich gebe hier nur einige Grundrezepte an, die je nach Geschmack mit anderen Gemüsesorten oder Hülsenfrüchten variiert werden können.
Während früher fast ausschließlich Lamm- oder Hammelfleisch verwendet wurde, nimmt man heute meistens Rind- oder Kalbfleisch. Welche Stücke vom Rind, Kalb oder Lamm man verwendet, richtet sich nach dem eigenen Geschmack und danach, ob man gelierende Qualitäten bevorzugt oder nicht. Auf jeden Fall fügt man immer Markknochen bei, die vor dem Servieren entfernt werden. Das Mark wird ausgelöst und mit einem Stück Brot gegessen.
Kichererbsen, Bohnen, Linsen und Weizenschrot werden über Nacht eingeweicht und gleich zu Beginn der Kochzeit in die Suppe gegeben. Zwiebeln, Lauch, Tomaten, Sellerie, weiße Rüben und Karotten werden zusammen mit dem Fleisch und den Knochen gekocht. Kürbis, Spinat, Auberginen und Rote Bete werden erst kurz vor Ende der Kochzeit zugefügt, da sie sehr schnell gar werden und nicht schmecken, wenn sie zerkocht sind.
Fadennudeln, andere Teigwaren und Getreide, wie z. B. Reis, die sehr schnell gar werden, werden nur so lange vor Ende der Kochzeit zugefügt, wie sie zum Garen benötigen. Kleine Nudeln und Reis sind in weniger als 20 Minuten gar, während Tapioka länger braucht.
Obwohl es in verschiedenen Regionen unterschiedlich gehandhabt wird, sind Fleischsuppen am besten, wenn sie nur leicht gewürzt werden. Man kann sie als Hauptgericht, als Vorspeise oder als Mitternachts-Snack bei einer Party servieren.

Kräftige Fleisch-Gemüsesuppe

Diese Suppe, bei der das Fleisch und das Gemüse vor dem Kochen gebraten werden, schmeckt zwar besonders gut, ist aber auch schwerer als normale Suppen.

500 g gewürfeltes Suppenfleisch vom Rind
1–2 Markknochen
1 in dünne Scheiben geschnittene Zwiebel
2 gehackte Selleriestangen
2 Stangen in dünne Ringe geschnittener Lauch
3 gehackte Tomaten
2 EL Öl oder Butter
Salz
schwarzer Pfeffer
1 Prise Cayenne-Pfeffer (nach Belieben)
1 große, gehackte Aubergine (nach Belieben)
2 in dünne Scheiben geschnittene Zucchini
2 EL feingehackte Petersilie

Fleisch und Knochen waschen, in einen großen Topf legen und mit 2–2½ l kaltem Wasser bedecken. Zum Kochen bringen und den aufsteigenden Schaum abheben. Zwiebeln, Sellerie, Lauch und zum Schluß Tomaten in Öl oder Butter braten. Das Gemüse zu dem Fleisch und den Knochen geben. Mit Salz, Pfeffer und evtl. einer guten Prise Cayenne-Pfeffer abschmecken. Zugedeckt ca. 2½ Stunden köcheln lassen, bis Fleisch und Gemüse sehr weich sind. Nimmt man noch Auberginen und Zucchini dazu, müssen erstere zunächst mit Salz bestreut werden und mindestens ½ Stunde in einem Sieb abtropfen, um den bitteren Saft zu verlieren. Auberginen und Zucchini leicht anbraten und ca. 20 Minuten vor Ende der Kochzeit in die Suppe geben. Noch einmal abschmecken.
Falls die Suppe zu dick ist, noch Wasser nachgießen. Wer mag, kann das Gemüse mit dem Kartoffelstampfer leicht zerdrücken. Überflüssiges Fett an der Oberfläche kann mit Küchenkrepp aufgesogen werden.
Knochen entfernen, mit Petersilie garnieren und mit arabischem Brot oder *Pitta* servieren.

Variationen: Zwiebelsuppe kann auf die gleiche Art gemacht werden, indem man statt der verschiedenen Gemüsesorten nur 500 g Zwiebeln verwendet. – Die Gemüsemischung kann man auch durch Tomaten, Sellerie und Kartoffeln ersetzen.

Rindfleischsuppe mit püriertem Gemüse

500 g Suppenfleisch vom Rind
2 Markknochen
2 Stangen gehackter Sellerie
2 gehackte Karotten
3 Stangen in Scheiben geschnittener Lauch
3 enthäutete und geviertelte Tomaten
1 gehackte Zwiebel
Salz
schwarzer Pfeffer
3 in Scheiben geschnittene Zucchini (nach Belieben)
1–2 gehackte, gesalzene und entwässerte Auberginen (nach Belieben)
120 g gekochter Reis (vor dem Kochen gewogen)
4 EL feingehackte Petersilie

Fleisch und Knochen waschen und in einen großen Topf legen. Mit 2–2½ l Wasser bedecken und auf großer Flamme zum Kochen bringen. Den aufsteigenden Schaum abschöpfen. Alles Gemüse, außer den Auberginen und den Zucchini, zufügen, mit Salz und Pfeffer abschmecken und zugedeckt ca. 2 Stunden kochen lassen, bis das Fleisch sehr weich ist. Zucchini und/oder Auberginen zufügen (wenn man sie verwendet) und weitere 15 Minuten kochen.
Knochen entfernen und das Mark in die Suppe geben. Überflüssiges Fett an der Oberfläche entfernen. Die Suppe und das Gemüse durch ein Sieb streichen oder in einem elektrischen Mixer pürieren. Das Püree wieder in den Topf schütten und das Fleisch und den gekochten Reis zufügen. Wieder zum Kochen bringen, nachwürzen und wenn nötig mit Wasser verdünnen. (Es ist immer besser, mit weniger Wasser zu beginnen, da man immer noch welches nachgießen kann.)
Mit gehackter Petersilie garnieren und servieren.
Wer die Suppe würziger mag, kann noch Paprika und Cayenne-Pfeffer, gemahlenen Kümmel, Koriander oder Zimt zufügen.

Fleischbällchen-Suppe

500 g gewürfeltes Suppenfleisch (Lamm oder Rind)
2 Markknochen
Salz
schwarzer Pfeffer
gemahlener Zimt (nach Belieben)
500 g durchgedrehtes Lamm- oder Rindfleisch
½ TL gemahlener Piment
2 EL Butter oder Öl
100 g gewaschener Reis
3 EL feingehackte Petersilie

Fleisch und Knochen waschen, in einen großen Topf legen und mit 2 l kaltem Wasser bedecken. Zum Kochen bringen, den Schaum abschöpfen und mit Salz und Pfeffer würzen. Manche behaupten, Zimt würde den Geschmack des Fleisches zerstören, andere behaupten, er würde ihn verfeinern. Ich nehme meistens ½ TL davon. Zugedeckt ca. 2 Stunden kochen lassen, bis das Fleisch weich und die Brühe kräftig ist.
Währenddessen die Fleischbällchen vorbereiten. Das Hackfleisch mit Piment, Salz und Pfeffer kräftig verkneten oder zweimal durch den Wolf drehen. Die Masse soll sehr weich sein. Hände waschen und die Mischung zu kleinen Bällchen formen. In Butter oder Öl leicht anbraten, bis sie gleichmäßig etwas Farbe angenommen haben.
Eine halbe Stunde, bevor die Suppe fertig ist, die Fleischbällchen hineingeben. 15 Minuten vor Ende der Kochzeit den rohen Reis zufügen und gar kochen. Ebensogut kann man den Reis extra kochen und ihn kurz vor dem Servieren in die Suppe geben.
Mit Petersilie garniert und Zimt bestreut servieren.

Armenische Fleischsuppe mit Burghul (Weizenschrot)

750 g Kalbshaxe (mit Knochen)
1 Karotte
1 Zwiebel
1 TL gemahlener Zimt (nach Belieben)
Salz
schwarzer Pfeffer
120 g Burghul (Weizenschrot)
3 EL feingehackte Petersilie

Fleisch und Knochen waschen, in einen großen Topf legen und mit 2 l kaltem Wasser bedecken. Zum Kochen bringen und den Schaum abschöpfen. Die ganze Karotte und Zwiebel zufügen, mit Zimt würzen. Mit Salz und Pfeffer abschmecken und zugedeckt ca. 2 Stunden köcheln lassen, bis das Fleisch weich ist. Dann das Gemüse und die Knochen entfernen und das Fleisch in der Suppe lassen. Den Weizenschrot zugeben und weitere 15 Minuten kochen, bis er gar ist. Wenn die Mischung zu dick wird, mehr Wasser zugießen. Der Weizenschrot wird viel Wasser aufnehmen und ziemlich stark aufquellen.
Nachwürzen und mit Petersilie garniert servieren.

Hochzeitslied *

Dein Vater, o meine Schöne!
hat so oft geschrien und gerufen
und den Preis deiner Mitgift gesenkt
und gesagt: ›Meine Töchter sind schön!‹

Düğün Çorbasi *Türkische Hochzeitssuppe*

Eigentlich nimmt man Hammelfleisch für diese Suppe, aber Lamm ist mindestens ebensogut.

500 g gewürfeltes, mageres Lammfleisch
Mehl
3 EL Butter oder Öl
1–2 Markknochen
1 Karotte
1 Zwiebel
Salz
schwarzer Pfeffer
1 Prise Cayenne-Pfeffer (nach Belieben)
3 Eigelb
Saft 1 Zitrone

Garnierung:
2 EL geschmolzene Butter
1 EL Paprika
½ TL gemahlener Zimt (nach Belieben)

Das gewürfelte Fleisch in Mehl wenden und in heißer Butter oder Öl braten, bis es gleichmäßig Farbe angenommen hat. 2 l heißes Wasser und die Markknochen dazugeben und zum Kochen bringen. Den Schaum abschöpfen; die Karotte und Zwiebel zufügen und mit Salz und Pfeffer abschmecken. Eventuell mit einer Prise Cayenne-Pfeffer würzen. Zugedeckt ca. 2 Stunden köcheln lassen, bis das Fleisch sehr weich und die Suppe kräftig im Geschmack ist. Knochen und Gemüse entfernen. Man kann die Karotte in feine Streifen schneiden und zum Garnieren verwenden.
Kurz vor dem Servieren die Eigelb schlagen, den Zitronensaft zugießen und weiterschlagen. Die Mischung mit einem Schöpflöffel

---
* Maspéro: *Chansons populaires*

voll Suppe verrühren und das Ganze langsam unter ständigem Rühren zurück in die Suppe gießen. Nicht mehr kochen lassen, sonst gerinnt sie.
Nach türkischer Art garnieren, indem man die mit Paprika vermischte, geschmolzene Butter über die Suppe tröpfelt (in der Terrine oder auf jedem einzelnen Teller). Die Karottenstreifen hübsch anordnen und evtl. das Ganze mit Zimtpuder bestäuben. Sofort servieren.

Fata

Diese ägyptische Festsuppe wird gewöhnlich 70 Tage nach dem Ramadan gegessen. Sie wird aus Fleisch- und Knochenresten eines geopferten Lamms gemacht. Es ist Sitte, ein Lamm im Namen Gottes zu schlachten und das Fleisch unter den Armen zu verteilen. Die Familie des Gebers muß jedoch auch etwas von dem Lamm essen, um ebenfalls von dem Opfer zu profitieren; diese Suppe eignet sich gut dafür.

500 g gewürfeltes, mageres Lammfleisch
einige zerhackte Lammknochen
Salz
schwarzer Pfeffer
60 g gewaschener Reis
3 runde, arabische Brote oder
6 Scheiben getoastetes Weißbrot
2 zerdrückte Knoblauchzehen (oder mehr)
3 EL Butter
3–4 EL Essig
2 EL feingehackte Petersilie

Das Fleisch und die Knochen in 2 l Wasser kochen, dabei den aufsteigenden Schaum abschöpfen. Mit Salz und Pfeffer abschmecken und ca. 2 Stunden köcheln lassen, bis das Fleisch weich ist. Den Reis zufügen und weitere 15 Minuten kochen, bis er gar, aber nicht zu weich ist.
Die getoasteten Brotscheiben in eine große Suppenterrine legen. Den zerstoßenen Knoblauch in heißer Butter braten, bis er hellbraun und aromatisch ist. Mit Essig ablöschen, aufkochen und über das Brot gießen. Wenn sich die Toastscheiben gut vollgesogen haben, die Suppe darübergießen, mit Petersilie garnieren und servieren.

Shorbet el Samak *Fischsuppe*

Ein ähnliches Rezept wie das folgende gibt auch Sidqi Effendi in seinem Buch aus dem letzten Jahrhundert.

2 große, feingehackte Zwiebeln
3 EL Olivenöl
einige Fischköpfe, -gräten und -schwänze
3–4 EL Weinessig
2 EL feingehackte Petersilie
Salz
schwarzer Pfeffer
1–2 zerstoßene Knoblauchzehen
¼ TL Safran oder 1 TL Gelbwurz (nach Belieben)
500 g weißer Fisch (gehäutet, wenn nötig)
3 Eigelb
Saft 1 Zitrone (oder mehr)
½ TL gemahlener Zimt

In einem großen Topf die Zwiebel in Olivenöl weichdünsten. So viele Fischabfälle zufügen wie vorhanden, um eine kräftige Brühe zu bekommen. 2 l Wasser darübergießen und Essig, Petersilie, Salz, Pfeffer, Knoblauch und evtl. etwas Safranpuder oder Gelbwurz dazugeben. Zum Kochen bringen und ca. 1 Stunde köcheln lassen, bis die Brühe schön kräftig ist. Durch ein Sieb streichen und die klare Brühe wieder in den Topf gießen. Zum Kochen bringen und den Fisch hineingeben; ca. 10 Minuten ziehen lassen, bis er sich leicht mit einer Gabel zerteilen läßt.
Die Eigelb mit dem Zitronensaft verschlagen. Mit einem Schöpflöffel voll Suppe verrühren und die Mischung unter ständigem Schlagen langsam in die Suppe gießen. Bis fast zum Siedepunkt erhitzen, aber nicht kochen lassen.
Wenn man den Fisch lieber in ganzen Scheiben behält, diese herausnehmen, während man die Ei-Zitronen-Mischung hineinschlägt. Später gibt man sie dann wieder in die fertige Suppe.
Heiß oder kalt servieren, evtl. mit Zimt bestäuben.

Sommerliche Obstsuppe

Dieser Fruchtsalat wird in Israel als Suppe gegessen, manchmal zusammen mit heißen Kartoffeln. Im Sommer ißt man sie kalt, im Winter heiß. Man kann die verschiedensten Obstsorten verwenden, und das folgende Rezept ist nur *ein* Vorschlag.

2 große, geschälte, entkernte und in dicke Scheiben geschnittene Kochäpfel
2 feste, geschälte, entkernte und in dicke Scheiben geschnittene Birnen
6 entkernte, frische Aprikosen
6 entkernte, frische Pflaumen
einige entkernte, rote oder schwarze Kirschen oder Trauben
2 geschälte und in dünne Scheiben geschnittene Orangen
Saft 1 Zitrone
Zucker
1 TL gemahlener Zimt

Das vorbereitete Obst mit ca. 2 l Wasser, Zucker nach Geschmack und dem Zitronensaft in einen großen Topf geben. Zum Kochen bringen, zudecken und 10–15 Minuten leicht kochen lassen, bis das Obst weich ist; zwischendurch den aufsteigenden Schaum abschöpfen. Man kann die Äpfel und die Birnen sowohl beiseite lassen, damit sie fest bleiben, als auch das Obst solange kochen, bis es sehr weich ist.
Mit Zimt bestreuen und zusammen mit einer Schüssel Dampfkartoffeln servieren. Man rechnet 1 große oder 2 kleinere pro Person. Man kann sie entweder von einem extra Teller essen oder sie in die Suppe krümeln.

Variationen: Diese Suppe kann mit etwas Gelatine oder Reismehl angedickt werden, das man in Fruchtsirup auflöst und kocht; dann ißt man sie kalt. – Wenn eine bestimmte Frucht gerade Saison hat, kann man die Suppe auch nur aus dieser Frucht zubereiten, z. B. aus Äpfeln oder Kirschen.

Eiergerichte – *Beid*

Beid, wie die Eiergerichte im Vorderen Orient genannt werden, bereitet man meistens sehr orientalisch zu. In den Straßen werden hartgekochte, gelb oder braun gefärbte Eier, mit Kümmel, Koriander oder Zimt gewürzt, verkauft. Dazu gibt es eine kleine, aus Zeitungspapier gerollte Tüte mit Gewürzen, um sie noch einmal hineinzutauchen.

Das arabische Omelett, *Eggah* genannt, ähnelt eher einem Kuchen. Mit den darin enthaltenen, zahlreichen Gemüsen erinnert es etwas an die spanische *Tortilla,* mit der es durch die maurische Eroberung Spaniens auch zweifellos verwandt ist. Ungeklärt bleibt jedoch, ob die Mauren diese Art Omelett in Spanien verbreitet haben, oder ob sie es ihrerseits von Spanien mit nach Hause gebracht haben.

Uralt ist die Sitte, Eier nach *Hamine*-Art zuzubereiten (S. 111), als Dekoration für die verschiedensten Gerichte, vor allem Stews. Auch heute noch werden Eier in der Schale (gut abgerieben) gleich zu Anfang einer längeren Kochzeit (z. B. bei Stews) in den Topf gelegt, so daß die Schale alle Aromata der beigefügten Gewürze aufnehmen kann. Vor dem Servieren werden sie dann normalerweise geschält und wieder zurück in den Topf gelegt. Eine andere Art der Zubereitung besteht darin, die Eier kurz vor dem Servieren über dem heißen Stew aufzuschlagen und mit der Sauce zu verquirlen.

Beid Masluq *Hartgekochte Eier mit Kümmel*

Hartgekochte Eier wie üblich zubereiten. Das unerwünschte Brechen der Schale vermeidet man, indem man die Eier möglichst eng nebeneinander in den Topf legt, so daß sie nicht herumgewirbelt werden können. Schälen, halbieren und mit Salz und gemahlenem Kümmel würzen; oder die Eier ganz lassen und dazu eine Schüssel mit einer Salz-Kümmel-Mischung reichen. Es muß ca. doppelt soviel Kümmel wie Salz sein. Als Vorspeise geeignet.

Baid Mutajjan *Gebratene, hartgekochte Eier*

Baid ist eine alte Schreibweise, während man heute allgemein die Version *Beid* verwendet.
Nach einem mittelalterlichen Rezept von al-Baghdadi werden die Eier hart gekocht, geschält, in Öl gebraten und mit einer Mischung aus 1 TL getrocknetem, gemahlenem Koriander, ½ TL Zimt, 1 TL Kümmel und Salz nach Geschmack bestreut.

Beid Hamine *Hamine-Eier*

Eier und die Schalen einiger Zwiebeln in einen großen Topf geben. Den Topf mit Wasser füllen, zudecken und auf der kleinstmöglichen Stufe mindestens 6 Stunden köcheln lassen, evtl. sogar über Nacht. Eine Schicht Öl auf der Oberfläche verhindert, daß das Wasser zu schnell verdampft. Die Eiweiß nehmen durch diese Behandlung eine hellbraune Farbe an und die Eigelb werden schön cremig und hellgelb.
Manche Leute fügen dem Wasser noch gemahlenen Kaffee zu, um eine dunklere Farbe zu erhalten.
Hamine-Eier können, wenn man es eilig hat, auch im Schnellkochtopf zubereitet werden. Dann empfiehlt es sich aber, die Eier zunächst normal hart zu kochen und dann erst zusammen mit den Zwiebelschalen in den Dampfkochtopf zu legen. Die Kochzeit beträgt ca. 1½ Stunden.
Gut als Vorspeise oder zu *Ful medames* (S. 216).

Rühreier mit Essig

1–2 zerdrückte Knoblauchzehen langsam in reichlich Butter braten, bis sie goldbraun sind; möglichst eine beschichtete Pfanne verwenden. 6 Eier sehr gut miteinander verschlagen, mit Salz und Pfeffer würzen. In die Pfanne gießen und auf kleiner Flamme braten; dabei ständig rühren. Wenn die Eier anfangen, dick zu werden, nach und nach 3 EL Essig zufügen und solange weiterrühren, bis die Eier schön cremig sind.

Hartgekochte Eier

Während der zahlreichen Feste, wie z. B. Mûlid el Nabi, bei dem der Geburtstag des Propheten gefeiert wird, während der Pilgerfahrt zum heiligen Zemzem-Brunnen oder während des *Cham el Nessim*, einem Fest zu Ehren der Natur, das noch aus dem alten Ägypten stammt und »Einatmen der frischen, neuen Luft« bedeutet, waren es die Leute gewohnt, sich Picknick-Körbe mitzunehmen und Tage und Nächte in öffentlichen Gärten o. ä. zu verbringen. Dort verzehrten sie dann ihre mitgebrachten Speisen und hörten den Liedersängern zu, die die Geschichten von *Abou-Zeyd, El Zahir* und *Alf leyleh wa-leyleh* (Tausendundeine Nacht) erzählten. Hartgekochte Eier gehörten seit jeher zu den wichtigsten Bestandteilen dieser Picknicks – wunderbar gewürzt und oft bemalt.

»Wenn bewiesen ist, daß jemand den bösen Blick hat, so kann die betreffende Person leicht herausgefunden werden. Ein bewährtes Mittel ist, ein Ei zwischen die Handballen zu pressen und dabei jeweils den Namen jedes Verdächtigen auszusprechen. Sobald der Name der schuldigen Person genannt wird, zerbricht das Ei.« *

Beid bi Tom
Spiegeleier mit Knoblauch und Zitrone

2 Knoblauchzehen
Salz
Saft ½ Zitrone (oder mehr)
3 EL Butter
6 Eier
getrocknete, zerstoßene Minze

Knoblauch zusammen mit Salz zerdrücken und gut mit dem Zitronensaft vermischen. Butter in einer großen Pfanne schmelzen (oder zwei kleine Pfannen verwenden). Die Knoblauch-Zitronen-Mischung in die Butter geben. Sobald der Knoblauch anfängt, Farbe anzunehmen, ein Ei nach dem anderen in die Pfanne gleiten lassen (vorher in einer kleinen Schüssel aufschlagen) und langsam weiterbraten. Wenn das Eiweiß fest ist, salzen und mit etwas Minze garniert servieren.

---

* Donaldson: *The Wild Rue*

Beid bi Tamatem *Tomateneier*

1 große, feingehackte Zwiebel
2 EL Butter
1–2 zerdrückte Knoblauchzehen
5 gehäutete, in Scheiben geschnittene Tomaten
Salz
schwarzer Pfeffer
6 Eier

In einer großen Pfanne die Zwiebel andünsten. Den Knoblauch zufügen. Wenn er goldbraun wird, die Tomatenscheiben dazugeben, mit Salz und Pfeffer würzen und langsam weiterdünsten, bis die Tomaten weich sind.
Die Eier nacheinander in eine kleine Schüssel aufschlagen und in die Pfanne gleiten lassen. Braten, bis das Eiweiß fest ist, nachwürzen und sofort servieren. Dazu *Pitta* (S. 299) oder anderes Brot reichen.

Beid bi Gebna Maqlia *Spiegeleier mit Käse*

Dieses Gericht wird normalerweise in individuellen Portionen zubereitet, und zwar in Pfannen mit zwei Griffen, die man sofort vom Herd auf den Tisch stellt. Statt dessen kann man natürlich auch eine große Pfanne verwenden und die Eier auf Teller verteilen.
Im Vorderen Orient verwendet man meistens harten und trockenen griechischen Käse, wie z. B. Kashkaval, Kephalotiri, Kasseri oder Halumi, der weiß und fest ist.
Ebensogut kann man den weißen Käse verwenden, dessen Herstellung auf S. 29 beschrieben ist, er muß jedoch hart und trocken sein. Andere Alternativen sind Gouda, Gruyère, Emmentaler o. ä.

Pro Portion:
1 dicke Scheibe Käse
Mehl (nach Belieben)
1 EL Butter oder Öl
1 Ei
Salz
Pfeffer

Je nach Geschmack den Käse in Mehl wenden oder sofort in heißer Butter braten. Wenn er anfängt zu schmelzen und Blasen zu werfen, das Ei darüberschlagen und weiterbraten, bis das Eiweiß fest ist. Mit Salz und Pfeffer würzen und sofort servieren.

Spiegeleier mit Hühnerleber

250 g Hühnerleber
3 EL Butter oder Öl
Salz
schwarzer Pfeffer
½ TL gemahlener Zimt
6 Eier
1 EL feingehackte Petersilie

Hühnerleber in heißer Butter oder Öl wenden. Mit Salz, Pfeffer und Zimt würzen. Nicht zu lange braten, da die Leber nur gut schmeckt, wenn sie noch saftig ist.
Die Eier über der Leber aufschlagen und braten, bis das Eiweiß fest ist. Leicht mit Salz und Pfeffer würzen, mit Petersilie bestreuen und sofort servieren.

Chakchouka

Dieses Gericht kommt aus Tunesien, wird aber heutzutage überall im Vorderen Orient gegessen. Ein ähnliches Gericht von der türkischen Westküste wird *Menemen* genannt.

1–3 grüne Paprikaschoten (je nach Größe)
2 Zwiebeln
8 kleine Tomaten
Butter oder Olivenöl
Salz
schwarzer Pfeffer
6 Eier

Paprikaschoten aufschneiden und die Kerne entfernen; in Streifen schneiden. Die Zwiebeln in Scheiben schneiden und die Tomaten halbieren.
In einer großen Pfanne Zwiebeln und Paprika dünsten. Mit Salz und Pfeffer abschmecken. Wenn die Paprika weich sind, die halbierten Tomaten zufügen und weiterdünsten, bis diese ebenfalls weich sind. Abschmecken und evtl. nachwürzen. Die Eier einzeln darüberschlagen und braten, bis das Eiweiß fest ist. Sofort servieren.
Man kann die Eier auch miteinander verquirlen und mit dem Gemüse zu einer cremigen Masse verrühren.

Çilbir *Türkische Verlorene Eier mit Joghurt*

6 Eier
1 EL Essig
Salz
300–500 cm³ Joghurt
3 EL Butter
1 EL Paprika

Frische Eier verwenden und wie üblich als Verlorene Eier zubereiten.
Eine andere bewährte Methode besteht darin, die Eier mit Schale kurz in kochendes Wasser zu halten, so daß sich eine dünne Schutzschicht nahe der Schale bildet. Dadurch läuft das Eiweiß nicht so sehr auseinander. Dann jedes Ei einzeln in einen Schöpflöffel aufschlagen und in kochendes Wasser, dem Essig zugefügt wurde, gleiten lassen. Den Topf vom Feuer nehmen und zugedeckt ca. 4 Minuten stehen lassen. Die Eier mit einem Schaumlöffel herausnehmen. Nie mehr als zwei Eier gleichzeitig zubereiten.
Die Verlorenen Eier auf einer Platte anrichten.
Den Joghurt verquirlen und mit Salz abschmecken; etwas davon über jedes Ei gießen. Butter schmelzen und den Paprika einrühren; über den Joghurt tröpfeln und servieren.

Eggah

Eggah ist kein einfaches Omelett, sondern vielmehr ein fester Eierkuchen. Sie ist ca. 2 cm dick und quillt förmlich über durch die reichhaltige Füllung. Diese besteht entweder aus Gemüse, Fleisch, Hühnchen oder Nudeln. Die Eier werden praktisch nur als »Einband« für die Füllung benutzt, statt daß die Füllung eine Zutat für die Eier ist. Man schneidet *Eggah* wie eine Torte und kann sie in entsprechenden Formen im Ofen backen.
Die Gerichte eignen sich ebensogut als Vorspeisen, als Partyhäppchen (sehr klein geschnitten) wie auch als Hauptgericht, zu dem man Salat und Joghurt reicht. *Eggah* kann sowohl kalt als auch heiß gegessen werden und ist daher gut vorzubereiten.
Für die Zubereitung eignet sich jede Pfanne, die eine gleichmäßige Hitzeverteilung garantiert. Die Garzeit beträgt dann zwischen 15 und 30 Minuten, je nach Größe und Dicke. Sehr nützlich ist eine Pfanne mit einem genau passenden Deckel.

Wird die *Eggah* im Ofen gebacken, so muß die Form vorher eingefettet werden. Die Backzeit beträgt bei 160° C zwischen ½ und 1 Stunde.
In Persien wird die *Eggah Kuku* genannt und spielt eine hervorragende Rolle bei allen Gerichten. Sie wird zu fast jeder Gelegenheit angeboten, als Vorspeise, als erster Gang oder als Beilage.

Eggah bi Eish wa Kousa *Brot-Zucchini-Eggah*

250 g Zucchini
Salz
1 mittelgroße, feingehackte Zwiebel
2 EL Butter
6 Eier
3 Scheiben Brot ohne Rinde, in Milch eingeweicht
3 EL gehackte Petersilie
schwarzer Pfeffer

Die Zucchini waschen und in dünne Scheiben schneiden. Zwiebel in heißer Butter weich und goldgelb dünsten; die Zucchinischeiben zufügen und sautieren, bis sie weich und hell gefärbt sind.
Die Eier miteinander verschlagen. Brot ausdrücken, in der Hand zerkrümeln und zu den Eiern geben. Zwiebel-Zucchini-Mischung und die Petersilie zufügen, leicht mit Salz und Pfeffer würzen. Alles gut miteinander vermengen.
Die Mischung in eine große Pfanne mit sehr heißer Butter gießen und auf ganz kleiner Flamme braten, bis die Eier fest geworden sind. Die Oberfläche unter einem heißen Grill trocken und braun werden lassen; oder das »Omelett« mit Hilfe eines entsprechend großen Tellers umdrehen und wieder zurück in die Pfanne gleiten lassen. Einige Minuten von der anderen Seite bräunen lassen.
Statt in der Pfanne läßt sich diese *Eggah* auch im Ofen backen. Die Mischung in eine gebutterte Form gießen und im vorgeheizten Ofen bei 160° C ca. 45–60 Minuten backen, bis sie fest geworden ist. Die Form während der ersten 30 Minuten zugedeckt lassen, dann den Deckel abnehmen und die *Eggah* bräunen.
Als Hauptgericht mit Salaten und Joghurt servieren.

Eggah bi Kousa *Zucchini- oder Markkürbis-Eggah*

6 Zucchini oder 1 mittelgroßer Markkürbis
Salz
6 Eier
schwarzer Pfeffer
Butter oder Öl
1 Prise gemahlener Zimt (nach Belieben)

Die Zucchini waschen und schaben, wenn die Haut rauh ist. In Scheiben schneiden. Verwendet man Markkürbis, diesen in Würfel schneiden. In Salzwasser kochen, bis er weich ist und gut abtropfen lassen. Die Eier miteinander verschlagen und abschmecken; Zucchini oder Kürbis zufügen.
Wie oben angegeben braten oder backen.
Eine Prise Zimt gibt dem Ganzen einen besonderen Geschmack.

Eggah bi Betingan *Auberginen-Eggah*

2 Auberginen
Salz
1 feingehackte Zwiebel
Butter oder Öl
1–2 zerdrückte Knoblauchzehen
6 Eier
schwarzer Pfeffer

Auberginen waschen und würfeln. Salzen und mindestens ½ Stunde in einem Sieb abtropfen lassen, damit der bittere Saft entfernt wird. Ausdrücken, abspülen und trockentupfen.
Die Zwiebel in etwas Butter oder Öl weichdünsten; Knoblauch zufügen. Wenn dieser Farbe annimmt und süßlich riecht, die Auberginen dazugeben und sautieren, bis sie gar sind und gleichmäßig Farbe angenommen haben. Dann die leicht verschlagenen und mit Salz und Pfeffer gewürzten Eier darübergießen. Alles gut verrühren und auf kleiner Flamme braten, bis sich die Eier gesetzt haben. Die Oberfläche unter dem Grill bräunen oder das »Omelett« auf einem Teller wenden und zurück in die Pfanne gleiten lassen. Die Unterseite noch etwas bräunen.

Eggah bi Ful Akhdar *Dicke-Bohnen-Eggah*

375 g frische dicke Bohnen
6 Eier
Salz
schwarzer Pfeffer
Butter
2 EL gehackte Petersilie

Die Bohnen kochen, bis sie weich sind; abgießen. Die Eier miteinander verschlagen und zu den Bohnen geben. Alles gut vermengen und mit Salz und Pfeffer abschmecken. Wie oben angegeben braten oder backen.
Auf eine heiße Platte geben und mit Petersilie garnieren.

Ojja bil Mergaz *Tunesische Eggah mit Würstchen*

3–4 EL Olivenöl
4 mittelgroße, gewürfelte Kartoffeln
1–2 EL Tomatenmark
1 TL bis 1 EL Harissa* *(oder Cayenne-Pfeffer, wenn man dieses scharfe Gewürz nicht bekommt)*
3–4 Knoblauchzehen
2 TL zerdrückte Kümmelsamen
2 TL Paprika
6 kleine, in Scheiben geschnittene oder halbierte, würzige Würstchen (Čevapčici o. ä.)
6 Eier
Salz

Olivenöl in einer großen, dickwandigen Pfanne erhitzen. Kartoffeln darin leicht sautieren. Tomatenmark, Harissa (in etwas Wasser aufgelöst), Knoblauch, Kümmel und Paprika zufügen. Knapp mit Wasser bedecken und zugedeckt ca. ¾ Stunden kochen lassen. Würstchen zugeben und weitere 15 Minuten köcheln lassen.
Die Eier miteinander verschlagen und langsam, unter ständigem Rühren, unter die Mischung gießen. Weiterrühren, bis eine cremige Masse entsteht. Mit Salz abschmecken und sofort servieren.

---

* *Harissa:* Gewürzmischung aus pulverisierter Chilischote, Kreuzkümmel und anderen orientalischen Gewürzen. Mittlerweile auch in Supermärkten in kleinen Dosen erhältlich.

Eggah bi Sabaneh *Spinat-Eggah*

500 g frischer oder 250 g tiefgefrorener Blattspinat
6 Eier
Salz
schwarzer Pfeffer
1 Prise Muskatnuß
Butter

Frischen Spinat sorgfältig waschen. Im eigenen Saft dünsten, bis er weich ist; gut abgießen und kleinhacken. Gefrorenen Spinat auftauen, abtropfen lassen und im eigenen Saft gar dünsten.
Die Eier miteinander verschlagen und den gehackten Spinat zufügen. Gut vermengen, mit Salz, Pfeffer und Muskatnuß abschmekken. Wie oben beschrieben braten oder backen.
Auf eine heiße Platte geben und dazu Salat und Joghurt reichen.

Eggah bi Lahma *Fleisch-Eggah*

6 Eier
500 g mageres, durchgedrehtes Lamm- oder Rindfleisch
1 Bund feingehackte Petersilie
Salz
schwarzer Pfeffer
Butter

Die Eier in einer Schüssel leicht verschlagen. Fleisch, 1 EL Wasser und die Petersilie dazugeben und mit Salz und Pfeffer abschmekken. Alles gut vermengen.
In einer großen Pfanne etwas Butter erhitzen. Kurz bevor sie braun wird, die Eier-Fleisch-Masse zugeben. Auf kleiner Flamme zugedeckt ca. 20 Minuten braten, bis sich die Eier fast gesetzt haben. Das »Omelett« auf einem Teller umdrehen und zurück in die Pfanne gleiten lassen, damit die Unterseite ebenfalls gebräunt wird.
Im Ofen braucht diese *Eggah* ca. ¾ bis 1 Stunde bei 160° C.
Als Hauptgericht zusammen mit gemischten Salaten und Joghurt servieren.

Eggah bi Ferakh wa Rishta *Huhn-Nudel-Eggah*

500 g gekochtes und entbeintes Hühnerfleisch
375–500 g Tagliatelle oder Bandnudeln
Hühnerbrühe, um die Nudeln zu kochen
4 Eier
2–3 aufgebrochene Kardamomkapseln
Salz
schwarzer Pfeffer
Butter
2 EL gehackte Petersilie

Das Hühnerfleisch in kleine Stücke schneiden. Die Nudeln in der Brühe kochen, bis sie gar aber noch kernig sind. In einem Sieb abgießen und diejenigen im Topf lassen, die angesetzt sind.
In einer großen Schüssel die Eier verschlagen. Hühnerfleisch, Nudeln und Kardamom zufügen und mit Salz und Pfeffer abschmekken. Alles gut vermengen. Die Eier dienen mehr als Bindemittel und sind nicht die Hauptsache.
In einer Pfanne etwas Butter erhitzen. Die Eiermischung ca. ½ Stunde auf sehr kleiner Flamme darin braten, bis sie fast gar ist. Die Oberfläche unter einem Grill bräunen oder die *Eggah* auf einem Teller wenden und wieder in die Pfanne gleiten lassen, so daß auch die Unterseite bräunen kann.
Auf eine heiße Platte geben und mit Petersilie garniert servieren.

Eggah bi Korrat *Lauch-Eggah*

750 g Lauch
Butter
½ TL Zucker
Saft von ½ Zitrone
Salz
schwarzer Pfeffer
6 Eier

Lauch waschen und dabei Wurzeln und die grünen Enden entfernen. In sehr dünne Ringe schneiden und in etwas Butter dünsten. Mit Zucker, Zitronensaft, Salz und Pfeffer würzen. Den Lauch im eigenen Saft garen, bis er weich ist.
Eier in einer großen Schüssel leicht verschlagen. Die Lauchmischung zufügen, noch einmal mischen und evtl. nachwürzen. Wie oben angegeben braten oder backen. In Scheiben geschnitten servieren.

Eggah bi Mokh *Eggah mit Hirn*

2 Kalbs- oder 4 Lammhirne
Essig
Salz
6 Eier
schwarzer Pfeffer
2 EL Butter

Hirn ca. 1 Stunde lang in Wasser einweichen, dem 1 EL Essig zugesetzt wurde. Häutchen unter fließendem Wasser entfernen. Die Hirne in kochendes Salzwasser mit 1 TL Essig geben, und ca. 10 Minuten kochen, bis sie gar sind. In Scheiben schneiden.
Die Eier miteinander verschlagen und mit Salz und Pfeffer würzen. In zwei Pfannen jeweils 1 EL Butter erhitzen. Die Hälfte der Eimischung in jede Pfanne gießen und darauf die Hirnscheiben geben. Sie sollen gleichmäßig verteilt sein und leicht einsinken. Auf kleiner Flamme ca. 20 Minuten braten, bis die Eier fast gestockt sind. Dann unter einem Grill gar backen, oder, wie vorher beschrieben, mit Hilfe eines Tellers wenden und die Unterseite in der Pfanne bräunen.

Kuku Sibzamini *Persisches Kartoffel-Omelett*

2 mittelgroße Kartoffeln
2–3 EL Butter
6 Eier
4–5 gehackte Frühlingszwiebeln oder
1 Bund gehackter Schnittlauch
Salz
schwarzer Pfeffer
2 EL feingehackte Petersilie

Die Kartoffeln schälen, kochen und pürieren. Mit etwa 2 EL Butter vermengen. Die Eier miteinander verschlagen und langsam unter ständigem Rühren mit dem Püree vermengen, bis die Masse schön cremig ist. Zwiebeln oder Schnittlauch zufügen und mit Salz und Pfeffer abschmecken.
In eine gebutterte Form gießen und bei 160° C ca. ¾ Stunde backen. Statt dessen kann man die *Kuku* auch in einer Pfanne braten, wie bei den *Eggah*-Rezepten angegeben.
Auf einer heißen Platte mit Petersilie garniert servieren.

Kukuye Sabsi

Die persische *Eggah*-Art, *Kuku* genannt, wird meistens im Ofen gebacken. Diese *Kuku* ist ein spezielles iranisches Gericht für Neujahr. Ihre grüne Farbe soll ein Fruchtbarkeitssymbol für das kommende Jahr sein, das Wohlstand und Glück bringt.
Zusätzlich zu den üblichen Kräutern wie Petersilie, Dill, Schnittlauch etc. können alle beliebigen verwendet werden.

2 Stangen Lauch
120 g Spinat
4–5 Frühlingszwiebeln
6–8 Eier
2–3 EL feingehackte Petersilie
2–3 EL gemischte, feingehackte frische Kräuter
einige Rosinen (nach Belieben)
einige gehackte Walnüsse (nach Belieben)
Salz
schwarzer Pfeffer
3 EL Butter

Die Gemüse waschen, abtrocknen und sehr fein hacken. Die Eier in einer großen Schüssel verschlagen, gehackte Gemüse, Kräuter und evtl. Walnüsse und Rosinen zufügen. Mit Salz und Pfeffer abschmecken und gut vermengen.
Eine hitzebeständige Schüssel (Jenaer Glas o. ä.) buttern und die Eimischung hineingießen. Bei 160° C zugedeckt ca. 30 Minuten backen und ohne Deckel noch 15 Minuten weiterbacken lassen. Die Gemüse sollten weich und die Eier fest sein, mit einer goldbraunen Kruste auf der Oberfläche. Statt dessen kann man die *Kuku* auch wie eine *Eggah* in der Pfanne braten.
Heiß oder kalt, als Vorspeise oder Beilage mit Joghurt servieren.

Omeletts

Viele Menschen im Vorderen Orient haben sich an eine durch das französische Omelett beeinflußte Art der *Eggah*-Zubereitung gewöhnt. Der Geschmack ist jedoch typisch für den Nahen Osten geblieben und ändert sich je nach Region.
Grundrezept: Aus höchstens 4 Eiern ein einfaches französisches Omelett zubereiten. Dafür die Eier in einer Schüssel leicht ver-

schlagen und nur sehr wenig würzen, da die Füllungen dem Ganzen ihren besonderen Geschmack geben. Eine Pfanne heiß werden lassen. 1 EL Butter hineingeben und die Pfanne bewegen, damit sich die Butter gleichmäßig verteilt. Kurz bevor sie braun wird, die Eier hineingießen, etwas umrühren und den Rand anheben, sobald sie anfangen zu stocken, damit die restliche Flüssigkeit darunterlaufen kann. Sobald die Eier gestockt, aber noch nicht ganz hart sind, die Pfanne vom Herd nehmen. Die vorbereitete Füllung in einer Linie über die Mitte geben (man braucht nur ziemlich wenig, um den gewünschten Geschmack zu erreichen) und mit einem flachen Messer oder einer Gabel dreifach falten. Das fertige Omelett auf einen Teller gleiten lassen und mit etwas Füllung garnieren.
Die Füllung muß immer vorher zubereitet werden.

Füllungen für ein Omelett aus 4 Eiern

1. *Hühnerleber*

3 Hühnerleber fein hacken und 2–3 Minuten in etwas Butter dünsten. Mit Salz, Pfeffer und einer Prise Zimt abschmecken.

2. *Zwiebeln und Tomaten*

2 EL feingehackte Zwiebeln in etwas Butter weich dünsten. ½ zerdrückte Knoblauchzehe zufügen. Wenn diese goldbraun ist, 2 enthäutete und gehackte Tomaten dazugeben. Mit Salz und schwarzem Pfeffer abschmecken und solange sanft köcheln lassen, bis die Tomaten fast zu Brei geworden sind.

3. *Spinat*

Tiefgefrorener Spinat, gehackt oder püriert, genügt. 60 g Spinat auftauen lassen und mit etwas Butter dünsten. Mit Salz und schwarzem Pfeffer abschmecken. Wer mag, kann noch eine Mischung aus einer Prise gemahlenem Koriander und ½ zerdrückten Knoblauchzehe, in der Pfanne gebraten, dazugeben.

Kräuteromelett

4 Eier
1 EL feingehackte Petersilie
1 EL feingehackte Minze oder
1 TL getrocknete Minze
4 feingewiegte Frühlingszwiebeln oder
½ große, sehr feingehackte milde Zwiebel
Salz
schwarzer Pfeffer
Butter

Die Eier in einer Schüssel leicht verschlagen. Kräuter und Zwiebeln zufügen, leicht mit Salz und Pfeffer abschmecken und gut vermengen.
Wie oben beschrieben in Butter braten.
Statt der Petersilie kann man auch 1 EL gehackten, grünen Fenchel, Koriander oder Schnittlauch nehmen.

Fisch – *Samak*

»Ein Heilmittel für einen Mann, der von seinen Feinden bezwungen und impotent gemacht worden ist: Er muß zu einem Quacksalber gehen, der sagen wird: ›Es ist gegen Dich etwas geschrieben worden, das ein Fisch im Meer gefressen hat. Ich kann Dich von Deinem Übel befreien, wenn ich – gegen Entgelt – den Fisch fange!‹ Der Quacksalber fängt einen Fisch, schreibt einen Fluch (vielleicht auf ein Stück Brot), steckt ihn dem Fisch ins Maul und überreicht ihn dem Patienten. Dieser wird geheilt sein.«*

In einigen Teilen des Vorderen Orients glaubt man auch heute noch, daß der Fisch magische Kräfte hat. Vor allem Tunesier betrachten ihn als Glücksbringer. Am Tag nach der Hochzeit werden Paare dazu aufgefordert, über einen großen Fisch zu steigen, um sich Glück und Schutz vor dem Bösen zu sichern. Der Umriß eines Fisches hat heute symbolische Bedeutung. Eingewebt in den Stoff oder in Metall graviert soll er den bösen Blick abwenden. In Ägypten aß man Fisch als erste Mahlzeit in einem neuen Heim. In Persien ißt man Fisch am Neujahrstag, um sich von allem Bösen zu reinigen. Die Juden dagegen legen lediglich den Kopf eines Fisches in die Mitte der Neujahrstafel, und zwar in der Hoffnung, daß Juden immer »an der Spitze« stehen mögen.

Für die Fischrezepte kann man oft eine ganze Reihe verschiedener Fischsorten verwenden. Als ich danach fragte, welchen Fisch man für *Cousbareia, Sayyadiah* oder *Blehat Samak* nimmt, antwortete man mir immer wieder »irgendeinen« oder »welchen Sie mögen«. Natürlich basieren die Rezepte ursprünglich auf Mittelmeerfischen. Besonders beliebt sind die rote Meeräsche, die bei den Türken *Barbunya* und bei den Arabern *Sultan Ibrahim* heißt; die graue Meeräsche; ein Fisch namens *Morgan* oder *Arous,* der im französischen *Daurade* genannt wird und der Seebrasse am nächsten kommt; der Seebarsch, genannt *Loukoz,* und die Seezunge, die nach Moses benannt ist: *Samak Moussa* (weil sie so dünn ist, behauptet man, sie sei in zwei

* Aus einem alten ägyptischen Medizinbuch.

Stücke geteilt worden, als Moses das Rote Meer teilte). Steinbutt, Kabeljau, Sardinen, Thunfisch, Knurrhahn und Schwertfisch gibt es reichlich in den Gewässern der verschiedenen Regionen.
Unter den Süßwasserfischen gibt es eine Art Forelle, die *Chaboute*, im Tigris und Euphrat. Sie wird normalerweise geräuchert, um *Masgouf* herzustellen, eine beliebte irakische Spezialität. Karpfen ist ein beliebter türkischer Süßwasserfisch, die Alse gibt es vor allem in den Flüssen Nordafrikas. Nilfische dagegen kann man kaum essen, da sie den unangenehmen Geschmack nach Schlamm angenommen haben.

Samak Meshwi *Über Holzkohle gegrillter Fisch*

Schwertfisch *Alla Shish* gegrillt oder auf dem Spieß gebraten ist eines der bekanntesten Fischgerichte im Nahen Osten. Der Fisch wird in große Würfel geschnitten, in einem Sud aus Essig, Öl, Salz und Pfeffer mariniert und abwechselnd mit Zwiebel- und Tomatenscheiben auf einen Spieß gesteckt. Unter häufigem Wenden und Bestreichen mit der Marinade werden die Spieße über Holzkohle gegrillt.
Grillt man die Fische im ganzen, so werden sie gewaschen, gesäubert und filetiert, mit Salz bestreut und mit Öl bestrichen. Marinaden verfeinern jedoch den Geschmack erheblich. Mit der oben genannten Mischung als Grundbasis (statt Essig evtl. lieber Zitronensaft verwenden), lassen sich unzählig viele verschiedene Marinaden nach eigenem Geschmack herstellen. Alle Gewürze sind erlaubt. Für ein besonders intensives Aroma kann man den Fisch der Länge nach aufschneiden und mit verschiedenen Kräutern füllen. Die Haut sollte an verschiedenen Stellen eingeritzt werden, damit sie während des Grillvorgangs nicht platzt.
Da man viele der genannten Fischarten nicht bei uns bekommt, lassen sich die hier üblichen Sorten genauso gut verwenden. Statt eines Holzkohlengrills kann man außerdem auf einen elektrischen Grill ausweichen; der Rost muß in jedem Fall immer gut geölt sein.

Samak Maqli *Gebratener Fisch*

Eine beliebte Zubereitungsart ist das Ausbacken von Fisch, der dann mit einer Sauce oder nur mit Zitronenspalten serviert wird. Den Fisch waschen, säubern und, wenn nötig, entgräten. Kleine Fische ganz lassen, große Fische in dicke Scheiben schneiden. Mit Küchenkrepp trockentupfen und in Mehl wenden. In sehr heißem Öl (möglichst Olivenöl) ausbacken. Nicht zu viele Stücke auf einmal backen, da sonst die Temperatur zu stark sinkt und der Fisch labbrig statt knusprig wird. Sobald der Fisch im Öl ist, die Hitze so hoch wie möglich drehen, um den Wärmeverlust auszugleichen.
Die Backzeit beträgt zwischen 5 und 10 Minuten. Den Fisch herausnehmen, abtropfen lassen, salzen und mit gehackter Petersilie und Zitronenspalten garnieren. Mit einer der unten angegebenen Saucen und Salat servieren, z. B. mit *Baba Ghanoush* (S. 35).

Gebackener Fisch mit Cousbareia-Sauce

Für diese ägyptische Spezialität eignet sich jeder Bratfisch.

1 kg Fisch
Olivenöl
2 in dünne Ringe geschnittene Zwiebeln
2 EL Öl
250 g in Scheiben geschnittene Tomaten
120 g gehackte Haselnüsse
60 g Pinienkerne
2–3 EL feingehackte Petersilie
Salz
schwarzer Pfeffer

Fisch wie oben beschrieben ausbacken.
In einer Pfanne die Zwiebeln in Öl goldgelb dünsten. Die Tomaten zufügen und langsam garen. Haselnüsse und Pinienkerne dazugeben und nur 2 Minuten länger braten. Knapp mit Wasser bedekken, die Petersilie unterrühren und mit Salz und Pfeffer abschmekken. Einige Minuten köcheln lassen.
Den gebackenen Fisch vorsichtig hineingleiten lassen und ca. 5 Minuten weiterköcheln. Statt dessen kann man den Fisch auch in eine hitzebeständige Schüssel legen, die Sauce darübergießen und das Ganze im Ofen bei 190° C backen.

Beid bi Lamoun (Avgolemono-Sauce) für gebratenen Fisch

475 cm³ Fischbrühe
Salz
schwarzer Pfeffer
1 EL Mehl
2–3 Eigelb
Saft von 1 Zitrone (oder mehr)

Aus Fischköpfen und -schwänzen und evtl. einer Karotte und einer Selleriestange eine Fischbrühe kochen. In einen dickwandigen Topf abseihen. Mit Salz und Pfeffer würzen. Das Mehl mit etwas kaltem Wasser verrühren und langsam in die heiße Brühe gießen; dabei heftig schlagen, um Klumpen zu vermeiden. Unter ständigem Rühren weiterkochen, bis die Sauce eindickt und nicht mehr nach Mehl schmeckt (ca. 15–20 Minuten).
In einer Schüssel die Eigelb verschlagen. Den Zitronensaft zugießen und gut verrühren. Unter Schlagen etwas heiße Sauce hinzufügen und die Mischung langsam wieder in den Saucentopf rühren. Die Sauce soll zu einer rahmigen Konsistenz eindicken. Nicht kochen lassen, da sie sonst gerinnt.
Heiß oder kalt servieren.

Sardinen, algerische Art

1 kg frische Sardinen
3 TL gemahlener Kümmel
2–3 zerdrückte Knoblauchzehen
½ TL Cayenne-Pfeffer
Salz
2 geschlagene Eier
Mehl oder Semmelbrösel
Öl zum Ausbacken

Sardinen waschen und Köpfe und Schwänze abschneiden. Auf einer Seite aufschlitzen und die Gräten entfernen. Die Sardinen mit der offenen Seite nach unten in eine Mischung aus Kümmel, Knoblauch, Cayenne-Pfeffer und Salz drücken. Die offenen Sardinen paarweise zusammenstecken, so daß die Gewürze zwischen ihnen haften bleiben.

Die »Doppelfische« jeweils in den verschlagenen Eiern und dann in Mehl oder Semmelbrösel wälzen. Vorsichtig in Öl ausbacken; dabei darauf achten, daß die Fischpaare nicht auseinanderfallen.
Einfacher ist wohl die Methode, die Fische einzeln zu backen, um sie anschließend zusammenzustecken.
Dieses Gericht eignet sich auch hervorragend als Vorspeise. Man kann außer Sardinen auch jeden anderen kleinen Fisch verwenden.

Fisch in Olivenöl (kalt serviert)

1 kg Fisch: 1 ganze rote Meeräsche oder Makrele oder ein in Scheiben geschnittenes Stück eines größeren Fisches
Olivenöl
2 große, in Scheiben geschnittene Zwiebeln
2 entkernte und in Streifen geschnittene grüne Paprikaschoten
2 zerdrückte Knoblauchzehen
500 g enthäutete und in Scheiben geschnittene Tomaten
1 Bund feingehackte Petersilie
1 EL Tomatenmark
Salz
schwarzer Pfeffer
12 grüne oder schwarze entkernte Oliven (nach Belieben)

Fisch schuppen und waschen. In wenig Öl braten, bis er leicht gebräunt ist. Auf einen Teller legen und beiseite stellen. Die Zwiebeln im selben Öl braten, bis sie weich und goldgelb sind. Paprika zufügen und dünsten, bis sie weich und süßlich sind. Knoblauch hinzufügen und nur kurz weiterbraten. Zum Schluß die Tomaten, die Petersilie und das Tomatenmark (in einer Tasse kaltem Wasser aufgelöst) dazugeben. Mit Salz und Pfeffer abschmecken, gut umrühren und ca. 10 Minuten kochen lassen.
Den Fisch vorsichtig in die Sauce legen und darauf achten, daß alle Stücke gut bedeckt sind. Weitere 10–15 Minuten köcheln lassen, bis der Fisch gar ist. Falls nötig, etwas Wasser nachgießen. Gegen Ende der Kochzeit je nach Geschmack noch blanchierte Oliven zufügen.
Den Fisch auf einer Platte anrichten und mit der Sauce übergießen. Kalt servieren.

Blehat Samak *Fischstäbchen*

Einige Fischköpfe, -schwänze und -gräten
500 g Fisch: Kabeljau, Schellfisch, Heilbutt, Seebrasse, Seebarsch oder eine Mischung dieser Arten
2 kleine Zwiebeln
2 Lorbeerblätter
1 Stange Sellerie
Salz
schwarzer Pfeffer
180 g Weißbrot oder 120 g Semmelbrösel
1 Knoblauchzehe
2 EL feingehackte Petersilie
1 TL gemahlener Koriander
1 TL gemahlener Kümmel
1 Ei
Mehl
Butter oder Öl
Saft 1 Zitrone (oder mehr)
gehackte Petersilie zum Garnieren

Den Fisch häuten, entgräten und durch den Wolf drehen. Statt dessen kann man auch größere Fischstücke weich kochen und mit der Gabel zerdrücken.
In ca. 1 l Wasser die Fischabfälle zusammen mit einer ganzen Zwiebel, den Lorbeerblättern, dem Sellerie, Salz und Pfeffer zu einer Brühe kochen (ca. ½ Stunde). Durch ein Sieb gießen und aufbewahren.
Das in Scheiben geschnittene und entrindete Weißbrot einweichen und ausdrücken. (Semmelbrösel mit Wasser anfeuchten.) Knoblauchzehe mit etwas Salz zerdrücken, die andere Zwiebel fein hakken. Alles zusammen mit dem durchgedrehten Fisch in einer Schüssel vermengen. Petersilie, Koriander, Kümmel und Ei zufügen und mit Salz und Pfeffer abschmecken. Die Masse heftig mit der Hand durchkneten. Walnußgroße Häufchen abstechen und zu kleinen, fingerdicken Kroketten formen. In Mehl wenden und in Butter oder Öl ausbacken, bis sie goldbraun sind. Gut abtropfen lassen und in einen großen Topf legen.
Genug von der Fischbrühe darübergießen, daß die Fischstäbchen bedeckt sind. Zitronensaft zufügen, zum Sieden bringen und 20 Minuten köcheln lassen. Den Fisch in eine große Schüssel geben und mit der Sauce übergießen. Abkühlen lassen. Die Sauce gelieren, sobald sie kalt ist. Mit Petersilie garniert servieren.

Variationen: Fügt man den *Blehat* ½ TL Gelbwurz zu, so erhalten sie eine schöne gelbe Farbe. – Man kann die Stäbchen auch in einer Tomatensauce garen: Eine feingehackte Zwiebel in etwas Öl braten. Wenn sie goldbraun ist, den Inhalt einer 60-g-Dose Tomatenmark, das in ca. 300 cm^3 Wasser aufgelöst wurde, dazugeben. Ein Lorbeerblatt zufügen und mit Salz und Pfeffer abschmecken. Zum Sieden bringen und ca. 20 Minuten köcheln lassen. Die ausgebackenen Fischstäbchen hineingeben und weitere 20 Minuten köcheln. Kalt, mit Petersilie garniert, servieren.

Fisch-Plaki

oder *Poisson à la grèque,* wie wir ihn in Ägypten nannten.

1 kg in dicke Scheiben geschnittener Fisch
Olivenöl
2 große, in Scheiben geschnittene Zwiebeln
2–3 Knoblauchzehen
500 g gehäutete und geviertelte Tomaten
Saft von ½ Zitrone
1 Bund feingehackte Petersilie
Salz
schwarzer Pfeffer

Die Fischscheiben in Olivenöl braten, bis sie eine helle, goldbraune Farbe angenommen haben. In eine hitzebeständige Schüssel legen.
Die Zwiebeln und ganzen Knoblauchzehen goldgelb und weich braten. Tomaten, Zitronensaft und Petersilie zufügen und mit Salz und Pfeffer abschmecken. Alles gut verrühren und ca. 10 Minuten köcheln lassen. Eventuell noch etwas Wasser nachgießen und die Sauce über den Fisch gießen.
Im Ofen bei 160° C ca. 20 Minuten backen, bis der Fisch gar ist. Läßt man den Fisch ganz, so braucht er ca. 30 bis 45 Minuten. Wer einen pikanteren Geschmack liebt, gibt noch 1 TL Oregano und 1–2 Lorbeerblätter in die Sauce.

Khall wa-Kardal

Dies ist eine mittelalterliche Mandel- und Essigsauce von al-Baghdadi, die sehr gut zu gebackenem Fisch schmeckt.
»Süße Mandeln schälen und fein hacken: dann mit saurem Essig anfeuchten, bis eine dünne Paste entsteht. Senf nach Geschmack zerstoßen und zufügen, zusammen mit etwas *Blattes de Byzance:* dann servieren.«
Vorschlag zur Zubereitung: 120 g gemahlene Mandeln mit Weinessig und Senf nach Geschmack vermischen. Gut durchschlagen und genug Wasser zugießen, damit eine dünnflüssige Sauce entsteht. Die *Blattes de Byzance (Strombus lentiginosus)* weglassen.

Samak Tarator *Fisch mit Tarator-Sauce*

Dies ist ein Festessen, das besonders gern in Ägypten, Syrien und dem Libanon zubereitet wird.
Am besten nimmt man einen großen Fisch wie z. B. Seebrasse, Seebarsch oder John Dory (Petersfisch). Säubern und waschen, den Kopf dranlassen, aber die Augen entfernen. Ganz mit Salz, Pfeffer und Olivenöl einreiben und in einer eingeölten Backform oder in Folie backen.
Den Fisch auf einem Bett aus Petersilie oder Salatblättern servieren. Mit Zitronenscheiben, saurer Gurke, schwarzen Oliven, gebackenen Pinienkernen oder Mandeln und Pepperonistückchen garnieren. Kalt mit der folgenden Sauce reichen:

2 Scheiben Weißbrot ohne Rinde
250 g Pinienkerne oder gemahlene Mandeln
1–2 mit Salz zerstoßene Knoblauchzehen (oder mehr)
Saft von 1–2 Zitronen (oder mehr)
Fischbrühe oder Wasser

Brot in Wasser einweichen und ausdrücken. Pinienkerne zerstampfen. Brot zufügen und mit den Pinienkernen vermengen. Den Knoblauch, Zitronensaft und genügend Brühe oder Wasser zugeben, so daß eine feste Paste entsteht. Gut durchschlagen und durch ein Sieb streichen oder in einem elektrischen Mixer pürieren, so daß eine cremige Sauce daraus wird.

Uskumru Dolmasu *Gefüllte Makrelen*

Diese türkische Spezialität macht aus einem einfachen Fisch eine Delikatesse.

6 kleine Makrelen
2 leicht verschlagene Eier
Semmelbrösel
Öl

Füllung:
250 g feingehackte Zwiebeln
Olivenöl
120 g gemahlene Walnüsse
60 g gemahlene Haselnüsse
60 g kernlose Rosinen
2 TL Würzmischung aus Zimt, Muskatnuß, Piment, Nelken und schwarzem Pfeffer
Salz
je 1 Bund feingehackte Petersilie
Dill oder Schnittlauch

Fische säubern und die Köpfe abtrennen. Die Haut eines jeden Fisches fest reiben, um sie vom Fleisch zu lösen und dieses weich zu machen. Dann mit den Händen vom Schwanz aus Fleisch und Gräten aus der losen Haut drücken (Rückengräte nahe am Schwanz durchtrennen), als ob man eine Tube ausdrückt. Das geht ziemlich leicht, da die Haut sehr fest ist. Eventuell entstehende Löcher können mit Nadel und Faden wieder zusammengenäht werden. Eine andere Art, den Fisch zu enthäuten: die Haut wie oben angegeben lösen, dann am Kopfende die Mittelgräte fassen und die Haut herunterziehen. Gräten entfernen und das Fleisch für die Füllung verwenden.
Für die Füllung die Zwiebeln in 2 EL Öl goldgelb und weich dünsten. Nüsse, Rosinen, Gewürze und Salz zufügen und alles gut vermischen. Das Fischfleisch zugeben und 5 Minuten weiterbraten. Kräuter einrühren und vom Feuer nehmen.
Die Fischhäute fest mit der Mischung füllen und zunähen. In den Eiern und Semmelbröseln wenden und in heißem Öl goldbraun braten, bis die Fische gar sind. Kalt oder heiß servieren.

Samak Maqlu bi Khall wa Rahshi

Bratfisch mit Essig und Tahina

Eine dem modernen arabischen Rezept sehr ähnliche Beschreibung findet man in al-Baghdadis Buch aus dem 13. Jahrhundert. Grundlage ist gesalzener Fisch; man kann jedoch auch Räucherfisch und sogar frischen Fisch verwenden.

»Gesalzenen Fisch nehmen, gut in Wasser waschen, trocknen und in Sesamöl braten. Eine gute Handvoll getrockneten Koriander in die Pfanne geben. Jetzt einen feinen Essig nehmen, nach und nach auf das Sesammehl gießen und fest durchkneten, bis die verlangte Konsistenz erreicht ist: nicht zu leicht und nicht zu schwer. Wenn man mag, gibt man noch feingemahlenen Senf dazu, aber das ist nicht nötig. Den Fisch aus der Pfanne nehmen und heiß auf eine Platte legen; dann das übriggebliebene Sesamöl mit dem Koriander darübergießen. Mit feingemahlenem Kümmel, Koriander, Zimt und auch Walnüssen überstreuen. Das Gericht kann kalt und heiß gegessen werden.«

Vorschlag zur Zubereitung: Al-Baghdadi hat versäumt, den notwendigen Vorgang des Entsalzens zu beschreiben, der vor dem Kochen vorgenommen werden muß.
Um 500 g gesalzenen Kabeljau zu entsalzen, diesen für mindestens 12 Stunden unter fließendes Wasser legen oder mindestens 24 Stunden in frischem Wasser liegen lassen, das häufig gewechselt wird. Dann in einen Topf geben, mit frischem, kaltem Wasser bedecken und 20–30 Minuten kochen. Gut abgießen, häuten und entgräten. Jetzt kann der Fisch weiterverarbeitet werden.
In mittelgroße Würfel schneiden und in Olivenöl, dem 2 EL ganzer, getrockneter Koriander beigefügt wurde, braten, bis der Fisch gleichmäßig Farbe angenommen hat und gut durchgebraten ist.
Währenddessen eine *Tahina*-(Sesammehl-)Sauce zubereiten. Mit einem Löffel 6 EL Weinessig in 150 cm^3 *Tahina*-Paste verrühren. 150 cm^3 Wasser zufügen, um eine cremige Konsistenz zu erhalten. 1 EL Senf (oder mehr) gut mit der Masse vermengen, am besten in einem elektrischen Mixer.

Kurz vor dem Servieren die Fischstücke auf die Sauce legen und mit dem übriggebliebenen Sesamöl-Koriander-Gemisch beträufeln. Mit je einer Prise gemahlenem Kümmel, Koriander und Zimt und 2 EL gehackten Walnüssen garnieren.

Marokkanische Alse, mit Datteln gefüllt

Da es diesen Fisch bei uns kaum zu kaufen gibt, kann man ebensogut Makrelen verwenden. Das Gericht erfordert eine ziemlich lange Vorbereitungszeit und eignet sich daher kaum für eilige Hausfrauen.

1,5–2 kg Fisch
250 g frische Datteln (verwendet man getrocknete, so müssen diese sehr saftig sein)
60 g blanchierte, feingehackte Mandeln
2–3 EL gekochter Reis
1 TL Zucker
½ TL gemahlener Zimt
schwarzer Pfeffer
gemahlener Ingwer
1–2 EL Butter
Öl
Salz
½ feingehackte Zwiebel
¼ TL gemahlener Zimt zum Garnieren (nach Belieben)

Den Fisch waschen und säubern; aufschneiden und so viele Gräten wie möglich entfernen. Falls Rogen vorhanden sind, diese im Fisch belassen, da sie eine Delikatesse sind.
Die Datteln entkernen und mit einer Mischung aus Mandeln, Reis, Zucker, Zimt und je einer Prise Pfeffer und Ingwer füllen, die mit etwas Butter zu einem Teig verknetet wird.
Den Fisch ganz mit Öl, Salz, Pfeffer und etwas Ingwer einreiben. Mit den gefüllten Datteln füllen; auf ein großes Stück eingeölte Folie legen und mit der Zwiebel bestreuen. Gut einwickeln und die Folienränder gut zusammendrücken (durch die Folie braucht man den Fisch nicht zusammenzunähen). Auf ein großes Backblech legen.
Im vorgeheizten Ofen bei 160° C backen, wobei man 15 Minuten pro 500 g Fisch rechnet. Dann die Folie öffnen und den Fisch knusprig braun werden lassen. Mit Zimt bestäubt servieren.

Sayyadiah *Fisch mit Reis*

Für dieses beliebte arabische Gericht eignen sich Seebarsch, Brasse, Steinbutt, Schellfisch, Kabeljau oder Heilbutt.

1 kg Fisch
Öl
2–3 feingehackte Zwiebeln
Salz
1 TL gemahlener Kümmel oder Piment
500 g Langkornreis (ungekocht)
Zitronensaft

Fisch waschen und in Stücke schneiden. In einem großen Topf die Zwiebeln mit etwas Öl glasig dünsten. Etwa ¾ l Wasser zugießen und köcheln, bis die Zwiebeln fast geschmolzen sind. Man kann sie entweder so lassen oder mit etwas Flüssigkeit im Mixer pürieren.
Zurück in den Topf geben und mit Salz und Kümmel oder Piment abschmecken. Fisch zufügen und ca. 15 Minuten köcheln lassen, bis er gar, aber noch fest ist. Den aufsteigenden Schaum abheben. Fisch herausnehmen und heiß stellen.
Von der im Topf verbliebenen Sauce so viel abnehmen, daß noch genügend übrig bleibt, um den Reis darin zu kochen (ca. ½ l). Den abgenommenen Teil in einen anderen Topf gießen und mit Zitronensaft abschmecken. So lange weiterköcheln lassen, bis die Sauce eingedickt ist.
Den gewaschenen und abgetropften Reis in die dafür vorgesehene Fischbrühe schütten, 1 Minute heftig kochen lassen, dann die Hitze reduzieren und den Reis zugedeckt bei schwacher Hitze garen (ca. 15–20 Minuten). Noch 10 Minuten zugedeckt stehen lassen.
Den Reis als Berg auf eine heiße Platte häufen, den Fisch darauf arrangieren und die Sauce darübergießen.

Variationen: Ägypter braten den Fisch zusammen mit den vorher glasig oder hellbraun gebratenen Zwiebeln. Die Brühe wird aus den Fischabfällen, 1 Stange Sellerie, 1 Zwiebel und 1 Karotte hergestellt. Durch ein feines Sieb streichen. Den Reis wie oben beschrieben in einem Teil der Brühe garen. Mit dem Fisch und den Zwiebeln in einer Backform mischen; mit leicht gebratenen Pinienkernen garnieren und mit etwas eingedickter Sauce übergießen. Im Ofen bei 150° C ca. 20 Minuten backen. — Eine andere Methode besteht darin, den Reis im Fischstew zu kochen. Zwiebeln in Halbmonde schneiden und goldgelb dünsten. Den Fisch zufügen und braten, bis er gleichmäßig Farbe angenommen hat. Mit Wasser bedecken und mit Salz, Pfeffer und $1/4$ TL Safran würzen. Das gibt dem Gericht eine schöne gelbe Farbe und ein sehr feines Aroma. Köcheln lassen, bis der Fisch fast gar ist, dann diesen mit einer Gabel in kleine Stücke zerpflücken. Den gewaschenen und abgetrockneten Reis zufügen und zusätzlich Wasser zugießen, wenn die Flüssigkeit zu stark eingekocht ist. Zugedeckt ca. 15–20 Minuten leise köcheln lassen, bis der Reis gar ist. Wasser nachgießen, wenn die Flüssigkeit verdampft, bevor der Reis fertig ist. Mit einem leichten Salat servieren.

Malih bi-Laban

Dies ist ein mittelalterliches Rezept von al-Baghdadi für gesalzenen Fisch.
»Gesalzenen Fisch waschen und säubern ... dann in Sesamöl braten. Herausnehmen und den heißen Fisch in Milch legen, der gehackter Knoblauch zugesetzt worden ist. Mit fein gemahlenem Koriander, Kümmel und Zimt bestäuben. Heiß oder kalt servieren.«

Vorschlag zur Zubereitung: 500 g gesalzenen Kabeljau entsalzen wie auf S. 134 angegeben. Abtrocknen und in Öl goldgelb braten. Mit Milch bedecken, 1 oder 2 gehackte Knoblauchzehen zufügen und 10–15 Minuten köcheln lassen. Heiß oder kalt mit je einer Prise Kümmel, Koriander und Zimt garniert servieren.

Ritza* *Seeigel*

Schafft man es, die stachligen Seeigel vom Felsen zu lösen (ein beliebter Zeitvertreib in Alexandrien), so kann man sie wunderbar auf folgende Weise verzehren: einen kleinen Deckel abschneiden, etwas Zitrone über das lachsfarbene Fleisch träufeln und auslöffeln; dazu Brot reichen.

* der griechische Name

Gekochte Garnelen

1 kg frische Garnelen in der Schale
Salz
3 Stangen geschnittener Sellerie mit Blättern
1 kleiner Bund geschnittene Frühlingszwiebeln oder 1 gehackte Zwiebel
2 gehackte Knoblauchzehen
Saft von ½–1 Zitrone
Salz
schwarzer Pfeffer

Die Garnelen waschen und in einer Brühe kochen, die aus den übrigen Zutaten und 2 l Salzwasser hergestellt wird. Die Garnelen ca. 5 Minuten kochen, bis sie rosarot sind. Nicht zu lange kochen! Gut abtropfen und auskühlen lassen.
Garnelen schälen oder jede Person selbst schälen lassen: mit einem kleinen spitzen Messer den Rücken aufschlitzen und den Sandsack entfernen. Kopf ablösen und die Schale vom Schwanz aus abziehen.
Mit einer Sauce aus Olivenöl, Zitronensaft, Salz und schwarzem Pfeffer servieren.

Garnelen mit Reis

1 kg geschälte oder tiefgefrorene Garnelen
1 in Halbmonde geschnittene Zwiebel
2 in dünne Ringe geschnittene Lauchstangen
1 dünn geschnittene Selleriestange
2–3 enthäutete und gehackte Tomaten
40 g Tomatenmark (oder weniger)
½ TL Zucker (nach Belieben)
Salz
schwarzer Pfeffer
3 EL feingehackte Petersilie
500 g Langkornreis
2 EL Butter
1 gehackte Knoblauchzehe

Die Garnelen vorsichtig waschen und säubern. Gefrorene gut auftauen lassen.
Die Gemüse in Butter oder Öl dünsten. Tomatenmark zufügen und mit Zucker, Knoblauch, Salz und Pfeffer abschmecken. Petersilie dazugeben und mit ½ l Wasser bedecken (manche Leute nehmen gerne Weißwein statt Wasser). Zum Kochen bringen, die Hitze

reduzieren und zugedeckt ca. 45 Minuten köcheln lassen, bis die Flüssigkeit eingedickt ist. Garnelen zugeben und weitere 5–8 Minuten kochen lassen (gefrorene Garnelen benötigen weniger Zeit zum Garen).
Diese Sauce in die Mitte eines einfachen Reisringes gießen (Rezept S. 273) und heiß servieren.

Reis als Fischbeilage

Zu den meisten Fischgerichten wird im Vorderen Orient Reis als Beilage gereicht. Der traditionelle arabische Reis zum Fisch wird mit Pinienkernen und Safran verfeinert.

Öl
½ TL Safran
500 g Langkornreis
Salz
schwarzer Pfeffer
60 g Pinienkerne
2 in Halbmonde geschnittene Zwiebeln

In einem großen Topf 2 EL Öl erhitzen. Safran einrühren und den gewaschenen und getrockneten Reis hineinschütten. Mit Salz und Pfeffer würzen und über großer Flamme umrühren, bis der Reis durchsichtig gelb geworden ist. Ca. ½ l kochendes Wasser darauf gießen. Heftig aufkochen lassen, zudecken und leise weiterköcheln, bis der Reis gar und locker ist (ca. 20 Minuten).
Währenddessen die Pinienkerne 2 Minuten in etwas Öl anbraten. Herausnehmen und im selben Öl die Zwiebeln goldbraun braten. Den Reis mit den Pinienkernen und Zwiebeln garniert servieren.
Statt des teuren Safrans kann man auch einfach Gelbwurz verwenden.

Geflügel

In den Dörfern der meisten Länder des Vorderen Orients, in denen ein *Eid el Kibir* oder sehr wichtiges Fest es erfordert, ein Lamm zu schlachten, besteht das Festessen meistens aus Geflügel. Gans, Ente, Huhn oder fette Küken sind der Höhepunkt des Mahls.
In seinem Buch *Kitab al-ifadah wa'l-l'tabar,* das er 1204 nach einem Besuch in Ägypten geschrieben hat, beschreibt Abd al Latif al-Baghdadi das Essen jener Zeit:

> »Die sauren und normalen Stews in Ägypten sind nichts Besonderes oder unterscheiden sich nur sehr wenig von denjenigen anderer Länder; ihre süßen Stews dagegen sind ganz einzigartig, da sie Hühnchen mit allen möglichen Sorten von süßen Zutaten bereiten. Und so bereiten sie das Essen: Sie kochen ein Geflügel, legen es dann in einen Likör, mischen Haselnüsse oder Pistazien, Mohnsamen, Portulaksamen oder Hagebutten darunter und kochen das Ganze, bis es eindickt. Dann fügen sie Gewürze zu und nehmen das Gericht vom Feuer.
> Diese Stews werden *Fistakiyyeh* (Pistazie), *Bondokiyyeh* (Haselnuß), *Khashkhaschiyyeh* (Mohn) oder *Wardiyeh* (Hagebutte) genannt oder auch *Sitt Alnoubeh* (Portulak, das bei ihnen »Nubische Frau« bedeutet, wegen seiner schwarzen Farbe). Es gibt viele verschiedene Arten, dieses Gericht zuzubereiten, aber es würde zu weit gehen, sie hier detailliert zu beschreiben.«*

Maxime Rodinson hat in seiner Beschreibung des Manuskripts von *Kitab al Wusla il al Habib,* das angeblich im 13. Jahrhundert entstand, über 500 Rezepte für Hähnchen angegeben, von denen er jedoch nur wenige ganz übersetzt und erklärt hat. Unter diesen sind:

Klößchen aus gehacktem Hähnchen- und Lammfleisch
Gefülltes, knochenloses Hähnchen
Hähnchen mit Essig
Gekochtes Hähnchen mit zerdrückten Kichererbsen
Hähnchen mit Zitronen- oder Granatapfel-Sauce

---

* Zand und Videan: *The Eastern Key*

Hähnchen mit Rhabarber oder Quitten
Hähnchen mit hartgekochten Eigelb und Kräutern
Hähnchen mit Pistazien; mit Haselnüssen, Walnüssen, Mandeln oder Mohnsamen; mit Petersilie, Orangen- oder Rosenmarmelade; mit Pflaumengelee, Joghurt oder Maulbeeren
Hähnchen mit Erbsen, Zwiebeln und Zimt, oder mit gewürztem Reis
Hähnchen mit Pistazien, parfümiert mit Rosenwasser und Moschus
Ein Laib Brot, mit Hähnchen gefüllt

Hier ist eine kleine Geschichte von Goha, dem Volkshelden des Vorderen Orients. In dieser Geschichte ist Goha ein Bauer, der in eine fremde und ungastliche Stadt kommt, die unter türkischer Herrschaft steht, um dort Hühner auf dem *Soukh* oder Markt zu verkaufen.

Er wurde an dem Stadttor von der türkischen Polizei angehalten, die ihn fragte, womit er seine Hühner füttere. »Weizen«, sagte Goha. Dann verlangte die Polizei die Quittung über die Steuern, die er für den Weizen bezahlt hatte. Da er weder von solchen Steuern gehört noch sie bezahlt hatte, wurde Goha zum *Qadi* (Richter) geschleppt und gezwungen, eine Strafe von fünf Piastern zu bezahlen, mehr als die Hälfte des Betrages, den er für seine Hühner zu bekommen hoffte.

Als er das nächste Mal auf seiner Reise zu dem *Soukh* kam, erklärte er, seine Hühner mit Gerste gefüttert zu haben, um der Strafe zu entgehen. Es stellte sich heraus, daß auch Gerste steuerpflichtig war und er wieder Strafe zahlen mußte.

Dieser Vorgang wiederholte sich einige Male. Goha versuchte es mit Kichererbsen, Hirse und Bohnen, aber es stellte sich immer heraus, daß auch diese alle steuerpflichtig waren. Schließlich antwortete er völlig verzweifelt, weil er wieder einmal von der Polizei angehalten worden war: »Oh, ich gebe einfach jedem von den Hühnern einen Maleem (Heller) pro Tag und sage ihnen, sie sollen sich davon kaufen, was sie mögen!«

Obwohl viele der folgenden Rezepte für Suppenhühner gedacht sind, finde ich, daß diese auch nach langem Kochen nicht so zart werden wie Brathähnchen. Deshalb schlage ich vor, für alle Gerichte ruhig Brathähnchen zu verwenden.

Hähnchen Awsat *Hähnchen im Brotlaib*

Dies ist ein mittelalterliches Rezept aus dem *Kitab al Wusla il al Habib,* wo es auch »Ägyptisches Hähnchen« genannt wird. Ich gebe hier meine eigene Interpretation und Mengen an, nach denen ich das Gericht zubereite.

1 mittelgroßer, hübsch geformter Brotlaib (rund oder kastenförmig)
1 mittelgroßes Hähnchen, gekocht oder à la Sofrito *(s. Rezept S. 144)*
250 g Hühnerleber
Öl
Hühnerbrühe
¼ TL gemahlenen Piment
Salz
schwarzer Pfeffer
30–60 g gehackte Pistazien
3 EL feingehackte Petersilie
1 TL zerstoßene, getrocknete Minze
Saft ½ Zitrone
½ TL Rosenwasser (nach Belieben)
Petersilie oder andere frische Kräuterzweige

Vom Brot einen Deckel abschneiden und beiseite legen. Das weiche Brotinnere vorsichtig aushöhlen und die Kruste unversehrt lassen.
Das gekochte Hähnchen entbeinen und das Fleisch hacken. Hühnerleber säubern und für 3–4 Minuten in etwas Öl leicht sautieren. Etwa ½ Tasse der Brühe zufügen, in der das Hähnchen gekocht wurde, und mit Piment, Salz und Pfeffer abschmecken. (Statt der Brühe kann man auch Brandy oder Sherry nehmen.) Die Leber mit dem elektrischen Mixer pürieren.
In einer großen Schüssel das Hähnchenfleisch mit der Lebermasse vermischen. Pistazien, Petersilie, Minze und Zitronensaft zufügen und gut mixen. Eventuell mit Salz und Pfeffer nachwürzen. Die Masse gut durchkneten und mehr Brühe zugießen, falls sie zu trokken sein sollte.
Die Brothülle mit Brühe anfeuchten, so daß sie weich und leicht zu bearbeiten ist. Das Originalrezept empfiehlt Rosenwasser statt der Brühe, jedoch ist das Parfüm sehr intensiv. Das Brot mit der Hähnchen-Leber-Mischung füllen, und zwar möglichst fest. Den ebenfalls angefeuchteten Deckel daraufsetzen. Im Eisschrank kühl stellen.
Mit Kräuterzweigen garnieren und in Scheiben geschnitten servieren. Dazu einen leichten Salat reichen.

Tavuk Jölesi *Hähnchen-Gelee*

1 großes Brathähnchen oder
1 Poularde (1,5–2 kg)
1 Karotte
1 Zwiebel
1 Stange Sellerie
Salz
weißer Pfeffer
Saft 1 Zitrone (oder mehr)
1 Eiweiß (und etwas zerstoßene Eierschale), um die Brühe zu klären
ca. 30 g (2½ EL) Gelatinepulver
3 EL feingehackte Petersilie
2 EL blanchierte Mandelsplitter

Das gesäuberte Hähnchen in einen großen Topf legen und mit ca. 1½ l Wasser bedecken. Die Gemüse, Salz, Pfeffer und Zitronensaft zufügen und zum Kochen bringen. Den aufsteigenden Schaum abheben und ¾ bis 1 Stunde leise kochen, bis das Hähnchen sehr zart ist.
Sobald es kühl genug zum Anfassen ist, das Hähnchen herausnehmen, entbeinen und das Fleisch in gleichgroße Stücke schneiden. Brühe abkühlen lassen und das Gemüse entfernen.
Um die Brühe zu klären, das Eiweiß leicht schlagen, in die Brühe geben und leicht erhitzen, dabei ständig mit einem Holzlöffel schlagen. Am besten noch etwas Eierschale dazugeben. 10 Minuten köcheln lassen, aber nicht heftig aufkochen. Vom Feuer nehmen und weitere 10 Minuten stehen lassen. Das Eiweiß saugt alle Unreinheiten auf und bildet eine Kruste auf der Oberfläche. Die Brühe nun durch ein Sieb gießen, das mit feuchtem Mousselin ausgelegt ist.
Abmessen. Wenn nötig, die Menge auf 1 l verringern. Abschmekken und evtl. nachwürzen. Die aufgelöste Gelatine unter heftigem Schlagen mit der Brühe vermengen; abkühlen lassen.
Eine große Schüssel mit kaltem Wasser ausspülen und die Hälfte der Brühe hineingießen. Kühlen, bis sie geliert ist. Das Hähnchenfleisch darauflegen und etwas Brühe darübergießen (nicht die ganze, sonst schwimmen einige Fleischstücke auf der Oberfläche). Abkühlen, bis sie fest ist. Die restliche Brühe daraufgießen und wieder kühlen, bis sie ganz fest geworden ist.
Um das Gelee zu stürzen, die Schüssel einige Sekunden in heißes Wasser halten. Mit einem Messer am Rand entlang fahren, einen großen Teller über die Schüssel legen und diese schnell stürzen. Vorsichtig die Schüssel abheben.
Mit Petersilie und Mandeln hübsch dekorieren.

Gegrilltes Hähnchen

Hähnchen werden besonders gerne über Holzkohlenfeuer gegrillt. Man sollte dafür allerdings nur sehr junge Tiere oder Poularden verwenden. Sie werden in Stücke geschnitten und mindestens eine Stunde mariniert (Perser marinieren immer über Nacht). Türken würzen die Marinade mit etwas Zimt statt mit Knoblauch und Zitrone.

Marinade:

Saft 1 Zitrone
½ gehackte und zerdrückte Zwiebel
1–2 zerdrückte Knoblauchzehen (nach Belieben)
2–3 EL Olivenöl
Salz
schwarzer Pfeffer

Die marinierten Fleischstücke auf einen eingeölten Grill legen und goldbraun werden lassen. Des öfteren mit der Marinade bestreichen und einmal wenden.

Variation: Die Hähnchenstücke so lange wie möglich in einer Marinade aus Joghurt, zerdrücktem Knoblauch, Salz und Pfeffer liegen lassen. Man kann auch zerstoßene Minze und etwas Paprika dazugeben. Joghurt gibt dem Hähnchen zwar keinen besonderen Geschmack, macht aber das Fleisch besonders zart.

Kaltes Hähnchen Sofrito

1 großes Brathähnchen oder
1 Poularde (1,5–2 kg)
2 EL Maisöl
Saft 1 Zitrone
½ TL Gelbwurz
Salz
weißer Pfeffer
1 geöffnete Kardamomkapsel

Hähnchen waschen und abtrocknen.
In einen großen Topf oder eine hitzebeständige Kasserolle Öl, Zitronensaft, 1 kleine Tasse Wasser, Gelbwurz, Salz und Pfeffer und den Kardamom geben. Zum Kochen bringen und das Hähnchen in den Topf legen. Zugedeckt auf sehr kleiner Flamme kochen, dabei

häufig wenden und Wasser nachgießen, wenn die Flüssigkeit verdunstet ist. So lange kochen, bis das Hähnchen weich und zart ist. Abschmecken und den Topf vom Feuer nehmen; abkühlen lassen. Das Hähnchen zerteilen, die großen Knochen und die Haut entfernen. In einer Schüssel anrichten. Die Sauce darübergießen und ziemlich stark abkühlen lassen. Dabei erstarrt die Sauce zu einem hellen, säuerlichen Gelee und das Hähnchenfleisch bekommt eine hellbeige Farbe. Wenn Sie ein klares Gelee vorziehen, einfach alles Fett von der Oberfläche entfernen, bevor man die Flüssigkeit über das Fleisch gießt. Zum Schluß mit Küchenkrepp die letzten Fettspuren aufsaugen.
Dieses Gericht eignet sich besonders gut für Buffets und als kalte Sommermahlzeit, zu der leichter Salat gereicht wird.

Hähnchen mit Kichererbsen

1 großes oder 2 kleine Brathähnchen (ca. 2 kg)
2 EL Maisöl
1 feingehackte Zwiebel
1 TL Gelbwurz
250 g Kichererbsen (über Nacht eingeweicht)
Saft 1 Zitrone (oder mehr)
2–4 zerdrückte Knoblauchzehen
Salz
schwarzer Pfeffer oder 1 Prise Cayenne-Pfeffer

Hähnchen innen und außen mit einem feuchten Tuch abwischen. Das Öl in einem großen Topf oder einer feuerfesten Form erhitzen. Darin die Zwiebel goldgelb und weich dünsten, mit Gelbwurz bestäuben und gut vermischen. Das Hähnchen hineinlegen und unter häufigem Wenden sautieren, bis es von allen Seiten schön dunkelgelb ist. ½ l Wasser, die abgetropften Kichererbsen, Zitronensaft und Knoblauch zugeben und mit Salz und Pfeffer abschmecken. Zum Kochen bringen und zugedeckt 1 Stunde oder länger leicht köcheln lassen, bis das Hähnchen sehr zart ist, die Kichererbsen weich, gelb und säuerlich sind und die Flüssigkeit ziemlich eingedickt ist. Abschmecken, in Portionen teilen und servieren.

Marokkanische Tagine T'Faia

1–2 zerteilte Brathähnchen (2 kg)
Butter oder Öl
Salz
schwarzer Pfeffer
½ TL gemahlener Ingwer
¼ TL Safran (nach Belieben)
2 feingehackte Zwiebeln
3 EL feingehackte Petersilie
6 hartgekochte Eier
120 g blanchierte Mandeln (oder mehr)

Hähnchen mit 2 EL Butter oder Öl, Salz, Pfeffer, Ingwer, Safran, Zwiebeln und Petersilie in einen großen Topf geben. Mit Wasser bedecken, zum Kochen bringen und halb zugedeckt ca. 1 Stunde kochen lassen, bis das Hähnchen die Aromata aufgenommen hat und schön zart und die Sauce eingekocht ist.
Etwas Wasser erhitzen, dem eine Prise Safran zugesetzt wurde. Die Eier schälen und in dem Safran wälzen, bis sie gleichmäßig gefärbt sind. Die blanchierten Mandeln in Butter braten.
Das Hähnchen in einen tiefen Teller geben und die Sauce darübergießen. Die Eier zwischen den Fleischstücken arrangieren und alles mit den Mandeln garnieren.
Man kann für das gleiche Rezept auch Lamm statt Hähnchen verwenden.

Treya *Hähnchen mit Pasta*

In Ägypten werden für dieses Gericht Spaghettini verwendet, die dünner als Spaghetti, aber dicker als Vermicelli sind. Man kann jedoch fast jede Art von Nudeln nehmen.

1 großes oder 2 kleine Brathähnchen (1,5–2 kg)
Salz
schwarzer Pfeffer
1 Kardamomkapsel
Saft 1 Zitrone
Öl
500 g Nudeln (Spaghettini o. ä.)
1 TL gemahlener Zimt

Hähnchen nach *Sofrito*-Art (S. 144) zubereiten und mit Salz, Pfeffer und Kardamom würzen. Zitronensaft zugießen, zugedeckt in etwas Öl oder Wasser weichdünsten und dabei gelegentlich umdrehen. Sobald es gar ist, das Hähnchen enthäuten, entbeinen, Sehnen entfernen und in mittelgroße Stücke schneiden.

Während das Hähnchen kocht, die Spaghetti ca. 7 Minuten kochen, bis sie weich, aber noch kernig sind; abgießen.
Den Boden einer feuerfesten Form mit ca. ½ cm Öl bedecken und stark erhitzen. Die gut abgetropften Spaghetti hineingeben und einige Minuten anbraten. Dabei mit einer Gabel ständig wenden. Die Hälfte der Spaghetti herausnehmen, die Hähnchenstücke auf den zurückbleibenden Nudeln verteilen, mit Zimt bestäuben und erneut mit Spaghetti bedecken. Die Sauce, in der das Hähnchen gekocht worden ist, darübergießen und den Topf zudecken.
Im Backofen bei 150° C ca. 20–30 Minuten backen. Auf eine Platte stürzen und heiß oder kalt servieren.
Um das Gericht abzurunden, reicht man dazu noch *Mishmisheya*, eine herrliche Aprikosensauce: 250 g getrocknete Aprikosen über Nacht einweichen und in übriggebliebener Hühnerbrühe oder in Wasser weich kochen. Etwas Zucker und evtl. den Saft ½ Zitrone dazufügen. Wenn die Aprikosen weich sind, mit einer Gabel zerdrücken und weiterköcheln lassen, bis sie zu einem cremigen Püree eingedickt sind. Kalt in einer Extraschale servieren.

Ferique

1 großes oder 2 kleine Brathähnchen (1,5–2 kg)
1 Kalbsfuß
6 Eier in der Schale
500 g geschälte, ganze Weizenkörner, über Nacht eingeweicht
1–2 TL Gelbwurz
2–3 EL Öl
Salz
schwarzer Pfeffer

Hähnchen waschen. Den Kalbsfuß abreiben und in kochendem Wasser blanchieren, um ihn zu säubern. Die Eierschalen gut abreiben.
Alle Zutaten in einen großen Topf geben und mit Wasser bedecken. Zum Kochen bringen und ca. 3–4 Stunden köcheln lassen, bis das Hähnchen fast auseinander fällt, der Kalbsfuß sehr weich und der Weizen gut durchgekocht ist.
Die Eier herausnehmen, schälen und wieder in den Topf geben. Die lange Kochzeit macht sie cremig und der Gelbwurz färbt sie hellgelb. Weitere 10 Minuten kochen, abschmecken und in Suppentellern servieren.

Çerkez Tavuğu *Tscherkessisches Hähnchen*

1 großes oder 2 kleine Brathähnchen (1,5–2 kg)
2 große, geviertelte Zwiebeln
2 Stangen Sellerie
Salz
schwarzer Pfeffer
250 g Walnußkerne (oder eine Mischung aus diesen, Mandeln und Haselnüssen)
60 g Semmelbrösel (nach Belieben) oder 2 Scheiben Weißbrot
4 EL Öl (am besten Walnußöl)
1 TL Paprika
500 g Langkornreis
2 EL Butter

Hähnchen waschen und in einen großen Topf legen. Mit Wasser bedecken und die Zwiebeln, Selleriestangen, Salz und Pfeffer zufügen. Zum Kochen bringen und ca. 1 Stunde kochen, bis das Hähnchen gar ist. Den aufsteigenden Schaum abschöpfen. Abgießen und die Brühe aufbewahren. Das Hähnchen in kleine Stücke schneiden.

Die Nüsse in einem Mörser zerstampfen oder in einem Mixer hakken. ½ l Brühe durch ein Sieb in einen sauberen Topf streichen und die Nüsse und Semmelbrösel hineinrühren. Unter Rühren kochen, bis die Mischung eingedickt ist. Mit Salz und Pfeffer abschmekken.

Den Reis mit Butter nach einem der Rezepte auf S. 273 kochen; dabei etwas von der Hühnerbrühe verwenden.

Die Hähnchenstücke auf einer großen Platte anrichten, den Reis in einem Ring darumlegen. Die Nußsauce über Hähnchen und Reis gießen und mit etwas in Öl aufgelöstem Paprika garnieren. Kalt servieren.

Wer die Sauce etwas schärfer liebt, kann noch 2 Knoblauchzehen und eine Prise Cayenne-Pfeffer zufügen.

Marokkanische Hähnchen Qdra

1 großes, geviierteltes Brathähnchen oder Poularde (ca. 2 kg)
2 EL Butter
3 Zwiebeln
¼ TL Safran (nach Belieben)
1 TL gemahlener Zimt (oder mehr)
Salz
schwarzer Pfeffer
250 g Kichererbsen, über Nacht eingeweicht
120 g blanchierte und geschälte Mandeln
1 Bund feingehackte Petersilie
Saft 1 Zitrone

Wie so oft in der marokkanischen Küche wird zunächst 1 Zwiebel mit dem Fleisch bzw. Hähnchen gekocht, und wenn diese fast gar sind, erst die übrigen Zwiebeln dazugegeben. Der Grund dafür ist die lange Kochzeit. Die erste Zwiebel dient dazu, dem Fleisch Aroma zu geben; sie löst sich förmlich in der Flüssigkeit auf. Die später zugefügten Zwiebeln bleiben ganz und geben der Sauce ihre Konsistenz.

Hähnchen, Butter und 1 feingehackte Zwiebel in einen großen Topf geben und mit Wasser bedecken. Etwas Safran zufügen, wenn man das Gericht etwas gefärbt haben möchte, und mit Salz, Pfeffer und Zimt abschmecken. Zum Kochen bringen, die Kichererbsen zugeben und ca. 1½ Stunden kochen, bis die Kichererbsen weich und das Hähnchen gar ist; mehr Wasser zugeben, falls nötig. Das Hähnchen sollte, sobald es einigermaßen weich ist, sofort in Stücke zerteilt werden.

Die restlichen Zwiebeln fein hacken und mit den Mandeln und der Petersilie zufügen. Weiterkochen, bis die Zwiebeln gar sind und die Sauce ziemlich eingedickt ist.

Die Hähnchenstücke auf einer Platte anrichten und mit den Kichererbsen und Mandeln bedecken. ½ Zitrone darüber auspressen und servieren.

Hähnchen mit Oliven

1 großes oder 2 kleine Brathähnchen (1,5–2 kg)
2 EL Öl
2 in Scheiben geschnittene Zwiebeln
Salz
schwarzer Pfeffer
¼–½ TL gemahlener Ingwer
1 TL Paprika
1 feingehackte Zwiebel
250 g schwarze oder grüne Oliven
Saft ½ Zitrone (oder mehr)

Hähnchen waschen und mit einem feuchten Tuch abwischen.
Das Öl in einem großen Topf erhitzen. Sehr langsam ca. 1 Tasse Wasser unter Rühren dazugießen. Zwiebelscheiben dazugeben, mit Salz, Pfeffer, Ingwer und Paprika bestäuben und das Hähnchen obenauf legen. Auf kleiner Flamme zugedeckt 1 Stunde kochen lassen, dabei das Hähnchen häufig wenden. Falls nötig, noch mehr Salz zugeben, die feingehackten Zwiebeln darüberstreuen und noch ½ Stunde weiterkochen.
Die Oliven entkernen. In einen Topf legen, mit kaltem Wasser bedecken und 1 Minute kochen lassen. Das Wasser abgießen und den Prozeß wiederholen. Dadurch wird überflüssiges Salz entzogen. Die Oliven in den anderen Topf geben und für ein paar Minuten zusammen mit dem Hähnchen köcheln.
Kurz vor dem Servieren etwas Zitronensaft über das Gericht träufeln. Mit Reis oder *Couscous* (S. 225) servieren.

Rätsel: Unsere Negerdienerin ist grün. Ihre Kinder werden weiß geboren und färben sich später schwarz. Wer ist sie?
Antwort: Ein Olivenbaum.

Tagine mit Dörrpflaumen

1 großes oder 2 kleine Hähnchen
1 in Scheiben geschnittene Zwiebel
¼ TL Safran
¼–½ TL gemahlener Ingwer
Salz
2 feingehackte Zwiebeln
500 g über Nacht eingeweichte Dörrpflaumen

Hähnchen waschen und mit der Zwiebel in einen großen Topf legen. Mit Safran, Ingwer und Salz bestäuben, mit Wasser bedekken und zugedeckt leicht kochen lassen, bis das Hähnchen gar und die Flüssigkeit sehr reduziert ist. Nach etwa ¾ der Kochzeit die feingehackten Zwiebeln zufügen.
Wenn das Hähnchen gar ist, die Dörrpflaumen zugeben und alles ohne Deckel ca. ½ Stunde länger kochen, bis die Pflaumen ebenfalls weich sind.
Das Hähnchen zerteilen, mit der Sauce und den Pflaumen übergießen und servieren. Dazu einfachen Reis oder *Couscous* (S. 225) reichen.

Marokkanische Frucht-Tagine

1 großes, zerteiltes Brathähnchen oder Poularde (1,5–2 kg)
2 feingehackte Zwiebeln
3 EL feingehackte Petersilie
2–3 EL Butter
¼ TL gemahlener Ingwer (nach Belieben)
Salz
schwarzer Pfeffer
500 g geschälte, entkernte und in Scheiben geschnittene säuerliche Äpfel

Hähnchen, Zwiebeln und Petersilie in einen großen Topf geben. Mit Wasser bedecken, die Butter und evtl. Ingwer zufügen und mit Salz und Pfeffer würzen. Zugedeckt kochen lassen, bis das Hähnchen sehr weich ist und die Zwiebeln sich fast aufgelöst haben (ca. 1 Stunde). Die Flüssigkeit sollte sich sehr reduziert haben.
Die Äpfel zufügen und weiterkochen, bis sie gerade weich sind. Sie dürfen sich nicht auflösen, sondern müssen ihre Form behalten.
Mit Reis, *Couscous* (S. 225) oder arabischem Brot servieren.
Ähnliche *Touajen* können mit Pfirsichen, Quitten, frischen Datteln, Rosinen oder vorher eingeweichten Trockenpflaumen gemacht werden.

Gefülltes Hähnchen

1 großes Brathähnchen oder Poularde (1,5–2 kg)
Salz
schwarzer Pfeffer
Butter

Füllung:
500 g gehacktes Rinder- oder Lammfleisch
3 EL Öl oder Butter
Salz
schwarzer Pfeffer
120 g blanchierte und halbierte Mandeln
60 g Pinienkerne
120 g gekochter Reis (vor dem Kochen gewogen)

Hähnchen säubern, waschen und abtrocknen. In gewürztem Wasser ca. ¾ Stunden kochen, bis es fast gar ist; den aufsteigenden Schaum abheben. Etwas abkühlen lassen.
Die Füllung zubereiten: Das durch den Wolf gedrehte Fleisch in 2 EL Öl oder Butter anbraten, bis es braun ist; mit Salz und Pfeffer abschmecken. In einer anderen Pfanne die Mandeln und Pinienkerne in dem restlichen Öl nur wenige Minuten rösten. Fleisch, Mandeln, Pinienkerne und Reis miteinander vermischen und abschmekken. Das Hähnchen sehr fest mit der Mischung füllen und die Öffnungen zunähen (wenn Füllung übrig bleibt, diese erhitzen und mit dem Hähnchen zusammen servieren).
Das gefüllte Hähnchen mit Butter einstreichen und im vorgeheizten Ofen bei 160° C 20 Minuten backen, bis es rundum goldbraun ist.

Koftit Ferakh 1 *Hähnchen-Kugeln 1*

Dieses köstliche Rezept für Hähnchenreste stammt aus dem *Kitab al Wusla il al Habib.* Es ist für 3–4 Personen berechnet.

250 g gekochtes, entbeintes Hähnchen
120 g Weißbrot ohne Rinde
60 g feingehackte Pistazien
1 EL Oliven- oder Salatöl
Saft von ½ Zitrone
Salz
weißer Pfeffer

Das Hähnchenfleisch durch den Wolf drehen oder sehr fein hacken. Das Brot in Wasser einweichen, ausdrücken und zerkrümeln. Das Fleisch mit dem Brot, Pistazien, Öl, Zitronensaft, Salz und Pfeffer mischen und gut durchkneten. Kleine Kugeln formen.
Diese können entweder so serviert werden, wie sie sind: als kalter Imbiß, zu dem man Salat reicht; oder man kann sie in Mehl wenden und in Fett ausbacken oder aber in einer Hühnerbrühe garen und heiß servieren.

Koftit Ferakh 2 *Hähnchen-Kugeln 2*

250 g gekochtes, entbeintes Hähnchenfleisch (am besten weißes Fleisch)
1 Scheibe Weißbrot
250 g gehacktes Kalbfleisch
2 EL feingehackte Petersilie
1 Ei
Salz
schwarzer Pfeffer
ca. 2 EL Butter oder Öl
½ TL Gelbwurz (nach Belieben)
Saft von ½ Zitrone

Das Hähnchenfleisch durch den Wolf drehen oder sehr fein hacken. Rinde vom Brot entfernen, in Wasser einweichen und ausdrücken. In einer großen Schüssel das Hähnchenfleisch, Brot, Kalbfleisch, Petersilie und Ei vermengen und mit Salz und Pfeffer abschmekken. Gut durchkneten und kleine Kugeln formen.
Die Kugeln in Butter oder Öl ausbacken, bis sie gleichmäßig braun sind. Eventuell etwas Gelbwurz zufügen, mit Zitronensaft beträufeln und mit etwas Salz und Pfeffer bestäuben. In eine Pfanne geben und halb mit Wasser bedecken. Unzugedeckt ca. 20 Minuten köcheln lassen, bis die *Koftit* sehr zart und gar sind.

Variationen: Häufig werden Artischockenherzen mit den *Koftit* gekocht. 10 Minuten vor Ende der Kochzeit zufügen. — Die Fleischbällchen können auch in einer Tomatensauce gekocht werden: 1 mittelgroße oder 1 kleine Dose Tomatenmark in Wasser auflösen und mit Salz, Pfeffer und Zitronensaft würzen. 10 Minuten vor Ende der Kochzeit 500 g gewürfelte Bratkartoffeln zugeben und sie die Sauce aufsaugen lassen.

Persisches Hähnchen, mit getrockneten Früchten gefüllt

1 großes Brathähnchen oder Poularde (1,5–2 kg)
1 feingehackte Zwiebel
Butter
250 g eingeweichte, entkernte und gehackte Dörrpflaumen
250 g eingeweichte, entkernte und gehackte Dörraprikosen
60 g kernlose Rosinen
2 geschälte, entkernte und gehackte Äpfel
Salz
schwarzer Pfeffer
1 TL gemahlener Zimt

Das Hähnchen säubern, waschen und abtrocknen. Die Zwiebel in 2 EL heißer Butter goldgelb dünsten. Die gehackten Früchte zufügen und einige Minuten leicht sautieren. Mit Salz, Pfeffer und Zimt abschmecken.
Das Hähnchen mit dieser Mischung füllen. Mit Salz und Pfeffer einreiben, zusammenbinden und in eine Backform legen. Im vorgeheizten Backofen bei 160° C backen; pro Pfund rechnet man 20 Minuten. Häufig mit geschmolzener Butter bestreichen.
Statt dessen kann man das Hähnchen auch mit Butterstückchen belegen, in Folie wickeln und in einen heißeren Ofen legen. Dadurch wird es zarter und saftiger. Eventuell übriggebliebene Füllung mit in die Folie geben.
Das Hähnchen mit übriger Füllung und Reis umgeben und servieren.

Ente mit Orangensaft

1 Ente (2–2,5 kg)
1 große, gehackte Zwiebel
2–3 EL Butter
Saft 1 süßen Orange
Saft 1 bitteren Orange
Salz
schwarzer Pfeffer

Die Ente säubern, waschen und abtrocknen.
In einem großen Topf, in den die Ente hineinpaßt, die Zwiebel goldgelb dünsten. Die Ente dazulegen und rundherum anbräunen. Den Orangensaft zugießen und mit Salz und Pfeffer würzen. Zugedeckt etwa 1 Stunde leicht kochen, dabei ab und zu einen Schöpflöffel voll

Wasser zugeben und den Vogel gelegentlich umdrehen. Die halbgare Ente in Portionsstücke zerteilen und wieder zurück in den Topf legen. Weiterkochen, bis das Fleisch zart und weich ist und den Geschmack der Orangen aufgenommen hat.

Variation: In Israel legt man ein zerteiltes, angebratenes Hähnchen in eine Kasserolle und bedeckt es mit einer Mischung aus Orangensaft, Weißwein, Cognac und Hähnchenbrühe. Das Gericht wird ¾ Stunden im Ofen gebacken und mit Orangenscheiben und blanchierten Mandeln garniert serviert.

Braune Ente

1 ofenfertige Ente (2–2,5 kg)
300 cm³ Joghurt
Salz
2 mittelgroße, gehackte Zwiebeln
Öl oder Butter
Leber und Herz der Ente
schwarzer Pfeffer
60 g gehackte Mandeln und Pinienkerne
60 g Rosinen
500 g Langkornreis

Die Ente säubern, waschen und zerteilen. Einige Stunden in mit Salz gewürztem Joghurt marinieren.
In einem großen Topf die Zwiebeln in 2 EL Öl oder Butter goldgelb dünsten. Die gut abgetrockneten Entenstücke zufügen und rundherum gut braun braten. Mit etwas Wasser bedecken, mit Salz würzen und zugedeckt ca. 40 Minuten leicht kochen, bis das Fleisch zart und gar ist. Abgießen und die Brühe aufheben.
Entenleber, Herz und evtl. andere Innereien klein hacken. In einem anderen großen Topf in Butter oder Öl weichbraten und mit Salz und Pfeffer abschmecken. Nüsse, Rosinen und Reis zufügen und gut durchmengen. So viel Entenbrühe dazugeben (evtl. mit Wasser auffüllen), wie der Reis zum Garen braucht (ca. ½ l). Zugedeckt leicht kochen lassen, bis der Reis gar ist und die Flüssigkeit aufgesogen hat.
Auf einer angewärmten Platte abwechselnd die Reismischung und das Entenfleisch anrichten und sehr heiß servieren.

Gefüllter Puter

Im Vorderen Orient werden Puter meistens gedünstet statt gebraten. Dadurch wird das Fleisch sehr saftig. Man braucht allerdings einen großen Topf, um den ganzen Puter zu fassen.

1 bratfertiger Puter (4–5 kg)
Zitronensaft
Öl oder Butter
1 kg gehacktes Lamm-, Rind- oder Kalbfleisch
250 g gehackte gemischte Nüsse: blanchierte Mandeln, Walnüsse, Pistazien und Pinienkerne
375 g Langkornreis
60 g Rosinen (nach Belieben)
Salz
schwarzer Pfeffer
1 TL gemahlener Zimt
¼ TL gemahlener Piment

Den Puter gut waschen und von innen und außen mit etwas Zitronensaft einreiben.
Für die Füllung in einem Topf 2 EL Öl oder Butter erhitzen. Das Fleisch darin braten, bis es Farbe annimmt; dabei mit einer Gabel rühren. Die Nüsse untermengen und ca. 2–3 Minuten länger braten. Den gewaschenen und abgetropften Reis zugeben und einige Minuten weiterbraten, bis er ganz mit Fett überzogen ist. Eventuell Rosinen zugeben, mit Salz, Pfeffer, Zimt und Piment abschmecken. Alles gut durchmengen.
Den Puter locker mit der Masse füllen, so daß der Reis noch Platz zum Aufquellen hat. Die Öffnungen mit einem starken Faden zunähen. Beine und Flügel zusammenbinden.
In einem Topf, der groß genug ist, den Puter aufzunehmen, 90 g Butter schmelzen und den Vogel darin rundherum braun anbraten. Mit Wasser bedecken und mit Salz und Pfeffer abschmecken. Leicht köcheln lassen, bis der Puter gar ist. Den aufsteigenden Schaum abschöpfen. Je nach Größe des Vogels braucht das Fleisch 2–2½ Stunden.
Der Puter kann im ganzen oder zerteilt und auf der Füllung drapiert serviert werden.
Ist kein Topf in der notwendigen Größe vorhanden, so kann der Puter ganz normal im Ofen gebacken werden. Mit Butter oder Öl bestrichen in den auf 220° C vorgeheizten Ofen legen und häufig begießen. Sobald der Puter braun ist, die Hitze auf 160° C reduzie-

ren. Pro Pfund 25 Minuten braten und noch zusätzliche 25 Minuten im Ofen lassen. Brät man den Vogel in Folie, den Ofen die ganze Zeit über auf 190° C eingestellt lassen.

Faisinjan

Dieses exzellente persische Gericht wird eigentlich mit Granatapfelsauce gemacht. Ist diese jedoch nicht erhältlich, so kann man ohne weiters auch Zitronensaft verwenden.

1 Ente oder Hähnchen
Salz
schwarzer Pfeffer
Butter

Sauce:
1 durchgedrückte oder feingehackte Zwiebel
Butter
250 g gemahlene Walnüsse
250 cm³ frischer Granatapfelsaft oder 4 EL Granatapfelsauce oder Saft von 2 Zitronen
Salz
schwarzer Pfeffer
1 TL Zucker (oder mehr)

Die Ente oder das Hähnchen zerteilen, mit Salz und Pfeffer würzen und in Butter braten, bis es rundherum goldbraun ist. Mit ½ l Wasser bedecken und 30 Minuten köcheln lassen. Das Fett von der Oberfläche abschöpfen.
Währenddessen die Sauce zubereiten. In etwa 2 EL Butter die Zwiebel goldgelb dünsten. Walnüsse zugeben und gut mit der heißen Butter vermengen. Dann den Granatapfelsaft (-sauce oder Zitronensaft) und Brühe oder Wasser zugießen. Solange unter Rühren kochen lassen, bis die Sauce eindickt. Mit Salz, Pfeffer und Zukker abschmecken.
Die Enten- oder Hähnchenstücke zufügen und zugedeckt eine weitere halbe Stunde leicht kochen. Mit einfachem oder persischem Reis (S. 275) servieren.

Variationen: 2 EL Tomatenmark in die gebräunten Zwiebeln rühren. 1 entwässerte und in Scheiben geschnittene Aubergine und/oder 1 in Scheiben geschnittene Zucchini in Butter sautieren, bis sie gar sind; zusammen mit dem Fleisch in die Sauce geben.

Entbeintes, gefülltes Hähnchen

1 großes Brathähnchen oder Poularde
(1,5–2 kg)
Öl
Salz
schwarzer Pfeffer
750 g gehacktes Kalbfleisch
60–90 g grob gehackte Pistazien
Saft ½ Zitrone

Hähnchen säubern und waschen. Die Flügelspitzen und Beinenden abschneiden, um die Haut abziehen zu können. Das Hähnchen über einer Flamme ansengen, um es zu »lösen« und alle restlichen Federn zu entfernen. Nun vorsichtig die Haut abziehen, als ob man das Hähnchen auszieht; dabei darauf achten, daß man nicht zu sehr reißt. Am besten beginnt man am Hals und endet an den Beinen. Gelegentlich muß man mit dem Messer etwas nachhelfen. Die Haut (sie sollte möglichst unversehrt sein) waschen, die rechte Seite nach außen kehren und zur Seite legen.
Das gehäutete Hähnchen vierteln, in einen Topf geben und mit Wasser bedecken. 2 EL Öl zufügen, mit Salz und Pfeffer abschmekken, zum Sieden bringen und leicht kochen lassen, bis das Fleisch sehr weich ist. Vom Herd nehmen und in der Brühe abkühlen lassen. Abgießen und die Brühe aufheben.
Das Hähnchen entbeinen, Sehnen entfernen und das Fleisch durch den Wolf drehen oder sehr fein hacken. In einer großen Schüssel mit dem durchgedrehten Kalbfleisch vermengen. Ist das Hähnchen nicht besonders fleischig, etwas mehr Kalbfleisch nehmen. Pistazienkerne zufügen, alles gut durchkneten und mit Salz und Pfeffer abschmecken.
Mit Nadel und einem starken Faden alle Öffnungen der Haut bis auf eine zunähen und Risse »flicken«. Die Haut sorgfältig mit der Fleischmasse füllen und dabei versuchen, die ursprüngliche Form so gut wie möglich wiederherzustellen. Die letzte Öffnung zunähen.
Das gefüllte Hähnchen in ca. 2 EL warmem Öl wenden, bis es goldgelb ist. Zitronensaft und ½ Schöpflöffel voll Brühe zugießen und zugedeckt etwa 1 Stunde köcheln lassen. Zwischendurch jeweils ½ Schöpflöffel voll Brühe nachgießen, wenn es zu trocken wird. Gegen Ende der Kochzeit sollte das Kalbfleisch gar sein und sich völlig mit dem Hähnchenfleisch vermischt haben. Den Topf vom Herd nehmen und das Hähnchen über Nacht in seinem eigenen Saft abkühlen lassen.

Traditionsgemäß wird das Hähnchen in dicke Scheiben geschnitten serviert. Es sieht aber auch sehr hübsch aus, wenn es im ganzen auf den Tisch kommt.

Variation: Für »faule« Köche ist folgende Version gedacht: Das Hähnchen wie für *Sofrito* (S. 144) kochen, aber nur eine Prise Gelbwurz oder gar keinen zufügen. Wenn es abgekühlt ist, enthäuten, die Knochen und Sehnen entfernen. Das Fleisch durch den Wolf drehen oder sehr fein hacken und mit dem Kalbfleisch vermengen, 1 Ei und eine Handvoll gehackter Pistazien zufügen. Gut durchkneten und zu einer dicken Wurst formen. In 2 EL heißem Öl sautieren, bis sie rundum goldbraun ist. Sobald die Flüssigkeit absorbiert wird, immer etwas Wasser nachgießen. Zugedeckt leicht kochen lassen, bis das Fleisch ganz durchgebraten ist. In der eigenen Sauce einige Stunden abkühlen lassen, bevor man die Wurst in Scheiben geschnitten serviert.

Arabisches Sprichwort: »Iß und lobe Deinen Gast.«

Gegrillte Wachtel

Jedes Jahr fliegen Schwärme von Wachteln, eine Art, die es hier in Europa nicht gibt, über Alexandria hinweg. Erschöpft von der langen Reise, die sie hinter sich haben, fallen sie in den Dünen bei Agami nieder, wo sie in großen Netzen gefangen und in Körbe gesteckt werden. Sie werden von den Federn befreit, gesäubert und in einer Sauce aus Öl, Zitronensaft, Kümmel und Koriander mariniert und an den Stränden gegrillt.
Das Fleisch dieser Vögel hat nicht den Wildgeschmack wie die hiesigen Wachteln, und ihrem Geschmack am nächsten kommen kleine Hähnchen oder Frühlingsküken.
Die Vögel säubern und waschen. Mit der folgenden Sauce einreiben und darin mindestens 1 Stunde marinieren, bevor man sie grillt:

4 EL Olivenöl
Salz
1 TL gemahlener Kümmel
1 TL gemahlener Koriander
1 halbierte und durch die Knoblauchpresse gedrückte Zwiebel
2 EL feingehackte Petersilie
1 Prise Cayenne-Pfeffer

Fleischgerichte

In der arabischen Literatur und Volksdichtung standen Fleischgerichte immer gleichbedeutend für das Essen der Reichen und der Aristokratie, während die sättigenden Gerichte aus Bohnen, Linsen und Weizen das Essen der Armen symbolisierten. Hier ist eine alte ägyptische Legende der Mameluckenzeit, die von Ahmad ibn al Hajjar erzählt wird und in der verschiedene Gerichte personifiziert und mit einem bestimmten Status verknüpft sind:

Ein Buch über den angenehmen Krieg zwischen Hammel und den Erfrischungen des Marktes *

König Hammel regiert über ein großes und mächtiges Volk, das hauptsächlich aus Fleisch besteht. Er hört von der Macht eines Rivalen, des Königs Honig, der von den Armen gekrönt wurde und über Gemüse, Früchte, Süßigkeiten, Fisch, Milchgerichte und vor allem über die Erfrischungen des Marktes regiert. König Hammel sendet seinen Botschafter, Hammelschwanz (Alya), zu König Honig mit der Forderung, sein Königreich zu unterwerfen und Tribut zu zahlen. König Honig weigert sich und sammelt seine Truppen; aber der Botschafter hat seinen Aufenthalt dazu ausgenutzt, die hohen Offiziere zu verführen und zu korrumpieren, vor allem den Zucker, den Sirup, das geklärte Fett und andere, denen er wichtige Posten am Hofe seines Herrn versprochen hat. Durch diesen Verrat wird der Krieg leicht von den Truppen König Hammels gewonnen, und selbst die Reservetruppen aus Früchten können der unterlegenen Armee König Honigs nicht mehr helfen.

Meshwi (Grillgerichte)

Das Wort *Meshwi* bezeichnet im Arabischen alle Fleischarten, große und kleine Stücke, die über dem Feuer gegrillt oder geröstet werden.

In der Türkei gehört *Döner Kebab* zu den beliebtesten Gerichten. 3 cm dicke und 10–12 cm breite, zarte Scheiben Lammfleisch werden

---

* Nach der französischen Übersetzung von M. Rodinson

einige Stunden in einer Mischung aus Öl, Salz, Pfeffer und Zwiebelsaft, Petersilie, Rigani (griechischer wilder Majoran, der hier durch getrockneten Oregano oder Thymian ersetzt werden kann) und Minze mariniert. Dann werden sie auf einen rotierenden Spieß gesteckt, wobei man immer etwas Fett zwischen die einzelnen, eng aufeinander gereihten Fleischstücke gibt. Der Spieß dreht sich automatisch über einem Holzkohlenfeuer. Sobald das Fleisch schön braun ist, wird es gegessen.
Man kann diese Art der Zubereitung aber genausogut mit einem elektrischen Grill probieren. Besonders gut eignet sich Lammkeule, die in irgendeiner der auf den Seiten 162 und 163 folgenden Marinaden für 2 Stunden eingelegt wird. Im gut vorgeheizten Grill braucht eine Keule je nach Größe zwischen 35 Minuten und 1 Stunde; während der Grillzeit muß das Fleisch ständig gedreht werden. Dann kann man nach und nach einzelne Scheiben davon abschneiden.
Ebenfalls gut geeignet für *Meshwi* sind Lammkoteletts oder Lende. Dazu reicht man Reis, frische Salate und *Pitta* oder arabisches Brot.

Kofta Meshweya *Gegrilltes Hackfleisch auf Spießen*

1 kg durchgedrehtes Lamm- oder Rindfleisch, oder eine Mischung aus beidem
2 geriebene Zwiebeln
1–2 Eier
Salz
schwarzer Pfeffer
Gewürze nach Geschmack: 1 TL gemahlener Zimt oder 1 TL Piment, ½ TL gemahlener Kümmel oder ½ TL gemahlener Koriander

Das Fleisch 2–3mal durch den Wolf drehen, dann mit den übrigen Zutaten in einer Schüssel vermengen und solange kneten, bis der Teig sehr weich und geschmeidig ist. Die Kunst, dieses wirklich köstliche Fleischgericht zu kochen, liegt darin, den Teig besonders cremig zu kneten.
Kleine Häufchen der Mischung in Würstchenform um die Spieße klopfen (am besten flache »Schwertspieße«). Wenn man über einem Holzkohlenfeuer grillt, darauf achten, daß die Holzkohle nicht mehr qualmt und nur noch rot glüht. Das Fleisch sollte das Metall des Grills nicht berühren. Die Spieße häufig wenden und grillen, bis die *Kofta* rundherum braun sind und das Fleisch gar ist.

Shish Kebab *Gegrilltes Fleisch auf Spießen*

Dies ist wahrscheinlich das berühmteste türkische Gericht. Die Türken behaupten, es sei in der glanzvollen Zeit des Ottomanenreiches erfunden worden, als die türkischen Soldaten, gezwungen in Zelten zu leben, den Wohlgeschmack des über offenem Feuer gegrillten Fleisches entdeckten.
Hier sind drei der beliebtesten Marinaden, die für 1 kg Lammkeule oder Rinderfilet ausreichen, wenn das Fleisch in mittelgroße Würfel (ca. 2 cm) geschnitten wird.

Marinade I

150 cm^3 Olivenöl
Saft 1 Zitrone
2 gehackte und ausgedrückte Zwiebeln
2 in kleine Stücke geschnittene Lorbeerblätter
2 TL getrockneter Rigani (Oregano)
durchgesiebtes Fleisch von 2 Tomaten (nach Belieben)
Salz
schwarzer Pfeffer

Alle Zutaten in einer großen Schüssel mischen. Das gewürfelte Fleisch mindestens 2–3 Stunden darin marinieren, möglichst aber noch länger.
Das Fleisch abtropfen lassen und auf Spieße, möglichst die flachen »Schwertspieße«, stecken. Über Holzkohle oder Holz oder im elektrischen Grill braten. Dabei von Zeit zu Zeit wenden und häufig mit Marinade einpinseln. Bei offenem Feuer darauf achten, daß kein Rauch mehr entsteht. Das Fleisch soll außen schön braun werden und innen noch zartrosa und saftig sein. Das dauert ca. 7–10 Minuten, je nach Größe der Fleischstücke und der Hitze des Grills.

Marinade II

150 cm^3 Olivenöl
Saft von 2 Zwiebeln
1 TL gemahlener Zimt
Salz
schwarzer Pfeffer

Marinade wie oben zubereiten und das Fleisch entsprechend grillen.

Marinade III

300 cm³ Joghurt
Saft von 1 Zwiebel
Salz
schwarzer Pfeffer

Die Fleischwürfel mindestens 3 Stunden in der gut gemischten Marinade einlegen. Nach Geschmack mit etwas gemahlenem Zimt bestäuben.
Die Kebabs können auf flachem, arabischem Brot oder *Pitta* serviert werden, das oft unter die Spieße gelegt wird, um den Saft aufzufangen. Man serviert die Kebabs auch auf einem Bett aus Petersilie oder Schnittlauch mit einfachem Reis. Dazu werden verschiedene Salate gereicht.

Marokkanische Brochettes

Die marokkanische Verkleinerungsform von *Kofta* ist *Brochette,* nach französischer Art.

1 kg gehacktes Rind- oder Lammfleisch
2 geriebene Zwiebeln
4 EL feingehackte Petersilie
½ TL getrockneter Majoran oder Oregano
¼ TL gemahlener Kümmel
¼ TL gemahlener Koriander
½ TL Harissa* *oder* Ras el Hanout*
Salz
schwarzer Pfeffer
¼ TL Cayenne-Pfeffer (nach Belieben)

Das fein durchgedrehte Fleisch mit den Zwiebeln, Kräutern und Gewürzen mischen und zu einer geschmeidigen Masse verkneten. Kleine Häufchen der Masse wie oben angegeben um die Spieße formen und grillen.

Variation: Lammleber in Stücke schneiden, mit Salz, Cayenne-Pfeffer und Kümmel bestäuben und wie Brochettes oder Kebabs grillen.

---

* *Harissa* ist eine Gewürzmischung in Öl, die man in Gläsern kaufen kann. *Ras el Hanout* wird aus mehr als 20 Gewürzen hergestellt, wobei Zimt, Knoblauch, Ingwer, Muskatnuß und Kardamom vorherrschend sind.

Lamm am Spieß

Ein ganzes gegrilltes Lamm oder Schaf ist ein festliches, zeremonielles Essen im Vorderen Orient, das für Partys, Feste und Familienzusammenkünfte zubereitet wird. Obwohl sich die Armen kaum jemals Fleisch leisten können, gibt es mindestens einen Tag, an dem alle etwas bekommen. Das ist am *Eid-el-Kurban* (in Ägypten manchmal auch *Eid-el-Kibir* genannt), dem 10. Tag des letzten Monats im mohammedanischen Jahr, einem Fest zur Erinnerung an die Opferung Isma'ils durch Abraham.*

Nach alter Sitte opfern die gut situierten Familien an diesem Tag ein Schaf oder ein Lamm. Das Opfertier muß fett, jung und unbefleckt sein. Die Augen des Tieres werden schwarz gefärbt, in das Maul wird ein Stück Konfekt gelegt und sein Kopf wird nach Mekka gedreht. Wenn man es schlachtet, müssen dabei die Worte »Im Namen Gottes« gesprochen werden. Danach wird es meistens am Spieß gegrillt und das Fleisch an die Armen verteilt. Diese Opfergaben werden auch nach einem Tod, einer Geburt und bei anderen wichtigen Gelegenheiten gemacht, wie z. B. bei einem Wohnungswechsel, dem Ende einer langen Reise oder der Ankunft eines wichtigen Gastes.

Ein ganzes Lamm, am Spieß gebraten, ist eine herrliche Mahlzeit für ein Sommerfest. Kaufen Sie ein junges Lamm (z. B. an Ostern). Bitten Sie den Metzger, das Tier zu säubern und auszunehmen (Herz und Leber können extra gekocht oder gebraten werden). Der Kopf kann dran bleiben, aber die Augen müssen entfernt werden.

Das Lamm von außen und innen abspülen und abtrocknen. Gut mit Salz und Pfeffer einreiben und etwas Zwiebelsaft darüberträufeln (einige Zwiebeln durch die Knoblauchpresse drücken oder in einem elektrischen Mixer pürieren). Eine Holz- oder Metallstange von der Brust bis zum Hinterteil durchstecken und die Beine zusammenbinden.

Wenn kein Holzkohlengrill vorhanden ist, an dem ein ganzes Tier gegrillt werden kann, so kann man leicht selbst einen herstellen. Das neuseeländische Meat Producer's Board erklärt in seinem Buch *Profitable Catering with New Zealand Lamb,* wie man einen solchen Grill konstruiert:

---

* Nach islamischer Lehre wurde Isma'il, nicht Isaak geopfert.

Ein Feuer im Freien muß rotglühend vor Hitze sein, wenn man mit dem Grillen beginnt. Der Bratspieß muß so angebracht werden, daß er das Fleisch in der richtigen Entfernung vom Feuer dreht.
Das Feuer wird am besten auf Teilen alter Heizkessel oder auf einem Stück von einem alten Eisenzaun, mindestens 20 cm vom Boden entfernt, angelegt. Auf diesem Metallstück muß das Brennmaterial mindestens 60 cm hoch aufgestapelt werden, damit die Hitze genügend auf das sich langsam drehende Tier abstrahlt. Man benötigt eine rückwärtige und zwei seitliche Ziegelmauern von 1,2–1,4 m Höhe, die von jeweils einer Stütze gehalten werden. Der Spieß kann aus einem galvanisierten Rohr von ca. 4 cm Durchmesser bestehen, an dem ein altes Wagenrad befestigt ist, um ihn zu drehen. Er wird dann in vorbereitete Nuten auf den seitlichen Mauern gelegt, aber nicht mehr als 90 cm über die Fettpfannen (zum Auffangen des abtropfenden Fettes). Das Tier wird dann auf dem Rohr befestigt und mittels des Rades rundherum gedreht.
Bevor das Fest stattfindet, sollte man die Anlage bereits einmal ausprobieren, um den Windschutz, das Brennmaterial etc. zu testen. Am Festtag selbst muß das Feuer so früh angefacht werden, daß es gut durchbrennen kann und über die ganze Länge des Spießes eine gleichmäßige Hitze entsteht. Wenn das Lamm gegrillt wird, muß die Hitze unter dem Vorderteil jedoch reduziert werden, da es sonst vor dem Hinterteil gar ist.
Das Wichtigste beim Grillen ist das ständige Bestreichen mit Öl oder Marinade. Am besten benutzt man dazu Schöpflöffel mit einem langen Griff.
Nach 3–4 Stunden Grillzeit sollte das Fleisch noch 20–30 Minuten ruhen, damit die Hitze an der Oberfläche entweichen und das Fleisch sich setzen kann. So läßt es sich besser schneiden. Entweder direkt vom Spieß servieren oder auf ein großes Brett legen.

Für ein 13–16 kg schweres Lamm muß man mindestens 3 Stunden Grillzeit rechnen; für Tiere bis zu 23 kg mindestens 4 Stunden. Zu dem gegrillten Fleisch schmeckt besonders gut Reis, der mit Pinienkernen und Rosinen gekocht ist, und Salate.

Qouzi Mahshi aw Kharouf Mahshi
Gefülltes Zicklein oder Milchlamm

Da man bei uns das in Saudi Arabien traditionelle Zicklein für dieses Gericht kaum bekommt, kann man statt dessen auch Milchlamm (zu Ostern) oder ein sehr junges Lamm nehmen.

1 Lamm (7–8 kg)
2 EL gemahlener Koriander
1 TL gemahlener Ingwer
Salz
schwarzer Pfeffer
Saft von 1–2 Zwiebeln

Füllung:
1 kg Langkornreis
$\frac{1}{4}$–$\frac{1}{2}$ TL Safran (nach Belieben)
2 EL Öl
120 g gehackte Mandeln
120 g gehackte Pistazien
120–250 g kernlose Rosinen
Salz
schwarzer Pfeffer

Garnierung:
Petersilienzweige
2–3 in Scheiben geschnittene, hartgekochte Eier
2 in dünne Ringe geschnittene Zwiebeln

Das Lamm vom Metzger ausnehmen und säubern lassen.
Das Fleisch von innen und außen waschen und abtrocknen. Innen und außen mit den Gewürzen und dem Zwiebelsaft einreiben und beiseite geben, während man die Füllung vorbereitet.
Den Reis weich kochen, dabei evtl. Safran zufügen. Gut ausdampfen lassen; der Reis muß körnig sein. Die Zwiebeln in Öl glasig dünsten. Zusammen mit den Nüssen und Rosinen unter den Reis mischen und mit Salz und Pfeffer abschmecken.
Das Lamm fest mit der Mischung füllen und die Öffnungen mit einem starken Faden zusammennähen. In eine große Bratreine legen und im vorgeheizten Backofen bei 150°–160° C backen. Häufig mit dem eigenen Saft begießen und gelegentlich umdrehen. Man kann das Tier auch in Folie packen und bei 180° C backen; für die letzte halbe Stunde der Garzeit die Folie öffnen, damit das Fleisch braun wird. Für gut durchgebratenes Fleisch rechnet man 2 Stunden, für zartrosa Fleisch 1½ Stunden.
Für ein Lamm von ca. 11 kg benötigt man noch einmal die Hälfte der Füllung und läßt das Tier für 4 Stunden im Ofen.
Auf einem großen Brett oder einer Platte anrichten, mit Petersilie,

Eiern und Zwiebeln garnieren und mit einem Reisring umgeben. Dieses Gericht ist ausreichend für 15–18 Personen.

Gegrillte Lammkeule

1 große Lammkeule
3–4 grob gehackte Knoblauchzehen
Salz
schwarzer Pfeffer
6 in dicke Scheiben geschnittene Kartoffeln
2 in Ringe geschnittene Zwiebeln
500 g in Scheiben geschnittene Tomaten
1 TL getrockneter Rigani (griechischer wilder Majoran) oder Oregano
1–2 in Scheiben geschnittene Auberginen (nach Belieben)

Die Lammkeule sauber abreiben. Rundherum mit der Spitze eines scharfen Messers einritzen und die Knoblauchstückchen verschieden tief hineindrücken. Kräftig mit Salz und Pfeffer einreiben.
Mit der fetten Seite nach oben die Keule in eine große Bratenform legen und mit den Kartoffeln, Zwiebeln und Tomaten umgeben. Mit Rigani oder Oregano würzen. Will man Auberginen dazunehmen, diese mit Salz bestreuen und mindestens ½ Stunde in einem Sieb abtropfen lassen, damit der bittere Saft abfließt. Noch nicht zu dem übrigen Gemüse geben.
Den Ofen auf 220° C vorheizen, die Lammkeule hineinschieben und die Hitze auf 160° C reduzieren. Das Fleisch braucht zwischen 1½ und 2½ Stunden, je nachdem ob Sie es lieber »roh«, »halbgar« oder »gar« mögen. Zwischendurch häufig mit dem eigenen Saft begießen.
Nach einer ¾ Stunde die ausgedrückten Auberginenscheiben zufügen. Das Gemüse während der Garzeit einmal wenden, damit es gleichmäßig gar wird. Wer das Gemüse lieber noch fest mag, sollte es erst nach 1 Stunde in die Bratenpfanne geben.

Lammkeule Sofrito

Dieses Gericht wird genauso zubereitet, wie das Kalbssofrito auf S. 170. Eine 2–3 kg schwere Keule braucht ca. 3 Stunden Kochzeit.

Dala' Mahshi *Gefüllte Lammbrust*

2 ganze, große Lammbrüste
Öl
Salz
schwarzer Pfeffer
250 g über Nacht eingeweichte Dörraprikosen
1 TL Zucker

Füllung:
500 g Langkornreis
2 gehackte, mittelgroße Zwiebeln
2–3 EL Öl
250 g gehacktes Rindfleisch
3 EL feingehackte Petersilie
Salz
schwarzer Pfeffer
120 g Pinienkerne oder Walnüsse
120 g kernlose Rosinen (nach Belieben)

Bitten Sie den Metzger, Ihnen eine Tasche zwischen die Haut und die Rippen der Bruststücke zu schneiden – oder tun Sie es selbst mit einem langen, scharfen Messer. Mit einem feuchten Tuch abwischen.
Dann die Füllung zubereiten. Den Reis zuerst in sehr heißem, dann in kaltem Wasser waschen und im Sieb abtropfen lassen. Die Zwiebeln in Öl goldbraun braten (einen großen Topf nehmen). Den Reis zufügen und einige Minuten andünsten, bis er gut mit Fett überzogen ist. Petersilie darüberstreuen und genauso viel kochendes Wasser wie Reis zugießen (d. h. für 2 Tassen Reis, 2 Tassen Wasser). Mit Salz und Pfeffer würzen, den Topf gut schließen und auf kleiner Flamme ca. 20 Minuten kochen lassen, bis der Reis weich ist. Vom Herd nehmen. Wenn der Reis abgekühlt ist, die Nüsse und evtl. Rosinen zugeben. Manchmal wird die Füllung mit etwas Safran oder Gelbwurz gefärbt oder mit Rosenwasser parfümiert.
Die Lammbrüste mit der Mischung füllen. Mit Öl, Salz und Pfeffer einreiben und unzugedeckt im vorgeheizten Ofen (220° C) braten; die Temperatur auf 150° C reduzieren, sobald man das Fleisch in den Ofen schiebt. Das Fleisch braucht ca. 1 Stunde, bis es gut durchgebraten ist.
Die Aprikosen mit ihrem Einweichwasser und Zucker in einen kleinen Topf geben. Unzugedeckt ca. 20 Minuten köcheln lassen. Dann sind die Aprikosen weich und der Saft hat sich eingekocht.
Einige Minuten vor dem Servieren das überflüssige Fett aus der Bratenpfanne gießen. Den Ofen auf 230° C erhitzen, die Aprikosensauce über das Lamm gießen und im Backrohr 5–7 Minuten gla-

sieren. Nicht zu lange im Ofen lassen, da die Aprikosen sehr leicht anbrennen.
Statt das Lamm zu braten, kann man es auch auf dem Herd schmoren. Es wird zunächst in heißem Fett von allen Seiten angebräunt, dann geschmort, bis es zart und fast gar ist. Die Aprikosen werden mit ihrem Einweichwasser nach dem Anbräunen zugefügt und brauchen nicht extra gekocht zu werden. Alles zusammen $^{3}/_{4}$ bis 1 Stunde köcheln lassen.

Kuzu Kapama
Türkisches Lamm mit Frühlingszwiebeln und Kräutern

1 zarte Lammkeule
2 große Bündel gehackte Frühlingszwiebeln
1 Bund feingehackter, frischer Dill oder Schnittlauch
1 große geviertelte Zwiebel
1 Tasse Wasser
2 EL Öl
Salz
schwarzer Pfeffer

Lammkeule säubern und überflüssiges Fett entfernen. Zusammen mit den Frühlingszwiebeln, Kräutern und Zwiebeln in einen großen Topf geben. Wasser und Öl zugießen und mit Salz und Pfeffer würzen. Zugedeckt ca. 2–3 Stunden leicht kochen lassen, bis das Fleisch gar ist. Die Keule gelegentlich umdrehen und wenn nötig noch etwas Wasser nachgießen.

Choua *Marokkanisches, gedünstetes Lamm*

1 kg Lammkeule oder -schulter
Salz
1 TL gemahlener Kümmel

Das Fleisch in 2 cm große Würfel schneiden. Leicht mit Salz und Kümmel bestreuen. Über kochendem Wasser ca. 2 Stunden dämpfen, bis das Fleisch zart und gar ist. Am besten bereitet man dieses Stew in einem Dampfkochtopf zu.
Dazu einfachen Reis oder *Couscous* (S. 225) und evtl. verschiedene Gemüse reichen.

Kalbssofrito

1–1,5 kg Kalbfleisch (Keule oder Lende)
3 EL Öl
Salz
schwarzer Pfeffer
Saft von ½ Zitrone
1 TL gemahlener Gelbwurz

Das Fleisch in einem großen Topf in sehr heißem Fett von allen Seiten anbräunen. Mit Salz, Pfeffer und Gelbwurz würzen und Zitronensaft und 1 Tasse Wasser zugießen. Zudecken und auf sehr kleiner Flamme ca. 2 Stunden kochen. Dabei das Fleisch ein- oder zweimal wenden. Wenn das Wasser verdampft ist, immer nur sehr wenig nachgießen, da das Fleisch im eigenen Saft garen soll, der durch das Salz herausläuft.
Heiß mit Kartoffeln oder Reis servieren, kalt nur mit Salaten.

Yoğurtlu Kebab *Kebabs mit Joghurt*

750 g mageres Lamm- oder Rindfleisch
Öl
Butter
Salz
schwarzer Pfeffer
6 dicke Scheiben Brot
4 enthäutete und gehackte Tomaten
½ l Joghurt
1 EL Paprika

Das Fleisch in 2–3 cm große Würfel schneiden und in Öl oder Butter sautieren, bis es gar, aber noch saftig ist. Mit Salz und Pfeffer würzen. (Manche Leute marinieren das Fleisch vorher in einer Mischung aus Öl, Zwiebelsaft, Salz und Pfeffer oder in gewürztem Joghurt.)
Die Rinde vom Brot entfernen und dieses in 2–3 cm große Würfel schneiden. Leicht toasten oder in Butter braten. Auf den Boden einer tiefen Schüssel legen.
Die Tomaten in sehr wenig Butter sautieren, bis sie sehr weich sind und mit Salz und Pfeffer abschmecken. Joghurt verschlagen und abschmecken.
Kurz vor dem Servieren die pürierten Tomaten über die Toastwürfel streichen, den Joghurt über die Tomaten gießen, die Fleischwürfel obenauf legen und eine Mischung aus Paprika und 2 EL Butter über das Gericht träufeln.
Sofort servieren.

Lamm- oder Kalbskoteletts in Tomatensauce

6–8 große Lamm- oder Kalbskoteletts
2 EL Butter
1 große, in Ringe geschnittene Zwiebel
2–3 ganze Knoblauchzehen
250 g reife, enthäutete und gehackte Tomaten (oder eine 250-g-Dose geschälte, abgetropfte Tomaten)
Salz
schwarzer Pfeffer
2 EL gehackte Petersilie
½ TL gemahlener Zimt (nach Belieben)

So viel Fett wie möglich von den Koteletts entfernen und leicht klopfen. Die Koteletts auf beiden Seiten in heißer Butter anbräunen. Aus der Pfanne nehmen und in einem Topf heißstellen.
In demselben Fett die Zwiebel und den Knoblauch braten, bis sie goldgelb und aromatisch sind. Tomaten zufügen und mit Salz und Pfeffer würzen, mit Petersilie und evtl. Zimt bestreuen. Einige Minuten weiterkochen lassen, dann ca. 150 cm^3 Wasser zugießen. Gut mischen und die Sauce über die Koteletts gießen. Unzugedeckt leicht kochen, bis die Koteletts gar sind und die Sauce aromatisch ist. Mehr Wasser zugießen, falls nötig. Abschmecken und zusammen mit einfachem Reis servieren.
Der Knoblauch kann gegen Ende der Kochzeit entfernt und die Sauce durch ein Sieb gestrichen werden.

Gerichte aus Hackfleisch

So verschieden die einzelnen Hackfleischgerichte in den Ländern des Vorderen Orients auch sein mögen, eines haben alle gemeinsam: die geschmeidige und weiche Beschaffenheit des Fleischteigs. Diese Feinheit erreicht man am besten, indem man das Fleisch zwei- bis dreimal durch den Wolf dreht und dann mit den entsprechenden Zutaten entweder kräftig und lange knetet oder im elektrischen Mixer vermengt. Verwendet werden sowohl Lammfleisch als auch Rind- und Kalbfleisch. Sehr gut schmeckt auch eine Mischung aus zwei oder drei dieser Fleischsorten.

Kofta bil Roz

Hackfleisch-Stäbchen mit gemahlenem Reis

1 kg mageres Rinderhackfleisch
2 gehäufte EL gemahlener Reis
3 EL feingehackte Petersilie
2 feingehackte Zwiebeln
2 zerdrückte Knoblauchzehen (nach Belieben)
Salz
schwarzer Pfeffer
Öl oder Butter

Das Fleisch zwei- oder dreimal durch den Wolf drehen. In eine große Schüssel geben. Reis, Petersilie, Zwiebeln und evtl. Knoblauch zufügen und zu einem geschmeidigen Teig verarbeiten. Am besten im Mixer pürieren. Mit Salz und Pfeffer abschmecken.
Walnußgroße Häufchen abnehmen und in fingerdicke Stäbchen formen. In Öl oder Butter rundherum braun braten (ca. 10 Minuten), bis das Fleisch gar ist.

Koukla

3 Scheiben Weißbrot ohne Rinde
1 kg Lamm- oder Rindfleisch, eine Mischung aus beiden, oder Kalbfleisch
3 Eier
$\frac{3}{4}$ TL Piment oder 1 TL gemahlener Zimt
Salz
schwarzer Pfeffer
Öl zum Ausbacken

Das Brot einweichen, ausdrücken und zerkrümeln. Das Fleisch zwei- oder dreimal durch den Wolf drehen. Brot, Eier und Gewürze zufügen und alles zu einem geschmeidigen Teig verarbeiten. Verwendet man einen elektrischen Mixer, zuerst die Eier einige Sekunden verschlagen, dann das Brot zugeben und weitere 10 Sekunden mixen. Langsam das Fleisch und die Gewürze zufügen. Mit Salz und Pfeffer abschmecken.
Aus dem Teig kleine Kugeln formen und in heißem Öl einige Minuten ausbacken, bis sie gar und goldbraun sind.

Variation: Statt die Fleischbällchen auszubacken, kann man sie in einer Tomatensauce dünsten. 1 EL Mehl mit 1 EL geschmolzener Butter verrühren und auf kleiner Flamme einige Minuten in einem großen Topf weiterrühren. Langsam 140 g Tomatenmark daruntermengen, das in ca. 1/4 l Wasser aufgelöst wurde. Zum Kochen bringen und gut mit Salz und Pfeffer würzen. Die Fleischbällchen hineingeben und 1/2 Stunde köcheln lassen, bis sie gar sind und die Sauce eingedickt ist.

Kadin Budu *Türkische Fleischbällchen*

1/2 kg gehacktes Lamm- oder Rindfleisch
1 EL Reis
3 Eier
1 TL Olivenöl
1 kleine, geriebene Zwiebel
1 TL feingehackte Petersilie
1 TL feingehackter, frischer Dill
Salz
schwarzer Pfeffer
Mehl
2 EL Butter

Das Fleisch zu einem geschmeidigen Teig verarbeiten (s. vorhergehendes Rezept). Zusammen mit dem Reis, 2 Eiern, Öl, Zwiebel, Petersilie und Dill in eine Schüssel geben und mit Salz und Pfeffer würzen. Alles gut verkneten. Walnußgroße Kugeln formen und dabei die Hände zwischendurch mit kaltem Wasser abspülen, damit das Fleisch nicht an den Fingern kleben bleibt. Die Bällchen in einen Topf legen und mit Wasser bedecken. Zugedeckt ca. 20 Minuten köcheln lassen, bis das Wasser aufgesogen ist und Fleisch und Reis gar sind. Fleischbällchen abgießen und abkühlen.
Das übrige Ei verschlagen. Die Bällchen darin wälzen und dann in Mehl wenden. Die Butter in einer Pfanne schmelzen und die Fleischbällchen darin knusprig braun braten.

Terbiyeli Köfte

Dies ist eine türkische Art, Fleischbällchen zu kochen, die auch in Griechenland sehr beliebt ist.

Den Fleischteig wie für *Kofta bil Roz* oder *Koukla* (S. 172) zubereiten und kleine Kugeln formen. In leicht gesalzenem Wasser ca. 20 Minuten kochen, bis sie weich und zart sind.

Währenddessen folgende Sauce zubereiten: 3 Eigelb verschlagen, bis sie hellgelb sind. Den Saft von 1 bis 2 Zitronen und 1 Tasse Wasser zugießen, dabei ständig schlagen. Mit Salz und Pfeffer abschmecken. Im Wasserbad sehr langsam erhitzen, bis fast zum Siedepunkt. Die Sauce darf jedoch auf keinen Fall kochen, da sie sonst gerinnt.

Mit einem Schaumlöffel die Fleischbällchen aus dem Wasser nehmen, gut abtropfen lassen und in die Sauce geben. Alles zusammen noch einmal erhitzen. Dazu einfachen Reis servieren.

Kofta bil Sania *Hackbraten*

1 kg gehacktes Lamm-, Rind- oder Kalbfleisch
2 geriebene Zwiebeln
Salz
schwarzer Pfeffer
1 TL gemahlener Zimt oder Piment
Öl oder Butter
1 kleine Dose (60 g) Tomatenmark
4 EL feingehackte Petersilie

Das Fleisch zwei- oder dreimal durch den Wolf drehen. Mit der Zwiebel zu einer geschmeidigen Masse verarbeiten. Mit Salz, Pfeffer und Zimt oder Piment abschmecken.

Die Fleischmischung gleichmäßig auf dem Boden einer großen, eingefetteten Backform verteilen; mit einem Holzlöffel glattstreichen. Das Fleisch sollte 2–3 cm dick sein. Butterflöckchen darauf verteilen und bei 180° C ca. 40 Minuten backen, bis die Oberfläche knusprig braun ist.

Das Tomatenmark mit 300 cm^3 Wasser auflösen und über das Fleisch gießen. Den Hackbraten zurück in den Ofen schieben und weitere 10 Minuten backen, bis die Sauce aufgesogen und das Fleisch gut durchgebraten ist.

Den Hackbraten auf eine Platte stürzen und in viereckige oder längliche Stücke schneiden; verwendet man eine runde Kuchenform, die Stücke wie bei einer Torte schneiden. Mit Petersilie garnieren und dazu Kartoffelbrei oder Bratkartoffeln und Salat reichen.

Blehat Lahma bi Beid *Gefüllte Fleischbällchen*

1 kg mageres, gehacktes Lamm- oder Rindfleisch
3 Scheiben Weißbrot ohne Rinde
1 feingehackte Zwiebel
2 Eiweiß
1 TL gemahlener Zimt
½ TL gemahlene Muskatnuß
Salz
schwarzer Pfeffer
2 EL feingehackte Petersilie
4 hartgekochte, geschälte Eier
Mehl
Butter oder Öl
1 kleine Dose Tomatenmark
1 Lorbeerblatt
1 Stange Sellerie mit Blättern

Das Fleisch zwei- oder dreimal durch den Wolf drehen und wie in den vorhergehenden Rezepten beschrieben kneten. Brot einweichen, ausdrücken und unter das Fleisch mengen. Zwiebel, Eiweiß, Gewürze, Salz und Pfeffer zufügen und alles zu einem geschmeidigen Teig verarbeiten.
Den Teig in vier gleiche Portionen teilen und jeweils um ein Ei herum zu einem ovalen Ball formen. Das Fleisch fest anklopfen und drücken, so daß es während des Bratens nicht auseinanderfällt. Statt dessen kann man auch einen großen Laib formen, in dem alle vier Eier Platz haben.
Die Bällchen in Mehl wenden und in Öl oder Butter goldbraun braten.
Aus Tomatenmark, Lorbeerblatt, Sellerie, ca. 300 cm^3 Wasser, Salz und Pfeffer eine Sauce kochen. Die Hackbällchen hineingeben und leicht kochen, bis sie gar sind und die Sauce eingedickt ist.
Die Fleischbällchen sehr vorsichtig herausheben und zusammen mit der Sauce und dem Reis oder Kartoffelbrei servieren. Kalt eignen sie sich gut als Vorspeise oder Partyhappen (in Scheiben aufgeschnitten).

Variation: In Persien fügt man manchmal dem Fleischteig noch 60 g Spalterbsen zu, die vorher gekocht werden. Neben die Eier legt man dann noch eine Dörrpflaume, die dem Ganzen einen süßlichen Geschmack verleiht.

Armenische Kofta

500 g gekochte und zerstampfte Kartoffeln
750 g mageres, gehacktes Lamm- oder Kalbfleisch
1 verquirltes Ei
Salz
schwarzer Pfeffer
4 EL Pinienkerne
Butter
4 EL kernlose Rosinen
Mehl
Öl zum Ausbacken

Kartoffeln und Fleisch in einer Schüssel vermengen. Ei, Salz und Pfeffer zufügen und gut durchkneten, bis die Mischung sehr geschmeidig ist. Pinienkerne in Öl oder Butter einige Minuten rösten, abgießen und unter die Fleischmischung kneten. Rosinen untermengen und ebenfalls gut verkneten.
Walnußgroße Bällchen formen. In Mehl wenden und in heißem Öl ausbacken, bis sie goldbraun und knusprig sind.

Daoud Pasha
Fleischbällchen mit Pinienkernen und Tomatensauce

1 kg gehacktes Lamm-, Rind- oder Kalbfleisch
Salz
schwarzer Pfeffer
Gewürze: 1 TL gemahlener Zimt oder Piment, oder je ¾ TL gemahlener Kümmel und Koriander
2 in Halbmond-Scheiben geschnittene Zwiebeln
Öl oder Butter
60 g Pinienkerne
1 mittelgroße Dose Tomatenmark
Saft von ½ Zitrone
2 EL feingehackte Petersilie

Das Fleisch zwei- oder dreimal durch den Wolf drehen und zu einem geschmeidigen Teig verkneten. Salz, Pfeffer und Gewürze zufügen, noch einmal gut durchkneten und kleine Kugeln formen.
In einem großen Topf die Zwiebeln goldgelb dünsten. Die Fleischbällchen zugeben und auf kleiner Flamme sautieren, bis sie rundherum Farbe angenommen haben (dazu den Topf ständig leicht bewegen). Die Pinienkerne zufügen und weitere 2 Minuten schmo-

ren. Das Tomatenmark mit etwas Wasser vermengen und in den Topf gießen. So viel Wasser nachgießen, daß die Fleischbällchen gerade bedeckt sind. Mit Zitronensaft, Salz und Pfeffer abschmecken. Auf kleiner Flamme so lange köcheln lassen, bis das Fleisch gar und die Sauce eingedickt ist.
Mit Petersilie bestreut servieren. Dazu einfachen Reis reichen.

Variation: Die Pinienkerne in den Teig kneten, statt sie zu der Sauce zu geben.

Kofta Mabrouma *Hackbraten mit Pinienkernen*

Dies ist eine Spezialität aus Aleppo (Syrien).

2 mittelgroße Zwiebeln
2 Eier
1 kg gehacktes Lamm- oder Rindfleisch
Salz
schwarzer Pfeffer
4 EL Pinienkerne
3 EL Butter oder Margarine
gehackte Petersilie und Zitronenscheiben zum Garnieren

Die Zwiebeln reiben. Die Eier mit einer Gabel verschlagen. Das Fleisch zwei- oder dreimal durch den Wolf drehen und mit Zwiebelmark und Eiern vermengen. Mit Salz und Pfeffer abschmecken und gut durchkneten.
Den Fleischteig auf einem Brett oder einer großen Platte flachdrükken und in 6 dünne Rechtecke teilen. Eine Reihe Pinienkerne nahe an die Längskante jedes Rechtecks legen und den Teig zu einer dikken Wurst aufrollen.
Die 6 Würste in eine Backform legen, die gerade groß genug ist, um sie aufzunehmen. Mit Butterstückchen belegen oder mit geschmolzener Butter bestreichen, 3 EL Wasser darübertröpfeln und im Ofen bei 180° C ca. ¾ Stunden backen lassen, bis die Fleischwürste gar und goldbraun sind.
Auf eine angewärmte Platte geben, mit Petersilie und Zitronenscheiben garnieren und mit Reis oder Kartoffeln servieren.

Zucchini- oder Auberginen-Fleischbällchen

Dieses Gericht ist eine Spezialität aus Smyrna.

1 kg Zucchini oder Auberginen
Salz
Öl
2 gehackte Zwiebeln
500 g gehacktes Lamm-, Rind- oder Kalbfleisch
60 g geriebener Parmesan oder Edamerkäse
2 große verquirlte Eier
schwarzer Pfeffer
Mehl

Die Zucchini oder die Auberginen in Scheiben schneiden. Mit Salz bestreuen und mindestens ½ Stunde abtropfen lassen, damit der bittere Saft abläuft. Zucchini gar kochen; Auberginen in etwas Öl weich dünsten und mit Küchenkrepp abtrocknen. Die Zwiebeln goldgelb braten.
Zucchini oder Auberginen fein hacken und mit dem durchgedrehten Fleisch (s. vorhergehende Rezepte) vermengen. Käse, Zwiebeln und Eier gut damit verkneten und mit Salz und Pfeffer abschmekken. Aus dem Fleischteig kleine Kugeln formen. In Mehl wenden und auf sehr kleiner Flamme braten oder sautieren, so daß sie gar sind, bevor die Oberfläche zu braun wird.
Diese Gemüse-Fleischbällchen werden heiß mit Kartoffeln oder Reis gegessen oder kalt mit Salaten serviert.

Variation: 500 g Artischockenherzen mit 750 g Fleisch vermengen.

Fleischbällchen mit Lauch

1 kg Lauch
Salz
500 g Rinderhackfleisch
60 g Semmelbrösel
2–3 Eier
schwarzer Pfeffer
Öl
Saft von 2 Zitronen
1 EL Butter

Den Lauch sehr gründlich waschen. Die harten grünen Blätter entfernen und beide Enden abschneiden. In leicht gesalzenem Wasser garen. Abgießen und sehr fein hacken.

Das Fleisch, wie in den vorigen Rezepten beschrieben, geschmeidig kneten. Mit Lauch, Semmelbröseln und Eiern vermengen und mit Salz und Pfeffer abschmecken. Alles gut durchkneten. Kleine Kugeln formen und in Öl rundherum anbraten.
In einen großen Topf Zitronensaft, Butter und ca. 1 Tasse Wasser gießen. Mit Salz und Pfeffer würzen und zum Kochen bringen. Die Fleischbällchen hineingeben und zugedeckt 15–20 Minuten köcheln lassen, bis sie gar sind und die säuerliche Sauce aufgesogen haben. Wenn nötig, etwas Wasser nachgießen und gelegentlich umrühren.

Variation: Den Lauch durch 750 g frischen Spinat ersetzen. Diesen säubern und im eigenen Saft garen. Fein hacken oder durch den Wolf drehen und mit dem Fleisch vermengen.

Kibbeh

Kibbeh ist die große Liebe der Syrer und Libanesen – ihr Nationalgericht. Ich kenne kein anderes Gericht, dessen Zubereitung von so viel Mystik begleitet wird. Einige Frauen sind bekannt dafür, eine »Hand« oder einen »Finger« für *Kibbeh* zu haben. Um diese Fähigkeit werden sie dann sehr von anderen Frauen, und vor allem von deren Ehemännern, beneidet. Es heißt, man sei von Gott bevorzugt worden, wenn man mit einem langen Finger geboren wird, der das Formen der *Kibbeh* erleichtert.

Gegrillte oder gebratene Kibbeh

500 g mageres, gewürfeltes Lammfleisch
Salz
1 große, feingeriebene Zwiebel
schwarzer Pfeffer
250 g feiner Weizenschrot (Burghul)
Öl

Die Grundmischung wie in dem Rezept für *Kibbeh Nayé* zubereiten, jedoch, wie oben angegeben, die doppelte Menge Weizenschrot verwenden. Runde, flache Scheiben formen und unter dem Grill oder in der Pfanne knusprig braun braten.

Kibbeh Nayé *Rohe Kibbeh*

500 g mageres, gehacktes Lammfleisch (Keule)
Salz
1 große Zwiebel
schwarzer Pfeffer
120 g feiner Weizenschrot (Burghul)

Das Fleisch mit etwas Salz in einem Mörser zu einer Paste verarbeiten oder mehrere Male durch den Wolf drehen. Die Zwiebel reiben oder ebenfalls mit Salz und Pfeffer zerstoßen oder mehrmals durch den Wolf drehen. Zwiebel und Fleisch nochmal zusammen pürieren und dabei 1–2 EL kaltes Wasser oder 1–2 Eiswürfel dazugeben. Das macht die Mischung noch weicher.
Weizenschrot in einem Sieb durchspülen und schnell ausdrücken. Zu der Fleisch-Zwiebel-Mischung geben und gut durchkneten. Abschmecken und noch ½ Stunde im Mörser zerstoßen oder mehrmals durch den Wolf drehen. Mit einem elektrischen Mixer wird der gesamte Knet- und Püriervorgang sehr vereinfacht.
Dieses Gericht wird traditionsgemäß auf einer dekorativen Glas- oder Porzellanplatte serviert. Dazu reicht man eine Schüssel Salatblätter. Jeder Gast nimmt sich ein Blatt und benutzt es als Löffel, um etwas *Kibbeh* von der Platte abzunehmen. Hervorragend als Appetithappen geeignet.
Eine andere Art, *Kibbeh Nayé* zu servieren, besteht darin, die Fleischmischung in fingerdicke Stäbchen zu rollen, auf einem Bett aus grünen Salatblättern aufzuhäufen und dazu eine Schüssel mit jungem Salat zu reichen.

Kibbeh Nayé mit Sauce

500 g feingehackte Zwiebeln
60 g Butter
500 g mageres, gehacktes Kalbfleisch
60 g Pinienkerne
Salz
schwarzer Pfeffer
Saft 1 Zitrone

Die Zwiebeln in heißer Butter goldgelb dünsten. Das Kalbfleisch zugeben und braten, bis es Farbe angenommen hat. Pinienkerne hinzufügen. Mit Salz und Pfeffer abschmecken, mit Wasser bedekken und schmoren lassen, bis das Fleisch gar und die Sauce reduziert ist. Mit Zitronensaft beträufeln und in einer extra Schüssel zu den *Kibbeh Nayé* reichen.

Syrische gefüllte Kibbeh

Die Vorbereitung dieser *Kibbeh* erfordert höchstes Talent. Syrische Frauen messen ihre Kunstfertigkeit an diesem Gericht und erwerben den Ruf ihres Könnens durch die Feinheit, mit der sie es zubereiten. Die Kunst liegt darin, die äußere Hülle so lang, dünn und gleichmäßig wie möglich zu machen. Die knusprigen, leichten und aromatischen Hüllen sollten aufknacken und eine saftige Fleischfüllung zutage fördern.

Die Fleischmischung wie für *Kibbeh* (S. 179) mit 500 g Fleisch und 250 g Weizenschrot zubereiten, die Füllung wie für *Kibbeh bil Sanieh* (s. folgendes Rezept).

Die Hände mit kaltem Wasser befeuchten. Ein nicht ganz eigroßes Häufchen Fleischteig nehmen, in der linken Hand halten und mit einem Finger der rechten Hand ein Loch hineinmachen. Mit der linken Hand den Teig um den Finger klopfen, am Finger hinaufdrükken und unter ständigem Drehen ausweiten. Das erinnert stark an die Töpferkunst. Wenn der Teig reißt, einen Finger in kaltes Wasser halten und damit das Loch wieder zusammendrücken. Es dürfen keine Löcher oder Risse in der Hülle sein. Während des Zweiten Weltkriegs nannten britische Soldaten diese Art *Kibbehs* »Syrische Torpedos«, und das beschreibt die Form ziemlich gut.

Die Hülle mit ca. 1 EL Farce füllen. Die Öffnung schließen, indem man die Kanten mit kaltem Wasser befeuchtet und fest zusammendrückt. Das Ende dünn und flach klopfen, so daß eine ovale Form entsteht. Wem dies alles zu kompliziert ist, der kann auch runde Formen machen; das scheint einfacher zu sein.

Die »Torpedos« in Öl ausbacken, bis sie dunkelbraun sind. Abtropfen lassen. Heiß oder kalt mit einer Auswahl von Salaten servieren.

Diese *Kibbeh* kann man gut vorbereiten und erst kurz vor dem Essen backen. Man kann sie aber auch vorbacken und in einem zugedeckten Topf im Backofen wieder erhitzen.

Kibbeh bil Sanieh *Kibbeh in der Form*

Kibbehmischung wie oben beschrieben aus 500 g Fleisch und 250 g Weizenschrot zubereiten (s. S. 180).

Füllung:
1 mittelgroße, feingehackte Zwiebel
2 EL Öl
250 g gehacktes Lamm-, Rind- oder Kalbfleisch
60 g Pinienkerne
Salz
schwarzer Pfeffer
½ TL gemahlener Zimt
einige EL Brühe
Butter

Zwiebel in Öl goldgelb braten. Fleisch und Pinienkerne zufügen und weiterbraten, bis das Fleisch Farbe angenommen hat. Etwas Wasser zugießen und mit Salz, Pfeffer und Zimt würzen.
Eine Backform einfetten und die Hälfte der *Kibbeh*-Mischung auf den Boden streichen. Die Füllung gleichmäßig darauf verteilen und die andere *Kibbeh*-Hälfte darübergeben. Diagonale Linien auf der Oberfläche einritzen.
Etwa 120 g Butter schmelzen und über die *Kibbeh* gießen. Bei 180° C ca. ¾ Stunden im Ofen backen. Bestreicht man die *Kibbeh* gelegentlich mit etwas Brühe, so wird das Fleisch feucht und saftig.
Dieses Gericht schmeckt genausogut heiß wie kalt. Zusammen mit Joghurt und Salaten servieren.

Einfache Burghul-Kibbeh

Diese Variation der *Kibbeh* auf S. 181 ist viel einfacher zu machen, da der Teig nicht so oft durchgedreht und geknetet werden muß. Allerdings bricht die Hülle leichter, so daß man sehr vorsichtig sein muß.

375 g feiner Weizenschrot (Burghul)
120 g Mehl
2 EL Öl
1 TL Salz
schwarzer Pfeffer

Füllung:
wie für Kibbeh bil Sanieh *(s. oben)*

Weizenschrot in einem Sieb spülen und ausdrücken. Zusammen mit den anderen Zutaten in eine große Schüssel geben und alles gut verkneten. Eventuell etwas Wasser zufügen.
Die Hülle wie im vorigen Rezept beschrieben formen und füllen. In Öl ausbacken und mit Salaten servieren.

Kibbeh mit Matzenmehl*

Dies ist ein jüdisch-sephardisches Rezept, das exquisit schmeckt und sehr einfach zu machen ist.

500 g Matzenmehl
2 EL gemahlener Reis
½ durch die Knoblauchpresse gedrückte Zwiebel
½ TL gemahlener Kümmel
Salz
schwarzer Pfeffer
warmes Wasser
Öl zum Ausbacken

Alle Zutaten miteinander vermengen. Langsam etwas warmes Wasser zugießen und dabei ständig kneten, bis eine feste, steife Masse entsteht. Aus dieser Masse die äußere Hülle machen, wie in den vorigen Rezepten beschrieben, und mit der üblichen Füllung füllen (S. 180). In Öl ausbacken.

Kibbeh mit Matzenmehl* und Fleisch

120 g gehacktes Lamm- oder Rindfleisch
250 g Matzenmehl
Salz
schwarzer Pfeffer
warmes Wasser

Das Fleisch zu einer geschmeidigen Masse zerstoßen oder kneten. Matzenmehl zufügen und mit Salz und Pfeffer abschmecken. Nach und nach warmes Wasser zugießen und dabei ständig kneten, bis der Teig schön weich ist.
Aus dieser Masse die äußere Hülle für *Gefüllte Kibbeh* (S. 181) machen und mit der üblichen Füllung füllen (S. 180). In Öl ausbacken, bis sie kroß und goldbraun sind.

Anmerkung: Da diese Hüllen leicht brechen, vor dem Ausbacken mit einer Gabel leicht einstechen.

---

* Matze ist das ungesäuerte Passahbrot der Juden.

Gefüllte Kibbeh in Joghurt

Syrische gefüllte *Kibbeh* zubereiten (S. 181).

Joghurtsauce:

1 l Joghurt
1 EL Maismehl oder 1 Eiweiß
Salz
3–4 zerdrückte Knoblauchzehen
2 EL getrocknete, zerstoßene Minze
3 EL Butter

Den Joghurt mit Mehl oder Eiweiß stabilisieren, wie auf S. 68 beschrieben, damit er ohne zu gerinnen gekocht werden kann. Die *Kibbeh* hineingeben und ca. 20 Minuten köcheln lassen. Man kann sie aber ebensogut auch vorher ausbacken und dann nur für ein paar Minuten in die Joghurtsauce legen.
Den zerdrückten Knoblauch mit der Minze in heißer Butter braten und salzen. Über den Joghurt gießen und gut verrühren.
Statt dessen kann man den Knoblauch auch roh in den Joghurt geben und das Ganze mit der Minze garnieren.
Heiß oder kalt servieren und dazu Reis reichen.

Kibbeh Hamda *Kibbeh aus gemahlenem Reis*

Dies ist das Rezept meiner Mutter für ungewöhnliche *Kibbeh.*

180 g gehacktes Lamm- oder Rindfleisch
250 g gemahlener Reis
Salz
schwarzer Pfeffer

Füllung:
90 g gehacktes Lamm- oder Rindfleisch
30 g feingehacktes Fett (vom Fleisch)
2 EL feingehackte Petersilie
1 Prise gemahlener Piment
Salz
schwarzer Pfeffer
1 Portion Hamud *(S. 91)*

Die Zutaten für die Füllung in rohem Zustand miteinander vermengen.
Für die *Kibbeh*-Hüllen das Fleisch mit dem Reis zusammen durch den

Wolf drehen oder im Mörser zerstoßen. Mit etwas Salz und Pfeffer abschmecken. Nach und nach einige EL Wasser zugießen und zu einer geschmeidigen Masse verkneten. Am besten benutzt man einen elektrischen Mixer.
Die Hände mit Öl einreiben, damit der Fleischteig nicht kleben bleibt. Walnußgroße Häufchen abteilen, jedes Bällchen mit dem Finger aushöhlen und mit ca. 1 TL Füllung füllen. Die Öffnung gut zusammendrücken.
Die Bällchen in kochende *Hamud* geben und ca. 1 Stunde leise köcheln lassen.

Fleisch- und Gemüse-Stews

Stews gehören zu den feinsten Bestandteilen der nahöstlichen Küche. In Syrien und im Libanon heißen sie *Yakhnie,* in Nordafrika *Touagen* und bei den Persern *Abgusht.* Der türkische Dichter Rēvanī (16. Jhdt.) beschreibt in seinem *Isret Nāme* ein Stew als »einen Heiligen, der seinen Betteppich auf dem Wasser schwimmen läßt«. Damit vergleicht er die Fleischstücke, die in einer köstlichen Sauce schwimmen, mit den Betteppichen, auf denen die Heiligen früherer Zeiten die Flüsse zu überqueren pflegten.
Für die folgenden Rezepte sollte man das Fleisch ganz nach dem eigenen Geschmack wählen – fett oder mager. Billigere Stücke werden durch das lange Kochen schön weich, so daß man sie ohne weiteres verwenden kann. Die Vorbereitung ist immer die gleiche: Das Fleisch waschen oder mit einem feuchten Tuch abwischen, alle Sehnen entfernen und in 2–3 cm große Würfel schneiden. Dann in Öl oder Butter leicht anbraten, bevor man es schmort. Das macht das Gericht dunkler und hält den Fleischsaft im Fleisch zurück. Wer lieber ein helles Stew mag, dünstet das Fleisch in Wasser, ohne es vorher anzubraten; dabei den aufsteigenden Schaum abschöpfen.
Markknochen geben dem Stew zusätzlich einen kräftigen Geschmack. Zu Beginn der Kochzeit sollte man nur sehr wenig würzen und erst, wenn das Stew schon eine ganze Weile gekocht hat, so viele Gewürze zugeben, wie es der eigene Geschmack verträgt. Besonders gut eignen sich auch Kräuter, Zwiebeln, Knoblauch, Sellerie und Frühlingszwiebeln, um den Geschmack zu verändern. Boh-

nen, Erbsen, Linsen oder Kichererbsen machen ein Stew schwerer, Safran, Tomaten und Granatapfelsauce geben ihm Farbe, gemahlene oder gehackte Mandeln, Walnüsse, Pistazien und Haselnüsse machen es dicker. Statt Wein sollte man lieber Essig verwenden. Jedes Stew sollte mehrere Stunden lang auf sehr kleiner Flamme gekocht werden.

Fleisch-Stew mit Auberginen

3 kleine oder 2 mittelgroße Auberginen
Salz
schwarzer Pfeffer
1 große feingehackte Zwiebel
Öl
150 g fettes oder mageres Lamm- oder Kalbfleisch, in 3 cm große Würfel geschnitten
2–3 gehäutete und geviertelte Tomaten
1 EL Tomatenmark
Saft von ½ Zitrone
½ TL gemahlener Kümmel
½ TL gemahlener Piment (nach Belieben)

Die Auberginen in Scheiben schneiden, mit Salz bestreuen und mindestens ½ Stunde lang in einem Sieb abtropfen lassen.
Die Zwiebel in ca. 2 EL Öl weich dünsten. Tomaten zugeben und mit einer Gabel zerdrücken. Das Tomatenmark und den Zitronensaft gut einrühren und mit Salz, Pfeffer, Kümmel und evtl. Piment würzen. Mit Wasser bedecken, zum Kochen bringen und ca. 1½ Stunden leise köcheln lassen.
Auberginenscheiben abwaschen und trocknen. In heißem Öl einige Minuten anbraten, bis sie rundherum Farbe angenommen haben. Abgießen und zu dem Stew geben. Zugedeckt eine weitere halbe Stunde köcheln lassen.

Mefarka

Öl
1 kg frische Dicke Bohnen oder
500 g tiefgefrorene, geschälte Dicke Bohnen
Salz
schwarzer Pfeffer
½ TL getrockneter Thymian
750 g mageres Rinderhackfleisch
1½ TL gemischte Gewürze: Muskatnuß, Zimt, Cayenne-Pfeffer, gemahlener Knoblauch
3 Eier
Saft von ½ Zitrone (nach Belieben)

3 EL Öl mit ca. 1 kleinen Tasse Wasser vermengen und in einen Topf geben. Bohnen zufügen, Salz und Pfeffer darüberstreuen und mit Thymian würzen. Sanft köcheln, bis die Bohnen weich sind. Dabei immer nur wenig Wasser nachfüllen, wenn es von den Bohnen aufgesogen worden ist.
In der Zwischenzeit die *Tatbila* genannte Fleischmischung zubereiten: In einer tiefen Pfanne oder einer feuerfesten Form 2 EL Öl erhitzen. Das Hackfleisch zugeben, sobald das Öl gerade warm ist – sonst trocknet es aus. Die Würzmischung, Salz, Pfeffer und so viel Wasser zufügen, daß das Fleisch gerade bedeckt ist. Köcheln lassen, bis das Fleisch gar, weich und feucht ist und sowohl das Wasser als auch das Aroma der Gewürze aufgenommen hat.
Die Fleischmischung zu den Bohnen geben und mit einer Gabel gut verrühren. Die Eier hineinschlagen und weiterrühren, bis sie gestockt sind. Auf eine Platte stürzen und abkühlen lassen. Noch einmal abschmecken und evtl. nachwürzen, da sich der Geschmack mit der Temperatur verändert.
Mit etwas Zitronensaft beträufeln und kalt servieren.

Türkische Fleischbällchen mit Auberginenpüree

4–6 Auberginen
1 kg gehacktes Fleisch
2 Eier
3 EL Semmelbrösel
1 TL gemahlener Kümmel
1 TL gemahlener Piment
Salz
schwarzer Pfeffer
Mehl
ca. 3 EL Öl
1 große, in Scheiben geschnittene Zwiebel
2 EL Tomatenmark

Die Auberginen im Ofen oder über einer Flamme grillen, bis die Haut Blasen wirft und vom Fleisch abblättert. Abkühlen lassen und unter fließendem Wasser die Haut vollständig abreiben; die verkohlten Teilchen müssen völlig entfernt sein. So viel bitteren Saft wie möglich auspressen. Gut abtropfen lassen und mit einer Gabel zerdrücken.
Das Fleisch zwei- oder dreimal durch den Wolf drehen und mit der Hand oder dem elektrischen Mixer (S. 180) zu einer geschmeidigen Paste verkneten. Eier, Semmelbrösel und Gewürze zufügen (die angegebenen Mengen machen das Gericht sehr würzig!). Noch einmal gut durchkneten. Aus dem Teig kleine Bällchen formen, in Mehl wenden und auf kleiner Flamme braten, bis sie gar und von allen Seiten gebräunt sind. Vom Herd nehmen und abgießen.
Im selben Öl die Zwiebel goldgelb dünsten. Auberginenpüree und Tomatenmark zufügen, mit Salz und Pfeffer abschmecken und 10 Minuten dünsten. Die Fleischbällchen dazugeben und noch einmal 10 Minuten schmoren.
Mit einfachem Reis oder mit Brot und Salaten servieren.

Fadenbohnen- und Fleisch-Stew

Dies ist ein beliebtes Gericht in Ägypten, Syrien und im Libanon.

1 kg frische Fadenbohnen
2 große, feingehackte Zwiebeln
3 EL Öl oder Butter
1 kg gewürfeltes Lamm- oder Rindfleisch
2–3 EL Tomatenmark
Salz
schwarzer Pfeffer

Die Bohnen waschen, von den Fäden befreien und halbieren. In einem tiefen, dickbodigen Topf die Zwiebeln glasig dünsten. Das Fleisch zugeben und von allen Seiten gut anbraten. Die Bohnen zufügen und leicht schmoren, bis sie etwas weich sind. Das Tomatenmark einrühren, bis es sich gut mit dem Fett vermengt hat. Mit Wasser bedecken, mit Salz und Pfeffer würzen und zum Kochen bringen. Zugedeckt ca. 1½ Stunden köcheln lassen, bis das Fleisch und das Gemüse gar und die Sauce eingedickt ist. Während des Kochens, wenn nötig, etwas Wasser nachgießen. Abschmecken und heiß servieren.
Gut schmeckt das Gericht auch, wenn man es mit ½ TL gemahlener Muskatnuß, ½ TL gemahlenem Zimt und dem Saft ½ Zitrone würzt.

Mozaat *Kalbslenden-Stew*

1 kg Kalbslende, in große Stücke zerteilt
6 gekochte und in Scheiben geschnittene Kartoffeln
2–3 EL Öl
Salz
schwarzer Pfeffer
½ TL Gelbwurz (nach Belieben)
Saft von ½ Zitrone

In einem großen Topf das Fleisch und die Kartoffeln in heißem Öl sautieren, bis alles rundherum schön braun ist. Mit Salz und Pfeffer und evtl. Gelbwurz abschmecken. Mit Wasser halb bedecken. Zugedeckt etwa 2 Stunden köcheln lassen, bis das Fleisch gar und die Sauce eingedickt ist. Dabei das Fleisch gelegentlich umdrehen, und, wenn nötig, etwas Wasser nachgießen. Noch einmal abschmecken und vor dem Servieren Zitronensaft darüberträufeln.

Variationen: Das Gericht wird besonders delikat, wenn man einige Kartoffeln durch ein Dutzend kleiner *Kibbeh Hamda* (S. 184) ersetzt. – Manche Köche fügen dem Ganzen noch 6 Artischockenherzen oder 2 in Scheiben geschnittene, gesalzene und abgetropfte Auberginen bei. In diesem Fall läßt man ebenfalls einige Kartoffeln weg, nimmt aber auf keinen Fall Gelbwurz zum Würzen.

Arabisches Sprichwort: »Gott liebt diejenigen, die zufrieden sind.«

Lahma bi Ma'Ala *Fleisch in der Pfanne*

1 kg bestes Schmorfleisch
2–3 EL Öl
500 g grobgehackte Zwiebeln
Salz
schwarzer Pfeffer
1 TL gemahlener Piment
60 g gehackte Petersilie
500 g gehäutete und gehackte Tomaten (oder 400 g Dosentomaten)
1 kleine Dose Tomatenmark

Das Fleisch in 3 cm große Würfel schneiden. In einer großen Pfanne von allen Seiten gut bräunen und aus dem Öl herausnehmen. In demselben Fett die Zwiebeln tief goldgelb braten. Das Fleisch dazugeben, mit Salz, Pfeffer, Piment und Petersilie würzen, Tomaten, Tomatenmark und ca. 4 EL Wasser zufügen und alles gut umrühren. Ohne Deckel ca. 2 Stunden köcheln lassen. Wenn nötig, ab und zu sehr wenig Wasser nachgießen. Verwendet man Dosentomaten, wird ohnehin kaum Wasser notwendig sein, außer am Anfang.
Mit Reis oder geschmorten Kartoffeln servieren.

Variationen: Eine ähnliche marokkanische *Tagine,* eine Spezialität aus Fez, unterscheidet sich nur darin, daß die Zutaten nicht zuerst angebraten werden, sondern daß man sie mit kaltem Wasser bedeckt und mit etwas Öl und verschiedenen Kräutern (Kümmel, Ingwer, Salz, schwarzer Pfeffer, Paprika, Cayenne-Pfeffer etc.) ca. 2½ Stunden leicht köcheln läßt. – Das tunesische *Mirmiz* ist ebenfalls ähnlich. Hierbei fügt man dem Gericht noch 1 in Scheiben geschnittene grüne Paprikaschote, 1–2 getrocknete Chilischoten (sehr scharf!) und evtl. über Nacht eingeweichte Kichererbsen und grüne Bohnen zu.

Kalbslende in Gelee

1 kg Kalbslende, 1 zerhackter Lendenknochen
2–3 EL Öl
Salz
schwarzer Pfeffer
½ TL Gelbwurz (nach Belieben)
Saft von ½ Zitrone
6 hartgekochte, gepellte und geviertelte Eier
2 EL gekochte grüne Erbsen
1 gekochte, in feine Stifte geschnittene Karotte
etwas gehackte Petersilie
dünne Zitronenscheiben

Das Fleisch und den gut gesäuberten Knochen in einem großen Topf sautieren. Mit Salz und Pfeffer würzen und evtl. mit Gelbwurz bestäuben. Mit Wasser bedecken. Zum Kochen bringen und zugedeckt ca. 2½ Stunden köcheln lassen. Das Fleisch muß schön weich und die Sauce kräftig und geliert sein. Alles überflüssige Fett abnehmen, indem man mit Küchenkrepp über die Oberfläche fährt. Zitronensaft zugießen und abschmecken.
Den Knochen herausnehmen und evtl. daransitzendes Fleisch abschneiden. Eine große Schüssel kalt ausspülen, das Fleisch und die hartgekochten Eier darin hübsch anrichten. Erbsen, Karotte und Petersilie geben dem Ganzen den letzten Pfiff. Den Bratensaft durch ein Sieb über Fleisch und Gemüse streichen und das Gericht einige Stunden in das unterste Fach des Eisschranks stellen, bis die Flüssigkeit zu festem Gelee erstarrt ist.
Auf eine Platte stürzen und mit Zitronenscheiben garnieren.
Ein Kalbsfuß, der zu Beginn mitgekocht wird, oder 1 TL aufgelöste Gelatine machen das Gelee noch fester.

Rinder-Stew mit frischen Dicken Bohnen

1 kg mageres, gewürfeltes Schmorfleisch
3 EL Öl
500 g frische oder tiefgefrorene Dicke Bohnen
2 ganze Knoblauchzehen
1 TL gemahlener Koriander
Salz
schwarzer Pfeffer

Das Fleisch in heißem Öl schmoren, bis es rundherum braun ist. Die restlichen Zutaten dazugeben und mit Wasser bedecken (verwendet man tiefgefrorenes Gemüse, dieses vorher auftauen und erst ½ Stunde vor Ende der Kochzeit zufügen). Zugedeckt ca. 2 Stunden köcheln lassen, bis das Fleisch sehr weich ist.

Fleisch- und Okra-Stew

Da frischer Okra bei uns nur selten erhältlich ist, kann man für dieses beliebte ägyptische Gericht auch Dosen-Okra verwenden. In diesem Fall das Gemüse erst gegen Ende der Kochzeit zufügen.

1 kg frische Okra oder 1 große Dose
2 große, feingehackte Zwiebeln
2 große Knoblauchzehen
3 EL Öl oder Butter
1 kg gewürfeltes Lamm- oder Kalbfleisch
500 g reife, in Scheiben geschnittene Tomaten
1–2 EL Tomatenmark
Salz
schwarzer Pfeffer
Saft 1 Zitrone (nach Belieben)
1 TL gemahlener Koriander (nach Belieben)

Frischen Okra waschen und die Stiele entfernen. Zwiebeln und die ganzen Knoblauchzehen in Öl oder Butter braten, bis sie goldbraun und aromatisch sind. Fleisch dazugeben und rundherum gut anbraten. Okra zufügen und auf kleiner Flamme etwas dünsten. Die Tomaten zugeben und einige Minuten schmoren lassen, dann mit Wasser bedecken, in dem das Tomatenmark aufgelöst wurde. Mit Salz und Pfeffer würzen und alles gut verrühren. Auf kleiner Flamme 1½ Stunden weiterschmoren, bis Fleisch und Gemüse sehr weich sind und die Sauce eingedickt ist. Wenn nötig, ab und zu etwas Wasser nachfüllen. Noch einmal abschmecken und evtl. nachwürzen.
Diejenigen, die einen pikanten Geschmack lieben, können die Sauce noch mit Zitronensaft verfeinern und zusammen mit den Zwiebeln und dem Knoblauch den Koriander braten.

Fleischbällchen mit Spinat und Kichererbsen

750 g gehacktes Rind-, Lamm- oder Kalbfleisch
1 feingehackte Zwiebel
Salz
schwarzer Pfeffer
Öl
120 g über Nacht eingeweichte Kichererbsen
500 g frischer Spinat
1 EL Butter
2 zerdrückte Knoblauchzehen
1 TL gemahlener Koriander

Aus Fleisch, Zwiebeln, Salz und Pfeffer Fleischbällchen vorbereiten (S. 172). Kurz in Öl von allen Seiten anbraten.
Die Kichererbsen in Wasser kochen, bis sie weich sind. Spinat gründlich waschen und von den dicken Stielen befreien. Gut abgießen und fein hacken. In Butter und dem eigenen Saft dünsten, bis er weich ist. Die abgegossenen Kichererbsen und die Fleischbällchen zugeben. Zugedeckt eine weitere halbe Stunde schmoren, bis das Fleisch gut durch ist. Wenn nötig, etwas Wasser nachgießen.
Das besondere Aroma erhält das Gericht durch eine Mischung, die *Taklia* genannt wird und besonders in arabischen Ländern zum Würzen von Stews und Suppen bevorzugt wird. Man zerdrückt 2 Knoblauchzehen mit etwas Salz und brät sie unter Beigabe von Koriander, bis die Mischung süßlich riecht. Man fügt sie dem Gericht erst am Ende der Kochzeit zu und verrührt alles gut miteinander.
Mit Reis servieren.

Variationen: Eine sehr delikate türkische Version dieses Gerichts besteht darin, es in Joghurt zu schmoren, der mit Salz, Pfeffer, zerdrücktem Knoblauch und getrockneter Minze gewürzt wurde. Das Ganze wird mit etwas rotem Paprikapuder garniert. In diesem Fall läßt man jedoch das *Taklia* weg. – Eine interessante Variation aus dem modernen Persien ist *Khoresh Sak,* eine Spinat-Orangen-Sauce, die mit Reis serviert wird. Man vermischt den Saft von 1 Zitrone und 2 Orangen mit 1 EL Mehl und kocht diese Mischung mindestens ½ Stunde lang zusammen mit dem Fleisch und Spinat. In diesem Fall gibt man nur zerdrückten Knoblauch, der in Butter gebraten wurde, statt des kompletten *Taklia* dazu.

Lissan al Assfour *Vogelzungen*

Dies ist ein Lamm-Stew mit Teigwaren, und mir wurde versichert, daß es nur richtig schmeckt, wenn man kleine italienische *Pastine, Graniamo* genannt, verwendet (sie sehen aus wie winzige Vogelzungen oder große Reiskörner).

2–3 in Scheiben geschnittene Zwiebeln
3 EL Öl oder Butter
1 kg mageres, gewürfeltes Lammfleisch (Schlegel)
Salz
schwarzer Pfeffer
1 TL gemahlener Zimt (nach Belieben)
½ l Fleischbrühe oder Wasser
½–1 kg Graniamo
geriebener Parmesankäse

In einem großen Topf die Zwiebeln goldgelb braten. Das Fleisch zugeben und von allen Seiten bräunen. Mit Salz, Pfeffer und evtl. Zimt würzen. Topf zudecken und die Zwiebeln und das Fleisch im eigenen Saft ca. 1½ Stunden schmoren, bis beides fast gar ist. Brühe oder Wasser zugießen und eine weitere halbe Stunde köcheln.
Die Teigwaren zugeben und etwa 20 Minuten weiterkochen, bis das Fleisch sehr weich und die Pasta zum doppelten Volumen aufgegangen ist. Sofern notwendig, etwas Wasser nachgießen. Zum Schluß sollte etwas Sauce übrig bleiben. Abschmecken und evtl. nachwürzen.
Mit geriebenem Parmesankäse servieren.

Kofta- und Ei-Tagine

Dieses marokkanische Gericht wurde vielleicht beeinflußt von den mittelalterlichen Rezepten al-Baghdadis.

750 g gehacktes Lamm- oder Rindfleisch
3 EL feingehackte Petersilie
1 EL feingehackte frische oder 1 TL getrocknete Minze
½ TL getrockneter Majoran
½ TL gemahlener Piment
½ TL gemahlener Kümmel
¼ TL Paprika
1 Prise Cayenne-Pfeffer
Salz
2–3 EL Butter
6 Eier

Das Fleisch mit den Kräutern und Gewürzen vermengen, mit Salz abschmecken und gut durchkneten. Aus dem Teig kleine Kugeln formen. In einem großen, tiefen Topf die Bällchen in sehr heißem Öl rundherum anbraten, bis sie Farbe angenommen haben. Mit Wasser bedecken, eine Prise Salz zugeben und ca. 20 Minuten köcheln lassen, bis die Fleischbällchen sehr weich sind und die Sauce eingedickt ist.
Die Eier vorsichtig über der Masse aufschlagen und auf kleiner Flamme weiterköcheln lassen, bis sie gestockt sind. Man kann sie ganz lassen oder mit einer Gabel verschlagen. Mit einfachem Reis oder Kartoffelbrei servieren.

Fleisch mit Zucchini und Kichererbsen

Wenn keine Zucchini erhältlich sind, kann man auch geschälte und in Würfel geschnittene Kürbisse verwenden.

2 gehackte Zwiebeln
2 ganze Knoblauchzehen (nach Belieben)
3 EL Öl oder Butter
1 kg mageres, gewürfeltes Rind- oder Lammfleisch
2–3 EL Tomatenmark
60 g über Nacht eingeweichte Kichererbsen
Salz
schwarzer Pfeffer
1 TL gemahlener Piment (nach Belieben)
1 kg gewaschene, in Scheiben geschnittene Zucchini

Zwiebeln und evtl. Knoblauch in heißem Öl goldgelb braten. Fleischwürfel zugeben und rundherum braun anbraten. Das Tomatenmark einrühren, die abgegossenen Kichererbsen zufügen und alles mit Wasser bedecken. Mit Pfeffer und evtl. Piment würzen. Zum Kochen bringen, alles gut verrühren und zugedeckt ca. 1½ Stunden schmoren lassen. Zucchini (Kürbis) und Salz zugeben und eine weitere halbe Stunde schmoren, bis das Fleisch, die Kichererbsen und das Gemüse sehr weich sind. Wenn nötig, etwas Wasser beim Kochen nachgießen. Abschmecken und heiß servieren.

Fleisch-Stews mit Früchten

Viele marokkanische *Touajen* (die Pluralform von *Tagine*) ähneln auf verblüffende Weise den mittelalterlichen Stewrezepten al-Baghdadis – welch mysteriöses kulinarisches Band zwischen dem alten Persien und dem modernen Marokko!

Viele Marokkaner kommen aus dem Yemen, dem Irak und aus Saudi-Arabien. Sie sind zu verschiedenen Zeiten dorthin verschlagen worden: zuerst in der vorchristlichen Zeit, dann mit der arabisch-islamischen Invasion im 7. Jahrhundert und noch einmal im 12. bis 14. Jahrhundert. Ich nehme an, daß die Araber der Abbassiden-Periode (die Zeit al-Baghdadis) diese Gerichte einführten. Sie wurden dann durch die unbedeutende Almoraviden-Dynastie, durch die glänzende marokkanische Periode der Almohaden (sie verbreiteten die maurische Zivilisation in ihrem großen Reich) und wieder durch die Sharifian-Dynastie der Abkömmlinge Fatimas (die Tochter des Propheten) angenommen und verändert.

Die Marokkaner verwenden heute dieselben Früchte – Äpfel, getrocknete Pflaumen, Quitten und Korinthen – und größtenteils auch dieselben Gewürze wie die alten Perser und Araber der Abbassiden-Periode. al-Baghdadis Rezepte empfehlen, die Früchte zu einem Brei zu vermengen, während die Marokkaner sie ganz lassen oder in Scheiben schneiden und sie erst zum Ende der Kochzeit zufügen, damit sie nicht musig werden. Fezaner (Einwohner von Fez) schmoren ihre Zutaten, genau wie al-Baghdadi, ohne sie vorher anzubraten. Sie glauben, die Gerichte würden dadurch zu schwer.

Mishmishiya

Dieses köstliche Gericht aus Fleisch und Aprikosen hat seinen Namen von dem arabischen Wort für die Früchte, *Mishmish*.

Aus al-Baghdadis Kochbuch:

Fettes Fleisch kleinschneiden, in einen Topf geben, mit Salz bestreuen und mit Wasser bedecken. Kochen und den Schaum abheben. Zwiebeln schälen, waschen und auf das Fleisch legen. Gewürze zufügen: Koriander, Kümmel, Mastix, Zimt, Pfeffer und Ingwer, alles gut gemahlen. Getrocknete Aprikosen in heißem Wasser einweichen, dann waschen und in einem anderen Topf leicht kochen: herausnehmen, mit den Händen abreiben und durch ein Sieb streichen. Den Saft nehmen und in den ersten Topf gießen, damit eine Brühe entsteht. Süße Mandeln fein mahlen, mit etwas Aprikosensaft anfeuchten und dazugeben. Einige färben das Ganze mit etwas Safran. Den Topf mit Rosenwasser besprenkeln, die Seiten mit einem sauberen Tuch abwischen und über dem Feuer ruhen lassen; dann herunternehmen.

Hier mein Vorschlag für die Mengen:

1–2 feingehackte Zwiebeln
Salz
1 kg mageres, gewürfeltes Lammfleisch
½–1 TL gemahlener Koriander
½–1 TL gemahlener Kümmel
¼ TL pulverisiertes Mastix
¼–½ TL gemahlener Zimt
schwarzer Pfeffer
¼ TL gemahlener Ingwer
250 g eingeweichte und passierte Trockenaprikosen
60 g gemahlene Mandeln
¼ TL Safran (nach Belieben)
1 TL Rosenwasser

Dies ist eins der Gerichte, bei denen das Fleisch nicht vor dem Schmoren angebraten wird. Es mag zuerst etwas langweilig schmecken, aber die mit Mandeln eingedickte Aprikosensauce macht es sehr pikant.
Das Stew muß ca. 2 Stunden leicht kochen, am besten auf einer Asbestplatte. Mastix und Safran können durchaus weggelassen werden. Besser als sehr süße Aprikosen schmecken sonnengetrocknete Aprikosen.

Liebeslied *

Gute Nacht, oh Wassermelone, oh roter Weizen im Sack,
Ich habe die letzten vier Nächte unter Deinem Fenster gewartet
Ohne Essen und Trinken, nur Deiner Stimme lauschend.
Gute Nacht, oh frische, reifende Aprikose,
Ich wünsch' mir Dich als meine Frau, aber ich bin zu schüchtern, es zu sagen.

* Maspéro: *Chansons populaires*

Marokkanische Tagine mit Quitten

1 kg gewürfeltes Lammfleisch
2 feingehackte Zwiebeln
Salz
schwarzer Pfeffer
Cayenne-Pfeffer, Paprika
1 Bund frischer Koriander oder Petersilie, feingehackt
1/4 TL Safran (nach Belieben)
1/2 TL gemahlener Ingwer
*250–750 g halbierte und entkernte, aber nicht geschälte Quitten **
60 g Butter (nach Belieben)

Fleisch und 1 gehackte Zwiebel in einen Topf geben. Mit Wasser bedecken und mit Salz und den Pfeffersorten abschmecken. Die anderen Gewürze zufügen und zum Kochen bringen. Zugedeckt so lange schmoren, bis das Fleisch weich ist und die Zwiebel sich fast aufgelöst hat. Das dauert ca. 1 Stunde.
Jetzt die andere Zwiebel zugeben und weiterschmoren, bis sie weich ist. Eine halbe Stunde, bevor serviert wird, die Quitten zugeben und nur so lange mitschmoren, bis sie gerade weich sind. Für ein stärkeres Aroma sollte man sie vorher in Butter andünsten.

Variationen: Statt der Quitten kann man Äpfel (geschält und entkernt), Datteln, Rosinen oder getrocknete Pflaumen nehmen, oder auch eine Kombination dieser Früchte. – Sehr gut schmeckt auch Huhn auf diese Weise zubereitet.

Lahma bil Karaz *Fleischbällchen mit Kirschen*

1 kg mageres, gehacktes Lamm- oder Kalbfleisch
Salz
schwarzer Pfeffer
1/2 TL geriebene Muskatnuß
1/2 TL gemahlener Knoblauch
1/2 TL gemahlener Zimt
Öl
500 g Sauerkirschen (Schattenmorellen)
Zucker und/oder Zitronensaft
Weißbrotscheiben

---

* Wenn man das Gericht zum ersten Mal ausprobiert, sollte man eine geringere Menge nehmen. Sobald man an den Geschmack von Fleisch und süßen Früchten mit Ingwer gewöhnt ist, kann man die Fruchtmenge beliebig erhöhen. Manche Leute schwächen den scharfen Geschmack der Quitten mit etwas Zucker ab.

Das Fleisch zwei- oder dreimal durch den Wolf drehen, dann kräftig mit einem Holzlöffel oder den Händen durchkneten, damit es sehr cremig wird. Mit den Gewürzen abschmecken und erneut durchkneten. Kleine Bällchen formen und in Öl leicht anbraten, bis sie rundherum Farbe angenommen haben.
Wenn möglich, sollte man für dieses Gericht frische, entkernte schwarze Kirschen nehmen. Sind sie nicht erhältlich, kann man sie durch Dosenkirschen oder schwarze Kirschmarmelade ersetzen. Die frischen Kirschen in einem großen Topf mit sehr wenig Wasser dünsten, dabei je nach Süße oder Säure der Früchte Zucker und/ oder Zitronensaft zufügen. Bei Dosenkirschen nur Zitronensaft zugießen, da sie ohnehin süß genug sind. Die sautierten Fleischbällchen zugeben und leise köcheln, bis sie gar sind. Sobald die Kirschen weich sind, mit einer Gabel zu Mus zerdrücken. Den Zucker etwas karamelisieren lassen; falls dies jedoch geschieht, bevor das Fleisch gar ist oder die Früchte weich sind, zunächst noch etwas Wasser zugießen.
Traditionsgemäß wird das Gericht auf arabischem Brot serviert. Statt dessen kann man jedoch auch dünne Scheiben Weißbrot nehmen, von denen die Rinde entfernt wird. Man arrangiert sie auf einer Platte und häuft jeweils einige Fleischbällchen und etwas Kirschsauce darauf. So kann man sie wie ein offenes Sandwich essen.

Variation: Kräftiger wird das Gericht, wenn man vorher eine Tomatensauce zubereitet. Eine gehackte Zwiebel mit einer Knoblauchzehe zusammen braten, einige enthäutete und gehackte Tomaten, Tomatenmark und Wasser zugeben; alles gut verrühren. Die Kirschen und das Fleisch werden in die Sauce gegeben und darin weichgeschmort.

Arabisches Sprichwort: »Ein Gast ist der Gefangene des ganzen Viertels.« (Das wird einem Gast entgegnet, der die Einladung durch einen Freund seines Gastgebers ablehnt.)

Persisches Lamm mit Äpfeln und Kirschen

1 kg mageres, gewürfeltes Lammfleisch
2 EL Öl oder Butter
120 g gelbe Erbsen
Salz
schwarzer Pfeffer
500 g Sauerkirschen oder Schattenmorellen
1 geschälter, entkernter und gewürfelter Apfel
Zitronensaft (nach Belieben)

Das Fleisch in heißem Öl oder heißer Butter wenden, bis es leicht gebräunt ist. Erbsen zufügen und mit Wasser bedecken; mit Salz und Pfeffer würzen. Zum Kochen bringen und den aufsteigenden Schaum abheben. Zugedeckt ca. 2 Stunden schmoren, bis das Fleisch weich ist.
Die Kirschen, den gewürfelten Apfel und, wenn nötig, etwas mehr Wasser dazugeben. Abschmecken und evtl. etwas Zitronensaft zugießen. Eine weitere halbe Stunde schmoren lassen.
Dieses Stew wird normalerweise als Sauce zu einfachem Reis serviert.

Marokkanische Tagine mit Früchten und Honig

Dieses wohlriechende Gericht, eine Spezialität aus Fez, kann mit verschiedenen Früchten zubereitet werden – Äpfeln, Birnen oder Quitten zum Beispiel. Meine Version mit Dörrpflaumen schmeckt besonders gut im Winter.

1 kg mageres, gewürfeltes Lammfleisch (Keule)
2–3 EL Öl
¼ TL gemahlener Ingwer
¼ TL Safran (nach Belieben)
Salz
schwarzer Pfeffer
½ TL gemahlener Koriander
1 TL gemahlener Zimt
1 feingehackte Zwiebel
250 g über Nacht eingeweichte Dörrpflaumen
2 EL Honig
1 TL Orangenblütenwasser
geröstete Sesamkörner zum Garnieren (nach Belieben)

Bei diesem Rezept wird das Fleisch nicht angebraten. Man legt es in einen großen Topf, bedeckt es mit Wasser und gibt Öl, Ingwer, evtl.

Safran, Salz, Pfeffer, Koriander, Zimt und die Zwiebel dazu. Zum Kochen bringen, den Topf zudecken und alles zusammen auf kleiner Flamme ca. 2 Stunden schmoren, bis das Fleisch gar und das Wasser zu einer Sauce eingedickt ist.
Pflaumen zufügen und weitere 20 Minuten schmoren lassen. Den Honig in die Sauce rühren und noch einmal 15 Minuten kochen. Mit Orangenblütenwasser besprenkeln und evtl. mit Sesamkörnern garnieren.

Immos – *das heißt »Seiner Mutter Milch«*

Der Name dieses libanesischen Gerichts gibt zu verstehen, daß das Fleisch eines jungen Tieres in der Milch seiner Mutter gekocht wird – ein ziemlich tragisches Bild, das natürlich dazu beigetragen hat, dieses und ähnliche Gerichte auf die Verbotsliste des jüdischen Nahrungskodex zu setzen:

»Du sollst das Lamm nicht in seiner Mutter Milch kochen.«

1 kg gewürfeltes Lammfleisch (Keule)
2 mittelgroße, in Scheiben geschnittene Zwiebeln
Salz
schwarzer Pfeffer
½ l Joghurt
1 Eiweiß oder 1 EL Mehl
1 TL Salz
2 zerdrückte Knoblauchzehen
1 TL gemahlener Koriander
2 EL Butter

Das Lamm mit den Zwiebeln, Salz und Pfeffer ca. 1½ Stunden dünsten. Es kann aber auch mit sehr wenig Wasser im Dampfkochtopf gegart werden. Das Fleisch sollte sehr weich und zart sein. Die Flüssigkeit notfalls durch heftiges Aufkochen (Deckel abnehmen) reduzieren.
Den Joghurt mit Eiweiß oder Mehl und Salz stabilisieren (wie auf S. 68 angegeben), damit er beim Kochen nicht gerinnt. Zum Fleisch geben und weitere 10–15 Minuten köcheln lassen.
Knoblauch und Koriander in Butter braten, bis der Knoblauch gerade goldgelb wird. Die Mischung über das Fleisch und den Joghurt gießen. Mit einfachem oder Safranreis servieren.

Rutabiya

Hier ist wieder ein Rezept von al-Baghdadi, ein wahrhaft königliches Gericht aus dem Mittelalter. Der Name leitet sich ab von dem arabischen Wort für Datteln, *Rutab.*

Rotes Fleisch in kleine, lange, dünne Scheiben schneiden: Frisches Schwanzfett schmelzen, dann das Fleisch in das Fett legen und ein halbes *Dirham* Salz und dieselbe Menge feingemahlenen Koriander zugeben. Umrühren, bis es braun ist. Dann mit lauwarmem Wasser bedecken, aufkochen und den Schaum abschöpfen. Eine Handvoll geschälter und grob gemahlener Mandeln und Pistazien zufügen und mit Safran färben. Feingemahlenen Kümmel, Koriander, Zimt und Mastix hineinwerfen, insgesamt etwa 2½ *Dirhams.* Die gleiche Menge rotes Fleisch wie oben fein hacken und zu Fleischbällchen formen. Dabei in jedes eine geschälte süße Mandel legen: in den Topf geben. Kandierte Datteln oder Medina-Datteln nach Geschmack nehmen: Mit einer Nadel den Kern entfernen und jeweils durch eine geschälte süße Mandel ersetzen. Wenn das Fleisch gar und die Flüssigkeit verdampft ist, so daß nur noch das Fett übrig bleibt, mit diesen Datteln garnieren. Mit etwa zehn *Dirhams* parfümiertem Zucker und einem *Danaq* Kampfer besprenkeln: Mit etwas Rosenwasser besprühen. Die Seiten des Topfes mit einem sauberen Tuch abreiben und den Topf für eine Stunde über dem Feuer ruhen lassen: Dann herunternehmen.

Mein Vorschlag für die Mengen:

½ kg mageres, gewürfeltes Lamm- oder Rindfleisch
2 EL Öl
Salz
schwarzer Pfeffer
1 TL gemahlener Koriander
60 g blanchierte und gehackte Mandeln oder Pistazien
¼ TL Safran (nach Belieben)
1 TL gemahlener Kümmel
1 TL gemahlener Zimt
¼ TL pulverisiertes Mastix (arabisches Harz)
½ kg Lamm-, Rinder- oder Kalbshackfleisch
120 g blanchierte, ganze Mandeln
250–375 g getrocknete Datteln
2 TL Zucker (nach Belieben)
1 TL Rosenwasser (Kampfer weglassen)

Die Fleischbällchen in das Stew geben, nachdem es schon 1½ Stunden geschmort hat.

Dfeena

Ein sehr kräftiges und sättigendes ägyptisches Gericht. In jüdischen Kreisen war es besonders als Sabbath-Essen beliebt, da man es von Freitag an auf kleiner Flamme schmoren lassen konnte.

½ kg Schmorfleisch
1 Kalbsfuß (nach Belieben)
6 kleine Kartoffeln
6 Eier in der Schale
2 große, feingehackte Zwiebeln
Öl
250–500 g über Nacht eingeweichte Kichererbsen oder feine Bohnen
2 zerdrückte Knoblauchzehen
1 TL gemahlener Piment
Salz
schwarzer Pfeffer

Das Fleisch würfeln. Den Kalbsfuß in kochendem Wasser blanchieren. Kartoffeln schälen und die Eier sorgfältig säubern. Die Zwiebeln in Öl goldgelb dünsten.
Alle diese Zutaten zusammen mit den abgegossenen Kichererbsen (oder Bohnen) in eine große feuerfeste Form oder Kasserolle geben. Mit Wasser bedecken und die Gewürze zufügen. Nimmt man Bohnen, so empfiehlt es sich, das Stew erst zu salzen, wenn sie schon etwas weich sind, da sie sonst viel länger zum Garen benötigen. Die Form mit einem fest schließenden Deckel zudecken und das Gericht 1 Stunde im mittelheißen Ofen garen. Dann die Temperatur auf die niedrigste Stufe stellen und das Stew einige Stunden oder über Nacht weiterschmoren. Statt dessen kann man das Gericht auch auf der kleinstmöglichen Flamme köcheln lassen.

Variationen: Man kocht ca. 375 g Reis fast gar. Dann hängt man ihn in einem Mousselinsäckchen in die Kasserolle. Auf diese Weise nimmt er die köstliche Sauce auf, ohne sich im Stew zu verteilen. Als Beilage zu *Dfeena* servieren. Am besten schält man die Eier, bevor das Gericht auf den Tisch kommt, und legt sie wieder in die heiße Sauce zurück.

Leber, albanische Art

1 kg in Scheiben geschnittene Kalbs- oder Lammleber
1½ EL Paprika
Mehl
Öl
Salz
2–3 EL feingehackte Petersilie
½ in dünne Scheiben geschnittene Zwiebel

Die Leber waschen und in kleine Stücke schneiden, dabei alle Sehnen entfernen. Abspülen und mit Küchenkrepp abtrocknen. Mit 1 EL Paprika bestäuben, dann in Mehl wälzen und gut schütteln, damit jedes Leberstückchen bemehlt wird.
Die Leber in etwas Öl rundherum braun braten. Sie sollte innen noch rosa und saftig sein. Aus der Pfanne nehmen und gut abtropfen lassen. Mit etwas Salz bestreuen.
Den restlichen ½ EL Paprika mit etwas von dem übrigen Öl vermengen und über die Leber träufeln. Mit gehackter Petersilie und Zwiebelscheiben garnieren, die vorher mit Salz bestreut wurden und mindestens 1 Stunde ziehen konnten. Dadurch werden die Zwiebeln weich.

Kalbs- oder Lammleber mit Essig

Hier sind zwei gleich gute Rezepte für Leber mit Essig, der oft den Wein ersetzt, welcher natürlich für Moslems verboten ist. In diesem Fall ist Essig sogar sehr viel besser. Für beide Rezepte wird die Leber zunächst durch eine Marinade aus Öl, Essig, Salz und Pfeffer zart gemacht. Manche Leute nehmen auch gewürzte Milch. Vor dem Kochen die Marinade abgießen und die Leber mit Küchenkrepp abtrocknen.

1. In unserer sephardischen Gemeinde wird diese Version auch *Higado con vinagre* genannt.

60–90 g Semmelbrösel
2–3 zerdrückte Knoblauchzehen
2–3 EL Öl
150 cm³ Weinessig
Salz
schwarzer Pfeffer
½ TL Zucker
750 g Kalbs- oder Lammleber in Scheiben
2 EL feingehackte Petersilie

Semmelbrösel und Knoblauch in heißem Öl braten, bis sie leicht gefärbt sind und der Knoblauch aromatisch und süß riecht. Essig, Salz, Pfeffer und Zucker zufügen und zum Kochen bringen.
Die Leberscheiben in dieser Mischung dünsten (5 bis 10 Minuten), bis sie gar aber nicht hart sind. Mit Petersilie garniert servieren.

2. Dies ist ein libanesisches Rezept, bei dem die dort bevorzugte Minze verwendet wird.

750 g Kalbs- oder Lammleber in Scheiben
Salz
schwarzer Pfeffer
2 EL Butter
1 große, feingehackte Zwiebel
2–3 zerdrückte Knoblauchzehen
1 EL getrocknete Minze
1 TL Mehl
150 cm³ Weinessig

Die Leber mit Salz und Pfeffer bestäuben. Schnell auf beiden Seiten in Butter anbräunen; aus der Pfanne nehmen und beiseite legen.
In derselben Pfanne die Zwiebel goldgelb braten. Knoblauch, Minze und Mehl einrühren und gut mit der Butter vermengen. Essig und etwas Wasser darunterrühren, mit Salz und Pfeffer abschmecken. Langsam zum Kochen bringen und unter ständigem Rühren 5 Minuten weiterkochen. Die Leber zugeben und, wenn nötig, etwas Wasser nachgießen, so daß die Leber bedeckt ist. Weiterkochen, bis die Leber gar aber nicht hart ist (ca. 5 Minuten).

Nieren mit Zitrone

750 g Kalbs- oder Lammnieren
1–2 EL Weinessig
2 EL Butter
Salz
schwarzer Pfeffer
Saft 1 Zitrone (oder mehr)
3–4 EL feingehackte Petersilie

Nieren waschen. Äußere Haut entfernen und das innere Fett herausschneiden. Eine Stunde in mit Essig versetztem Wasser ziehen lassen.
Die Nieren abgießen und längs halbieren. In heißer Butter einige Minuten sautieren, bis sie fest und rundherum angebräunt sind. Innen müssen sie noch weich und zart sein. Mit Salz und Pfeffer würzen, mit Zitronensaft beträufeln und mit Petersilie garnieren.

Hirn Sofrito

3 Kalbshirne oder 6 Lammhirne
1 EL Weinessig
2–3 EL Öl
2 zerdrückte oder halbierte Knoblauchzehen
1 Stange in dünne Scheiben geschnittener Sellerie (nach Belieben)
½ TL Gelbwurz
Saft von ½ Zitrone (oder mehr)
Salz
schwarzer Pfeffer
3 EL feingehackte Petersilie

Hirne für 1 Stunde in mit Essig versetztem Wasser einweichen. Die dünnen äußeren Häutchen entfernen und unter fließendem Wasser abspülen. Gut abgießen. Jedes Hirn in 2 oder 4 Stücke teilen.
In einem Topf das Öl, ½ Tasse Wasser, Knoblauch, Sellerie, Gelbwurz und Zitronensaft erhitzen. Mit Salz und Pfeffer abschmekken. Etwa 15 Minuten köcheln lassen; läßt man den Sellerie weg, nur 2–3 Minuten.
Die Hirne ca. 10–15 Minuten in dieser Mischung dünsten, ohne sie zerfallen zu lassen. Durch den Gelbwurz werden sie wunderschön gelb gefärbt. Sollte die Sauce zu schnell verdampfen, etwas Wasser nachgießen.
Die Hirne in ihrer Sauce und mit Petersilie bestreut servieren. Mit Artischockenherzen, die in Öl gedünstet werden und Reis als Beilage reichen.

Nieren in Tomatensauce

2 in Scheiben geschnittene Zwiebeln
1 feingehackte Knoblauchzehe
2–3 EL Öl oder Butter
6 Kalbs- oder 12 Lammnieren
1–2 EL Weinessig (nach Belieben)
2 enthäutete und gehackte Tomaten
1 kleine Dose Tomatenmark
Salz
schwarzer Pfeffer

Zwiebeln und Knoblauch in Öl oder Butter goldgelb und weich dünsten. Die Nieren waschen, die äußeren Häutchen und das innere Fett entfernen und evtl., wie auf S. 206 beschrieben, wässern.
Die Nieren abgießen und längs halbieren. Zu den Zwiebeln geben und sautieren, bis sie rundherum angebräunt sind. Tomaten und Tomatenmark zufügen, mit Salz und Pfeffer würzen und mit etwas Wasser befeuchten. Zugedeckt ca. 20 Minuten leicht kochen lassen, aber nicht zu lange, da die Nieren sonst hart werden.

Fasulyeli Paça

2 Kalbsfüße
2 EL Öl
1 große, feingehackte Zwiebel
375 g über Nacht eingeweichte Trockenbohnen
Salz, schwarzer Pfeffer

Die Füße sorgfältig säubern und in kochendem Wasser blanchieren, bis Schaum aufsteigt. Abgießen.
In einem großen Topf das Öl erhitzen und die Zwiebel darin goldbraun braten. Das gibt den Bohnen eine dunkle, erdige Farbe. Die Füße zugeben und rundherum anbraten. Die Bohnen zufügen und alles mit Wasser bedecken. Noch nicht salzen, da sonst die Bohnen nicht weich werden. Zum Kochen bringen und zugedeckt 3–4 Stunden köcheln lassen, bis das Fleisch fast von den Knochen fällt und die Bohnen sehr weich sind. Mit einem Dampfkochtopf dauert es nur ¾ Stunden.
Mit Salz und Pfeffer abschmecken. Füße entbeinen, das Fleisch zurück in den Topf legen, nochmals erhitzen und servieren.
Es ist auch üblich, Eier in der Schale (gut säubern!) im Stew mitzukochen. Sie werden gleichzeitig mit den Bohnen zugegeben.

Yoğurtlu Paça *Schafsfüße mit Joghurt*

6 Schafs- oder 2 Kalbsfüße
Schale von ½ Zitrone
2 große Knoblauchzehen
Salz
schwarzer Pfeffer
6 dünne Scheiben rindenloses Brot
Butter

Garnierung:
½ l Joghurt
Brühe
2 zerdrückte Knoblauchzehen
Salz
weißer Pfeffer
3 EL Butter
1 TL Paprika

Die Füße gut säubern, 5 Minuten in kochendem Wasser blanchieren und abgießen. In einem Topf mit frischem Wasser bedecken, Zitronenschale, Knoblauch, Salz und Pfeffer zufügen. Zum Kochen bringen und 3–4 Stunden köcheln lassen (1 Stunde im Dampfkochtopf).
Die Brotscheiben in Öl oder Butter braten, bis sie sehr braun und knusprig sind. Die Scheiben in eine große, flache, feuerfeste Form legen und gut mit der Fleischbrühe befeuchten. Füße abgießen, entbeinen und das Fleisch auf dem Brot verteilen. Mit mehr Brühe versehen, wenn das Gericht zu trocken erscheint. Zudecken und bei niedriger Temperatur im Ofen warmstellen.
Die Garnierung vorbereiten: Den Joghurt mit einigen EL Brühe verschlagen, mit Knoblauch, Salz und Pfeffer abschmecken. Die Butter in einem kleinen Topf zerlassen und mit Paprika rot färben.
Die Joghurtmischung über dem Fleisch verteilen und mit der roten Paprikabutter beträufelt servieren.

Kawareh bi Hummus *Kalbsfüße und Kichererbsen*

Dieses Gericht ist überall im Vorderen Orient, auf dem Balkan und in Spanien und Portugal sehr beliebt.

2 Kalbsfüße
3 EL Öl
Salz
schwarzer Pfeffer
1 TL Gelbwurz
250 g über Nacht eingeweichte Kichererbsen
2 in Scheiben geschnittene, hartgekochte Eier

Die Füße sorgfältig säubern. In kochendem Wasser blanchieren, bis Schaum aufsteigt. Das Wasser abgießen. In einem großen Topf das Öl erhitzen und die Füße darin einige Minuten braten, bis sie rundherum Farbe angenommen haben. Salz, Pfeffer, Gelbwurz und die abgegossenen Kichererbsen dazugeben. Mit Wasser bedekken, zum Kochen bringen und köcheln lassen, bis das Fleisch fast vom Knochen fällt (ca. 4 Stunden). Mit einem Dampfkochtopf dauert es nur etwa $3/4$ Stunden. Füße entbeinen und das Fleisch zurück in den Topf legen. Mit einem leichten Salat servieren und mit hartgekochten Eiern garnieren.

Variationen: Man kann die Kichererbsen durch gewürfelte oder in Scheiben geschnittene Kartoffeln ersetzen. Sie sollten jedoch erst 20 Minuten vor Ende der Kochzeit zugefügt werden, damit sie nicht völlig zerfallen. – *Hergma,* eine marokkanische Variation, wird mit $1/2$ TL gemahlenem Ingwer, 1 TL Paprika und $1/2$ TL Cayenne-Pfeffer statt dem Gelbwurz gewürzt. Außerdem gibt man am Ende der Kochzeit noch 1 Tasse gekochten Reis dazu.

Schafskopf

Bitten Sie den Metzger, die Teile um die Nase herum ganz wegzuschneiden, da sie sehr schwer zu säubern sind. Den Schafskopf dann sehr sorgfältig waschen und alle noch vorhandenen Haare durch Schaben mit einem scharfen Messer entfernen.

Eine Möglichkeit der Zubereitung besteht darin, den Kopf jetzt längs zu halbieren und das Hirn herauszunehmen. (Dies kann nach einem der angegebenen Rezepte extra gekocht werden.) Den Kopf in kochendem Wasser blanchieren, bis Schaum aufsteigt, dann abgießen. Mit etwas Rosenwasser oder Zitronensaft abreiben.

Die zwei Hälften in einen Topf legen, mit Wasser bedecken, eine Zwiebel zufügen, mit Salz und Pfeffer würzen und zum Kochen bringen. Auf kleiner Flamme ca. 3 Stunden köcheln lassen, bis das Fleisch sehr weich ist; im Dampfkochtopf reduziert sich die Zeit auf 1 Stunde. Entweder die Hälften so servieren oder das Fleisch ablösen.

Eine andere, schmackhaftere Art der Zubereitung besteht darin, den Kopf ganz zu lassen und im Ofen zu backen. (Säubern wie oben beschrieben.) Mit Salz und Pfeffer einreiben und mit geschmolzener Butter bestreichen. Im mittelheißen Ofen (190° C) unter gelegentlichem Drehen und Bepinseln so lange backen, bis das Fleisch gar ist. Je nach Alter des Schafes dauert das zwischen 1 und 2½ Stunden.

Den Schafskopf im Ganzen lassen und auf einer Platte servieren, oder das Fleisch ablösen und mit Paprika bestreuen.

Dazu Salate reichen.

Nahrhafte Gerichte aus Hülsenfrüchten

Seit altersher galten Gerichte auf der Basis von Kichererbsen, Bohnen, Linsen und Getreide als das Armeleute-Essen. In der Literatur, in Sprichwörtern und Liedern heißen sie die »Nahrung der Armen« oder »Nahrung des gemeinen Volks«.
Trotz dieses Images sind diese Gerichte bei Reichen genauso beliebt wie bei den Armen. Abgesehen davon, daß Hülsenfrüchte herrlich deftig sind und – gut gewürzt – hervorragend schmecken, werden sie wegen ihres hohen Nährwerts geschätzt.
Normalerweise müssen Hülsenfrüchte gewaschen und gesäubert werden; die abgepackten Sorten dagegen sind meistens ziemlich sauber. Außer den kleinen gelben und roten Linsen, die sehr schnell garen, sollte man die übrigen Sorten mehrere Stunden einweichen. Dadurch werden sie weicher und schneller gar.
Zum Kochen immer frisches kaltes Wasser verwenden. Braune und grüne Linsen benötigen zwischen 20 und 45 Minuten, um weich zu werden. Grüne Bohnen können zwischen 1½ und 3 Stunden brauchen. Sie sollten, genauso wie Dicke Bohnen, nicht gesalzen werden, bevor sie gar sind.
Hülsenfrüchte können zwar auch im Dampfkochtopf zubereitet werden, aber es besteht immer die Gefahr, daß man sie zu lange kocht. Da die Garzeit nicht im vorhinein bestimmbar ist, hat man z. B. sehr leicht Erbsenmus statt ganzer Erbsen. Daher ist es besser, auf diese Methode nur unter Zeitdruck zurückzugreifen. Am besten kocht man die Hülsenfrüchte einen oder mehrere Tage im voraus, da sie sich sehr gut aufwärmen lassen.
Neben den Hülsenfrüchten gehören auch diejenigen Gerichte zu den einfachen Nahrungsmitteln, die auf *Burghul* (Weizenschrot) aufbauen; er wird von den Türken *Bulgar* genannt. Diese Bauerngerichte sind besonders in armenischen Gemeinden auf der ganzen Welt sehr beliebt. *Couscous,* ein dem Weizengrieß ähnliches Getreide, ergibt köstliche nordafrikanische Gerichte.
In dieses Kapitel habe ich auch solche Gerichte aufgenommen, die

mit *Rishta* gemacht werden, das der italienischen Pasta ähnelt. *Rishta* hat seinen Ursprung im Alten Orient. Es war im alten Persien bekannt und wird bereits in den mittelalterlichen Kochbüchern erwähnt. Genau wie Reis gilt es heute nicht mehr als reiner Magenfüller, sondern als etwas Besonderes, das zu außergewöhnlichen Gelegenheiten serviert wird. Die Zubereitung von *Rishtateig* entspricht derjenigen von irgendeiner italienischen Pasta; ich habe sie jedoch hier eingefügt, weil die Rishta-Gerichte wirklich orientalisch sind und nicht von Italien beeinflußt wurden.

Lied eines jungen Mädchens *

Bei meines Vaters Leben! Bei meines Vaters Leben!
Ich werde keinen armen Mann heiraten!
Der weckt mich morgens früh und sagt,
Der weckt mich morgens früh und sagt,
»Stampf die Linsen bald!«

Bei meines Vaters Leben! Bei meines Vaters leben!
Ich werde einen reichen Mann heiraten!
Der weckt mich morgens früh und sagt,
Der weckt mich morgens früh und sagt,
»Schlag den Kuchenteig mit Fett!«

Linsen in Butter

375 g braune Linsen
1 feingehackte Zwiebel
1 Knoblauchzehe
4 EL Butter
Salz
schwarzer Pfeffer
1 TL gemahlener Kümmel
Saft von ½ Zitrone (nach Belieben)

Linsen waschen und einige Stunden in kaltem Wasser einweichen. Gut abgießen.
In einem großen Topf die Zwiebel und den Knoblauch in 2 EL Butter goldgelb dünsten. Linsen zugeben und 1–2 Minuten mit der

* Maspéro: *Chansons populaires*

Butter verrühren. Etwa ½ l Wasser zugießen, zum Kochen bringen und den aufsteigenden Schaum abheben. Mit Salz, Pfeffer und Kümmel würzen. Zugedeckt 20–45 Minuten köcheln lassen, bis die Linsen weich aber nicht musig sind. Wenn nötig, zwischendurch Wasser nachgießen.
Die übrige Butter einrühren, evtl. Zitronensaft darüberträufeln und servieren.
Dieses Gericht paßt besonders gut zu Omeletts oder kleinen, würzigen Bratwürstchen und zu allen mageren Fleischgerichten.

Linsen- und Gemüse-Stew

250 g Linsen, wenn nötig, über Nacht eingeweicht
2 mittelgroße, gepellte und grob gewürfelte Kartoffeln
250 g gewürfelte Zucchini
250 g in Ringe geschnittener Lauch
1 Stange in Scheiben geschnittener Sellerie
Salz
schwarzer Pfeffer
1 feingehackte Zwiebel
Öl
2 zerdrückte Knoblauchzehen
2 EL feingehackte Petersilie
Saft von 2 Zitronen

Eingeweichte Linsen abgießen und in ½ l Wasser ca. 20 Minuten kochen, bis sie fast weich sind. Kartoffeln, Zucchini, Lauch und Sellerie zufügen, mit Salz und Pfeffer würzen und weitere 15–20 Minuten köcheln lassen, bis das Gemüse gar ist. Wenn nötig, etwas Wasser nachgießen. Am Ende der Kochzeit sollte nur wenig Flüssigkeit übrig bleiben.
Zwiebel in Öl goldgelb braten. Knoblauch zugeben und noch einige Minuten weiterbraten, bis er rundherum Farbe angenommen hat. Abgießen und zu den Linsen geben. Zitronensaft zugeben und Petersilie darüberstreuen. Einige Minuten weiterkochen, nachwürzen und heiß oder kalt servieren.

Eine Geschichte von Goha

Goha lud einen Freund in sein Haus ein. Kaum hatte er einen hoch mit Essen beladenen Teller vor ihn hingestellt, da hatte jener auch schon alles aufgegessen. Er rannte noch einige Male, um mehr Bohnen, mehr Reis und mehr Kichererbsen zu holen, die er für sein eigenes Essen und für den nächsten Tag vorbereitet hatte. Jedes Mal leerte der Mann den Teller und wartete auf mehr. Schließlich gab es im ganzen Haus nichts mehr zu essen. Dann erwähnte der Mann, daß er auf dem Weg zum Arzt sei, da er unter Appetitmangel leide. Entsetzt bat Goha ihn, auf jeden Fall wegzubleiben, wenn er seinen Appetit wiedergewonnen hätte.

Shula Kalambar

Ein Linsen- und Spinatgericht, das im mittelalterlichen Persien zubereitet wurde, um Kranke zu heilen. Damit es wirkte, mußten die Zutaten mit Geld gekauft werden, das man in den Straßen erbettelt hatte.

250 g große braune Linsen, wenn nötig, über Nacht eingeweicht
500 g frischer oder 250 g gefrorener Blattspinat
½ TL gemahlener Koriander
½ TL gemahlener Kümmel
1 zerdrückte Knoblauchzehe
Salz
schwarzer Pfeffer
1–2 EL Butter

Linsen in 20–45 Minuten sehr weich kochen. Spinat sorgfältig waschen; tiefgefrorenen Spinat auftauen und gut abtropfen lassen. Spinatblätter fein hacken und im eigenen Saft weich dünsten. Gekochte Linsen abgießen und zum Spinat geben. Mit Koriander, Kümmel, Knoblauch, Salz und Pfeffer würzen. Gut umrühren. Butter in dem Gemüse schmelzen lassen und heiß servieren.

Pürierte Kichererbsen mit Knoblauch

325 g über Nacht eingeweichte Kichererbsen
2–4 zerdrückte Knoblauchzehen
Salz
Olivenöl
250 g getoastetes arabisches Brot oder Weißbrotscheiben
Paprika zum Garnieren

Die Kichererbsen in etwa 1 l Wasser weich kochen. Das übriggebliebene Kochwasser in ein Glas gießen.
Die Kichererbsen mit Knoblauch und Salz würzen und mit dem Kartoffelstampfer zu Mus zerdrücken.
Das getoastete Brot in Stücke brechen und in eine flache Schüssel legen. Mit dem Kochwasser gut befeuchten. Mit dem Kichererbsenmus bedecken, etwas Öl darüberträufeln und mit rotem Paprika garnieren. Heiß servieren.

Variationen: Eine herrliche Version dieses Gerichts ist, mit Knoblauch und Minze gewürzten Joghurt über die heißen Kichererbsen zu gießen, kurz bevor serviert wird. Paprika, mit Öl vermengt, darüberträufeln. - Bei einem anderen Rezept werden 2 EL Pinienkerne in Butter geröstet und mit den pürierten Kichererbsen vermengt.

Linsen mit Rishta (Nudeln)

Nehmen Sie braune Linsen, wenn Sie sie ganz lassen wollen, rote oder gelbe, wenn Sie Püree vorziehen. Das macht man, indem man sie durch ein Sieb streicht oder im elektrischen Mixer püriert, bevor sie zu den Nudeln gegeben werden.

250–375 g Linsen, wenn nötig, über Nacht eingeweicht
Salz
2 feingehackte Zwiebeln
Öl
2–3 zerdrückte Knoblauchzehen
1 TL gemahlener Koriander
schwarzer Pfeffer
375 g Rishta (S. 218), Tagliatelle oder andere Teigwaren
2 EL Butter

Linsen abgießen und in frischem, kaltem Wasser (ca. ½ l) weichkochen (20–45 Minuten). Der Topf sollte groß genug sein, um auch die Nudeln aufnehmen zu können. Gekochte Linsen gut abgießen.
Zwiebeln in 2 EL Öl goldgelb dünsten. Knoblauch und Koriander zugeben und weitere 2 Minuten braten. Die Mischung in die Linsen geben und mit Salz und Pfeffer abschmecken. Nudeln in kochendes Salzwasser schütten und gerade weich kochen. Gut abgießen und mit den Linsen vermengen. Butter einrühren und sehr heiß servieren.

Stew aus grünen Bohnen und Fleisch

500 g über Nacht eingeweichte grüne Bohnenkerne
2 feingehackte Zwiebeln
3 EL Butter
2–3 Knoblauchzehen
750 g gewürfeltes Rind- oder Lammfleisch
2 enthäutete und gehackte Tomaten
2–4 EL Tomatenmark
Salz
Cayenne-Pfeffer

Bohnen abgießen, mit frischem, ungesalzenem Wasser bedecken und ½ Stunde kochen. Abgießen und beiseite stellen.
In einem großen Topf die Zwiebeln in Butter weichdünsten. Knoblauchzehen mitdünsten, bis sie leicht gefärbt sind. Fleisch zugeben und rundherum anbräunen. Dann die Tomaten zufügen und leise köcheln lassen. Das Tomatenmark einrühren und die Bohnen daruntermengen, alles mit Wasser bedecken. Zum Kochen bringen und auf kleiner Flamme schmoren, bis das Fleisch sehr zart ist und die Bohnen weich und aromatisch sind. Erst zum Schluß würzen, da sonst die Bohnen hart bleiben.

Ful Medames *Ägyptische braune Bohnen*

Ein ägyptisches Gericht, das sich zu »dem« Nationalgericht entwikkelt hat. *Ful Medames* gab es bereits vor den Ottomanen und vor dem Islam; das Rezept wird von den Kopten für sich in Anspruch genommen und ist wahrscheinlich so alt wie die Pharaonen. Nach einem arabischen Sprichwort haben »Bohnen sogar die Pharaonen zufriedengestellt«.
Braune Bohnen kann man in allen griechischen Läden und in Delikateßgeschäften kaufen.

1 kg Ful Medames, *über Nacht eingeweicht*
2–4 zerdrückte Knoblauchzehen (nach Belieben)
6 Hamine-Eier *(S. 111) oder hartgekochte Eier*
feingehackte Petersilie
Olivenöl
geviertelte Zitronen
Salz
frisch gemahlener schwarzer Pfeffer

Bohnen in frischem, ungesalzenem Wasser in einem großen Topf gar kochen. Das dauert ca. 2 bis 2½ Stunden. Abgießen und Knoblauch nach Geschmack zugeben. Statt dessen kann man den Knoblauch auch mit den anderen Zutaten auf den Tisch stellen, so daß sich jeder selbst bedienen kann.
In Suppentellern servieren. Bei jedem Teller ein *Hamine-Ei* auf die Bohnen legen und mit Petersilie bestreuen. Olivenöl, Zitronenviertel, Salz und Pfeffer herumreichen, damit sich jeder seine Bohnen selbst würzen kann. Die meisten Leute zerteilen das Ei mit der Gabel und vermengen die Stückchen mit den Bohnen.

Variationen: Eine ungewöhnliche Art, *Ful Medames* zu servieren, besteht darin, sie in einer mit Knoblauch gewürzten Tomatensauce zu dünsten.

Grüne Bohnenkerne mit Zwiebeln und Tomaten

375 g über Nacht eingeweichte grüne Bohnenkerne
2 in Scheiben geschnittene Zwiebeln
2 EL Öl
2 in Scheiben geschnittene Knoblauchzehen
2 gehäutete und gewürfelte Tomaten
3 EL Tomatenmark
Salz
1 TL Paprika
1 Prise Cayenne-Pfeffer
1 Lorbeerblatt
2 EL feingehackte Petersilie

Die Bohnen in frischem, ungesalzenem Wasser fast weich kochen. Je nach Qualität dauert das 1½ bis 3 Stunden.
Zwiebeln in Öl goldgelb dünsten. Knoblauch zufügen und noch 2 Minuten dünsten. Dann die Tomaten zugeben und schmoren, bis sie gar und fast zu Mus eingedickt sind. Tomatenmark einrühren und die Bohnenkerne mit ca. 150 cm^3 ihres Kochwassers dazugeben. Mit Salz, Paprika und Cayenne-Pfeffer würzen. Lorbeerblatt und etwas gehackte Petersilie nach Geschmack zufügen.
Alles gut vermengen und weitere 15–20 Minuten köcheln lassen, bis die Bohnen sehr weich sind. Heiß oder kalt servieren.

Rishta *Frische Nudeln*

Rezepte für *Rishta,* eine Art italienische Pasta, tauchten bereits in den frühesten arabischen Manuskripten auf. Das Wort selbst bedeutet auf persisch »Faden«.
Hier ist das Grundrezept für einfache *Rishta:*

500 g einfaches Mehl
2 große, verquirlte Eier
1 TL Salz
4–6 EL Wasser

Das Mehl auf ein großes Brett oder eine Marmorplatte sieben. In die Mitte eine Mulde drücken und die verschlagenen Eier, Salz und 4 EL Wasser hineingeben. Alles gut vermengen und heftig durchkneten. Mehr Wasser nur zugießen, wenn nötig. Der Teig sollte fest und nicht klebrig sein. Man knetet ihn am besten 10 Minuten lang, bis er glatt und sehr elastisch ist; zwischendurch die Hände und das Brett mit Mehl bestäuben. Den Teig in 2 oder 3 Stücke teilen.
Jedes Teil so dünn wie möglich ausrollen, von der Mitte nach außen. Dabei sowohl die Oberfläche, auf der man arbeitet, als auch die Teigrolle mit Mehl bestäuben, damit der Teig nicht festklebt oder zerreißt. Solange mit dem Ausrollen fortfahren, bis eine sehr dünne Platte, fast wie ein elastisches Tuch, entsteht. Diese beiseite stellen und mit dem restlichen Teig genauso verfahren. Die Teigplatten 40 Minuten trocknen lassen.
Jede Platte fest aufrollen und dünne Scheiben abschneiden, so daß Teigstreifen entstehen. Diese auf einem bemehlten Tuch auslegen und einige Minuten ruhen lassen.
Fünf Minuten, bevor sie serviert werden sollen, die Fäden in kochendes Salzwasser legen und unter gelegentlichem Umrühren ca. 5 Minuten garen. Abgießen und sofort mit Salz, Pfeffer und viel Butter servieren.
Diese Pasta ist den italienischen Tagliatelle sehr ähnlich, aber die getrocknete Fertigware braucht länger, um gar zu werden: mindestens 10 Minuten.
In den folgenden Rezepten ist die Menge der frischen oder getrockneten Pasta dieselbe, die Kochzeit jedoch verdoppelt sich, wenn man getrocknete Sorten verwendet.

Gebackene Rishta (Nudeln) mit Auberginen I

3 große, in Scheiben geschnittene Auberginen
Salz
1 feingehackte Zwiebel
Öl
400 g Dosentomaten
1 TL Oregano
schwarzer Pfeffer
750 g Rishta *oder Spaghetti*
Butter
60 g geriebener Parmesan
4 hartgekochte, in dünne Scheiben geschnittene Eier

Die Auberginenscheiben mit Salz bestreuen und mindestens ½ Stunde in einem Sieb ruhen lassen, damit der bittere Saft abtropft.
Folgende Tomatensauce zubereiten: Die Zwiebeln in 2 EL Öl goldgelb und weich dünsten. Tomaten und Oregano zufügen und mit Salz und Pfeffer abschmecken. Mit etwas Wasser aufgießen und zugedeckt mindestens ½ Stunde schmoren lassen.
Auberginenscheiben abspülen und abtrocknen. In etwas Öl gar braten, dabei einmal umdrehen. Auf Küchenkrepp abtropfen lassen.
Die Nudeln in heftig kochendem Salzwasser – *al dente* – garen. Abgießen und mit der Tomatensauce und 2 EL Butter vermengen.
Ein großes Ofenblech buttern. Eine Lage Pasta mit Sauce auf dem Boden verteilen; mit einer Lage gebratenen Auberginen und einer Lage Eierscheiben bedecken, darüber ein Viertel des Parmesankäse verteilen. Diesen Prozeß noch zweimal wiederholen, so daß insgesamt drei mal drei Lagen auf dem Blech sind. Mit einer dünnen Lage Nudeln bedecken und den restlichen Käse darauf verteilen.
Im Ofen bei 180° C ca. 30 Minuten backen, bis die Oberfläche goldbraun ist.
Dieses Gericht kann man am Tag vorher zubereiten und erst kurz vor dem Essen backen.

Gebackene Rishta (Nudeln) mit Auberginen II

750 g in Scheiben geschnittene Auberginen
Salz
750 g Rishta, *Spaghetti oder Tagliatelle*
1 große, gehackte Zwiebel
1 Knoblauchzehe
Öl
2 enthäutete und gehackte Tomaten
2 EL Tomatenmark
½ TL gemahlener Zimt
¼ TL geriebene Muskatnuß
Cayenne-Pfeffer
Butter
geriebener Parmesan oder Gruyère (nach Belieben)

Die Auberginenscheiben salzen und mindestens ½ Stunde im Sieb ruhen lassen, damit der bittere Saft abtropfen kann. Die Scheiben ausdrücken und in kaltem Wasser waschen. Mit Küchenkrepp trokkentupfen.
Nudeln in Salzwasser knapp gar kochen, abgießen und warmstellen.
Zwiebel und Knoblauch in 3 EL Öl goldgelb und weich braten. Auberginen zugeben und von beiden Seiten leicht bräunen. Tomaten und Tomatenmark einrühren und mit den Gewürzen abschmekken. Mit etwas Wasser auffüllen und leicht kochen, bis die Auberginen weich sind und die Sauce eingedickt ist.
Eine große Backform einbuttern. Mit Nudeln beginnend abwechselnd eine Lage Pasta und eine Lage Auberginenmischung einfüllen. Mit Nudeln abschließen. Zum Schluß die restliche Auberginensauce über das Gericht gießen und evtl. Käse darüber verteilen.
Im Ofen bei 180° C ca. 30 Minuten backen.

Variation: Zur Abwechslung können der Auberginenmischung noch gebratene Nieren und Hühnerleber zugefügt werden.

Calsones

Dies sind sephardische Teigwaren, ähnlich den Käseravioli.
Den *Rishta*-Teig wie auf S. 218 beschrieben zubereiten. Sehr dünne Lagen ausrollen, aber keine Fäden schneiden. Entlang der längeren Seite, ca. 3 cm vom Rand entfernt, folgende Füllung verteilen: 120 g geriebenen Parmesan oder griechischen Kashkaval mit 375 g geriebenem griechischem Halumi, Gruyère oder mildem Cheddar vermengen und mit 3 geschlagenen Eigelb, Salz und weißem Pfeffer zu einer Paste verarbeiten.
Zur Abwechslung kann man auch eine Füllung aus hausgemachtem Quark (S. 68) oder aus italienischem Ricotta machen, den es in italienischen Läden gibt: 375 g Käse mit einer Gabel zerkrümeln. 2–3 EL kalte Milch zugießen, 120 g geriebenen Parmesan, 2 EL feingehackte Petersilie, eine Prise Muskatnuß und evtl. etwas Pfeffer zugeben und alles gut vermengen.
Kleine Häufchen der Füllung im Abstand von 3 cm auf dem Teig verteilen, bis etwa die Hälfte der Lage bedeckt ist. Die andere Hälfte darüberklappen und mit den Fingern zwischen jedem Häufchen festdrücken, so daß die Füllung gut eingeschlossen ist. Mit einem scharfen Messer kleine Quadrate ausschneiden. Mit dem übrigen Teig genauso verfahren, bis alles verbraucht ist.
Die *Calsones* in kochendes Wasser geben und ca. 10–15 Minuten garen. Abgießen und mit viel Butter servieren.

Variation: Die gekochten und abgegossenen *Calsones* in eine leicht gebutterte Form legen, Butterflöckchen darauf verteilen, mit geriebenem Käse bestreuen und bei 180° C backen, bis die Oberfläche goldgelb ist.

Rishta mit Fleisch und Tomatensauce

Dieses Gericht kann genausogut mit italienischen Spaghetti, Makkaroni oder Tagliatelle gemacht werden.

2 feingehackte Zwiebeln
1 Knoblauchzehe
Öl
750 g klein gewürfeltes, mageres Lammfleisch
Salz
schwarzer Pfeffer
¾ TL gemahlener Piment
500 g enthäutete, frische oder 400 g Dosentomaten
1 kleine Dose Tomatenmark
½ TL gemahlener Kümmel (nach Belieben)
750 g Rishta, *Spaghetti, Makkaroni oder Tagliatelle*
geriebener Parmesan oder Gruyère (nach Belieben)

Die Zwiebeln und dann die Knoblauchzehe in 2 EL Öl braten, bis sie goldgelb sind. Fleisch dazugeben und rundherum braun anbraten. Mit Salz, Pfeffer und Piment würzen. Tomaten und Tomatenmark zufügen und gut umrühren. Zugedeckt köcheln lassen und, wenn nötig, etwas Wasser nachgießen. Etwa 1½ Stunden oder länger garen, bis das Fleisch sehr zart und die Sauce kräftig ist; Wasser nachgießen, sofern nötig. Abschmecken und evtl. nachwürzen.
Die *Rishta* in kochendem Salzwasser – *al dente* – garen. Abgießen und in eine Schüssel füllen. Die Fleischsauce darübergießen, evtl. den Käse darauf verteilen und sofort servieren.

Variationen: Eine sehr orientalische Version besteht darin, die Pasta mit der Sauce in einem *Fila*-Mantel zu servieren (S. 79). Die Sauce wie oben beschrieben zubereiten, aber noch stärker eindicken lassen. Die Pasta knapp gar kochen. Eine große, gebutterte Ofenform mit einer Lage *Fila*-Teig auslegen und mit geschmolzener Butter einstreichen. Eine zweite Lage darauflegen und wieder einbuttern. Diese Prozedur mit drei weiteren Lagen wiederholen, wobei die Teigränder über die Form lappen müssen. Diese Teighülle mit der Pasta und der Sauce (miteinander vermengen) füllen und großzügig mit Käse bestreuen. Mit fünf Lagen *Fila*-Teig bedecken, dabei jede Lage gut einbuttern, einschließlich der obersten. Die Seiten der Teiglagen sauber zusammenfalten und nach innen in die Form stekken.

Im vorgeheizten Ofen bei 220° C ca. 15 Minuten backen, dann die Hitze reduzieren und bei 150° C noch weitere 30 Minuten backen, bis alle Lagen *Fila*-Teig gut durchgebacken sind und die Oberfläche goldbraun und knusprig ist.
In der Form servieren oder auf eine Platte stürzen, so daß die goldgelbe Seite obenauf ist. Wie einen Kuchen aufschneiden.

Burghul-Pilaw

Eine türkische Spezialität, die auch bei Armeniern sehr beliebt ist.

120 g Butter
1 große, feingehackte Zwiebel
500 g Weizenschrot (Burghul)
Salz
etwa ½ l Fleisch- oder Hühnerbrühe oder Wasser

In einem großen, schweren Topf 60 g Butter schmelzen und darin die Zwiebel goldgelb braten. Unter ständigem Rühren darin den Weizenschrot 10 Minuten lang braten. Mit Salz würzen und die Brühe oder das Wasser zugießen, so daß die Masse ca. 1 cm hoch bedeckt ist. Gut umrühren und zugedeckt ca. 10 Minuten auf kleiner Flamme kochen, bis die Flüssigkeit aufgesogen worden ist. Etwas mehr Wasser nachgießen, wenn das Gericht zu trocken erscheint.
Die übrige Butter schmelzen und über den Weizenschrot gießen. Ein sauberes Tuch über den Topf breiten, den Deckel darauf setzen und auf einer Asbestplatte bei der niedrigsten Temperatur ½ Stunde oder länger stehen lassen. Der Weizenschrot wird aufquellen und sehr weich werden.
Als Beilage zu Stews, Fleisch, Huhn etc. servieren.

Variationen: Vor dem Dünsten dem Burghul 2–3 EL in Butter geröstete Pinienkerne zufügen. – Bei einem besonders köstlichen Pilaw werden Käsewürfel (Cheddar, Gruyère, Halumi oder Edamer) in das fertige Gericht gerührt. Solange weiterdämpfen, bis der Käse geschmolzen ist.

Megadarra

Hier ist die moderne Version eines mittelalterlichen Gerichts, *Mujadarra* genannt, das von al-Baghdadi als Armeleute-Essen beschrieben wird. Es ist heute noch bekannt als Esaus Lieblingsessen.

500 g große braune Linsen, wenn nötig, über Nacht eingeweicht
2 feingehackte Zwiebeln
Öl
Salz
schwarzer Pfeffer
1 TL Kümmel
1 TL Koriander
250 g gewaschener Langkornreis
2–3 in Halbmonde geschnittene Zwiebeln

Linsen mit frischem Wasser bedeckt ca. 25 Minuten kochen, bis sie knapp gar sind. Zwiebeln in 2–3 EL Öl goldgelb braten. Zu den Linsen geben und mit Salz, Pfeffer und Gewürzen abschmecken. Gut vermengen, den Reis zugeben und mit so viel Wasser auffüllen, daß die Flüssigkeit im Topf ausreicht, um den Reis zu garen. Zugedeckt weitere 20 Minuten köcheln lassen, bis der Reis weich ist; evtl. Wasser nachgießen, wenn es zu schnell aufgesogen wird.
Die Zwiebelscheiben in 3 EL sehr heißem Öl dunkelbraun braten, bis sie fast karamelisiert sind.
Reis und Linsen auf großen, flachen Tellern servieren und mit den gebratenen Zwiebelscheiben garnieren.
Das Gericht schmeckt kalt ebenso wie heiß; besonders gut eignet sich Joghurt als Beilage.

Burghul-Pilaw mit Lamm

2–3 feingehackte Zwiebeln
120 g Butter
750 g mageres, gewürfeltes Lammfleisch
Salz
schwarzer Pfeffer
3 enthäutete und gehackte Tomaten
1 kleine Dose Tomatenmark
500 g Weizenschrot (Burghul)

In ca. 60 g Butter die Zwiebeln goldgelb dünsten. Das Fleisch zugeben und bei mittlerer Hitze rundherum anbraten. Mit Salz und

Pfeffer abschmecken. Tomaten und Tomatenmark zufügen, mit Wasser bedecken und 2 Stunden schmoren, bis das Fleisch zart und gar ist. Wenn nötig, mehr Wasser nachgießen.
In einem anderen Topf den Weizenschrot in der restlichen Butter unter ständigem Rühren 10 Minuten braten. Salzen, dann das Fleisch mit der Sauce (es sollte etwa ½ l sein) dazugeben. Gut umrühren und zugedeckt 10 Minuten schmoren, bis die Flüssigkeit aufgesogen ist. Dann eine weitere halbe Stunde auf einer Asbestplatte bei niedrigster Temperatur ruhen lassen. Dabei ein sauberes Tuch über den Topf legen und den Deckel wieder daraufsetzen. Der *Burghul* sollte dick und weich sein.
Burghul-Pilaw mit Huhn wird genauso zubereitet, wobei einfach das Lammfleisch durch Hühnerfleisch ersetzt wird.

Couscous

Couscous ist das Nationalgericht der Maghreb, der nordafrikanischen Länder Marokko, Tunesien und Algerien. Es ist ein wirklich lokal begrenztes Gericht berberischen Ursprungs. Das von anderen arabischen Ländern übernommene *Maghrebia,* eine Art *Couscous,* ist von dem echten, nordafrikanischen Gericht völlig verschieden.
Couscous selbst ist eine Art feiner Grieß aus Weizen. Bis vor wenigen Jahren brachte jede Familie noch ihren Weizen in die Mühle, um ihn so fein mahlen zu lassen, wie sie es am liebsten hatte. Bei uns zu Hause durchlief der Weizen einen Prozeß, bei dem jedes Korn mit einer dünnen Schicht Mehl überzogen wurde. Heute jedoch kaufen die meisten Leute eine Fertigmischung *Couscous,* um Kosten und Zeit zu sparen.
Der wichtigste Vorgang bei der Herstellung ist das Dämpfen des Korns über einem Stew oder einer Brühe. Die Schwierigkeit liegt darin, das *Couscous* leicht und körnig zu machen, wobei es trotzdem schön aufgehen und weich sein muß. Schlecht zubereitetes *Couscous* ist klumpig und schwer. Der Weizen darf niemals *in* dem Stew oder der Brühe kochen, sondern nur im Dampf gegart werden. Es darf noch nicht einmal die Flüssigkeit berühren. Die *Couscousière,* der traditionelle Topf, besteht aus zwei Teilen und ist meistens aus Ton oder Kupfer, heute auch aus Aluminium. Der untere Teil ist ein

großer runder Topf, in dem das Stew gekocht wird. Der obere Teil besteht aus einem Sieb mit größeren Löchern, in den das *Couscous* gefüllt wird. Hat man keine *Couscousière* zur Hand, kann man ein Metallsieb in der entsprechenden Größe über einen Topf hängen.
Die Behandlung des Weizens bleibt immer die gleiche, unabhängig von der dazukommenden Sauce. Das *Couscous* mit etwas kaltem Wasser befeuchten, dabei ständig mit den Händen durchmengen, damit keine Klumpen entstehen. In das Sieb geben, aber erst, wenn die Zutaten für die Sauce oder das Stew schon längere Zeit gekocht haben und fast gar sind. Die Körner mit den Fingern durchmengen, damit sie Luft bekommen und gut aufquellen können. Das Sieb nicht zudecken. Über der köchelnden Sauce 30 Minuten dämpfen.
Das *Couscous* in eine große Schüssel füllen. Gut mit kaltem Wasser besprenkeln und mit einem Holzlöffel umrühren, so daß mögliche Klumpen zerbröckelt werden. Je nach Geschmack leicht salzen. Zurück in das Sieb schütten und weitere 30 Minuten dämpfen.
In Europa gibt es bereits vorgegartes *Couscous* zu kaufen. Verwendet man dieses, sollten die Anweisungen zur Zubereitung genau befolgt werden.

Marokkanisches Couscous

1 kg mageres Lammfleisch oder 500 g Lamm-, 250 g Rindfleisch und ½ Hähnchen
2 gehackte Zwiebeln
60 g über Nacht eingeweichte Kichererbsen
2 geviertelte weiße Rüben
2 große, in Scheiben geschnittene Karotten
2 EL Olivenöl
Salz
schwarzer Pfeffer
¼ TL gemahlener Ingwer (nach Belieben)
¼ TL Safran (nach Belieben)
500 g Couscous (oder mehr)
60–120 g Rosinen
3 in Scheiben geschnittene Zucchini oder ½ gewürfelter Kürbis
120 g frische, geschälte oder tiefgefrorene dicke Bohnen
2 Tomaten
4 EL feingehackte Petersilie
Cayenne- oder Chili-Pfeffer
1 TL Paprika
2 EL Butter

Fleisch, evtl. Hähnchen, Zwiebeln, Kichererbsen, Rüben und Karotten in den unteren Teil einer *Couscousière* oder in einen Topf legen (also alle Zutaten, die eine längere Kochzeit benötigen). Mit Wasser bedecken und Öl und Pfeffer zugeben. Eventuell mit Ingwer und Safran würzen und zum Kochen bringen. Etwa 1 Stunde leicht kochen; salzen, sobald die Kichererbsen weich sind.

Jetzt das *Couscous*, wie in der Einleitung beschrieben, anfeuchten und in den oberen Teil der *Couscousière* oder in ein Sieb füllen; ½ Stunde dämpfen. Das Sieb herausnehmen und weiter verfahren, wie oben beschrieben. Bevor man das Sieb wieder über den Topf hängt, Rosinen, Zucchini, dicke Bohnen, Tomaten und Petersilie in das Stew geben. Noch ½ Stunde kochen.

Eine gute Tasse voll Sauce abschöpfen und Cayenne- oder Chili-Pfeffer und etwas Paprika hineinrühren, so daß sie sehr scharf wird.

Zum Servieren das *Couscous* auf eine große Platte häufen. Butter zufügen und untermengen, sobald sie schmilzt. Fleisch und Gemüse auf dem *Couscous* arrangieren und die Sauce darübergießen. Die scharfe Sauce in einem extra Schälchen getrennt dazu reichen.

Statt dessen kann man auch das *Couscous*, Fleisch, Gemüse, die Brühe und die scharfe Sauce getrennt servieren.

Dieses Gericht kann unendlich vielfältig variiert werden. Man nimmt auch Perlzwiebeln, grüne Paprikaschoten und Kürbisscheiben oder, wie in Algerien, grüne Bohnen und Erbsen für das Stew. Gut schmeckt auch eine Kräutermischung und frische Korianderblätter. *Couscous* mit Joghurt wird über Wasser gedämpft, mit Salz und Pfeffer gewürzt; dann läßt man es abkühlen, mischt es mit viel Joghurt und serviert es kalt.

In Algerien ißt man süßes *Couscous* als Vorspeise. Es wird über Wasser gedämpft und mit Butter, Zucker und Rosinen serviert. Dazu trinkt man Milch.

Couscous mit Fisch

Für dieses in Tunesien sehr beliebte Gericht kann man jede Fischsorte verwenden. Am besten jedoch schmeckt die rote oder graue Meeräsche.

120 g über Nacht eingeweichte Kichererbsen
Fischschwänze und Köpfe für eine Brühe
3 geschnittene Karotten
3 geviertelte weiße Rüben
1 entkernte und in Streifen geschnittene grüne Paprikaschote
Salz
schwarzer Pfeffer
Cayenne-Pfeffer
¼ TL Safran
500–750 g Couscous
750–1000 g Fisch
2–3 enthäutete, entkernte und in Scheiben geschnittene Quitten

In einem großen Topf eine kräftige Fischsuppe zubereiten. Fischabfälle mit allem Gemüse, Salz und Pfeffer, Cayenne-Pfeffer und Safran in 1–2 l Wasser kochen. Aufsteigenden Schaum abschöpfen. Etwa 1 Stunde köcheln, bis das Gemüse gar und die Brühe kräftig ist.
Couscous wie auf S. 225 beschrieben zubereiten. In das Sieb schütten und über der Brühe 30 Minuten dämpfen. Herausnehmen und wie beschrieben weiterbehandeln.
Fischabfälle aus der Brühe nehmen und diese durch ein Sieb gießen; die Gemüse vorher herausnehmen und anschließend wieder hineingeben. Den Fisch in die Brühe legen (zerschneiden, wenn er zu groß ist). Die Quitten dazugeben. Das *Couscous* weitere 30 Minuten über der Brühe dämpfen; wenn die Fischstücke klein sind, etwas weniger. Fischbrühe nachwürzen.
Den Fisch und die Sauce über dem *Couscous* verteilen oder alles getrennt servieren. Die aromatischen Quitten geben dem Gericht einen besonderen Geschmack.

Gemüse – *Khodar*

Gemüse spielt im Vorderen Orient keine Nebenrolle als Beilage zu Fleisch, wie in den meisten europäischen Ländern. Im Gegenteil, in der Hierarchie der Nahrungsmittel steht es meist ganz oben. Beim Kochen berücksichtigt man sehr bewußt die verschiedenen Aromata, Farben und Formen. Der Gemüseeinkauf auf dem Markt gehört zu den wichtigsten und beliebtesten Tätigkeiten.
Die meisten der im Nahen Osten üblichen Gemüsesorten gibt es heute auch bei uns zu kaufen – zumindest in griechischen oder türkischen Läden. Da einige Gemüse mit demselben Namen jedoch in Europa anders aussehen oder schmecken als bei uns, gebe ich hier noch einige Erläuterungen.

Artischocken gibt es in verschiedenen Sorten – sowohl große als auch kleine. In Deutschland gibt es sie zwar fast das ganze Jahr über, jedoch sind sie nur zu einer sehr bestimmten Zeit preiswert. Gute Dosenware ist ein guter Ersatz für frische Artischocken.

Auberginen werden oft »das Fleisch des armen Mannes« genannt. Sie gehören zu den beliebtesten Gemüsen im Vorderen Orient. Es gibt verschiedene Sorten: klein und rund, groß und rund, lang und dünn, kurz und dünn. Die Farben wechseln von malvenfarben mit violetten Punkten zu blauschwarz, eine Sorte ist opalweiß. Immer aber sollten sie glänzend und fest sein.
Die länglichen eignen sich gut zum Füllen, die größeren werden meistens in Scheiben oder Würfel geschnitten und sautiert oder gebraten.

Dicke Bohnen sind ähnlich wie die deutsche Sorte. Auch Dosenbohnen eignen sich hervorragend zum Kochen.

Gurken gibt es nur in wenigen verschiedenen Sorten. Meistens sind sie kurz und dicklich, ähnlich den Pfeffergurken. Sie sind süßer und haben weniger Kerne als die in Deutschland angebotenen Salat- und Gemüsegurken.

Knoblauch: Die im Nahen Osten angebotenen Sorten haben meistens wesentlich größere Zehen als die europäischen. Ist im Rezept also eine Zehe angegeben, sollte man zwei oder drei kleine Zehen nehmen.

Okra oder *Bamia*, wie es auf arabisch heißt, ist ein längliches, grünes, spitz zulaufendes Gemüse, das es in Deutschland nur sehr selten zu kaufen gibt – meist in griechischen oder türkischen Geschäften. Beim Kochen geliert es.

Paprikaschoten ähneln den in Deutschland verkauften Sorten. Ihre Farbe variiert von oliv-, hell- oder dunkelgrün bis zu gelb oder rot. Paprikaschoten haben ein süßliches, pikantes Aroma, aber die Kerne sind meistens sehr kräftig im Geschmack und sollten immer entfernt werden. Eine von vierzig Schoten ist sehr scharf, daher sollte man immer ein Stückchen probieren, bevor man sie verwendet.

Petersilie ähnelt mehr dem europäischen Schnittlauch und hat einen viel kräftigeren Geschmack als hiesige Petersilie.

Salat ist langblättrig und knackig.

Süße Kartoffeln findet man manchmal in Delikateßläden. Man kocht sie in ihrer Schale wie normale Kartoffeln, jedoch etwas länger. Aufschneiden und mit Butter, aber ohne Salz essen. In Dosen findet man sie manchmal auch in Supermärkten o. ä.

Tomaten sind sehr groß, und ihr Aroma ist viel intensiver als das der europäischen Tomaten.

Zitronen sind klein und rund, haben eine dünne Schale und geben viel Saft. Diese Sorte findet man ebenfalls in griechischen und türkischen Läden, jedoch kann man auch die hier verkauften, weniger saftreichen Sorten nehmen (es empfiehlt sich, entsprechend mehr Zitronen als im Rezept angegeben zu verwenden).

Zucchini (eine kleine Kürbisart): Die mittelgroßen eignen sich zum Füllen, die kleinen oder sehr großen zum Aufschneiden und Ausbacken. Normaler Kürbis kann Zucchini in jedem Rezept ersetzen.

Zwiebeln haben meist eine sehr helle Schale und weißes Fleisch. Man verwendet jedoch auch die italienische Sorte mit roter Schale und einem süßlichen Aroma.

Artischockenherzen und Dicke Bohnen in Öl

Die Kopten halten eine sehr strenge und lange Fastenzeit ein *(El Soum el Kibir)*, während der sie keinerlei Fleisch oder andere tierische Produkte, wie Eier, Milch, Butter und Käse essen, sondern nur Brot und Gemüse. Hier ist ein sehr beliebtes Fastenessen, das auch die Griechen in Ägypten sehr gerne essen.

6 Artischocken oder Artischockenherzen aus der Dose
Saft 1 Zitrone (oder mehr)
2–3 EL Olivenöl
1 zerdrückte Knoblauchzehe (oder mehr)
1 TL Zucker
500 g geschälte oder tiefgefrorene Dicke Bohnen
Salz
schwarzer Pfeffer
1 EL Mehl

Kleine Artischocken kaufen. Blätter, Stiele und Bart entfernen und nur das Herz verwenden. Mit Zitronensaft einreiben und in 150 cm^3 mit Zitronensaft gesäuertes Wasser legen, damit sie sich nicht verfärben.
Olivenöl, Knoblauch, Zucker, das gesäuerte Wasser mit den Artischockenherzen und die Bohnen in einen großen Topf geben. Mehr Wasser zugießen, wenn nötig, so daß die Artischocken bedeckt sind. Mit Salz und Pfeffer würzen. Auf kleiner Flamme 3–4 Stunden kochen, bis die Artischockenherzen und die Bohnen gar sind. Die Flüssigkeit sollte sich stark reduziert haben.
Mehl mit etwas kaltem Wasser verrühren. Einige Löffel heiße Sauce dazugeben und gut verquirlen. Unter ständigem Rühren diese Mischung wieder in die Sauce gießen. Kochen, bis die Sauce eindickt und den Mehlgeschmack verloren hat. In eine Schüssel füllen.
Kalt als Vorspeise oder heiß als Beilage zu Fleisch servieren.

Kartoffeln mit Kichererbsen und Tomaten

Dieses Gericht wird im Vorderen Orient kalt gegessen. Will man es heiß servieren, nimmt man Butter statt Öl.

1 kg Kartoffeln
3 in dicke Scheiben geschnittene Zwiebeln
4–6 EL Öl
60 g eingeweichte und gekochte Kichererbsen
2–3 Knoblauchzehen
500 g enthäutete und gehackte Tomaten
2 EL Tomatenmark
Salz
schwarzer Pfeffer

Kartoffeln schälen und in dicke Scheiben schneiden. Zwiebeln in einem großen Topf in Öl goldgelb dünsten. Die gekochten und abgegossenen Kichererbsen und die ganzen Knoblauchzehen zufügen; anbraten, bis sie rundherum leicht gefärbt sind. Kartoffelscheiben dazugeben und solange braten, bis sie ebenfalls gleichmäßig etwas Farbe angenommen haben. Tomaten zufügen und mit Tomatenmark verrührtes Wasser darübergießen. Mit Salz und Pfeffer würzen.
Zum Kochen bringen und ca. ½ bis ¾ Stunden köcheln, bis die Kartoffeln weich sind.
Kalt servieren.

Auberginen oder Zucchini mit Tomaten

Dieses Gericht kann mit einem der beiden erstgenannten Gemüse oder mit beiden zubereitet werden. Im letzteren Fall die Gemüsemengen entsprechend reduzieren.

750 g Auberginen oder Zucchini
Salz
2 zerdrückte Knoblauchzehen
6–7 EL Olivenöl
375 g enthäutete und gehackte Tomaten
2 EL gehackte Petersilie
Salz
schwarzer Pfeffer

Auberginen oder Zucchini in mitteldicke Scheiben schneiden. Mit Salz bestreuen und mindestens ½ Stunde im Sieb stehen lassen, damit der bittere Saft abtropfen kann. Ausdrücken.

Zusammen mit dem Knoblauch in Öl sautieren, bis das Gemüse weich ist; dabei einmal wenden. Tomaten zufügen und mit einer Gabel leicht zerdrücken. Petersilie darüberstreuen, mit Salz und Pfeffer abschmecken und schmoren, bis alles gar ist.
Heiß als Beilage zu Fleisch oder kalt als Vorspeise servieren.

Variation: Für die kalte Version 1 oder 2 EL Weinessig und 1 TL (oder mehr) Zucker unter das Gemüse rühren.

Okra (Bamia) mit Tomaten und Zwiebeln

Dieses beliebte arabische Gericht wird meistens kalt serviert und daher mit Öl gekocht. Es ist jedoch ebensogut heiß als Beilage zu Fleisch oder Huhn oder als Hauptgericht mit Reis.

1 kg frischer Okra oder eine 750-g-Dose Okra mit Flüssigkeit
375 g Perlzwiebeln
4–5 EL Olivenöl
2–3 halbierte Knoblauchzehen
500 g enthäutete und in Scheiben geschnittene Tomaten
Salz
schwarzer Pfeffer
Saft 1 Zitrone

Okra waschen, harte Stiele abschneiden und gut abtrocknen.
Öl in einem großen Topf erhitzen und Zwiebeln und Knoblauch darin glasig und etwas weichdünsten. Okra zugeben und ebenfalls leicht weichdünsten. Die Tomaten zufügen und einige Minuten sautieren. Mit Salz und Pfeffer würzen. Mit Wasser bedecken und ca. 1 Stunde köcheln, bis das Gemüse weich ist. Zitronensaft zugießen und weitere 15 Minuten köcheln. (Dosengemüse braucht viel weniger Zeit zum Garen.)
Serviert man das Gericht kalt, soll es im Topf abkühlen und erst dann in eine Schüssel gegeben werden.

Auberginen, Tomaten und grüne Paprikaschoten in Öl

Dieses Gericht ähnelt dem französischen *Ratatouille,* wird aber meist kalt gegessen. Es eignet sich besonders als Vorspeise.

2 in Scheiben geschnittene Auberginen
Salz
1 in Scheiben geschnittene Zwiebel
1 Tasse Olivenöl
1–2 entkernte und in Streifen geschnittene grüne Paprikaschoten
4 enthäutete und in Scheiben geschnittene Tomaten
schwarzer Pfeffer

Auberginen mit Salz bestreuen und mindestens ½ Stunde in einem Sieb stehen lassen, damit der bittere Saft abtropfen kann. Ausdrükken, abwaschen und abtrocknen.

Zwiebel in Öl goldgelb dünsten. Paprika und Auberginen zugeben und 10 Minuten auf kleiner Flamme braten. Tomaten zugeben und mit Salz und Pfeffer würzen. Beim Kochen gibt das Gemüse viel Wasser ab. Etwa 30 Minuten köcheln, bis das Gemüse weich und die Flüssigkeit ziemlich eingekocht ist. Im Topf abkühlen lassen.

Variation: Türken servieren dieses Gericht mit Joghurt, der mit Knoblauch und Salz gewürzt und über das Gemüse gegossen wird.

Turlu *Türkisches Mischgemüse in Olivenöl*

1 in Scheiben geschnittene Zwiebel
1 Tasse Olivenöl
250 g über Nacht eingeweichte Trockenbohnen
2 kleine, gepellte und in Scheiben geschnittene Kartoffeln
1 mittelgroße, geschälte und in Scheiben geschnittene Sellerieknolle
1 große, geschabte und geschnittene Karotte
5 gehackte Frühlingszwiebeln
2–4 große Knoblauchzehen (oder mehr)
Salz
schwarzer Pfeffer
1 TL Zucker
3 EL feingehackte Petersilie

In einem großen Topf in der Hälfte des Öls die Zwiebel goldgelb dünsten. Die abgegossenen Bohnen und etwa ½ l Wasser zufügen,

aber noch nicht salzen. Zum Kochen bringen und ca. 1–3 Stunden köcheln lassen, bis die Bohnen weich sind.
Das übrige Gemüse, den Knoblauch und, wenn nötig, mehr Wasser zugeben. Köcheln, bis alle Gemüsesorten schön weich sind. Mit Salz und Pfeffer abschmecken, das restliche Öl zugießen und weitere 10 Minuten köcheln lassen.
Heiß und mit Petersilie garniert servieren.

Hünkâr Beğendi *Sultans Freude*

1 kg Auberginen
1 EL Zitronensaft
4 EL Butter
4 EL Mehl
½ l heiße Milch
Salz
60 g geriebenen Parmesan oder Edamer
feingehackte Petersilie

Die Auberginen über offener Flamme oder im Ofen grillen, bis die Haut schwarz und voller Blasen ist. Vorsichtig die Haut abreiben und darauf achten, daß alle verkohlten Teilchen entfernt sind.
Mit Wasser, dem 1 EL Zitronensaft beigemengt wurde, bedecken und 15 Minuten stehen lassen. Dadurch bleibt das Fleisch weiß.
Butter in einem Topf schmelzen. Mehl zugeben und auf kleiner Flamme einige Minuten mit der Butter gut verrühren. Vom Herd nehmen. Unter ständigem Schlagen langsam die Milch zugießen. Mit Salz abschmecken. Etwa 15 Minuten kochen, bis die Sauce eingedickt ist und sich der Mehlgeschmack verflüchtigt hat.
Auberginen abgießen und so viel Wasser wie möglich ausdrücken. Gut zerdrücken oder mit dem elektrischen Mixer pürieren. Zu der Béchamelsauce geben und heftig verschlagen, evtl. noch Flüssigkeit hinzufügen. Den Käse unterziehen und so lange rühren, bis er geschmolzen ist. In eine Schüssel geben und mit Petersilie bestreuen.
Mit gedämpften Kebabs, Schmorfleisch oder Huhn in Tomatensauce servieren.

Kousa bi Gebna *Zucchini oder Kürbis mit Käse*

Für dieses hervorragende Gemüsegericht, das meistens mit Zucchini gemacht wird (normaler Kürbis eignet sich aber genauso gut), sollte man gut schmelzenden Käse verwenden, z. B. mit etwas Parmesan vermengten Gruyère oder Butterkäse.

1 große, gehackte Zwiebel
2 EL Butter
1 kg Zucchini oder Kürbis
3 Eier
250 g geriebener Käse
weißer Pfeffer

Zwiebel in Butter dünsten. Zucchini oder Kürbis waschen, evtl. die Haut etwas abschaben. Zucchini an den Enden abschneiden und in 1 cm dicke Scheiben zerteilen; Kürbis in 3 cm große Würfel schneiden. Einige Minuten in kochendem Salzwasser blanchieren oder dämpfen. Gut abgießen. In eine feuerfeste Form füllen, in der man das Gericht auch servieren kann.
Eier verquirlen, geriebenen Käse zugeben, mit Pfeffer abschmekken und gut vermengen. Über das Gemüse gießen. Im vorgeheizten Ofen bei 180° C etwa 20 Minuten backen. Die Oberfläche sollte goldgelb sein.
Dazu schmeckt Joghurt besonders gut.

Mussaka

Obwohl die Griechen dieses Gericht als ihres bezeichnen, ist der Name arabisch. Immerhin ist es möglich, daß die Türken es von den Griechen übernahmen und ihm lediglich seinen Namen gaben.

3 Auberginen
Salz
Öl
1–2 in dünne Scheiben geschnittene oder gehackte Zwiebeln
750 g Lamm- oder Rinderhackfleisch
schwarzer Pfeffer
½ TL gemahlener Piment oder 1 TL gemahlener Zimt (nach Belieben)
1 enthäutete und gehackte Tomate
2–3 EL Tomatenmark
2–3 EL gehackte Petersilie
2 EL Butter
2 EL Mehl
300 cm³ heiße Milch
1 Prise Muskatnuß
1 Eigelb
1 Ei

Auberginen in sehr dünne Scheiben schneiden (je nach Geschmack auch vorher schälen). Gut salzen und mindestens ½ Stunde in einem Sieb stehen lassen, damit der bittere Saft abtropfen kann. Ausdrücken, mit frischem Wasser waschen und abtrocknen. Leicht in Öl anbraten, dabei einmal wenden. Herausnehmen und auf Küchenkrepp abtropfen lassen.
Zwiebeln in 2 EL Öl goldgelb braten. Hackfleisch zugeben und gut anbräunen. Mit Salz, Pfeffer und evtl. Piment oder Zimt würzen. Tomaten, Tomatenmark und Petersilie zufügen. Mit einigen EL Wasser anfeuchten und alles gut verrühren. Etwa 15 Minuten schmoren, bis das Fleisch gar und die Flüssigkeit fast verdampft ist.
Mit den Auberginen beginnend abwechselnd die Fleisch-Zwiebel-Mischung und das Gemüse in eine tiefe Backform schichten. Zum Schluß wieder Auberginen obenauf legen.
Die Béchamelsauce vorbereiten: Butter in einem Topf schmelzen. Mehl zugeben und auf kleiner Flamme einige Minuten mit der Butter gut verrühren. Langsam und unter ständigem Rühren die heiße Milch dazugießen; aufpassen, daß keine Klumpen entstehen. Mit Salz, Pfeffer und Muskatnuß abschmecken. Köcheln lassen, bis die Sauce eindickt.
Ei und Eigelb schlagen. Etwas Sauce dazugeben und gut verquirlen. Unter ständigem Rühren langsam zurück in die Sauce gießen, aber nicht wieder kochen lassen.
Die Sauce über die Auberginen und die Fleischmischung geben und zugedeckt bei 180° C etwa 45 Minuten im Ofen backen, bis sich eine braune Kruste gebildet hat und die verschiedenen Lagen sich miteinander verbunden haben. Das sieht besonders hübsch in einer durchsichtigen Form aus.
Heiß, direkt aus der Form, servieren. Mit Salat und Joghurt zusammen ergibt *Mussaka* ein sehr gutes Partygericht. Wer sich mehr Mühe machen will, verteilt das Gericht bereits vor dem Backen in kleine Schälchen (die Lagen genauso ordnen wie im großen Topf).
Variationen: Eine beliebte Version ist, auf die letzte Lage Auberginen noch eine Lage gewürzten Kartoffelbrei zu geben, der dann mit der Sauce überzogen wird. – Statt oder zusammen mit den Auberginen kann man auch Zucchini verwenden. – Ein besonders köstliches *Mussaka* erhält man, indem auf jeder Lage Auberginen geriebener Parmesan oder dünne Scheiben Gruyère verteilt werden.

Bemuelos *Sephardische Kartoffelkuchen*

Diese Kartoffelkuchen werden traditionsgemäß von vielen Juden während des Passahfestes zubereitet. Zu anderer Zeit nimmt man normales Mehl statt Matzenmehl.

1 kg Kartoffeln
2–3 Eier
120 g geriebener Parmesan oder Edamer
Salz
schwarzer Pfeffer
Matzenmehl
Öl zum Ausbacken
gehackte Petersilie (nach Belieben)

Kartoffeln kochen, abgießen und pürieren; dabei so trocken wie möglich lassen. Eier verschlagen und zusammen mit dem Käse, Salz und Pfeffer unter den Kartoffelbrei mischen. Gut durchkneten, so daß ein Teig entsteht. Wenn nötig, etwas Matzenmehl zugeben. Jeweils einen EL dieser Mischung abnehmen und zu runden Fladen formen. In Matzenmehl wenden und in heißem Öl goldgelb ausbacken. Wer mag, gibt noch Petersilie in den Teig.

Tartoufa *Jerusalemer Artischocken*

Dies ist ein köstliches Gemüse, dessen knubblige Beschaffenheit beim Schälen einige Schwierigkeiten bereitet.
Das Gemüse schälen und waschen. In Salzwasser, Hühner- oder Fleischbrühe etwas weniger als eine halbe Stunde kochen. Mehr Flüssigkeit zugießen, wenn nötig. Die Artischocken sollten zart und die Flüssigkeit fast ganz aufgesogen sein. Zum Schluß einen EL Butter oder den Saft von ½ Zitrone zugeben.

Tartoufa in Tomatensauce

1 kg Jerusalemer Artischocken
1 feingehackte Zwiebel
1 halbierte Knoblauchzehe
3 EL Olivenöl
3 enthäutete und gehackte Tomaten
2 EL Tomatenmark
2 EL feingehackte Petersilie
Salz
schwarzer Pfeffer
Saft von ½ Zitrone (nach Belieben)

Artischocken schälen und waschen. Zwiebel und Knoblauch in Öl goldgelb braten. Artischocken zufügen und in dem Öl wälzen. Tomaten zugeben und mit dem Öl zerdrücken. Tomatenmark, Petersilie, Gewürze und evtl. Zitronensaft untermengen. Mit Wasser bedecken. Etwa ½ Stunde auf kleiner Flamme kochen, bis die Artischocken weich sind und die Sauce würzig und eingedickt ist. Wenn nötig, während des Kochens mehr Wasser nachgießen.

Sellerie in Olivenöl

2 große Sellerieknollen
3–4 EL Öl
Saft 1 Zitrone (oder mehr)
Salz
schwarzer Pfeffer

Sellerie schälen und in 3 cm große Würfel schneiden. In Olivenöl braten, bis sie leicht gefärbt sind. Mit Wasser bedecken, Zitronensaft nach Geschmack zugießen und mit Salz und Pfeffer abschmekken. Etwa ½ Stunde leise kochen, bis der Sellerie weich und die Flüssigkeit reduziert ist.
Heiß oder kalt servieren.

Ägyptischer Blumenkohl

Blumenkohl wie auf S. 240 waschen, kochen und ausbacken. Jede der vorgeschlagenen Panierarten eignet sich für dieses Rezept.
In einem großen Topf eine Tomatensauce zubereiten: 2 Knoblauchzehen in 2 EL Öl goldgelb braten. 3–4 EL Tomatenmark in 150 cm^3 Wasser auflösen und zu dem Knoblauch gießen, 3 EL gehackte Petersilie zugeben und mit Salz und Pfeffer abschmecken. Etwa 10 bis 15 Minuten köcheln lassen.
Die abgetropften Blumenkohlröschen in die Tomatensauce legen. Etwa ½ Stunde köcheln lassen, bis das Gemüse gar und die Sauce reduziert ist.

Gebackene Auberginen oder Zucchini

Das Gemüse längs oder quer in dünne Scheiben schneiden. Salzen und mindestens ½ Stunde in einem Sieb ruhen lassen, damit der bittere Saft abtropfen kann. Ein Teller, auf das Gemüse gelegt und mit einem Gewicht beschwert, beschleunigt den Prozeß. Unter kaltem Wasser abspülen, ausdrücken und abtrocknen.
Die Scheiben in Mehl wenden und immer nur wenige zur gleichen Zeit in sehr heißem Öl ausbacken. Wenn sie goldbraun sind, auf Küchenkrepp abtropfen lassen.
Zur Abwechslung kann man die Gemüsescheiben auch in einen leichten Ausbackteig tauchen: 120 g Mehl mit 3 EL Öl vermengen und langsam 150 cm^3 Wasser darunter rühren. Zwei Stunden stehen lassen. Kurz vor dem Backen ein sehr steif geschlagenes Eiweiß darunterziehen. Statt dessen kann man auch ein ganzes verschlagenes Ei verwenden. Wie oben beschrieben ausbacken, mit einem Schaumlöffel herausheben und abtropfen lassen.
Mit grob gehackter, im selben Öl ausgebackener Petersilie garnieren. Als Vorspeise mit Zitronenvierteln servieren.

Gebackener Blumenkohl

Blumenkohl waschen und in Röschen teilen. In Salzwasser knapp gar kochen. Abgießen und gut trocknen lassen.
Die Röschen in geschlagenem Ei und Mehl oder Semmelbröseln wenden. In sehr heißem Öl goldbraun ausbacken. Auf Küchenkrepp abtropfen lassen.
Statt dessen kann man die Blumenkohlröschen auch in einem der oben genannten Ausbackteige wälzen und dann ausbacken.
Mit Joghurt oder türkischer Walnuß-*Tarator*-Sauce (S. 58) servieren.

Blumenkohl mit Zitronensaft

Einen jungen Blumenkohl in etwa 10–15 Minuten knapp gar kochen oder dämpfen. Mit Zitronensaft gesäuertes Salzwasser hält den Blumenkohl schön weiß.

Den Kohl gut abtropfen lassen. In Röschen zerteilen. 1 EL Butter mit 1 EL oder mehr Olivenöl in einem Topf erhitzen. Den Saft von 1 Zitrone zugießen und mit wenig Salz und Pfeffer würzen. Den Blumenkohl darin wenden und auf sehr kleiner Flamme so lange erhitzen, bis er den Zitronensaft aufgesogen hat. Manche Leute würzen auch noch mit etwas Knoblauch.

Gegrillte Maiskolben

Die äußeren Blätter der Maiskolben entfernen. Auf einen Holzkohlengrill nicht zu nah ans Feuer legen. Die Kolben ständig drehen. Sie werden schwarze, verkohlte Flecken bekommen, innen aber saftig und weich sein.

Gefülltes Gemüse – Mahshi Khodar

Dolma bei den Türken, *Dolmathes* bei den Griechen, *Dolmeh* bei den Persern und *Mahshi* bei den Arabern – gefüllte Gemüse sind bei allen Familien höchst beliebt. Sie sind Festgerichte bei Türken, Usbeken, den Aserbeidschani, Armeniern, Griechen, Ägyptern, Persern, Syrern, Libanesen, Saudi-Arabern und Nordafrikanern.
In der Vergangenheit waren die Araber – und in bestimmten Gegenden sind sie es noch – besessen von dem Glauben an zahlreiche Geister oder *Djinns,* die sowohl Dinge als auch Menschen befielen, wann immer sie die Gelegenheit dazu bekamen. Die Legenden geben ein faszinierendes Bild von verschiedenen Nahrungsmitteln, die von *Djinns* bewohnt wurden – Reis-*Djinns,* Fleisch-*Djinns,* Kichererbsen-*Djinns* – und denen man böse oder gute Eigenschaften gab wie den *Djinns,* die Menschen befallen.
Eine der geläufigsten Füllungen besteht aus gewürfelten Zwiebeln, Hackfleisch, Reis und gehackter Petersilie, manchmal auch mit fein gewürfelten Tomaten angereichert und mit Salz und Pfeffer gewürzt. Manche Leute geben auch noch Rosinen, Pinienkerne und gehackte Walnüsse dazu.

Früher wurde das gefüllte Gemüse vor dem Schmoren oder Backen noch gebraten. Da man heute jedoch leichtere Nahrung bevorzugt, wird dieser Prozeß ausgelassen.

Ein Mann trug sieben Eier in der Tasche seines Mantels.
Er traf einen anderen Mann auf der Straße und sagte zu ihm:
»Wenn Du raten kannst, was ich in meiner Manteltasche habe, gebe ich Dir diese Eier, und wenn Du mir sagen kannst, wie viele es sind, gebe ich Dir alle sieben.«
Der andere dachte eine Weile nach und sagte:
»Ich verstehe das nicht. Gib mir noch einen Hinweis!«
Der Mann sagte:
»Es ist weiß und in der Mitte gelb.«
»Jetzt weiß ich es«, rief der andere aus. »Es ist ein weißer Rettich, der ausgehöhlt und mit einer Karotte gefüllt wurde!«
Ein Mann erzählte diese Anekdote einer Gruppe von Leuten. Als er zu Ende gekommen war, fragte einer der Zuhörer: »Aber sag' uns, was war denn nun in seiner Manteltasche?« *
Was ist natürlicher als ein weißer Rettich mit einer Karotte gefüllt?

Füllungen für Gemüse

Von den vielen verschiedenen Füllungen gebe ich hier nur die gebräuchlichsten wieder. Sie können jedoch auch mit anderen Kräutern gewürzt werden. Die angegebenen Mengen reichen für jeweils 1 kg Gemüse, wobei man die Größe der zu füllenden Gemüsesorten berücksichtigen muß und das Fruchtfleisch, das man aus ihnen herausholt.

---

* Christensen: *Contes persans*

FÜLLUNG I:

Sheikh el Mahshi-Füllung, auch *Tatbila* genannt

Das Wort »Sheikh« bedeutet, daß es die größte ist, da sie ganz aus Fleisch besteht.

2 EL Butter oder Öl
1 mittelgroße, feingehackte Zwiebel
375 g mageres Lamm- oder Rinderhackfleisch
Salz
schwarzer Pfeffer
½ TL gemahlener Zimt oder
¼ TL gemahlener Piment
60 g Pinienkerne (nach Belieben)

Butter oder Öl in einer Pfanne erhitzen. Zwiebel darin glasig dünsten. Das Fleisch zugeben und unter Wenden und Drücken mit der Gabel braten, bis es Farbe annimmt. Mit Salz und Pfeffer würzen, mit Zimt oder Piment bestreuen und evtl. Pinienkerne unterrühren. (Am besten vorher in Butter oder Öl rösten.) Mit einigen EL Wasser anfeuchten und zugedeckt auf kleiner Flamme schmoren, bis das Fleisch gar ist.

FÜLLUNG II:

Eine Fleisch- und Reis-Füllung

250 g mageres Lamm- oder Rinderhackfleisch
90 g gewaschener und abgetropfter Reis
1 enthäutete und gehackte Tomate (nach Belieben)
2 EL feingehackte Petersilie (nach Belieben)
Salz
schwarzer Pfeffer
½ TL gemahlener Zimt oder
¼ TL gemahlener Piment

Alle Zutaten zusammen in eine Schüssel geben und mit den Händen gut durchkneten. Zur Abwechslung kann man auch noch 1 oder 2 EL Rosinen und/oder Pinienkerne zufügen. Statt Zimt schmeckt auch ½ TL getrocknetes Basilikum oder Majoran sehr gut.
Das Gemüse nicht mehr als zu ¾ füllen, da der Reis noch aufquillt. Wenn das Gemüse gebacken wird, den Reis vorher kochen!

FÜLLUNG III:

Eine persische Füllung aus Fleisch, Reis und gelben Erbsen

60–90 g gelbe Erbsen (Trockenerbsen)
1 mittelgroße, feingehackte Zwiebel
2 EL Butter oder Öl
250 g mageres Lamm- oder Rinderhackfleisch
60 g gekochter Reis (vor dem Kochen wiegen)
3 EL feingehackte Petersilie
2–3 feingehackte Frühlingszwiebeln (nach Belieben)
Salz
schwarzer Pfeffer
½ TL gemahlener Zimt
1 Prise geriebene Muskatnuß

Die gelben Erbsen in ungesalzenem Wasser ca. 25 Minuten kochen, bis sie weich sind. Zwiebel in Butter oder Öl weichdünsten. Alle Zutaten zusammen in eine Schüssel geben, auch die Erbsen und die Zwiebel. Mit den Händen gut durchkneten.

FÜLLUNG IV:

Eine Reisfüllung für Gemüse, die kalt gegessen werden

180 g gewaschener und abgetropfter Reis
180 g enthäutete, entkernte und fein gewürfelte Tomaten
1 große, feingehackte Zwiebel
1 kleiner Bund feingehackte Petersilie
Salz
schwarzer Pfeffer
½ TL gemahlener Zimt oder
¼ TL gemahlener Piment (nach Belieben)

Alle Zutaten zusammen in einer Schüssel vermengen und gut mit den Händen durchkneten. Manchmal würzt man diese Füllung auch mit 2 TL feingehacktem Dill oder Minze (1 TL, wenn die Kräuter getrocknet sind).
Beim Füllen des Gemüses genug Platz lassen, damit der Reis quellen kann. Wenn es gebacken wird, gekochten Reis nehmen und das Gemüse fest füllen.

FÜLLUNG V:

Eine Reisfüllung mit Kichererbsen für Gemüse, das kalt gegessen wird

60 g eingeweichte und gekochte Kichererbsen
120 g gewaschener und abgetropfter Reis
180 g enthäutete, entkernte und feingehackte Tomaten
1 große, feingehackte Zwiebel
Salz
schwarzer Pfeffer
½ TL gemahlener Zimt oder ¼ TL gemahlener Piment (nach Belieben)

Wie oben angegeben vorbereiten und verwenden.

FÜLLUNG VI:

Für Gemüse, das *à la Imam Bayildi* zubereitet und kalt gegessen wird

Man nennt es auch *Yalangi Dolma* oder »Falsches Dolma«, weil kein Fleisch darin enthalten ist. Diese Füllung ist in der Türkei besonders beliebt.

375 g Zwiebeln
3–4 EL Olivenöl
2–3 zerdrückte Knoblauchzehen
1 Bund feingehackte Petersilie
375 g enthäutete, entkernte und gehackte Tomaten
Salz

Die Zwiebeln in feine Scheiben schneiden. In Olivenöl glasig dünsten, ohne daß sie Farbe annehmen. Knoblauch zufügen und einige Minuten verrühren. Vom Herd nehmen und Petersilie sowie Tomaten daruntermengen. Mit Salz abschmecken und gut vermischen.

FÜLLUNG VII:

Eine türkische Füllung für Auberginen

2 kleine, feingehackte Zwiebeln	*schwarzer Pfeffer*
2 EL Öl	*2 enthäutete, gehackte Tomaten*
250 g Lamm- oder Rinderhackfleisch	*125 g geriebener Gruyère oder Edamer*
Salz	

Zwiebeln in Öl hellgelb dünsten. Hackfleisch zugeben, mit der Gabel gut zerdrücken und rundherum anbraten. Mit Salz und Pfeffer würzen, Tomaten hinzufügen und mit einigen EL Wasser befeuchten. So lange dünsten, bis die Tomaten musig sind. Käse unterrühren und vom Herd nehmen.

Gefüllte Auberginen

Auberginen gibt es das ganze Jahr über reichlich im Vorderen Orient. Entweder kommt die Ernte des eigenen Landes auf den Markt, oder das Gemüse wird aus dem Nachbarland importiert, in dem die Ernte zeitlich anders liegt. Auberginen sind daher immer so billig wie z. B. Kohl in Deutschland.
Bevor man die Auberginen auf eine der zahlreichen Arten zubereitet, muß ihren zwei schlechten Eigenschaften entgegengewirkt werden: Erstens haben sie einen unangenehm bitteren Saft, der jedoch durch reichliches Salzen und Ausdrücken entfernt werden kann. Eine zweite Methode besteht darin, die ausgehöhlten oder geschnittenen Früchte 1 Stunde in Salzwasser zu legen und dann leicht auszudrücken. Mit beiden Methoden trägt man auch dem zweiten Übel Rechnung: Unbehandelte Auberginen nehmen ungeheure Mengen Öl auf und werden dadurch sehr schwer. Hat man sie jedoch entwässert, kann man sie auf unendlich viele Arten kochen, backen, braten oder grillen. Zum Füllen bereitet man sie am besten nach einer der folgenden Methoden vor:

Methode I: Direkt unterhalb des Stiels eine Scheibe abschneiden und die Aubergine schälen. Dazu der Länge nach einzelne Streifen Haut abziehen, so daß immer ein Streifen Fleisch und ein Streifen Haut zu sehen sind. Auf diese Art läßt sich die Frucht im ganzen sal-

zen und vom bitteren Saft befreien. Danach abspülen und mit Küchenkrepp abtrocknen.
In jede Aubergine einen Längsschnitt machen, ohne sie jedoch ganz durchzuschneiden. Die Öffnung mit der vorbereiteten Füllung löffelweise stopfen. Die gefüllten Auberginen mit der Öffnung nach oben in einem Topf oder einer feuerfesten Form garen.

Methode II: Direkt unterhalb des Stiels eine Scheibe abschneiden und evtl. als »Korken« aufbewahren. Das Fruchtfleisch mit einem kleinen Messer oder einem spitzen Löffel herauslösen, dabei jedoch keinesfalls die Haut verletzen. Das Fruchtfleisch für ein Stew oder einen Salat aufheben.
Die Innenseiten der Auberginen salzen und umgestülpt mindestens ½ Stunde auf einem Sieb abtropfen lassen. Abspülen und mit der vorbereiteten Mischung füllen. Mit den »Korken« verschließen und aufrecht in einen Topf oder eine feuerfeste Form stellen. Wenn die Auberginen sehr klein sind, müssen sie sehr eng gestellt werden; sind sie mittelgroß, kann man sie auch etwas legen, jedoch sollte die Füllung nicht auslaufen können.

Methode III: Etwa 1 cm des Stiels stehen lassen, aber die Blüte entfernen. 1 cm breite Streifen wie bei Methode I beschrieben abschälen. So behält die Aubergine ihre Form, aber der bittere Saft kann entfernt werden. Salzen, abtropfen lassen, abspülen und abtrocknen.
Mitten durch die Auberginen der Länge nach einen Schlitz einschneiden, bis ca. 1 cm vor beiden Enden. In diesen Schlitz die vorbereitete Mischung füllen.

Methode IV: Die Aubergine der Länge nach halbieren. Je nach Belieben schälen oder nicht. Die Hälften aushöhlen, salzen und abtropfen lassen. Unter kaltem Wasser abspülen und trockentupfen.
Die Hälften füllen und je nach Rezept dünsten oder überbacken.

Syrisches Sprichwort: »Die Frau brachte sich um vor Arbeit, aber das Fest dauerte nur einen Tag.«

Imam Bayildi – *»Der* Imam *wurde ohnmächtig«*

Dies ist eine türkische Spezialität. Über den Ursprung des Namens werden sehr widersprüchliche Geschichten erzählt. Manche Leute behaupten, das Gericht habe seinen Namen erhalten, als ein *Imam* oder türkischer Priester vor Begeisterung ohnmächtig wurde, als seine Frau ihm diese gefüllten Auberginen servierte. Andere glauben, daß der Priester ohnmächtig wurde, als er hörte, wie teuer die Zutaten waren und wieviel Olivenöl für die Zubereitung verwendet wurde.
In Wirklichkeit ist das Gericht keineswegs teuer. Es eignet sich hervorragend als Vorspeise.

6 lange, mittelgroße Auberginen
Füllung VI (S. 245)
150 cm³ Olivenöl
1 TL Zucker (oder mehr)
Salz
Saft 1 Zitrone

Das Gemüse nach irgendeiner der auf S. 247 angegebenen Methoden vorbereiten. Mit Füllung VI füllen.
Die Auberginen in einen großen Topf nebeneinanderlegen. Darüber eine Mischung aus dem Olivenöl, Wasser, Salz, Zucker und Zitronensaft gießen, so daß das Gemüse bedeckt ist.
Den Topf zudecken und ca. 1 Stunde auf kleiner Flamme kochen, bis die Auberginen sehr weich sind. Vom Herd nehmen und abkühlen lassen. In eine Schüssel füllen und kalt servieren.

Sheikh el Mahshi Betingan

12 kleine, lange Auberginen oder 6 mittelgroße
Butter oder Öl
Füllung I (S. 243)
2–3 TL Tomatenmark
Saft 1 Zitrone (nach Belieben)
Salz
schwarzer Pfeffer

Die Auberginen nach Methode I, II oder III (S. 246 f.) vorbereiten. Man kann sie *nach* dieser Vorbereitung, aber *vor* dem Füllen, leicht in Butter oder Öl anbraten. Das Aroma der Auberginen wird dadurch verfeinert, aber das Gericht wird schwerer.
Das Gemüse mit der vorbereiteten Mischung füllen und in eine feuerfeste Form legen.

Das Tomatenmark mit soviel Wasser verquirlen, daß die Flüssigkeit die Form bis zu halber Höhe der Auberginen füllt. Dem Wasser dann noch 4 EL Öl (weglassen, wenn sie vorher angebraten wurden), Zitronensaft, Salz und Pfeffer beifügen. Etwa 15 Minuten bei 200°–220° C im Ofen backen; dann die Hitze auf 150° C reduzieren und ca. 45 Minuten weiterbacken, bis Gemüse und Füllung gar sind.

Statt dessen kann man die gefüllten Auberginen auch in einen großen Topf legen und zugedeckt ca. ¾ Stunden auf kleiner Flamme garen.

Heiß mit einfachem Reis servieren.

Variation: Die gefüllten Auberginen in etwas Wasser dünsten, bis sie weich sind. In eine feuerfeste Form geben, mit Bechamelsauce übergießen (ca. ½ l) und im heißen Ofen bei 200° C überbacken, bis die Oberfläche schön braun ist.

Auberginen, mit Reis gefüllt – kalt serviert

12 kleine, lange Auberginen
Füllung IV oder V (S. 244 f.)
60 g gehackte Walnüsse (nach Belieben)
½ Tasse Olivenöl
250 g in dünne Scheiben geschnittene Tomaten

Die Auberginen nach Methode II (S. 247) vorbereiten.

Füllung IV oder V vorbereiten, wobei die Kichererbsen durch Walnüsse ersetzt werden können. Die Auberginen nur zu ¾ füllen, damit der Reis quellen kann. Öffnungen mit den »Korken« verschließen.

Olivenöl in einem großen Topf erhitzen. Den Boden des Topfes mit einer Lage Tomatenscheiben bedecken und darauf die Auberginen stellen. Die restlichen Tomatenscheiben darauf verteilen und das restliche Öl darübergießen. Soviel Wasser zugeben, daß das Gemüse bedeckt ist und auf sehr kleiner Flamme 30–45 Minuten zugedeckt kochen, bis Gemüse und Füllung gar sind. Wenn nötig, während des Kochens etwas Wasser nachgießen. Am Ende der Garzeit sollte die Flüssigkeit sehr reduziert sein.

Im Topf abkühlen lassen und in eine Schüssel füllen. Das Gericht eignet sich gut als Vorspeise.

Auberginen, mit Reis und Fleisch gefüllt

12 kleine, lange Auberginen oder 6 mittelgroße	*4 EL Olivenöl*
Füllung II oder III (S. 243 f.)	*Salz*
60 g gehackte Pinienkerne oder Walnüsse (nach Belieben)	*schwarzer Pfeffer*
	Saft 1 Zitrone

Auberginen nach Methode II (S. 247) vorbereiten.
In einer Schüssel Füllung II oder III zubereiten. Nüsse nach Geschmack zugeben, evtl. vorher 1–2 Minuten rösten.
Auberginenhüllen zu ⅔ füllen, so daß der Reis Platz zum Quellen hat. Mit den »Korken« verschließen.
Das Öl in einem großen Topf erhitzen. Die Auberginen eng aneinander hineinstellen und soviel Wasser zugießen, daß sie zur Hälfte in Flüssigkeit stehen. Mit Salz und Pfeffer würzen und 1 Zitrone darüber auspressen. Zugedeckt ca. ¾ bis 1 Stunde auf kleiner Flamme kochen. Wenn nötig, etwas Wasser nachgießen. Am Ende der Kochzeit sollte das Wasser fast gänzlich aufgesogen sein.

Variation: In einer ungewöhnlichen persischen Version werden die mit Füllung III gefüllten Auberginen in einer süß-sauren Sauce gekocht: Die Auberginen mit einer Mischung aus Wasser und 3–4 EL Öl halb bedecken und zugedeckt ca. ½ Stunde köcheln lassen. 150 cm^3 Weinessig mit 90 g Zucker und ¼ TL Safran mischen und über das Gemüse gießen. Zugedeckt eine weitere halbe Stunde köcheln lassen. Heiß mit einfachem Reis servieren.

Auberginen Medias

Dies ist ein sephardisches Gericht.

6 Auberginen	Tomatensauce *(nach Belieben):*
2 Eier	*2–3 EL Tomatenmark*
250 g geriebener Käse (griechischer Halumi, Parmesan oder Edamer)	*ca. 300 cm^3 Wasser*
Öl zum Ausbacken	*Salz*
Salz	*schwarzer Pfeffer*
	1 Prise Zucker (nach Belieben)

Die Auberginen nach Methode IV (S. 247) vorbereiten.
Die Eier schlagen und mit dem Käse vermengen. Jede ausgehöhlte Aubergine halb mit dieser Mischung füllen. Jede Hälfte mit der Käseseite nach oben tief in sehr heißes Öl tauchen, immer nur eine zur gleichen Zeit. Kurz ausbacken, bis sie leicht gebräunt ist. Herausnehmen und auf Küchenkrepp abtropfen lassen.
Die Auberginen nebeneinander in einen Topf legen und halbhoch Wasser aufgießen. Salzen, zum Kochen bringen und zugedeckt ca. ½ Stunde auf kleiner Flamme kochen, bis das Gemüse gar ist. Während des Kochens etwas Wasser nachgießen, falls nötig.
Heiß mit Joghurt und Gurkensalat servieren.
Statt in Wasser kann man die Auberginen auch in Tomatensauce kochen: Tomatenmark in Wasser auflösen, salzen und pfeffern, in den Topf gießen und wie oben beschrieben weiterkochen.

Gefüllte Zucchini in Joghurt

Dies ist eigentlich nur eine Variation des Rezepts von S. 252 – aber eine besonders köstliche!
18 kleine Zucchini wie angegeben füllen. In einen Topf legen und etwa ½ l Wasser darübergießen, so daß sie bedeckt sind. Zugedeckt etwa 35 Minuten köcheln lassen, bis das Wasser aufgesogen und das Gemüse fast gar ist. Wenn nötig, während des Kochens etwas Wasser nachgießen.
Etwa 1 l Joghurt zum Kochen vorbereiten (S. 68). Diesen über die Zucchini gießen und zugedeckt etwa 20 Minuten weiter köcheln, bis das Gemüse sehr weich ist.
3 Knoblauchzehen mit etwas Salz zerdrücken. Ca. 1 TL getrocknete und zerriebene Minze darunterrühren. Diese Mischung in 1 EL Butter 1–2 Minuten braten und mit dem Joghurt vermengen. Umrühren, abschmecken und evtl. nachsalzen.
Heiß mit einfachem Reis oder *Roz bil Shaghria* (S. 276) servieren.

Gefüllte Zucchini

Dieses Rezept, das mir von einer alten syrischen Dame gegeben wurde, reicht gut für 6 Personen.

24 kleine oder 18 mittelgroße Zucchini
Salz
Füllung II (S. 243)
3–4 EL Butter (nach Belieben)
1–2 in Scheiben geschnittene Tomaten
2 EL Tomatenmark
Saft von 1½ Zitronen
2–4 Knoblauchzehen
1 TL getrocknete, zerriebene Minze

Zucchini waschen und, wenn nötig, schaben. Mit Salz bestreuen und mindestens ½ Stunde abtropfen lassen. Das macht sie weicher. Am Stielende jeder Zucchini ein Loch machen und das Fruchtfleisch mit einem Apfelausstecher herauslösen, ohne dabei die Haut zu verletzen. Das andere Ende muß geschlossen bleiben. Das Fruchtfleisch für ein Stew oder Salat aufheben.

In einer Schüssel die Füllung vorbereiten. Je nach Größe des Gemüses eine größere Menge vorbereiten. Jede Zucchini nur zur Hälfte füllen, damit der Reis genügend quellen kann. Die Öffnungen brauchen nicht verschlossen zu werden.

Früher war es üblich, die gefüllten Zucchini zunächst in Butter anzubraten und dann erst zu schmoren. Da man jedoch heute leichteres Essen bevorzugt, kann man auf das Anbraten gut verzichten.

Den Boden eines großen, tiefen Topfes mit einer Lage Tomatenscheiben bedecken. Die gefüllten Zucchini lagenweise darüberlegen. In einem kleinen Topf das Tomatenmark mit 300 cm^3 Wasser und dem Saft 1 Zitrone verrühren. Zum Kochen bringen und kurze Zeit köcheln lassen. Die Tomatensauce über die Zucchini gießen, den Topf zudecken und auf sehr kleiner Flamme ca. 1 Stunde schmoren, bis das Gemüse und die Füllung gar ist. Wenn nötig, während der Garzeit etwas Wasser zugießen.

Knoblauchzehen mit etwas Salz zerdrücken. Mit der Minze und dem restlichen Zitronensaft vermengen, über die Zucchini träufeln und noch einige Minuten schmoren lassen. Minze wird einem Gericht immer erst zum Schluß beigefügt, da langes Kochen ihr Aroma zerstört.

Variation: Perser bevorzugen Füllung III mit gelben Erbsen (S. 244) und servieren das Gericht mit Joghurt.

»Falsche« gefüllte Zucchini oder Auberginen

Dieses Rezept stammt aus neuerer Zeit und soll angeblich zeitsparend sein. In Wirklichkeit ist es das jedoch nicht. Auf jeden Fall schmeckt es sehr gut!

3 Zucchini oder kleine, dünne Auberginen
Salz
Öl zum Ausbacken
500 g Rinderhackfleisch
1 Scheibe Brot ohne Rinde
1 Ei
schwarzer Pfeffer
¾ TL gemahlener Zimt (nach Belieben)
2 EL Olivenöl

Gemüse der Länge nach in sehr dünne Scheiben schneiden. Salzen und mindestens ½ Stunde in einem Sieb stehen lassen, damit der bittere Saft abtropfen kann. Mit kaltem Wasser abwaschen und abtrocknen. In viel Öl backen, bis es weich und hellbraun ist. Herausnehmen und auf Küchenkrepp abtropfen lassen.
Hackfleisch, eingeweichtes und ausgedrücktes Brot, Ei, Salz, Pfeffer und evtl. Zimt zu einem geschmeidigen Teig verkneten. Walnußgroße Häufchen abstechen und in Öl hellbraun ausbacken. Herausnehmen und auf Küchenkrepp abtropfen lassen.
Die Zucchini- oder Auberginenscheiben um die Fleischbällchen wickeln und mit Zahnstochern feststecken. 2 EL Olivenöl und 150 cm^3 Wasser in einen großen Topf gießen. Das »gefüllte« Gemüse dazugeben, salzen und auf sehr kleiner Flamme garen. Am Ende der Kochzeit sollte alle Flüssigkeit aufgenommen worden sein. Wird der Topf jedoch zu schnell trocken, löffelweise Wasser nachgießen.

Variation: Diese Gemüseröllchen können auch in einer Tomatensauce gekocht werden: 2–3 EL Tomatenmark in Wasser auflösen und mit Salz und Pfeffer würzen.

Gefüllte Zucchini mit Aprikosen

250–375 g getrocknete Aprikosen über Nacht einweichen.
Die gleiche Zahl Zucchini wie in dem Grundrezept auf S. 252 angegeben zubereiten und mit Füllung II füllen (S. 243).
Aprikosen abgießen und das Wasser beiseite stellen. Die Früchte halbieren, aber nicht ganz durchschneiden. Den Boden eines großen Topfes mit einer Lage halbierter Aprikosen bedecken. Darüber eine Lage gefüllte Zucchini verteilen und auf diese Weise abwechselnd fortfahren. Mit einer Lage Aprikosen enden.
Das Einweichwasser mit 3 EL Olivenöl mischen und in den Topf gießen. Den Saft von 2 Zitronen über dem Ganzen ausdrücken. Zugedeckt auf sehr kleiner Flamme 1 Stunde kochen, bis die gefüllten Zucchini gar sind. Sobald die Flüssigkeit im Topf aufgesogen ist, löffelweise Wasser nachgießen.

Gefüllte Zwiebeln nach saudi-arabischer Art

2 große Zwiebeln
Füllung II (S. 243)
2–3 EL Butter oder Öl
1–2 EL Essig

Zwiebeln schälen. Mit einem scharfen Messer von oben bis zur Mitte in jede Zwiebel einen Schnitt machen. In kochendes Wasser legen und ca. 10–15 Minuten kochen, bis die Zwiebeln weich werden und anfangen, sich zu öffnen. Abgießen und abkühlen lassen. Die einzelnen Schalen vorsichtig voneinander trennen.
Die Füllung vorbereiten. Einen EL voll in jede Zwiebelschale geben und fest aufrollen. Mit einem Faden zusammenbinden.
In einer Pfanne Butter oder Öl erhitzen. Die gefüllten Zwiebelröllchen darin schmoren; dabei drehen und wenden, bis sie rundherum hellgelb sind. In eine breite, flache Form legen. Mit Wasser bedekken, Essig darüberträufeln und zugedeckt auf kleiner Flamme ¾ Stunden garen.

Variation: Für einen süß-sauren Geschmack etwas Zucker in die Flüssigkeit rühren.

Gefüllte Kohlblätter

1 mittelgroßer Kopf Weißkohl
Salz
Füllung II (S. 243)
schwarzer Pfeffer
Saft 1 Zitrone

Vorsichtig die Blätter einzeln vom Kohlkopf lösen und waschen. Immer nur einige zur gleichen Zeit in kochendes Salzwasser tauchen, bis sie weich und biegsam werden. Den harten Mittelstrang flach klopfen; sehr große Blätter halbieren, kleinere ganz lassen.
Die Füllung zubereiten. Jeweils einen EL davon auf das eine Ende jedes Blattes häufen, die Blattseiten zur Mitte schlagen und das Blatt aufrollen – es sollte wie eine kleine Zigarre oder ein Finger aussehen. Fortfahren, bis alle Füllung verbraucht ist.
Einen großen Topf mit übriggebliebenen oder zerrissenen Blättern auslegen, damit die gefüllten Röllchen nicht ansetzen. Letztere dicht hineinschichten. Mit Wasser bedecken und Zitronensaft, der leicht gesalzen wurde, darübergießen. Zugedeckt etwa 1 Stunde köcheln lassen. Heiß servieren.

Variationen: In einigen Regionen des Vorderen Orients steckt man 6–7 Knoblauchzehen zwischen die gefüllten Kohlblätter, um dem Gericht ein besonders starkes Aroma zu geben. – Im Libanon mischt man gegen Ende der Kochzeit 1 TL getrocknete Minze oder 1 EL frischen, gehackten Dill in die Flüssigkeit. – Gut schmeckt es auch, wenn man die Blätter in Tomatensauce kocht. Wie oben angegeben zubereiten, dann 4 EL Tomatenmark in etwas Wasser auflösen und über das Gemüse gießen. Zitronensaft, Salz und Pfeffer zugeben. Weiterkochen wie im obigen Rezept. – Eine moderne, Zeit und Arbeit sparende Version besteht darin, statt der Röllchen eine Art Auflauf oder Pie zu machen. Die Blätter trennen und weich machen wie oben beschrieben. In eine tiefe, feuerfeste Form abwechselnd eine Lage Kohl und Füllung schichten. Dabei mit Kohl beginnen und aufhören. 4 EL Tomatenmark in 150 cm^3 Wasser auflösen, mit Salz und Pfeffer würzen. Die Sauce über das Gericht gießen. Etwa 1 Stunde bei 180° C im Ofen backen, bis die Kohlblätter und die Füllung gar sind. Während des Backens Wasser nachgießen, wenn das Gericht zu trocken wird.

Zucchini Imam Bayildi

Dies ist eine Version des berühmten türkischen Auberginengerichts auf S. 248 für Zucchini.

Füllung VI (S. 245)
1 kg Zucchini
2 in Scheiben geschnittene Tomaten
Olivenöl
1 TL Zucker (oder mehr)
Salz

Füllung vorbereiten.
Zucchini vorbereiten wie auf S. 252 beschrieben. Fest mit der Zwiebel-Tomatenfüllung stopfen. Nebeneinander auf ein Bett aus Tomatenscheiben legen (einen großen Topf nehmen). 300 cm³ Wasser mit ¾ Tasse Olivenöl, Zucker und etwas Salz vermengen und darübergießen. Den Topf gut verschließen und auf kleiner Flamme ca. 1½ Stunden kochen. Wenn nötig, etwas Wasser nachgießen.
Kalt als Vorspeise oder bei einem Kalten Buffet servieren.

Gefüllte Zwiebeln

6 große oder 12 kleinere Zwiebeln
Füllung II (S. 243)

Tomatensauce *(nach Belieben):*
1 EL Butter
1 EL Mehl
2–3 EL Tomatenmark
Salz
schwarzer Pfeffer

Zwiebeln schälen und in Wasser ca. 15 Minuten kochen, bis sie fast gar sind. Abgießen und abkühlen lassen. Eine dünne Scheibe am Wurzelende abschneiden und die Zwiebeln vorsichtig aushöhlen. Eine dicke Hülle stehen lassen.
Die Füllung zubereiten. Das Gemüse nur zu ¾ füllen, damit der Reis quellen kann. Mit der Öffnung nach oben in einen Topf stellen. Halbhoch mit Wasser füllen. Zugedeckt ca. ¾ Stunden kochen, bis die Zwiebeln und die Füllung gut durchgegart sind. Während des Kochens etwas Wasser nachfüllen, wenn nötig.

Statt Wasser kann man auch folgende Tomatensauce über die Zwiebeln gießen: Butter schmelzen und Mehl unterrühren. Tomatenmark zufügen und gut vermischen. Unter ständigem Rühren Wasser zugießen und mit Salz und Pfeffer würzen. Zum Kochen bringen und einige Minuten köcheln lassen. Über die Zwiebeln gießen und wie beschrieben fortfahren.

Ein altes persisches Heilmittel: »Eine Erkältung wird dadurch geheilt, daß man eine Zwiebel auf des Nachbarn Haus wirft – er wird die Erkältung bekommen.«
Man glaubt auch: »Ein Mensch soll am Freitag keine rohe Zwiebel essen, sonst bleiben die Engel nicht bei ihm.« Trotzdem soll aber »Derjenige, der einundvierzig Tage lang Zwiebeln ißt, ein Hadji, *oder Pilger in Mekka werden.«*

Gefüllte Kartoffeln

12 große Kartoffeln	*3 EL Tomatenmark*
3 EL Butter	*Salz*
Füllung I (S. 243) mit Pinienkernen	*schwarzer Pfeffer*
und evtl. Rosinen	*5 EL Öl*

Festkochende Kartoffeln wählen. Schälen und mit einem spitzen Messer aushöhlen. Einige Minuten in heißer Butter wenden, bis sie leicht Farbe angenommen haben.
Die Füllung zubereiten. Die Kartoffeln damit farcieren und dicht aneinander in eine große feuerfeste Form schichten. Tomatenmark in soviel Wasser auflösen, daß dieses die Kartoffeln halb bedeckt. Mit Salz und Pfeffer würzen, Öl zugießen und gut vermengen. Die Mischung über die Kartoffeln geben.
Unzugedeckt im vorgeheizten Ofen bei 180° C backen, bis die Kartoffeln leicht gebräunt sind. Dann mit einem Deckel oder Folie abdecken und ¾ Stunden weiterbacken, bis das Gemüse weich ist, aber noch nicht zerfällt, und die Flüssigkeit fast aufgesogen worden ist.

Irakische gefüllte Kartoffelkuchen

1 kg Kartoffeln
1 großes Ei
2 EL Mehl
Salz
schwarzer Pfeffer
Füllung I (S. 243)
Semmelbrösel
Öl zum Ausbacken

Kartoffeln schälen, kochen, abgießen und zerstampfen, dabei so trocken wie möglich halten. Ei, 2 EL Mehl, Salz und Pfeffer zufügen und gut durchkneten.
Die Füllung zubereiten.
Eigroße Häufchen der Kartoffelmischung zu Kugeln formen. Mit dem Finger eindrücken und füllen. Die Öffnungen über der Füllung zusammendrücken und wieder zu Bällen formen. Leicht flachdrükken.
Die Kartoffelkuchen in Semmelbröseln (oder Mehl) wenden und in heißem Öl ausbacken, bis sie goldbraun sind. Im Ofen warmhalten, bis die ganze Mischung verbraucht ist.

Gefüllte Paprikaschoten und Tomaten

Überall im Vorderen Orient und in den Mittelmeerländern werden Paprikaschoten und Tomaten häufig zusammen gekocht. Obwohl man die Gemüsesorten auch jede für sich servieren kann, ergeben sie zusammen eine komplettere und hübschere Mahlzeit.

6 mittelgroße grüne (und evtl. rote) Paprikaschoten
6 große, feste Tomaten
Füllung II für ein heißes, Füllung IV für ein kaltes Gericht (S. 243, 244)
Olivenöl
Salz
schwarzer Pfeffer

Paprikaschoten und Tomaten waschen. Eine dünne Scheibe am Stielende jedes Gemüses abschneiden und aufbewahren. Kerne und Scheidewände der Paprikaschoten entfernen, Tomaten aushöhlen und das Fruchtfleisch beiseite legen.
Die Zutaten für eine der beiden Füllungen vorbereiten. Sie können

roh verarbeitet werden, sollten aber vorzugsweise vorher gekocht werden, damit sie nicht noch halb roh sind, während das Gemüse schon gar ist.
Für Füllung II die Zwiebel in 2 EL Öl weichdünsten. Hackfleisch zufügen und anbraten, bis es gleichmäßig Farbe angenommen hat. Die restlichen Zutaten (evtl. mit Rosinen und Pinienkernen) zugeben und mit Wasser befeuchten. So viel Wasser wie Reis zugeben. Zum Kochen bringen und 10 Minuten weiterköcheln lassen.
Für Füllung IV die Zwiebel in 2 EL Öl (Olivenöl) braten, Reis und die übrigen Zutaten zufügen und mit derselben Menge Wasser wie Reis auffüllen. Zugedeckt 10 Minuten köcheln lassen.
Das Gemüse mit einer der beiden Mischungen (mit etwas Öl zusätzlich anfeuchten) füllen. Mit den aufbewahrten Deckeln schließen. Eine große, flache, feuerfeste Form mit Öl ausstreichen und das gefüllte Gemüse hineinstellen. Das Tomatenfleisch hacken, 150 cm^3 Wasser zugeben, mit Salz und Pfeffer würzen und darübergießen. Noch soviel Wasser zugießen, daß es die Tomaten und Paprikaschoten halb bedeckt.
Die Form mit einem Deckel oder Folie abdecken und im vorgeheizten Ofen bei 180° C etwa 30 Minuten backen. Dann abdecken und weitere 15 Minuten backen, bis das Gemüse Farbe angenommen hat und gar ist.
Heiß oder kalt als Vorspeise servieren oder heiß als Hauptgericht mit verschiedenen Salaten und Reis.
Statt das Gemüse im Ofen zu backen, kann man es auch auf dem Herd schmoren. In einen schweren Topf schichten, halb mit einer Wasser-Öl-Mischung bedecken und zugedeckt ca. 1 Stunde auf sehr kleiner Flamme köcheln lassen. Wenn nötig, während des Kochens etwas mehr Wasser zugießen. Mit wenig Zitronensaft beträufeln. Bei dieser Zubereitungsmethode brauchen die Füllungen nicht vorher gekocht zu werden. Das Gemüse jedoch nur zu ¾ füllen, damit der Reis aufquellen kann.

Gefüllte Tomaten

12 große, feste Tomaten
Füllung I (S. 243) mit Pinienkernen
4 EL Öl
2 EL Tomatenmark
Salz
schwarzer Pfeffer

Tomaten waschen. Am oberen Ende dünne Scheiben abschneiden. Das Fleisch herauslöffeln und aufheben.
Die Füllung zubereiten; Rosinen können ebenso zugegeben werden wie etwas von dem Tomatenfleisch. Tomaten füllen und mit den Deckelchen schließen. Eine feuerfeste Form mit Öl ausstreichen und die gefüllten Tomaten darin eng aneinanderstellen.
Tomatenmark in ca. 120 cm^3 Wasser auflösen. Mit Salz und Pfeffer würzen und das durch ein Sieb gestrichene Tomatenfleisch daruntermengen. Über das Gemüse gießen.
Im vorgeheizten Ofen bei 180° C ca. ½ Stunde backen, bis die Tomaten sehr weich sind.
Als Vorspeise oder als Hauptgericht servieren; dann Reis, *Roz bil Shaghria* (S. 276) oder *Burghul-Pilaw* (S. 223) und Joghurt dazu reichen.

Gefüllter Lauch mit Tamarinde

1 kg große, dicke Lauchstangen
Salz
Füllung II (S. 243) ohne Tomaten und mit 30–60 g Reis
1 EL feingehackte Petersilie
Öl
*2–3 EL Tamarinden-Sirup**

Die harten grünen Blätter des Lauchs entfernen und die Wurzelenden abschneiden. In kochendes Wasser legen und knapp weichkochen.
Vom Wurzelende eine Scheibe abschneiden, so daß sich die einzelnen Blätter voneinander trennen lassen. Mit einem scharfen Messer vorsichtig der Länge nach jede Lauchstange bis zur Mitte aufschneiden; dadurch erhält man breite, rechtwinklige Blätter. Diese ganz voneinander trennen.
Petersilie und 2 EL Öl unter die Füllung mengen.

---

* Wenn es keinen Tamarinden-Sirup (S. 358) gibt, den Saft von 1 Zitrone und 1 TL Zucker mit dem Kochwasser vermischen.

Etwas davon in die Mitte eines jeden Blattes häufen und dieses wie eine Zigarette aufrollen. Kommt man zu den schmaleren inneren Blättern, immer zwei nebeneinander legen, so daß sie sich überlappen. Dann aufrollen wie die größeren. Die Seiten der Rollen bleiben offen, aber die Füllung kann dennoch nicht herauslaufen, da sie in der Mitte plaziert ist.
In einem breiten, schweren Topf ½ Tasse Öl erhitzen und die Lauchröllchen hineinschichten. Einige Minuten sautieren. Tamarinden-Sirup in Wasser auflösen und über das Gemüse gießen, so daß es bedeckt ist.
Topf zudecken und auf sehr kleiner Flamme ca. 1 Stunde kochen, bis der Lauch sehr weich ist. Wenn nötig, während des Kochens etwas Wasser zugießen.

Gefüllte Artischocken

1,5 kg Artischocken
375 g Margarine
500 g Lamm und etwas Lammfett
250 g Rinderhackfleisch
2 große Zwiebeln
60 g Pinienkerne
1 EL Salz
1 TL schwarzer Pfeffer
1 TL gemahlener Zimt

Artischocken bis zu den Herzen schälen. »Heu« entfernen. Die Herzen in kaltem, mit Zitronensaft gesäuertem Wasser einweichen.
In der Zwischenzeit die Margarine in einer Pfanne schmelzen. Artischocken darin von allen Seiten braten. Herausnehmen und in eine feuerfeste Form legen.
Fleisch und Zwiebeln zusammen durch den Fleischwolf drehen. In der Margarine anbraten, in der die Artischocken angebräunt wurden. Pinienkerne, Salz, Pfeffer und Zimt unterrühren.
Die Artischocken mit dieser Fleischmischung füllen. Mit Wasser bedecken und auf dem Herd oder im Ofen bei 180° C eine Stunde garen.
Heiß als Vorspeise oder Hauptgericht servieren.

Gefüllte Artischockenherzen

Wenn keine frischen Artischockenherzen erhältlich sind, kann man auch gute Dosenqualität verwenden.

12 Artischocken
Salz
2 Zitronen
500 g mageres Rinderhackfleisch
1 Ei
2 Scheiben rindenloses Brot
schwarzer Pfeffer
½–1 TL getrockneter Thymian
¼–½ TL geriebene Muskatnuß
Öl zum Ausbacken
1 EL Olivenöl
½ TL Gelbwurz
1 Lorbeerblatt

Stiel, Blätter und »Heu« der Artischocken entfernen, so daß nur die Herzen übrig bleiben. In etwas Salzwasser legen, dem der Saft von 1 Zitrone zugefügt wurde.
Fleisch, Ei, Brot (eingeweicht und ausgedrückt), Salz, Pfeffer, Thymian und Muskatnuß vermengen und gut durchkneten.
Die Artischockenherzen damit füllen und die Füllung zu einem Hügel formen. Einzeln in Öl ausbacken und mit einem Schaumlöffel herausheben. Aufpassen, daß die Füllung nicht herausfällt. Auf Küchenkrepp abtropfen lassen.
Die gebackenen Artischockenherzen in einen großen Topf legen. Olivenöl mit 150 cm^3 Wasser, Gelbwurz, Zitronensaft, Salz und Pfeffer vermischen, über die Artischocken gießen und ein Lorbeerblatt dazwischenlegen.
Zum Kochen bringen und in ca. 1 Stunde auf kleiner Flamme garen. Wenn nötig, während des Kochens etwas Wasser nachgießen.

Lauch mit Zitrone und Zucker

1 kg Lauch
2–3 zerdrückte Knoblauchzehen
1 EL Zucker
3–4 EL Mais- oder Nußöl
Saft von 1–2 Zitronen

Lauch sorgfältig waschen und allen Schmutz zwischen den Blättern entfernen. Die harten grünen Blätter und die Wurzeln abschneiden. Den Rest in mittelgroße Stücke schneiden.
Knoblauch und Zucker in heißem Öl braten, bis der Zucker leicht karamelisiert. Lauch zufügen und auf mittlerer Flamme in der Mischung wenden, so daß er leicht Farbe annimmt. Mit Zitronensaft beträufeln. Zugedeckt auf sehr kleiner Flamme garen.
Heiß oder kalt servieren.

Persische gefüllte Quitten

Dieses Gericht ähnelt dem nächsten, aber das starke Aroma der Quitten erfordert etwas anderes Würzen.
Die Früchte wie beim nächsten Rezept aushöhlen. Dieselbe Füllung, aber ohne Zimt, vorbereiten. Die Quitten damit füllen. Dicht aneinander in eine (oder, wenn nötig, in zwei) feuerfeste Formen legen. Halb mit Wasser bedecken. Einige Butterflöckchen daraufsetzen und eine Prise Zucker zugeben. Zugedeckt ca. 30 Minuten garen.
Gut als Vorspeise, mit Schmorfleisch und Reis oder mit verschiedenen Salaten.

Dolmeh Sib *Persische gefüllte Äpfel*

Für dieses Gericht kann man sowohl Koch- als auch Eßäpfel verwenden.

12 große, saure Äpfel
Butter

Füllung:
60–90 g gelbe Trockenerbsen
1 feingehackte Zwiebel
2 EL Öl
500 g Rinderhackfleisch
Salz
schwarzer Pfeffer
½ TL gemahlener Zimt

Sauce:
150 cm^3 Wasser
5–6 EL Weinessig
1–2 EL Zucker

Die Füllung zubereiten. Erbsen ca. ½ Stunde kochen, bis sie weich sind. Zwiebel in Öl goldgelb braten. Fleisch zugeben und rundherum anbraten. Mit Salz, Pfeffer und Zimt würzen und mit den Erbsen vermengen.
Äpfel waschen. Bis auf 1 cm vom Boden das Kerngehäuse und etwas von dem Fruchtfleisch herausnehmen, damit Platz für die Füllung entsteht. Fruchtfleisch hacken und beiseite stellen.
Äpfel füllen und in einer großen feuerfesten Form auf einem Bett aus dem gehackten Fruchtfleisch plazieren. Letzteres wird sich praktisch auflösen und eine Sauce bilden. (Statt dessen kann man es auch mit der Füllung vermengen.) Ein Stück Butter auf jeden Apfel legen und einen knappen halben Liter Wasser in die Form gießen. Im vorgeheizten Ofen bei 180° C zugedeckt ½ Stunde backen, bis die Äpfel fast gar sind.
Wasser, Essig und Zucker zusammen aufkochen und etwas davon über jeden Apfel gießen. Zurück in den Ofen schieben und weitere 15 Minuten backen, bis die Äpfel völlig gar sind. Sie sollten weich aber nicht musig sein, und die Haut darf nicht platzen.
Als Vorspeise oder Teil einer Hauptmahlzeit servieren.

Eingelegtes – *Mekhalel*

Das Haltbarmachen von Nahrungsmitteln ist besonders in heißen Ländern ein äußerst wichtiges Problem. Die Methoden, die heute noch von Familien, Händlern und Straßenverkäufern angewendet werden, sind genau dieselben wie vor hundert und mehr Jahren.
Auch wenn das Einlegen also eigentlich ein Mittel zur Aufbewahrung war, ist das Ergebnis immer so köstlich gewesen, daß Pickles heute nur wegen ihres Geschmacks hergestellt werden. In jedem Haus gibt es eigene *Martaban* oder Töpfe, die mit verschiedenem Eingemachten gefüllt sind.
Lebensmittelhändler im Vorderen Orient bereiten meist ihre eigenen Pickles zu. In der Vergangenheit war es üblich – und an manchen Orten ist es das heute noch – Kunden von dem frisch eingelegten Gemüse oder Obst eine Kostprobe zu geben. In Restaurants werden oft Pickles in bunten Farbzusammenstellungen ausgestellt, um Passanten hereinzulocken.

Methoden zum Einlegen

Die im Vorderen Orient gebräuchliche Methode des Einlegens ist einfach. Rohes oder leicht blanchiertes Gemüse wird in einer Salz-Essig-Lösung für eine bestimmte Zeit eingeweicht. Dafür stellt man es an einen warmen Ort. Das Salz zieht die Feuchtigkeit aus dem Gemüse und verhindert so das Wachstum der Mikro-Organismen, die die Zersetzung hervorrufen. Das salzig-saure Bad bringt die Fermentbildung in Gang und macht das Eingelegte weich. Damit der Prozeß erfolgreich verläuft, muß unter allen Umständen die Luft aus dem Gefäß gezogen werden, in dem die Mikro-Organismen gedeihen. Früher füllte man die Gefäße, versiegelte sie mit einem Mehl-Wasser-Teig und grub sie in die Erde. Heute entfernt man die Luftblasen zwischen dem Gemüse mit einer Gabel, die man kräftig hin und her bewegt. Dann gießt man soviel Flüssigkeit hin-

ein, daß die Pickles völlig bedeckt sind und versiegelt den Topf so fest wie möglich.
Sehr frisches, unversehrtes Gemüse verwenden. Säubern und vorsichtig waschen, wenn nötig schälen oder schaben. Am besten benutzt man dann völlig saubere, sterilisierte Glasgefäße mit gut schließenden Deckeln (Einmachgläser). Das Gemüse vierteln, in Scheiben schneiden oder auch ganz lassen und sehr dicht und eng schichten. In einem sauberen Glas- oder Porzellangefäß Essig und Salz verquirlen und über das Gemüse gießen, so daß das Glas bis an den Rand gefüllt ist. Zudecken und versiegeln.
Das Verhältnis von Salz und Essig kann je nach Geschmack variieren. Generell rechnete man jedoch mit 5½ EL Salz auf jeden Liter Wasser. Zu wenig Salz läßt das Gemüse verfaulen, zu viel zerstört den guten Geschmack.
Das Verhältnis von Wasser und Essig variiert stärker. Manche verwenden genausoviel Wasser wie Essig, andere nehmen reinen Essig. Wieder andere empfehlen halb soviel Essig wie Wasser. Nach meinem Geschmack eignet sich am besten eine Mischung aus drei Teilen Salzwasser und einem Teil Essig.
Man kann jedoch durchaus noch während und nach dem Einlegeprozeß die Konzentration der Lösung verändern, indem man mehr Wasser, Salz oder Essig zugibt. Dadurch verändert sich der Geschmack. Weitere Möglichkeiten der individuellen Geschmacksgebung bestehen darin, der Lösung Knoblauch, Sellerieblätter, kleine scharfe Chilischoten und Dill zuzugeben. Um der nahöstlichen Leidenschaft für Farben zu genügen, werden die Pickles mit roher Roter Bete oder mit Rotkohl gefärbt.

Torshi Basal *Eingelegte Zwiebeln*

Kleine, einwandfreie Perlzwiebeln wählen. Schälen und etwa 3 Minuten in kochendem weißen Weinessig blanchieren, der mit Zucker und Salz gewürzt wurde. Das Gemüse dicht in ein Einmachglas schichten und mit der Kochflüssigkeit übergießen. Gut verschließen. Vor Gebrauch ca. 10 Tage an einem warmen Ort stehen lassen.
Diese Pickles halten sich ewig.

Torshi Left *Eingelegte weiße Rüben*

1 kg kleine weiße Rüben
einige Sellerieblätter
2–4 Knoblauchzehen (nach Belieben)
1 rohe Rote Bete, geschält und in Scheiben oder in mittelgroße Stückchen geschnitten
4–6 gestrichene EL (etwa 90 g) Salz
knapp 1 l Wasser
300 cm³ weißer Weinessig

Kleine weiße Rüben wählen. Schälen und waschen und je nach Größe halbieren oder vierteln. Zusammen mit Sellerieblättern und Knoblauch in ein sauberes Einmachglas schichten. Dabei in regelmäßigen Abständen einige Stückchen Rote Bete dazwischenlegen.
Salz in Wasser auflösen und Essig hineinrühren. Das Gemüse mit der Lösung völlig bedecken und das Glas fest verschließen.
An einen warmen Platz stellen. Die Rüben sind in etwa 10 Tagen fertig. Dann das Glas an einen kühlen Ort stellen. Diese Pickles sollten innerhalb von 4–6 Wochen gegessen werden.

Libanesische Redensart: »Ihr Gesicht ist weißer als das Innere einer weißen Rübe.«

Torshi Khiar *Eingelegte Gurken*

1 kg kleine Einlegegurken
4 Knoblauchzehen
einige Sellerieblätter oder Dillstengel oder 1 TL Dillsamen
3–4 schwarze Pfefferkörner
3–4 ganze Koriandersamen
4–6 gestrichene EL Salz (etwa 90 g)
knapp 1 l Wasser
150 cm³ weißer Weinessig

Die Gurken gut säubern und mit dem Knoblauch, den Sellerieblättern, Dill oder Dillsamen, Pfefferkörnern und Koriandersamen dicht in ein Einmachglas schichten.
Salz, Wasser und Essig mischen und die Lösung über das Gemüse gießen. Gut verschließen und an einem warmen Ort 10–14 Tage stehen lassen.
Nicht länger als ca. 6 Wochen lagern, außer im Kühlschrank.

Torshi Felfel *Eingelegte Paprikaschoten*

1 kg Paprikaschoten
1 kleine getrocknete Chilischote (nach Belieben)
4–6 gestrichene EL Salz (etwa 90 g)
knapp 1 l Wasser
300 cm³ weißer Weinessig

Paprikaschoten abspülen und die Stiele entfernen. Je nach Größe in Streifen oder große Stücke schneiden oder ganz lassen. Werden sie aufgeschnitten, die Kerne und weißen Häutchen entfernen. Läßt man sie ganz, rundherum einige Löcher einstechen, damit die Flüssigkeit auch in das Innere der Schoten eindringen kann.
Dicht in ein Einmachglas schichten und dabei evtl. eine Chilischote dazwischenlegen. Mit Salz-Wasser-Essig-Lösung bedecken und darauf achten, daß in den Schoten oder zwischen ihnen keine Luftblasen zurückgeblieben sind. Das Glas gut verschließen und etwa 2 Wochen an einem warmen Ort stehen lassen.
Diese Pickles nicht länger als 2 Monate aufbewahren, es sei denn, man hält sie im Eisschrank.

Torshi Arnabeet wa Koromb
Eingelegter Blumen- und Rotkohl

1 junger weißer Blumenkohl
½ Rot- oder Weißkohl
4–6 gestrichene EL Salz (etwa 90 g)
knapp 1 l Wasser
300 cm³ weißer Weinessig
1 kleine getrocknete Chilischote (nach Belieben)

Blumenkohl waschen und in Röschen zerteilen. Den Kohl zuerst in einer Richtung in dicke Scheiben schneiden, dann noch einmal in die andere Richtung. Nicht schnitzeln oder die Blätter auseinandernehmen. Abwechselnd eine Lage Blumenkohl und Kohl in ein sauberes Glas schichten.
Salz, Wasser und Essig in einem Glas- oder Porzellangefäß vermengen. Die Flüssigkeit über das Gemüse gießen und evtl. eine Chilischote mit in das Glas stecken. Gut verschließen und an einem warmen Ort ca. 10 Tage stehen lassen.

Nimmt man Weiß- statt Rotkohl, in regelmäßigen Abständen einige Stückchen Rote Bete zwischen das Gemüse legen.
Auch diese Pickles sollten innerhalb von 4–6 Wochen gegessen werden.

Torshi Betingan *Eingelegte Auberginen*

In einigen Ländern des Vorderen Orients herrscht der Aberglaube, daß bestimmte Arten von Auberginen den Fluch der Unfruchtbarkeit mit sich bringen. Auf der anderen Seite wird manchmal der Gang durch ein Auberginenfeld vorgeschrieben, um Sterilität entgegenzuwirken. Viele Jahre lang verdiente sich der Obergärtner der Ezbekieh-Gärten in Kairo zusätzliches Geld, indem er Frauen dafür bezahlen ließ, daß sie durch ein winziges Auberginenfeld gehen durften.

1 kg sehr kleine, längliche, dünne Auberginen
4 feingehackte Knoblauchzehen
Salz
1–2 kleine, getrocknete, feingehackte Chilischoten
einige feingehackte Sellerieblätter und -stangen
600 cm³ Wasser
3 gestrichene EL Salz
300–475 cm³ weißer Weinessig

Auberginen waschen. Nicht schälen, aber in jede einzelne kleine Schnitte machen. In kochendem Salzwasser 5–10 Minuten blanchieren, bis das Gemüse etwas weich ist. Gut abtropfen lassen. Dadurch verlieren sie den bitteren Saft.
Knoblauch, Chili und Sellerie vermengen. Auberginen in den Einschnitten damit füllen. In einem Einmachglas aufeinanderschichten. Wasser, Salz und Essig in einem Glas- oder Porzellangefäß vermischen und über die Auberginen gießen. Fest verschließen und etwa 4 Tage stehen lassen.
Diese Pickles nicht länger als 6–8 Wochen aufbewahren, außer im Kühlschrank.

Arabisches Sprichwort: »Gib, was in deinen Taschen ist. Gott wird Dir geben, was nicht darin ist.«

Eingelegte Artischockenherzen

3–4 Zitronen
Salz
12 Artischocken
Olivenöl, leichtes Pflanzen- oder Nußöl

Zitronen in eine Schüssel ausdrücken und nach Geschmack salzen. Die harten äußeren Blätter der Artischocken sowie die Stiele entfernen und die Blätter bis nahe an die Herzen heran kappen. Wenn sie sehr groß sind, halbieren. Mit den ausgepreßten Zitronenhälften einreiben und in den gesalzenen Zitronensaft legen.
Wenn alle Artischocken vorbereitet sind, schichtet man sie in ein großes Einmachglas. Den restlichen Zitronensaft mit Öl auffüllen und mit einem Holzlöffel kräftig schlagen. Die Flüssigkeit über die Artischocken gießen, so daß sie bedeckt sind, und das Glas gut verschließen.
Das Gemüse ist in etwa 4 Wochen fertig und hält sich monatelang.

Marinierte Auberginen

1 kg Auberginen
Salz
300 cm³ weißer Weinessig
4–6 zerdrückte Knoblauchzehen
1 EL getrockneter, zerriebener Oregano
Olivenöl oder sehr leichtes Pflanzenöl

Auberginen schälen und in Scheiben schneiden. In ein Sieb legen und dabei jede Lage salzen. 2–4 Stunden stehen lassen, damit der bittere Saft abtropfen kann; zwischendurch gelegentlich leicht schütteln. Die Gemüsescheiben in ca. 300 cm³ Essig und etwas Wasser 5 Minuten blanchieren.
Gut abgießen und in ein großes Einmachglas schichten. Zwischen die Lagen in regelmäßigen Abständen etwas Knoblauch und Oregano geben. Das Glas mit Öl füllen und fest verschließen.
Die Auberginen sind nach ca. 1 Woche weich und halten sich ewig.

Lamoun Makbouss *Eingelegte Zitronen*

Eine Delikatesse, die besonders gut mit frischen Limonen zubereitet schmeckt.

Zitronen abschrubben, waschen, gut säubern und in Scheiben schneiden. Die Scheiben gut salzen und mindestens 24 Stunden auf einem großen, schiefgestellten Teller oder in einem Sieb ziehen lassen. Dadurch werden sie weich und verlieren ihre Bitterkeit. In ein Einmachglas schichten und zwischen jede Lage etwas Paprika streuen. Mit Olivenöl, leichtem Pflanzen- oder Nußöl bedecken und das Glas fest verschließen. Nach etwa 3 Wochen sollten die Zitronen fertig sein – weich, mild und von einem schönen Orange.
Man kann die Zubereitungszeit wesentlich verkürzen, wenn man die Zitronenscheiben (oder -viertel) vorher tiefgefriert. Die noch gefrorenen Stücke werden gesalzen und können bereits nach 1 Stunde weiterverarbeitet werden. Sie brauchen dann nur noch einige Tage in der Öl-Paprika-Mischung zu ziehen, bevor sie fertig zum Essen sind.

Torshi Meshakel *Mixed Pickles*

250 g kleine, ganze Einlegegurken
1 in dicke Scheiben geschnittene Karotte
1 kleiner, in Röschen zerteilter Blumenkohl
1 entkernte, in Streifen geschnittene Paprikaschote
250 g geschälte, geviertelte kleine weiße Rüben
½ rohe, geschälte, in mittelgroße Stücke geschnittene Rote Bete (nach Belieben)
einige in Stücke geschnittene, frische grüne Bohnen (wenn erhältlich)
3 Knoblauchzehen
1 kleine getrocknete Chilischote
einige Zweige frischer Dill
2 TL Dillsamen
knapp 1 l Wasser
300 cm³ weißer Weinessig
4–6 gestrichene EL Salz

Die Gemüse waschen, vorbereiten und in ein großes Einmachglas schichten. Dazwischen in regelmäßigen Abständen Knoblauchzehen, Chili und Dill verteilen.
In einem Glas- oder Porzellangefäß Wasser, Essig und Salz vermischen und die Lösung über das Gemüse gießen, so daß es bedeckt ist. (Wenn nötig, mehr Flüssigkeit zubereiten.) Gut verschließen und an einen warmen Ort stellen. Die Pickles sollten in ca. 2 Wochen fertig sein. Wer sie lieber ohne die leicht rötliche Färbung mag, kann die Rote Bete weglassen.
Nicht länger als 2 Monate aufbewahren, außer in einem Kühlschrank.

Tomatensauce

Auch wenn es sich hierbei nicht um eingelegte Tomaten handelt, habe ich die Sauce in dieses Kapitel aufgenommen, da sie gut vorbereitet und in Gläsern aufbewahrt werden kann.

1 kg Tomaten
Olivenöl
1 große, feingehackte Zwiebel
4 Knoblauchzehen
Salz
schwarzer Pfeffer
1 TL Zucker (nach Belieben)
2 EL feingehackte Petersilie
2 TL getrockneter, zerriebener Oregano

Tomaten kurz in kochendes Wasser tauchen, häuten und vierteln. In einem großen Topf 3 EL Öl erhitzen und darin die Zwiebel goldgelb dünsten. Knoblauch zugeben und einige Minuten weiterdünsten, bis er etwas Farbe angenommen hat. Tomaten zufügen. Mit Salz, Pfeffer und evtl. Zucker würzen. Petersilie und Oregano darüberstreuen und die Tomaten leicht mit der Gabel zerdrücken. Einige Minuten sautieren, dann zugedeckt auf sehr kleiner Flamme ca. 1 Stunde kochen. Die Tomaten sollten in ihrem eigenen Saft geschmort werden. Wasser nur zugießen, wenn unbedingt nötig.
Knoblauch entfernen und die Sauce in ein Einmachglas gießen. Die Oberfläche mit etwas Olivenöl bedecken, das Glas fest verschließen und an einem kühlen Ort lagern, bis die Sauce gebraucht wird. Sie hält sich viele Monate lang, wenn die Oberfläche mit einer dünnen Ölschicht völlig überzogen ist.

Reis – *Roz*

Reis ist fast in allen Ländern des Vorderen Orients ein Grundnahrungsmittel, außer in Marokko, wo er durch *Couscous* ersetzt wird. Bei den Arabern heißt er *Roz*, bei den Türken *Pirinç* oder *Pilaw* (wenn er mit anderen Zutaten zusammen gekocht wird), bei den Persern *Chilau* oder *Polo*, wenn andere Zutaten dabei sind.
Gemäß der nahöstlichen Tradition wird Reis gleichzeitig mit allen anderen Gerichten serviert, so daß jeder ihn nach seinem eigenen Geschmack zu irgendeinem der Gänge, vorher oder nachher, essen kann. In Familien, die die westliche Gewohnheit der drei Gänge angenommen haben, wird Reis oft zum Schluß des Essens gereicht, zusammen mit einer Sauce oder als Teil des Hauptgerichtes.

Wie man Reis kocht

Auch wenn fast jede Familie auf ihre eigene Methode, Reis zu kochen, schwört, gibt es doch für jedes Land ganz bestimmte, grundlegende Arten. Ich gebe hier nur vier der gebräuchlichsten Methoden an.
Langkornreis wird immer als Gegensatz zu Milchreis, italienischem oder spanischem Reis verwendet. Er zeichnet sich durch seine Fähigkeit, locker und körnig zu bleiben, aus. Gut gekocht ist er immer weich aber fest, nicht zu wässrig und niemals verklebt. In den Läden gibt es zahlreiche verschiedene Sorten zu kaufen.

Vier Methoden, einfachen Reis zu kochen

500 g Reis sind normalerweise ausreichend für 6 Personen.
Ich gebe die Mengen in Tassen an, da das Volumen wichtiger als das Gewicht ist, um Reis richtig zu kochen. 2 Tassen sollten die 500 g fassen. Nimmt man Hühnerbrühe oder Fleischbrühe statt Wasser zum Kochen, wird der Reis besonders würzig.

1. *Eine syrische Methode*

2 Tassen Langkornreis
2 Tassen Wasser
Salz
60–90 g Butter oder Margarine

Kochendes Wasser über den Reis gießen und einige Sekunden umrühren; über einem Sieb abgießen und unter fließendem kalten Wasser klarspülen. Gut abtropfen lassen.
In einem Topf das Wasser zum Kochen bringen und salzen. Reis hineinschütten und wieder zum Kochen bringen. 2 Minuten heftig sprudeln lassen. Mit einem gut schließenden Deckel den Topf zudecken und den Reis ungestört ca. 20 Minuten auf kleiner Flamme köcheln lassen, bis die ganze Flüssigkeit aufgesogen und der Reis gar ist. Auf der Oberfläche sollten sich viele kleine Löcher gebildet haben. Herd ausdrehen und den Reis 10 Minuten ruhen lassen.
In einem anderen Topf die Butter oder Margarine schmelzen und gleichmäßig über dem Reis verteilen. Unzugedeckt weitere 3 Minuten ruhen lassen, bis das geschmolzene Fett aufgesogen worden ist.

2. *Eine libanesische Methode*

Die Zutaten und Mengen sind die gleichen wie oben.
Den Reis wie oben angegeben waschen und abgießen. In einen Topf Wasser, Salz und Butter oder Margarine geben und zum Kochen bringen. Reis hineinschütten und 2 Minuten heftig aufkochen. Den Topf gut zudecken und ungestört auf sehr kleiner Flamme 20 Minuten köcheln lassen, bis der Reis gar und körnig ist. Herd abdrehen und vor dem Servieren 10 Minuten ruhen lassen.

3. *Eine ägyptische Methode*

Die Zutaten und Mengen sind die gleichen wie oben. In meiner Familie und in den jüdischen Haushalten wurde Öl statt Butter oder Margarine verwendet.
Reis waschen und abgießen wie oben. (Bei dieser Methode braucht der Reis jedoch nicht unbedingt gewaschen zu werden.)
Das Fett in einem Topf erhitzen. Den Reis hineinschütten und etwa 1 Minute anbraten, bis die Körner glasig und rundherum mit Fett bedeckt sind. Wasser zugießen und salzen. 2 Minuten aufkochen und gut zugedeckt etwa 20 Minuten ungestört auf kleiner Flamme

köcheln lassen, bis der Reis gar ist und die kleinen Löcher auf der Oberfläche erschienen sind. Nie während des Kochens umrühren. Vor dem Servieren 10 Minuten ruhen lassen.

4. *Eine persische Methode – Chilau* oder gedämpfter Reis

Wenn erhältlich, am besten *Basmati*-Reis verwenden. Gut in kochendem Wasser waschen und anschließend in einer Schüssel mit reichlich Salzwasser 5 Stunden oder über Nacht einweichen. Eine Stunde, bevor er serviert werden soll, abgießen und unter kaltem Wasser abspülen. Zusammen mit 2 EL Salz in kochendes Wasser schütten. Das Salz machte den Reis besonders körnig, jedoch ohne in die Körner einzudringen.

Den Reis heftig kochen, bis er fast gar ist. Er sollte sich ohne großen Widerstand zerbeißen oder zerschneiden lassen. Das dauert ca. 8–10 Minuten. Sofort abseihen und unter lauwarmem Wasser abspülen, um das überflüssige Salz zu entfernen. Gut abtropfen lassen.

Der Reis wird jetzt mit 60–90 g Öl oder geschmolzener Butter gedünstet. Die Hälfte des Fettes mit 2 EL Wasser in einen dickwandigen Topf geben. Leicht erhitzen und den Reis zugeben, dann das restliche Fett darübergießen. Ein sauberes Tuch über den Topf breiten. Den Deckel darauflegen und die Enden des Tuches darüber verknoten, damit sie nicht auf die Herdplatte hängen. Das Tuch nimmt die verdunstende Feuchtigkeit auf, wodurch der Reis besonders locker wird. 15–20 Minuten auf kleiner Flamme garen.

Der Reis auf dem Boden wird kroß und goldbraun sein. Meistens wird er herausgekratzt und in einem kleinen Extraschälchen gereicht. Er gilt als Delikatesse und wird zuerst den Gästen angeboten. Man nennt ihn *Dig.*

Manche Leute ziehen es auch vor, den Boden des Topfes mit Brotscheiben oder rohen Kartoffeln auszulegen, die dann genauso wie *Dig* serviert werden.

Chilau wird mit verschiedenen Saucen oder *Khoreshtha* (S. 291) serviert. Ohne Sauce, nur als Beilage serviert, ißt man diesen Reis mit einem guten Stück Butter oder mit einem rohen Eigelb, das in einer halben Eierschale dazu gereicht wird. Über jede Portion Reis wird jeweils ein Eigelb gegossen und damit verrührt.

Safran-Reis

Den Reis nach der ägyptischen Methode (3) zubereiten (S. 274), aber während des Anbratens 1/4 bis 1/2 TL Safran zufügen. Der gekochte Reis bekommt so eine wunderbare, gelbe Farbe.
Statt des teuren Safrans kann man auch 3/4 TL Gelbwurz nehmen.

Roz bil Shaghria *Reis mit Fadennudeln*

Ein Gericht aus Reis und Fadennudeln wird in vielen Ländern am zweiten Abend im neuen Jahr gegessen, »damit das Geschäft besser geht und sich ausdehnt wie die Fadennudeln« oder »damit man fruchtbar wird und viele Kinder bekommt«.

375 g Langkornreis
120 g über Nacht eingeweichte Kichererbsen
1 feingehackte Zwiebel
90 g Butter
2 EL Öl
180–250 g in kleine Stücke zerbrochene Fadennudeln
etwas mehr Wasser als das Reisvolumen
Salz

Den Reis in kochendem Wasser waschen und in kaltem Wasser spülen. Gut abgießen. Kichererbsen in frischem Wasser sehr weich kochen (ca. 1 Stunde oder mehr, je nach Qualität). Die Zwiebelwürfel in einer Mischung aus Butter und Öl braten. Wenn sie glasig sind, die Fadennudeln zugeben und weiterbraten, bis sie leicht Farbe angenommen haben. Den vorbereiteten Reis zufügen und auf mittlerer Flamme so lange rühren, bis die Körner glasig und mit Fett überzogen sind. Wasser zugießen und salzen. Aufkochen und zugedeckt auf kleiner Flamme weiterkochen, bis das Wasser aufgesogen und der Reis locker und körnig ist (ca. 20 Minuten).
Die fertigen Kichererbsen untermengen und das Gericht noch einmal erhitzen, bis alle Zutaten sehr heiß sind.
Mit Joghurt und Gurkensalat servieren.

Roz bi Dfeen *Reis mit Fleisch und Kichererbsen*

500 g gewürfeltes, mageres Rindfleisch (nach Belieben)
90–120 g Butter
500 g Perlzwiebeln
60 g über Nacht eingeweichte Kichererbsen
Salz
schwarzer Pfeffer
1 TL gemahlener Kümmel oder Zimt
2 Tassen gewaschener und abgetropfter Langkornreis

Verwendet man Fleisch, dieses in einem großen Topf zusammen mit den Zwiebeln in heißer Butter anbraten. Sobald die Zwiebeln goldgelb und das Fleisch braun sind, die abgegossenen Kichererbsen zugeben und alles mit Wasser bedecken. Mit Pfeffer und Kümmel oder Zimt würzen und zugedeckt ca. 2 Stunden schmoren, bis das Fleisch gar ist. Mit Salz abschmecken.

Sobald weniger als 2 Tassen Flüssigkeit im Topf sind, mit Wasser auf diese Menge auffüllen. Ist zum Schluß mehr als diese Menge übrig, ohne Deckel weiterkochen, bis die Flüssigkeit entsprechend reduziert ist. Aufkochen und den Reis zugeben. Gut umrühren und zugedeckt etwa 20 Minuten ungestört leise köcheln lassen. Wasser nachgießen, falls der Reis noch zu hart erscheint. Herd ausdrehen und einige Minuten ruhen lassen, bevor das Gericht serviert wird.

Verwendet man kein Fleisch, die Zwiebeln braten und dann mit den Kichererbsen zusammen in einer Fleischbrühe kochen. Wenn die Kichererbsen gar sind, die Flüssigkeit auf 2 Tassen ergänzen oder reduzieren, den Reis zugeben und weiterkochen, wie vorher angegeben.

Reis mit Fleisch, Pinienkernen und Mandeln

500 g gekochter Langkornreis
250 g Lamm-, Rinder- oder Kalbshackfleisch
60 g Pinienkerne
60 g geschälte und gehackte Mandeln
Öl oder Butter
Salz
schwarzer Pfeffer
½ TL gemahlener Zimt oder
¼ TL gemahlener Piment (nach Belieben)
30–60 g kernlose Rosinen (nach Belieben)

Den Reis nach einer der Methoden auf S. 274 und S. 275 kochen. Das Fleisch und die gemischten Nüsse in verschiedenen Töpfen anbräunen. Die Nüsse brauchen nur 2 oder 3 Minuten. Dem Fleisch etwas Wasser zufügen und so lange braten, bis es rundherum Farbe angenommen hat. Mit den Nüssen mischen und mit den angegebenen Zutaten würzen.

Den heißen Reis zu einer Pyramide oder einem Ring formen und mit der Fleisch-Nuß-Mischung garnieren. Statt dessen kann man auch die Mischung in eine gefettete Kuchenform füllen und den Reis fest daraufdrücken. Dann auf eine Platte stürzen.

Reis mit Dicken Bohnen

Gutes Öl
1 große, feingehackte Zwiebel
500 g frische, geschälte oder tiefgefrorene Dicke Bohnen
Salz
schwarzer Pfeffer
2 zerdrückte Knoblauchzehen
½–1 TL gemahlener Koriander
2 Tassen gewaschener und abgegossener Langkornreis

In einem großen, schweren Topf 2 EL Öl erhitzen und die Zwiebel darin goldgelb braten. Dicke Bohnen zugeben und unter gelegentlichem Umrühren sautieren. Mit etwas Wasser bedecken und mit Salz und Pfeffer würzen. Köcheln lassen, bis die Bohnen weich sind.

In einer großen Pfanne Knoblauch und Koriander in 2 EL Öl anbraten. Den Reis zufügen und glasig, aber nicht braun braten. Die Bohnen und so viel Wasser zugeben, daß die Flüssigkeit in der Pfanne 2 Tassen voll ergibt. Aufkochen und zugedeckt etwa 20 Minuten ungestört köcheln lassen, bis der Reis weich ist.

Heiß als Beilage zu Fleisch oder kalt mit Joghurt und Gurkensalat servieren.
Manchmal wird der Reis auch extra gekocht (S. 274). In diesem Fall wird der angebratene Knoblauch und Koriander zu den Dicken Bohnen gegeben. Kurz vor dem Servieren mischt man Reis und Bohnen zusammen.

Reis mit frischen Kräutern

Perser haben eine Vorliebe für frische Kräuter. Ein traditionelles Neujahrsessen besteht aus Reis, der mit verschiedenen Kräutern gekocht wird. Ihre grüne Farbe soll angeblich Glück und ein »grünes« Jahr verheißen.
Die Kräuter werden nach dem eigenen Geschmack und der jeweiligen Jahreszeit ausgewählt. Von den Persern bevorzugt werden *Tare* (Estragon), Schnittlauch, Petersilie und Dill, Bockshornklee und *Gishnise,* das es in Deutschland nicht gibt. Wichtig ist bei der Wahl vor allem, daß es *frische* Kräuter sind.
Die Kräuter waschen und fein hacken. 500 g Reis nach dem Rezept für *Chilau* (S. 275) zubereiten. Wenn er fast gar ist, die Kräuter zugeben. Nach 8–10 Minuten in ein Sieb schütten, die Kräuter bleiben an den Körnern hängen. Wie im Grundrezept angegeben mit Öl oder Butter dämpfen.
Dieses Gericht wird oft zusammen mit Fisch gereicht.

Reis mit Pinienkernen, Pistazien und Mandeln

Dieses sehr dekorative Gericht eignet sich besonders gut für Partys.
Einfachen oder Safranreis nach einer der Methoden auf S. 274 zubereiten. Eventuell in Brühe kochen.
Je 30 g Pistazien und Mandeln grob hacken und mit 60 g Pinienkernen in etwas Öl leicht goldgelb rösten. (Man kann auch nur eine Sorte Nüsse verwenden, wenn man es vorzieht.)
Kurz vor dem Servieren eine Kuchenform einfetten und die Nüsse gleichmäßig darin verteilen. Den Reis fest daraufpressen und auf eine heiße Platte stürzen.
Dieses Gericht läßt sich auch einige Stunden vorher zubereiten und im Ofen warmhalten.

Türkischer Auberginen-Pilaw – kalt serviert

500 g Auberginen
Salz
1 Teetasse Olivenöl
500 g Langkornreis

Auberginen in kleine Stücke teilen und in ein großes Sieb legen. Salzen und mindestens ½ Stunde ziehen lassen, damit der bittere Saft abtropft. Ausdrücken, unter kaltem Wasser spülen und mit Küchenkrepp trockentupfen.
Die Auberginenstücke in der Hälfte des Öls anbraten, bis sie rundherum Farbe angenommen haben und weich sind; sie brauchen nicht mehr gesalzen zu werden.
Reis nach einem der Rezepte auf S. 274 zubereiten, aber den Rest des Öls statt Butter nehmen. Mit Salz abschmecken. Den Reis 15 Minuten kochen, dann die Auberginen daruntermengen. Etwa 20 Minuten auf kleiner Flamme köcheln lassen, wie für *Chilau* (S. 275) angegeben.
Kalt mit Joghurt servieren.

Arabische Redensart: »Statt Reis mit Auberginen zu essen, kauf lieber etwas, um Deinen Hintern zu bedecken.« (Bis vor kurzer Zeit galt Reis als teures Gericht. Ein armer Mann, der Reis und auch noch Auberginen kaufte, wurde daher für unnötig extravagant gehalten.)

Tomaten-Pilaw

250 g gehackte Zwiebeln
3 EL Nuß- oder Olivenöl
1 Knoblauchzehe (nach Belieben)
750–1000 g reife, enthäutete oder 850 g Dosentomaten
Salz
schwarzer Pfeffer
1 TL Zucker (nach Belieben)
1 Lorbeerblatt (nach Belieben)
1 TL getrockneter Oregano (nach Belieben)
500 g gewaschener und abgegossener Langkornreis

In einem großen, schweren Topf die Zwiebeln in heißem Öl goldgelb braten. Eventuell Knoblauch zufügen. Die Tomaten daruntermengen und mit Salz, Pfeffer und evtl. etwas Zucker würzen. Die Tomaten mit der Gabel zerdrücken und schmoren, bis sie einen leicht »gebratenen« Geschmack annehmen. Mit Wasser bedecken

und etwa $^3/_4$ Stunden köcheln lassen. Je nach Geschmack mit Lorbeerblatt oder Oregano würzen. Übrig gebliebenes Hackfleisch kann ebenso dazugemengt werden.
Sobald die Sauce aromatisch und dickflüssig geworden ist, den Reis dazuschütten. Soviel Wasser zugießen, daß die Flüssigkeit dasselbe Volumen wie der Reis erhält. Aufkochen und zugedeckt ca. 20 Minuten ungestört köcheln lassen, bis der Reis gar ist. Er wird lachsfarben sein und den Geschmack der Tomaten angenommen haben.

Kuzu-Pilav *Türkischer Lamm-Pilaw*

1 große, feingehackte Zwiebel
3 EL Butter oder Öl
375–500 g mageres, in kleine Stücke geschnittenes Lammfleisch
Salz
schwarzer Pfeffer
$^3/_4$ TL gemahlener Zimt
2–3 EL Tomatenmark
3 EL feingehackte Petersilie
500 g gewaschener und abgegossener Langkornreis

In einem großen, schweren Topf die Zwiebel in heißer Butter oder Öl goldgelb braten. Fleisch zugeben und rundherum anbräunen. Mit Salz, Pfeffer und Zimt würzen. Topf zudecken und das Fleisch mit der Zwiebel im eigenen Saft schmoren. Tomatenmark in etwas kaltem Wasser auflösen und in die Fleischmischung rühren. Mit Wasser bedecken, mit Petersilie bestreuen, aufkochen und ca. $1^1/_2$ Stunden weiterköcheln lassen, bis das Fleisch sehr weich und die Sauce eingedickt ist.
Die Flüssigkeit im Topf zu demselben Volumen, das der trockene Reis hat, auffüllen. Reis dazuschütten, aufkochen und zugedeckt ca. 20 Minuten ungestört köcheln lassen, bis der Reis gar ist. Wenn nötig, mehr Wasser nachgießen.

Variationen: Eine köstliche Version besteht darin, dem Stew je 1 EL Pinienkerne und Rosinen zuzufügen. – Eine andere Möglichkeit ist, zusammen mit dem Stew eine in Streifen geschnittene Paprikaschote und 2 reife, enthäutete und in Stücke geschnittene Tomaten zu kochen. – Will man den Reis mit Safran färben, läßt man das Tomatenmark weg. Statt dessen würzt man das Gericht dann noch mit gehackter Petersilie und Sellerieblättern.

Tavuklu Pilav

Einfacher türkischer Hähnchen-Pilaw

1 großes (1,5 kg) Brathähnchen oder 1 Poularde
2 EL Öl
Salz
schwarzer Pfeffer
1 TL getrocknete Kräuter nach Geschmack
500 g gewaschener und abgetropfter Langkornreis

Das Hähnchen ausnehmen und waschen. In heißem Öl rundherum anbräunen. Mit Wasser bedecken, mit Salz, Pfeffer und Kräutern nach Geschmack würzen. Aufkochen und in ca. 1 Stunde garen. Das Geflügel etwas abkühlen lassen, bevor man es aus der Brühe nimmt.

Das Hähnchen sogleich in größere Stücke zerteilen und in einem Teil der Brühe heiß halten, damit es nicht austrocknet. Die Brühe abmessen; ist mehr als das Reisvolumen übrig, durch heftiges Kochen reduzieren. Das Gerippe vom restlichen Fleisch befreien und diese kleinen Stückchen zurück in die Brühe geben. Den Reis hineinschütten, umrühren und aufkochen. Dann zugedeckt auf kleiner Flamme ungestört etwa 20 Minuten weiterköcheln lassen, bis der Reis gar ist.

Den Reis auf eine große Platte häufen und die Fleischstücke darauf legen. Heiß servieren.

Variation: Bei einer libanesischen Version wird die Brühe mit 1 TL gemahlenem Zimt parfümiert. Den Reis wie beschrieben kochen. 60 g blanchierte Mandeln und 30 g Pinienkerne in Butter anbraten und auf dem Boden einer gefetteten Form verteilen. Den gekochten Reis darauf drücken und das Ganze auf einen Teller stürzen. Mit dem Hähnchenfleisch garnieren.

Teheraner Zeresk

Dieses köstliche *Polo*-Hähnchen erhält sein besonderes Aroma durch die Berberitzen (Sauerbeeren), die in Persien *Zeresk* heißen.

1 großes Brathähnchen oder
1 Poularde (1,5 kg), in Stücke zerteilt
4 EL Butter oder Öl
300 cm³ Joghurt
1 leicht verquirltes Ei
¼ TL Safran
Salz
schwarzer Pfeffer
500 g Reis (sehr gute Qualität)
30–60 g gewaschene Berberitzen (Sauerbeeren)

In einem großen Topf die Hähnchenstücke in 2 EL Butter oder Öl sautieren, bis sie rundherum braun sind. Mit Wasser bedecken und garen. Abkühlen lassen. Die Fleischstücke entbeinen. In einer großen Schüssel Joghurt, das mit Safran und etwas Wasser verquirlte Ei, Salz und Pfeffer miteinander vermengen. Gut vermischen und das entbeinte Fleisch darin wenden.
Den Reis wie für *Chilau* (S. 275) zubereiten. Keine andere Methode eignet sich für dieses Gericht gleich gut.
Vor dem Dämpfen den Boden des Topfes mit 2 EL Fett ausgießen und die Hälfte des Reises darauf verteilen. Darauf das Fleisch und die Joghurt-Mischung geben; die Berberitzen darüber verteilen. Mit dem restlichen Reis bedecken.
Zugedeckt weitere 30 Minuten wie im Rezept angegeben dämpfen.

Variation: Die Zutaten wie oben beschrieben vorbereiten. Die in der Joghurt-Mischung gewendeten Fleischstücke beiseite stellen. Etwa die Hälfte des Reises mit dem restlichen Joghurt vermengen. Eine große Kasserolle mit 2 EL Öl einfetten und einen Teil dieser Mischung auf dem Boden und an den Seiten der Form verteilen, so daß eine äußere Hülle entsteht. Abwechselnd Fleisch, einige Berberitzen, einfachen Reis und Joghurtreis daraufschichten. Die Lagen mit einem beschwerten Teller o. ä. fest zusammenpressen. Die Kasserolle zudecken und bei 180° C in etwa 1 Stunde gar backen. Die Form aus dem Ofen nehmen und sofort in kaltes Wasser tauchen, damit sich das Gericht leichter stürzen läßt. Auf eine vorgewärmte Platte stürzen. Der äußere Mantel sollte kroß, das Innere schön weich sein.

Seleq *Lamm mit in Milch gekochtem Reis*

Dies ist ein beliebtes Gericht aus Saudi-Arabien. Die angegebenen Mengen reichen für sehr viele Personen – so z. B. auch für eine Party. Halbieren Sie die Mengen für 6 Personen.

1 große Lammkeule
2 feingehackte Zwiebeln
Salz
schwarzer Pfeffer
4 Tassen Milch
4 Tassen gewaschener Langkornreis
180–250 g geschmolzene Butter

Die ganze oder in Stücke zerteilte Keule zusammen mit den Zwiebeln in Wasser schmoren, mit Salz und Pfeffer würzen. Nach ca. 2 Stunden sollte das Fleisch gar sein. Das Fleisch herausnehmen und warmstellen. Wenn nötig, die Flüssigkeit mit Wasser auf 6 Tassen auffüllen. Milch dazugießen und aufkochen. Dann den Reis hineinschütten und zugedeckt so lange köcheln lassen, bis er fast zu Mus geworden ist. Würzen.
In einer großen Schüssel anrichten, die Butter darübergießen und die Fleischstücke obenauf legen. Dieses Gericht wird mit Grünem, Gurken- und Tomatensalat serviert. Manche Leute reichen auch Honig dazu, den sich jeder selbst unter den Reis mengt.

Persisches Polo-Hähnchen

Zwei der köstlichsten Hähnchen-Gerichte sind Variationen des persischen *Morg Polo.* Beide werden zu besonderen Gelegenheiten wie Neujahr, Hochzeiten oder anderen Feiertagen serviert.

500 g Reis (beste Qualität)
1 feingehackte Zwiebel
5 EL Butter oder Öl
1 großes Brathähnchen oder 1 Poularde (1,5 kg), in Stücke zerteilt
Salz
schwarzer Pfeffer
1 EL Rosinen (oder mehr)
120–180 g gehackte Dörraprikosen
½–1 TL gemahlener Zimt

Den Reis wie für *Chilau* (S. 275) waschen und kochen, aber nicht dämpfen. Oder nach einer der anderen Methoden (S. 274) halb gar kochen.
In einem Topf die Zwiebel in 3 EL Butter oder Öl goldgelb braten.

Geflügelstücke zugeben und rundherum anbräunen. Mit Salz und Pfeffer würzen, Rosinen und Aprikosen zufügen und 1–2 Minuten weiterschmoren; dabei die Früchte gelegentlich umrühren. Mit Zimt bestäuben, mit Wasser bedecken und zugedeckt auf kleiner Flamme kochen, bis das Fleisch sehr zart und die Sauce reduziert ist. Eventuell das Hähnchen entbeinen.
Den Boden eines großen, schweren Topfes mit 2 EL Butter oder Öl ausgießen. Die Hälfte des vorbereiteten Reises darauf verteilen, mit den Hähnchenstücken bedecken und die Sauce darübergießen. Den restlichen Reis über dem Gericht verteilen. Über den Topf ein Tuch legen, den Deckel daraufsetzen und auf sehr kleiner Flamme 20 bis 30 Minuten dämpfen. Das Tuch absorbiert die Feuchtigkeit und macht den Reis besonders locker. Alles zusammen vermischt servieren.

Persisches Lamm mit Aprikosen

120 g Butter
1 feingehackte Zwiebel
500 g mageres, gewürfeltes Lammfleisch
Salz
schwarzer Pfeffer
½ TL gemahlener Zimt
2 EL kernlose Rosinen
120 g halbierte Dörraprikosen
500 g Langkornreis

In einem großen, schweren Topf 60 g Butter erhitzen und darin die Zwiebel goldgelb anbraten. Das Fleisch zugeben und rundherum anbräunen. Mit Salz, Pfeffer und Zimt würzen. Rosinen und Aprikosen zufügen und alles leicht andünsten. Mit Wasser bedecken und zugedeckt ca. 1½ Stunden köcheln lassen, bis das Fleisch sehr weich ist und das Aroma der Früchte aufgenommen hat. Ist das Stew am Ende der Kochzeit noch sehr flüssig, durch heftiges Aufkochen reduzieren.
Den Reis nach einem der Rezepte auf S. 274 zubereiten; dafür die restlichen 60 g Butter verwenden. Geht man nach der *Chilau*-Methode vor, den Reis kochen, aber nicht dämpfen. Bei den anderen Rezepten den Reis nur 10–15 Minuten, d. h. halb gar kochen.
In einen großen, schweren Topf abwechselnd Reis und Stew schichten, dabei mit Reis anfangen und aufhören. Zudecken und etwa 20 Minuten dämpfen, bis der Reis gar ist und etwas Sauce aufgesogen hat. Ein Tuch unter dem Deckel nimmt den Dampf auf und macht so den Reis lockerer.

Shirini Polo

90–120 g kandierte Orangen- oder Tangerinenschale
Zucker
1 großes Brathähnchen oder Poularde (1,5 kg), in Stücke zerteilt
Salz
schwarzer Pfeffer
½ TL Safran
120 g gehackte, blanchierte Mandeln oder Pistazien
500 g gewaschener und abgetropfter Reis (beste Qualität)
Butter oder Öl

Die kandierte Orangen- oder Tangerinenschale so vorbereiten: Möglichst viel von der weißen Schicht entfernen. In dünne Streifen schneiden und wiegen. Ohne Zucker in ca. ½ Tasse Wasser weichkochen. Dann genausoviel Zucker zugeben und weiterkochen, bis die Flüssigkeit reduziert ist und die Orangenstreifen süß sind. Besonders gut schmeckt bittere Schale auf diese Weise zubereitet. (Man kann ohne weiteres auch gekaufte kandierte Orangen verwenden.)

Die Hähnchenstücke mit Wasser bedecken, salzen, pfeffern und mit ¼ TL Safran bestäuben. Zugedeckt auf kleiner Flamme garen. Das Fleisch entbeinen und in kleine Stücke schneiden. Zurück in die reduzierte Brühe legen, die Orangenschale und Mandeln oder Pinienkerne zugeben und weitere 15–20 Minuten köcheln lassen. Die Flüssigkeit muß sich auf das Volumen des Reises reduzieren.

Den Reis waschen und wie für *Chilau* (S. 275) zubereiten. Den restlichen ¼ TL Safran darüberstäuben. Noch nicht dämpfen. Zuerst den Boden eines schweren Topfes mit 2 EL Öl oder Butter ausgießen. Abwechselnd Reis und Fleischmischung in den Topf schichten, mit einer Lage Reis abschließen.

Jetzt ein Tuch über den Topf legen, mit dem Deckel verschließen und auf sehr kleiner Flamme 20–30 Minuten dämpfen, bis der Reis den süßen Saft der Hähnchensauce aufgesogen hat.

Havij Polo *Reis mit Karotten*

500–750 g grob geriebene Karotten
1 feingehackte Zwiebel
Butter oder Öl
1–2 EL Zucker (oder mehr)
½ TL gemahlener Zimt (nach Belieben)
500 g Langkornreis
Salz
1 EL Rosenwasser

Die Zwiebel in 2–3 EL Öl oder Butter goldgelb braten. Karotten zufügen und 10 Minuten leicht sautieren. Mit Zucker und evtl. Zimt würzen.
Den Reis am besten nach dem Rezept für *Chilau* (S. 275) zubereiten. Vor dem Dämpfen den Boden des Topfes einfetten und abwechselnd eine Lage Reis und eine Lage Karotten einschichten. Mit Reis beginnen und aufhören. Auf die Oberfläche Rosenwasser sprenkeln und das Gericht auf sehr kleiner Flamme 30 Minuten wie angegeben dämpfen.
Einen Lammbraten mit dem Reis umlegen und heiß servieren. Bevorzugt man Fleischbällchen, 750–1000 g mageres Lammhackfleisch mit Salz, Pfeffer und 1 TL gemahlenem Zimt zu einem geschmeidigen Teig verarbeiten. In kleine Kugeln formen und in Öl oder Butter rundherum anbraten. Diese Fleischbällchen vor dem Dämpfen zwischen den Reis und die Karottenmischung legen.

Eine Geschichte über Goha

Eines Tages ging Goha zum Markt. Vor dem Fenster eines Restaurants hielt er an, um die ausgestellten Pilaws, Stews, Hähnchen, Fischgerichte und anderen appetitanregenden Köstlichkeiten zu betrachten. Wie er so dastand und den herrlichen Duft einsog, der aus dem Restaurant strömte, sprach der Chefkoch ihn an:
»Kommen Sie herein, mein Herr, und fühlen Sie sich wie zu Hause!«
In dem Glauben, als Gast eingeladen zu sein, nahm Goha an. Er setzte sich hin, aß von allen Gerichten so viel er konnte und füllte sogar seine Taschen noch mit Pilaw, um ihn seinem Sohn mitzubringen. Aber als er aufstand, um zu gehen, rief der Chefkoch aus:
»Sie müssen noch bezahlen! Sie haben für 10 Piaster gegessen!«
»Aber ich habe kein Geld«, antwortete Goha. »Ich dachte, ich sei Ihr Gast gewesen.«
Der Chefkoch schleppte Goha vor den Emir, der ihn zur Strafe rückwärts auf einem Esel reitend durch die Stadt schickte. Als er so durch die Straßen ritt, begleitet von einem langen Zug johlender Menschen, von denen einige sogar auf Pfeifen und Trommeln Musik machten, sah ihn ein Freund und rief aus:
»Was machst Du denn da, Goha? Warum behandeln Dich die Leute so?«
»Ich habe einen guten Pilaw umsonst erhalten und noch eine Extraportion für meinen Sohn«, erwiderte Goha. »Und jetzt darf ich umsonst auf einem Esel reiten, begleitet von kostenloser Musik!«

Reis mit Datteln und Mandeln

500 g Langkornreis
Salz
120 g halbierte, blanchierte Mandeln
120 g Butter
60 g Rosinen
120 g gehackte Datteln

Den Reis waschen und nicht ganz gar kochen, wie für *Chilau* (S. 275) beschrieben. Abgießen und warmstellen.
Die Mandeln in 60 g Butter goldbraun rösten. Rosinen und Datteln zugeben und unter Rühren einige Minuten bei mittlerer Hitze weiterbraten. Etwa ¾ Tasse (150 cm^3) Wasser zugießen und 15 Minuten köcheln lassen, bis die Datteln weich sind und das Wasser aufgesogen worden ist.
In einem großen, schweren Topf 1 EL Butter schmelzen. Die Hälfte des Reises hineingeben und darauf gleichmäßig die Datteln und Mandeln verteilen. Mit dem restlichen Reis bedecken und Butterflöckchen daraufsetzen. Mit einem sauberen Tuch bedecken und mit dem Deckel schließen. Auf sehr kleiner Flamme etwa 30 Minuten dämpfen.

Roz ou Hamud *Reis mit Hamud-Sauce*

Hier wird Reis mit einer kräftigen, säuerlichen Hühnersuppe oder -sauce serviert, die *Hamud* genannt wird. Für die Suppenversion das Rezept auf S. 274 zubereiten.
500 g Langkornreis nach einer der Methoden auf S. 274 für einfachen Reis zubereiten. Aber nicht damit beginnen, ehe die *Hamud*-Sauce fertig ist.

Etwas Hühnerklein, Knochen oder 2 Hühnerbrühwürfel
1 in Stücke geschnittene weiße Rübe
1 in Stücke geschnittene große Kartoffel
2 gehackte Stangen Sellerie mit Blättern
2 in dünne Ringe geschnittene Lauchstangen
2–3 in dünne Scheiben geschnittene Zucchini
2 EL feingehackte Petersilie
2–4 Knoblauchzehen
Saft von 1–2 Zitronen
Salz
schwarzer Pfeffer

Alle Zutaten in einen großen Topf geben und mit etwa 1 l Wasser bedecken. Aufkochen und den aufsteigenden Schaum abschöpfen. Dann die Hitze reduzieren und ca. 1 Stunde köcheln lassen, bis sich das Fleisch von den Knochen löst und die Kartoffel sich praktisch in Mus verwandelt hat. Wenn nötig, Wasser nachgießen, so daß die Flüssigkeit 1 l ergibt. Alle Knochen herausnehmen, aber Gemüse und Fleisch in der Brühe lassen.
Sauce und Reis getrennt servieren; die Sauce mit einem Löffel über jede individuelle Portion Reis gießen. Zu Hühnergerichten reichen.

Mandelsauce für Reis

Dies ist ein hervorragender Ersatz für *Hamud* und eine Spezialität aus Damaskus.

60 g gemahlene Mandeln (oder mehr)
½ l Hüherbrühe
Salz
weißer Pfeffer
1 zerdrückte Knoblauchzehe
2 EL feingehackte Petersilie
½ TL Zucker
Saft 1 Zitrone (oder mehr)
1 Prise Gelbwurz (nach Belieben)
feingehackte Petersilie zum Garnieren

In einem Topf die Mandeln und die kalte Brühe miteinander vermengen. Aufkochen, würzen und alle übrigen Zutaten dazugeben. Gelbwurz verleiht der Sauce eine hellgelbe Farbe. Unter gelegentlichem Rühren 20–30 Minuten köcheln lassen, bis die Mischung dicklich wird und die Sauce alle Aromata aufgenommen hat.
Mit gehackter Petersilie garnieren und zusammen mit einfachem Reis als Beilage zu Hühnergerichten servieren.

Reis mit Beid bi Lamoun

Beid bi Lamoun ist das gleiche wie die griechische *Avgolemono*-Sauce, die aus Eiern und Zitronensaft gemacht wird. Sie ist überall im Vorderen Orient sehr beliebt.
Die Mengen und Zutaten sind dieselben wie die für *Avgolemono*-Sauce für Fisch (S. 128); statt der Fischbrühe nimmt man jedoch Hühnerbrühe.
Heiß zu einfachem Reis (S. 274) servieren.

Iç Pilav *Gänseleber-Pilaw*

Bei dieser türkischen Spezialität kann die Gänseleber auch durch Hühnerleber ersetzt werden, wenn nötig.

500 g Langkornreis
120 g Butter
375 g gesäuberte und in Scheiben geschnittene Gänseleber
Salz
schwarzer Pfeffer
1 TL gemahlener Piment (nach Belieben)
8 feingehackte Frühlingszwiebeln
1 mittelgroße, feingehackte Zwiebel
1 EL Pinienkerne
1 EL Rosinen
1 TL Zucker
2 EL Tomatenmark oder
1 große, reife, enthäutete und gehackte Tomate
3 EL feingehackter Dill oder Petersilie

Den Reis wie auf S. 274 beschrieben waschen. 2 EL Butter in einer Pfanne erhitzen. Die Leber darin rundherum anbraten und herausnehmen. Mit Salz, Pfeffer und evtl. Piment würzen. Gut durchschütteln und beiseite legen. In demselben Fett die Frühlingszwiebeln anbraten, bis sie weich sind.

Den Rest der Butter in einen großen Topf geben. Schmelzen lassen und die Zwiebel darin anbraten. Pinienkerne und den vorbereiteten Reis zufügen und auf mittlerer Flamme gut verrühren. Wenn die Körner glasig und gut mit Fett überzogen sind, das gleiche Volumen Wasser zugießen, wie der Reis hat. Rosinen, Zucker und Tomatenmark (oder Tomate) darunterrühren und mit Salz und Pfeffer abschmecken. Mit einem Holzlöffel umrühren, damit die Reiskörner nicht zerbrechen. Aufkochen und zugedeckt 15 Minuten köcheln lassen, bis der Reis gar ist und alle Flüssigkeit aufgenommen hat.

Jetzt die Leber zu den Frühlingszwiebeln in die Pfanne geben. Dill oder Petersilie hinzufügen, gut vermischen und unter den gekochten Reis heben. Den Topf mit einem sauberen Tuch bedecken, mit einem Deckel gut verschließen und auf sehr kleiner Flamme 20 Minuten garen.

Reis mit Wachteln

Dieses köstliche Gericht kann ebensogut mit Tauben gemacht werden.

6 kleine Wachteln
120 g Butter
Salz
schwarzer Pfeffer
1 feingehackte Zwiebel
500 g Langkornreis
1 Prise Muskatnuß

Die Wachteln ausnehmen, waschen und trockenreiben. In einem großen Topf in heißer Butter sautieren, bis sie rundherum Farbe angenommen haben. In einen anderen Topf legen. Mit Wasser bedecken, mit Salz und Pfeffer würzen. Aufkochen, den aufsteigenden Schaum abschöpfen und zugedeckt in 6–10 Minuten garen. Abgießen und warm stellen. Die Brühe aufheben.
Zwiebel in derselben Butter wie die Wachteln goldgelb braten. Den gewaschenen und abgegossenen Reis dazuschütten und schmoren, bis alle Körner glasig und mit Fett überzogen sind. 2 Tassen der Wachtelbrühe darübergießen und eine Prise Muskatnuß darüberstäuben. Heftig aufkochen, dann die Hitze reduzieren und zugedeckt etwa 20 Minuten ungestört köcheln lassen, bis der Reis gar ist.
Auf einer großen Platte servieren, dabei die Wachteln auf ein Bett von Reis legen.

Persische Khoreshtha oder Saucen

Unter allen persischen Gerichten sind die gebräuchlichsten die *Khoreshtha* oder, da sie immer über Reis serviert werden, *Chilau Khoreshtha.* Für deutsche Verhältnisse sind es eher Stews als Saucen, da meistens auch Fleisch- oder Geflügelstückchen dazugehören. Da sie sowohl Fleisch als auch Gemüse enthalten, können sie durchaus auch als komplette Mahlzeit angesehen werden, mit einfachem Reis oder *Chilau* als Beilage (S. 275). Heute reicht man in Persien oft ein Eiergericht oder *Kuku* (das arabische *Eggah*) vorweg (S. 115).

Spinat- und Pflaumen-Khoresh

1 feingehackte Zwiebel
Butter oder Öl
500 g mageres, gewürfeltes Lamm- oder Rindfleisch
½–1 TL gemahlener Zimt
¼ TL geriebene Muskatnuß
Salz
schwarzer Pfeffer
Saft 1 Zitrone (oder mehr)
250 g über Nacht eingeweichte Dörrpflaumen
250 g frischer, gewaschener und gehackter Spinat

Die Zwiebel in einem großen Topf in 2–3 EL Fett goldgelb dünsten. Fleisch zugeben und rundherum anbraten. Mit Zimt und Muskatnuß bestäuben und mit Salz und Pfeffer würzen. Mit etwa ½ l Wasser bedecken und den Zitronensaft zugießen. Aufkochen, den aufsteigenden Schaum abheben und auf kleiner Flamme ca. 1½ Stunden kochen, bis das Fleisch fast gar ist. Die abgegossenen Pflaumen und den Spinat zufügen und weitere 15–20 Minuten köcheln lassen. Wenn nötig, mehr Wasser nachgießen. Dieses Gericht sollte flüssiger als ein Stew sein. Abschmecken und mit einfachem Reis servieren.

Variation: Bei einem Apfel- und Pflaumen-*Khoresh* wird der Spinat durch Kichererbsen und Äpfel ersetzt. Eventuell über Nacht eingeweichte Kichererbsen (60 g) gleichzeitig mit dem Wasser zugeben und köcheln lassen, bis sie weich sind. 1 oder 2 saure Äpfel schälen und in Scheiben schneiden. In Butter dünsten und zusammen mit den Pflaumen in das Stew geben. (Für diese Variation braucht man nur 90–120 g Dörrpflaumen.)

Apfel-Khoresh

1 feingehackte Zwiebel
4–5 EL Butter oder Öl
500 g mageres, gewürfeltes Lammfleisch
Salz
schwarzer Pfeffer
1 TL gemahlener Zimt
3 saure Äpfel
Saft 1 Zitrone (oder mehr)

Die Zwiebel in einem großen Topf in 2 EL Butter oder Öl sautieren. Fleisch zugeben und rundherum anbraten. Mit Salz und Pfeffer würzen und mit Zimt bestäuben. Etwa $1/2$ l Wasser zugießen, so daß das Fleisch bedeckt ist. Aufkochen, den aufsteigenden Schaum abheben und $1\,1/2$ bis 2 Stunden schmoren, bis das Fleisch gar ist. Wenn nötig, während des Kochens mehr Wasser nachgießen.
Die Äpfel schälen, entkernen und in Scheiben oder größere Stücke schneiden. In 2–3 EL Butter oder Öl dünsten, bis sie rundherum leicht gefärbt sind. Zusammen mit dem Zitronensaft in das Stew geben. In weiteren 5 Minuten weichkochen. Die Äpfel dürfen nicht völlig zerfallen, es sei denn, Sie ziehen Apfelmus vor und zerdrükken das Obst mit einer Gabel.
Mit einfachem Reis servieren.

Variationen: Um dem Stew eine festere Konsistenz zu geben, können am Anfang der Kochzeit Kichererbsen zu dem Fleisch gegeben werden. Statt des Lammfleisches eignet sich auch Hühnerfleisch. – Man kann ebensogut auch Schweinefleisch für das Stew nehmen, obwohl es im Vorderen Orient nicht verwendet wird.

Rhabarber-Khoresh

Butter
1 feingehackte Zwiebel
500 g mageres, gewürfeltes Rindfleisch
Salz
schwarzer Pfeffer
$3/4$ TL gemahlener Zimt
500 g frischer Rhabarber
Saft $1/2$ Zitrone

In einem großen Topf 2 EL Butter erhitzen und darin die Zwiebel goldgelb braten. Fleisch zugeben und rundherum gut anbräunen. Mit Wasser bedecken und mit Salz, Pfeffer und Zimt würzen. Aufkochen und $1\,1/2$–2 Stunden schmoren, bis das Fleisch gar ist.
Die Rhabarberstangen am oberen und unteren Ende abschneiden, wenn nötig schälen und in 5 cm lange Stücke schneiden. Einige Minuten in 2 EL Butter dünsten, mit Zitronensaft beträufeln und noch ein paar Minuten köcheln lassen. Zur Fleischsauce geben und 10 Minuten zusammen schmoren.
Mit einfachem Reis servieren.

Pfirsich-Khoresh

Die Sauce wie bei Apfel-Khoresh zubereiten (mit Lammfleisch oder Hähnchen), aber statt der Äpfel vier nicht ganz reife Pfirsiche nehmen. Die Früchte schälen, die Kerne entfernen und das Fruchtfleisch in Scheiben oder größere Stücke schneiden. Die Garzeit beträgt 15–20 Minuten.

Auberginen-Khoresh

Statt Lamm oder Rind kann man für dieses Gericht auch Hähnchenfleisch verwenden. Zucchini-Sauce wird auf dieselbe Weise zubereitet, indem man 500 g *ganze* Zucchini in das Stew gibt.

2 in Scheiben geschnittene Auberginen
Salz
1 große Zwiebel
Butter oder Öl
500 g mageres, gewürfeltes Rind- oder Lammfleisch
60 g über Nacht eingeweichte braune Linsen oder gelbe Erbsen
schwarzer Pfeffer
½–1 TL Gelbwurz (nach Belieben)
½ TL gemahlener Zimt (nach Belieben)
¼ TL geriebene Muskatnuß (nach Belieben)
2 EL getrocknete, zerriebene Minze
1–2 zerdrückte Knoblauchzehen

Auberginenscheiben mit Salz bestreuen und mindestens ½ Stunde in einem Sieb ziehen lassen, damit der bittere Saft abtropfen kann.
Die Zwiebel fein hacken und 1 EL für die Garnierung beiseite legen. Den Rest in 2 EL Butter oder Öl goldgelb dünsten. Das Fleisch zufügen und rundherum braun anbraten. Die abgegossenen Linsen (oder Erbsen) dazugeben und mit ca. ½ l Wasser bedecken. Mit Salz und Pfeffer würzen und 1½–2 Stunden auf kleiner Flamme garen. Eventuell mit Gelbwurz, Zimt und Muskatnuß abschmecken.
Das Salz von den Auberginen waschen, sie trocknen und in etwa 2 EL Butter oder Öl goldgelb sautieren. In das Stew geben und weitere 15–20 Minuten schmoren.
Die traditionelle Garnierung, die sehr aromatisch ist, besteht aus

1 EL goldgelb gebratener Zwiebel, der Minze und Knoblauch zugefügt werden. Alles zusammen ca. 1 Minute braten.
Die Sauce in eine große Schüssel gießen und mit dieser Mischung bestreuen. Dazu lockeren Reis servieren.

Variation: Den Saft von 1 Zitrone, 250 g enthäutete und gehackte Tomaten oder 3–4 EL Tomatenmark unter das Stew bzw. die Sauce rühren.

Brot – *Khubz*

Wie fast überall auf der Welt ist auch im Vorderen Orient das Brot die Grundlage des Lebens. Es ist rund, flach und nur leicht gesäuert. Es wird aus verschiedenen Sorten Weizenmehl hergestellt: aus grobem Mehl für erdiges, dunkles Brot; aus verfeinertem weißen Mehl für helles Brot. Es ist weich. Selbst die äußere Kruste ist nicht kroß, sondern weich, während das Innere etwas zäh ist, sich aber gut zum Aufsaugen von Saucen eignet.
In manchen Ländern stärker als in anderen verbindet sich ein religiöses und abergläubisches Gefühl mit dem Brot. Für manche ist es mehr als alles andere ein Geschenk Gottes. Vor der Zubereitung des Teigs wird gebetet und ein zweites Mal, bevor das Brot in den Ofen geschoben wird. Ein Stück Brot, das auf dem Boden liegt, wird sofort aufgehoben und respektvoll auf den Tisch gelegt. Es ist Bestandteil jeder Mahlzeit.

Iflagun

Im *Wusla il al Habib* wird dieses Rezept als Brot der Franken und Armenier beschrieben. Es wurde von M. Rodinson ins Französische übersetzt.

> Mehl mit *Samna* (geklärte Butter) genauso verkneten, wie für *Ka'ak* angegeben. Gehen lassen. Zu einem runden Brot formen. Ein Ei nehmen. In eine Schüssel aufschlagen und etwas Salz, gemahlenen Pfeffer, Ingwer, Sesamkerne, Anis, geröstete *Carvi,* Kümmel- und Mohnsamen dazugeben und gut mit dem Ei vermengen. Genügend Pfeffer nehmen, damit man ihn herausschmeckt. *Atraf at-tib,* wilde Raute und geriebenen Käse zufügen, ebenso Safran und gehackte Pistazien. Die Mischung dick auf das Brot streichen. In den Ofen schieben. Dies ist ein hervorragendes Rezept.

Da ich dieses Rezept sehr verführerisch fand, habe ich es für heutige Verhältnisse umgeschrieben. Zunächst einen einfachen Brotteig herstellen:

300 cm³ Milch
300 cm³ Wasser
3 EL Butter
2 EL Zucker
1 EL Salz
40 g frische oder 20 g getrocknete Hefe
1 kg einfaches Mehl
Öl

Milch abkochen. Die Hälfte des Wassers, Fett, Zucker und Salz zufügen und abkühlen lassen. Hefe zusammen mit einer Prise Zucker im restlichen Wasser auflösen und an einem warmen Ort 10 Minuten gehen lassen, bis sich Blasen bilden. Dann mit der Milch-Wasser-Mischung vermengen und in eine warme Schüssel gießen.
Das Mehl sieben und langsam mit einem Holzlöffel unter die Flüssigkeit schlagen. Später mit den Händen weiterkneten, bis ein weicher Teig entsteht, der nicht mehr am Schüsselrand kleben bleibt. Mehr oder weniger Mehl verwenden. Den Teig 10 Minuten gehen lassen. Dann noch einmal auf einem leicht bemehlten Brett durchkneten. Er wird zunächst etwas klebrig sein. In 10–15 Minuten weich und elastisch kneten.
Eine Schüssel mit etwas Öl einfetten und den Teigball darin wälzen, bis er rundherum eingeölt ist. Dadurch trocknet der Teig nicht aus und bekommt keine harte Kruste. Mit einem feuchten Tuch zudekken und an einem warmen, zugfreien Platz gehen lassen, bis er das doppelte Volumen erreicht hat (ca. 2 Stunden).
Den aufgegangenen Teig noch einmal einige Minuten durchkneten. Zu einem runden, flachen Fladen formen und auf ein geöltes Backblech legen.
Jetzt die Gewürzmischung zubereiten. Auch wenn im mittelalterlichen Rezept ein ganzes Ei vorgeschrieben ist, rate ich zu zwei Eigelb, die miteinander verschlagen werden.

¼ TL gemahlener Ingwer
3 EL geröstete Sesamkerne
2 TL Anissamen
2 TL gerösteter Kümmel
2 TL Mohnsamen
3 EL geriebener Käse (Parmesan, Edamer o. ä.)
2 EL gehackte Pistazien
Salz
eine großzügige Menge Pfeffer

Alle Zutaten zu einer kräftigen und aromatischen Paste verarbeiten und auf den Brotlaib streichen. Den Teig noch einmal gehen lassen, jedoch nicht mehr zum doppelten Volumen.

Im vorgeheizten Ofen bei größter Hitze 10 Minuten backen, dann auf 160° C reduzieren und weitere 30 Minuten backen. Das Brot ist gar, wenn es sich beim Klopfen auf den Boden hohl anhört. Auf einem Ofengitter abkühlen lassen.

Kahk *Pikante Ringe*

Dieses Rezept für *Ka'ak* ist eines von dreien, die im mittelalterlichen *Kitab al Wusla il al Habib* erwähnt werden. Die moderne Version reicht für viele Leute, aber die Ringe halten sich eine ganze Zeit.

1 kg kräftiges Mehl
60 g frische oder 30 g getrocknete Hefe
300 cm³ Wasser
1 Prise Zucker
250 g Margarine
2–3 TL Salz
½–1 EL gemahlener Kümmel
½–1 EL gemahlener Koriander
1 leicht verschlagenes Ei
Sesamkörner

Das Mehl in eine große Schüssel sieben. Hefe in etwas Wasser auflösen, eine Prise Zucker zugeben und an einem warmen Platz 10 Minuten stehen lassen, bis sich Blasen bilden. Margarine schmelzen und abkühlen lassen.
Salz, Kümmel und Koriander unter das Mehl mischen. Margarine und Hefemischung damit verkneten. Langsam soviel Wasser zugießen, daß ein fester Teig entsteht. Etwa 10 Minuten weiter kneten.
Walnußgroße Häufchen abteilen und ca. 10 cm lange Bänder rollen. Die Enden gut zusammendrücken, so daß Ringe (wie Armreifen) entstehen. Die Oberfläche mit einer Mischung aus verquirltem Ei und 2 EL Wasser bestreichen. Die feuchte Oberfläche in Sesamkerne drücken, so daß diese daran haften bleiben.
Die Ringe auf ein eingefettetes Blech legen und an einem warmen Platz mindestens 2 Stunden gehen lassen. Manche Leute lassen den Teig noch einmal gehen, bevor sie die Ringe formen, ich halte das aber für nicht unbedingt notwendig.
In einem vorgeheizten Ofen bei 180° C 20 Minuten backen, dann die Hitze auf 150° C reduzieren und noch 1 Stunde backen. Die Ringe 2–3 Stunden im lauwarmen Ofen (110° C) trocknen lassen, bis sie fest und völlig kroß sind.

Khubz (Eish Shami) *oder* **Pitta-Brot**

15 g frische oder 7 g getrocknete Hefe	*500 g kräftiges Mehl (Roggenmehl o. ä.)*
ca. 275 cm³ Wasser	*½ TL Salz*
Zucker	*Öl*

Hefe in etwa 100 cm³ Wasser auflösen. Eine Prise Zucker zugeben und an einem warmen Ort ca. 10 Minuten stehen lassen, bis sich Blasen gebildet haben.

Mehl in eine warme Schüssel sieben und mit Salz vermengen. In der Mitte eine Vertiefung machen und die Hefemischung hineingießen. Gut mit den Händen durchkneten und dabei langsam das restliche Wasser zufügen, bis ein fester Teig entsteht. Diesen noch ca. 15 Minuten kräftig in der Schüssel oder auf einem Brett durchwalken, bis er sehr elastisch ist und nicht mehr an den Fingern klebt. Bevorzugt man weicheres Brot, noch 1–2 EL Öl daruntermengen. Öl in die Schüssel gießen und den Teigkloß darin wenden, bis er rundherum eingeölt ist. Dadurch wird die Kruste nicht hart. Mit einem feuchten Tuch zudecken und an einem warmen, zugfreien Platz mindestens 2 Stunden gehen lassen, bis der Teig fast das doppelte Volumen erreicht hat.

Noch einmal einige Minuten durchkneten. Kartoffelgroße Häufchen (oder kleinere, je nach der gewünschten Brotgröße) abnehmen und auf einem bemehlten Brett ½ cm dick ausrollen bzw. mit den Handflächen flachdrücken. Mit Mehl bestäuben und auf ein mit Mehl bestreutes Tuch legen. Mit einem ebenso bemehlten Tuch bedecken und an einem warmen Platz noch einmal gehen lassen.

Den Ofen auf höchster Stufe mindestens 20 Minuten vorheizen und die eingefetteten Backbleche mindestens 10 Minuten darin erhitzen. Aufpassen, daß das Öl dabei nicht verbrennt.

Wenn das Brot aufgegangen ist, die Fladen auf die Backbleche gleiten lassen, mit Wasser befeuchten, damit sie nicht braun werden und 6–10 Minuten backen.

Während dieser Zeit den Ofen nicht öffnen!

Sobald die Brote aus dem Ofen kommen, auf Gitterrost abkühlen lassen. Sie sollten weich und weiß sein und ein großes Luftloch in der Mitte haben.

Semit *Brotringe mit Sesam*

Einen *Pitta*-Teig zubereiten (S. 299). Wenn er das erste Mal gegangen ist, in 1½ bis 2 cm dicke Ringe von 15 bis 20 cm Durchmesser formen. Mit einer Mischung aus einem verquirlten Ei und 2 EL Wasser bestreichen. In eine Schüssel mit Sesamkörnern tauchen. Die Ringe auf ein gefettetes Backblech legen. An einem warmen Platz zum doppelten Volumen aufgehen lassen. Im vorgeheizten Ofen bei 220° C 10 Minuten backen, dann auf 160° C reduzieren und weitere 15 bis 20 Minuten im Ofen lassen. Beim Daraufklopfen sollten sie hohl klingen.

Chorek

60 g frische oder 30 g getrocknete Hefe
150 cm³ Wasser
grober Zucker
1 kg gesiebtes, einfaches Mehl
Öl
120 g geschmolzene Butter
1 Päckchen Vanillezucker oder einige Tropfen Vanilleessenz
4 Eier
150 g Zucker
200 cm³ warme Milch
120 g Rosinen

Die Hefe in Wasser mit einer Prise Zucker auflösen. Etwa 10 Minuten an einem warmen Ort gehen lassen. Wenn die Mischung Blasen wirft, 2 Gläser Mehl daruntermengen, so daß ein weicher Vorteig entsteht. Mit der Hand 10 Minuten kneten. Zu einer Kugel formen und in Öl wenden. Die Schüssel mit einem feuchten Tuch bedecken und an einem warmen Ort ½ Stunde gehen lassen.
In einer anderen Schüssel das restliche Mehl mit 2 EL Öl, der geschmolzenen Butter und dem Vanillezucker vermengen.
In einer dritten, großen Schüssel 3 Eier mit dem Zucker gut schlagen, bis die Mischung leicht und schaumig ist. Den Hefeteig daruntermengen. Langsam und unter ständigem Schlagen mit einem Holzlöffel den Inhalt der zweiten Schüssel darunterziehen. So viel Milch zugießen, daß ein weicher Teig entsteht. 10 Minuten heftig kneten. Dann die Rosinen dazugeben und gut mit dem Teig vermengen.

Die Schüssel mit einem feuchten Tuch bedecken und an einem warmen Ort ½ Stunde gehen lassen. Die Hände einölen, eigroße Häufchen vom Teig abnehmen und Kugeln daraus formen. Auf einem Backblech in ziemlich großen Abständen verteilen und wieder an einem warmen Ort gehen lassen. Die Bällchen sollten zum doppelten Volumen aufgehen und nach 2 Stunden etwa so groß wie Äpfel sein.
Die Oberfläche mit dem restlichen, verschlagenen Ei bestreichen und mit dem groben Zucker bestreuen. Im vorgeheizten Ofen bei 220° C backen, dann die Hitze auf 160° C reduzieren und weitere 20 Minuten backen, bis die Brötchen goldbraun sind. Auf einem Gitter abkühlen lassen.

Arabische Redensart: »Hat der Bäcker Geburtstag, so gib' Rosinen in Dein Brot.«

Puddings, Kuchen und allerlei Süßes – *Halawiyat*

Es ist bekannt, daß die Leute im Vorderen Orient Leckermäuler sind. Überall genießt man bei jeder sich bietenden Gelegenheit riesige Mengen Gebäck, Nachtisch, Marmeladen und Eingemachtes. Für viele sind Süßigkeiten ein Zeichen von Großzügigkeit und Freundschaft, Symbol für Glück, Freude und Erfolg.

Besonders an islamischen Feiertagen werden für die jeweilige Gelegenheit spezielle, festgelegte Kuchen oder Nachspeisen hergestellt. Und fast jede Woche bringt einen solchen Feiertag mit sich: die ersten 10 Tage des Moharram, des ersten Monats im neuen Jahr, sind heilig. Es folgt das Passionsspiel von Hasan und Hoseyn, das zu Ehren des Märtyrers Hoseyn aufgeführt wird. Im zweiten Monat werden die heimkehrenden Mekkapilger mit einem Picknick begrüßt. Im dritten Monat wird der *Rabi el Awal* oder *Mûlid el Nabi*, der Geburtstag des Propheten, gefeiert. Dann kommt *Mûlid el Bulak*, das Fest der *Zeinab* und das Fest der »wunderbaren Himmelfahrt«, des Aufstiegs in das Paradies. Nach der langen Fastenzeit, dem *Ramadan*, kommt das *Id es-Saghir* und der Besuch der Friedhöfe. Dann gibt es noch die Prozession von *Kisweh*, des Heiligen Teppichs, und diejenige von *Mahmal*, der Bundeslade.

In Ägypten sind viele der Feste weder auf die mohammedanische, noch auf die koptische Tradition zurückzuführen, sondern leiten sich von den alten ägyptischen Ritualen der Heiden ab. Die Menschen dort feiern sehr gerne und nehmen jede Gelegenheit dazu wahr. Man zieht sich Kleider in den berühmten *Baladi*-Farben an – Pink, Orange, Malventöne, Purpurrot, Lila, Zitrone, Knallgrün und Scharlachrot – und trägt westliche Pyjamas auf der Straße.

Während der allgemeinen Feste ist es üblich, Berge von Süßigkeiten zuzubereiten und sie an Familienmitglieder und Freunde zu verschicken. Jede Hausfrau bekommt natürlich entsprechend viele zurück.

Beliebt als Nachtisch sind Früchte, die es in allen Ländern des Vorderen Orients reichlich gibt. Sie werden sowohl frisch als auch eingemacht oder getrocknet serviert.

Gefüllte Melone

1 große Melone
2 reife Pfirsiche, Birnen oder Mangofrüchte (frisch oder eingemacht)
einige Trauben oder entkernte Kirschen
2–3 EL Zucker
1–2 EL Zitronensaft
1 EL Rosen- oder Orangenblüten-Wasser

Einen Deckel von der Melone abschneiden und beiseite legen. Die Kerne entfernen und so viel Fruchtfleisch wie möglich herausnehmen. Die äußere Haut sollte dabei nicht zerdrückt werden. In kleine Stücke schneiden.
Pfirsiche, Birnen oder Mangos schälen und in Scheiben schneiden; zusammen mit den Trauben oder Kirschen und den Melonenstückchen in einer Schüssel vermengen. Zucker und Zitronensaft zugeben, mit dem Rosen- oder Orangenblüten-Wasser besprenkeln und gut durchmischen.
Den Obstsalat zurück in die Melonenschale füllen. Den Deckel draufsetzen und etwa 2 Stunden kühlen. Als Dekoration evtl. kleine Löcher in den Deckel stechen und Blumen hineinstecken.

Arabische Redensart: »Derjenige, der seinen Magen mit Melone füllt, gleicht demjenigen, der ihn mit Licht füllt – es ist Baraka (Segen) darin.«

Quitten-Kompott

1 kg Quitten
250 g Zucker
½ l Wasser
Saft von ½ Zitrone

Die Quitten schälen, entkernen und in dicke Scheiben schneiden. Die Abfälle in den Sirup legen, der aus Wasser, Zucker und Zitronensaft gekocht wird. Nach etwa 30 Minuten wird der Sirup geleeähnlich. Durch ein Sieb streichen und zurück in den Topf gießen. Aufkochen und die Obstscheiben darin pochieren, bis sie weich sind.
Heiß oder kalt, mit Schlagsahne oder Joghurt servieren. Hervorragend schmeckt das Kompott auch zusammen mit einem extra zubereiteten Apfelkompott.

Geriebene Äpfel

In einem ägyptischen Traumdeutungs-Buch, das von »einer Dame« 1231 ins Englische übersetzt worden ist, heißt es: »Davon zu träumen, Äpfel anzuschauen, heißt, eine Hochzeit folgt. Davon zu träumen, Äpfel zu essen, ist ein Zeichen für Trauer, es sei denn, sie sind sehr süß, dann ist es ein Zeichen für großes Glück in der Ehe.«

Dies ist ein persisches Rezept für Äpfel oder anderes Obst, das besonders gut für heiße Tage geeignet ist:

6 Eßäpfel
Saft 1 Zitrone
3–6 gehäufte EL Puderzucker
2 EL Rosen- oder Orangenblüten-Wasser
3–4 zerstoßene Eiswürfel
6 dünne Scheiben Zitrone

Die Äpfel schälen und in eine Glasschüssel reiben. Zitronensaft darübergießen, damit sie sich nicht verfärben. Zucker nach Geschmack zugeben, mit dem Blütenwasser besprenkeln und leicht vermischen. Einige Stunden kühlen.
Kurz vor dem Servieren das Eis zufügen. Es kann entweder im elektrischen Mixer oder im Mörser zerstoßen werden. Mit den Zitronenscheiben garnieren.

Türkisches Frucht-Komposto

Ein Kompott aus einer Obstsorte steht auf jeder Speisekarte, selbst des einfachsten Cafés. Meistens wird es, nach französischer Manier, *Kompot* geschrieben.
Die frischen Früchte werden pochiert, d.h. in wenig kochendes Wasser (oder Sirup) gelegt und ziehen darin so lange, bis sie gerade gar sind. Die Flüssigkeit darf nicht mehr kochen, sobald die Früchte darin liegen.
Äpfel sollten in Wasser pochiert werden, dem nur etwas Zucker zu-

gefügt wird, kurz bevor sie fertig sind. Aprikosen, Pflaumen, Kirschen und Trauben pochiert man am besten in einem Sirup aus 1 Teil Zucker und 2 Teilen Wasser. Weiche Früchte, wie Himbeeren, Feigen, Pfirsiche und Birnen, pochiert man in einem dickeren Sirup aus gleichen Teilen Zucker und Wasser.
Macht man ein Kompott aus getrockneten Früchten, diese nur waschen, wenn nötig, und evtl. über Nacht einweichen. Dann genauso wie bei frischen Früchten verfahren.
Alle Kompostos oder Kompotte können mit einer Zimtstange, Zitronensaft, Blütenwasser etc. gewürzt werden. Heiß oder kalt, einfach oder mit Schlagsahne oder Joghurt servieren.
Statt nur eine Obstsorte zu verwenden, kann man ebensogut einige oder alle zur Zeit erhältlichen Früchte als gemischtes Kompott zubereiten. Einen Sirup aus 2 Teilen Wasser, 1 Teil Zucker und 1 Teil Zitronensaft herstellen. Das Obst wie oben beschrieben darin pochieren.

Gemischtes Dörrobst in Sirup

Dieser Nachtisch wird besonders in der Zeit des Ramadan bevorzugt, der Fastenzeit, in der alle Moslems während des Tages fasten und erst nach Sonnenuntergang essen dürfen.

Je 120 g getrocknete Aprikosen, Feigen, Pfirsiche, Pflaumen und Kirschen
60 g kernlose Rosinen
je 60 g blanchierte Mandeln, Pistazien und Pinienkerne
Zucker

Das Dörrobst waschen und evtl. über Nacht einweichen. Zusammen mit den Mandeln, Pinienkernen und Pistazien in einen großen Topf geben (verwendet man nur eine dieser Nußarten, die Menge auf 120 g erhöhen). Mit Wasser bedecken, nach Geschmack zukkern und langsam zum Kochen bringen. Mindestens ½ Stunde köcheln lassen, bis das Obst gar ist.

Dörrpflaumen mit Sahne

Dieses Rezept wird manchmal auch, entgegen dem islamischen Nahrungsgesetz, mit Alkohol verfeinert.

500 g Dörrpflaumen
kochender Tee
1 Likörglas Cointreau oder Kirsch
½ l Sahne
3 EL Zucker (nach Belieben)
einige Tropfen Vanilleessenz oder
1 Päckchen Vanillezucker

Pflaumen, wenn nötig, waschen und in eine Schüssel legen. Durch ein Sieb den kochenden Tee darübergießen, so daß sie bedeckt sind, und über Nacht einweichen. Die Pflaumen werden aufquellen und weich sein. Abgießen und in eine Glasschüssel o. ä. legen. Mit Likör beträufeln. (Zucker ist nicht nötig.)
Eine einfache und hervorragende Methode ist auch, die Pflaumen (ohne sie vorher einzuweichen) in einem süßen Rotwein weich zu dünsten.
Die Sahne steif schlagen, süßen und den Vanillezucker darunterrühren. Unter die Pflaumen ziehen und das Ganze einige Stunden kühlen.

Belila

Diese Süßigkeit serviert man in sephardischen Gemeinden, wenn ein Baby seinen ersten Zahn bekommt.

250 g über Nacht eingeweichte Gerste
Zucker
2–3 EL Orangenblüten- oder Rosenwasser
60 g gehackte Pistazien
120 g Mandelblättchen
30 Pinienkerne

Die Gerste in ca. 1 l Wasser knapp gar kochen (½–¾ Stunden). Nach Geschmack zuckern und so lange rühren, bis sich der Zucker völlig aufgelöst hat. Blütenwasser und die Nüsse zufügen. Wenn nötig, mehr Wasser zugießen, so daß Gerste und Nüsse in einem leichten, duftenden Sirup schwimmen.

Orangen-Gelee

2 EL Gelatinepulver
300 cm³ Wasser
6 große Saftorangen
1 Zitrone
2 EL Orangenblüten-Wasser
Zucker
2 in dünne Scheiben geschnittene Eßäpfel (nach Belieben)
einige gehackte Pistazien

Die Gelatine unter langsamem Erwärmen im Wasser auflösen. Den Saft von 4 Orangen und der Zitrone zugießen und das Orangenblüten-Wasser zugeben. Nach Geschmack süßen.
Die restlichen 2 Orangen schälen und soviel von der weißen Schicht entfernen wie möglich. In Scheiben schneiden und diese halbieren. Eine Schüssel damit auslegen und evtl. noch einige dünne Apfelschnitze dazwischenlegen.
Die Flüssigkeit in die Schüssel gießen und so lange kühlen, bis das Gelee schön fest geworden ist. Auf eine Platte stürzen und mit Pistazien garnieren.

Khoshaf *Salat aus Dörrobst*

Bei diesem beliebten Nachtisch wird das Obst nicht gedünstet oder pochiert, sondern nur eingeweicht. Die klassische Version besteht nur aus Aprikosen und Rosinen, zusammen mit Mandeln und Nüssen. Man kann aber durchaus verschiedene Sorten Dörrobst verwenden.

500 g getrocknete Aprikosen
250 g Dörrpflaumen
120 g Rosinen
120 g blanchierte, halbierte Mandeln
60 g Pistazien oder Pinienkerne
Zucker
1 EL Rosenwasser
1 EL Orangenblüten-Wasser

Das Obst, wenn nötig, waschen und alles zusammen in eine große Schüssel geben. Mit den Nüssen vermengen und mit Wasser bedekken. Zucker nach Geschmack zufügen (120–150 g), mit Rosen- und Orangenblüten-Wasser besprenkeln. Das Obst mindestens 48 Stunden in dem Wasser ziehen lassen. Der Sirup nimmt das Aroma der Früchte auf und wird goldfarben.

Aprikosen-Pudding

1,5 kg Aprikosen oder eine große Dose (820 g)
Saft von 2 Orangen (150 cm³)
Saft von ½ Zitrone
Zucker
2 EL Gelatinepulver
150 cm³ heißes Wasser oder Aprikosensirup (aus der Dose)
Schlagsahne (nach Belieben)
einige halbierte Aprikosen und gehackte Mandeln oder Pistazien zum Garnieren

Süße, reife Aprikosen nehmen. Entkernen und in einem elektrischen Mixer mit dem Orangen- und Zitronensaft pürieren (oder durch ein Sieb streichen). Je nach Süße der Früchte zuckern und mit der in heißem Wasser oder Sirup aufgelösten Gelatine vermengen. Die Mischung noch einmal durch ein Sieb streichen oder im Mixer pürieren, so daß sie möglichst cremig wird. In eine befeuchtete Schüssel gießen und 3–4 Stunden kühlstellen. Die Creme sollte sehr fest werden.

Die Schüssel einige Sekunden in sehr heißes Wasser halten und sofort auf eine kalte Platte stürzen. Mit Sahne, Aprikosenhälften und Nüssen garnieren.

Mit Walnüssen gefüllte Dörrpflaumen

500 g Dörrpflaumen
kochender Tee
so viele halbierte Walnüsse wie Pflaumen vorhanden sind
2 EL Zucker (oder mehr)
1 EL Zitronensaft
300 cm³ Wasser
300 cm³ Sahne
2 EL Zucker (nach Belieben)

Die Pflaumen, wenn nötig, waschen. Den kochenden Tee durch ein Sieb darübergießen, so daß die Früchte bedeckt sind und über Nacht einweichen. Abgießen, entkernen und die Kerne durch die halbierten Walnüsse ersetzen. Wenn das zu schwer geht, zunächst die Pflaumen in dem Tee weichkochen, abkühlen lassen und dann entkernen. In manchen Läden gibt es auch bereits entkernte Dörr-

pflaumen zu kaufen. Diese brauchen nicht eingeweicht zu werden.
Wasser, Zucker und Zitronensaft aufkochen und einige Minuten köcheln lassen. Die gefüllten Pflaumen zugeben und zugedeckt ca. ½ Stunde auf kleiner Flamme kochen; dabei Wasser nachgießen, wenn nötig. Abkühlen lassen und mit gekühlter, evtl. gesüßter Schlagsahne servieren. Oder die Pflaumen unter die Sahne ziehen und alles zusammen einige Stunden im Eisschrank kühlen.

Amardine-Creme

Dieser exzellente Pudding wird normalerweise während des Ramadan gemacht. *Amardine,* Lagen aus getrockneten und gepreßten Aprikosen, kann man in manchen griechischen oder orientalischen Läden kaufen.
Etwa 500 g *Amardine*-Lagen in eine Schüssel legen und mit Wasser bedecken. Einige Stunden weichen lassen, dann aufkochen und so lange kochen, bis sie weich sind und sich praktisch aufgelöst haben. Nach Geschmack süßen und weiterköcheln, bis die Mischung eindickt. Es sollte eine dicke Creme entstehen. Gelegentlich mit einem Holzlöffel umrühren, damit sie nicht anbrennt. Einige halbierte Mandeln zufügen, gut verrühren und in eine Schüssel gießen. Gekühlt mit Schlagsahne servieren.
Eine ähnliche Creme läßt sich durchaus auch mit normalen, getrockneten Aprikosen herstellen, die wesentlich billiger sind. Etwa 500 g getrocknete Aprikosen (gute Qualität) über Nacht in 1 l Wasser einweichen. Am nächsten Tag in demselben Wasser weich kochen. Durch ein Sieb streichen oder zusammen mit der Flüssigkeit im elektrischen Mixer pürieren. Zurück in den Topf gießen, nach Geschmack zuckern und unter gelegentlichem Rühren mit einem Holzlöffel kochen, bis die Creme dick wird. Einige Mandelstifte einstreuen, in eine Schüssel gießen und kühlen.

Gefüllte Aprikosen

18 frische Kochaprikosen
Saft von ½ Zitrone (oder mehr)
250 g Zucker (oder weniger, wenn die Aprikosen sehr süß sind)
120 g gemahlene Mandeln
120 g Zucker
2 EL Rosenwasser

Aprikosen aufschlitzen und den Kern herausnehmen; dabei die Früchte jedoch nicht halbieren. Die Aprikosen zusammen mit dem Zitronensaft und dem Zucker in einen Topf geben. Zugedeckt langsam erhitzen und die Früchte in ihrem eigenen Saft dünsten; dabei gelegentlich umrühren und, wenn nötig, wenig Wasser nachgießen. Kochen, bis sie weich sind und der Saft zu Sirup wird. Abkühlen lassen.

Aus den gemahlenen Mandeln, dem Zucker und dem Rosenwasser eine Masse kneten und die Aprikosen damit füllen. In einzelnen Schüsseln kalt servieren und den Sirup darübergießen. Ißt man die Früchte lieber warm, nach dem Füllen langsam im Sirup erhitzen.

Variation: Statt mit der Paste kann man die Aprikosen auch mit einer geschälten Mandel füllen.

Einige Cremepuddings

Im Vorderen Orient gibt es eine große Vielfalt von Nachtischen, die aus gemahlenem Reis, Mehl oder Grieß hergestellt werden und jeder für sich ein spezifisches Aroma haben.

Balouza

80 g Maismehl
1½ l Wasser
110–170 g Zucker
3–4 EL Rosen- oder Orangenblüten-Wasser
60 g gehackte blanchierte Mandeln oder Pistazien (oder mehr)

In einem großen Topf Maismehl und etwas Wasser zu einer geschmeidigen Paste verrühren. Den Rest des Wassers zugießen, Zucker nach Geschmack zugeben und heftig mit einem Holzlöffel rühren, bis sich der Zucker aufgelöst hat. Unter ständigem Rühren langsam zum Kochen bringen. Die Hitze reduzieren und weiter kochen, bis sich die Mischung verdickt. Dabei nicht mit Rühren aufhören. Am besten stellt man den Topf auf eine Asbestmatte, damit der Pudding nicht anbrennt. Er ist fertig, wenn er an einem Löffel, den man in die heiße Mischung hält, hängenbleibt und ihn überzieht.
Das Blütenwasser einrühren und noch 2 oder 3 Minuten kochen. Nüsse zufügen, gut verrühren und den Pudding in eine Glasschüssel gießen. Kühlen.
Wenn der Pudding serviert wird, sollte er wie Gelee wackeln und eine opalweiße Farbe haben. Es ist üblich, einer Bauchtänzerin ein Kompliment zu machen, indem man ihren Bauch mit einer *Balouza* vergleicht.

Balouza Muhallabia

Dies ist eine cremigere, weniger feste Version der einfachen *Balouza*, die mit Milch statt Wasser zubereitet wird und keine Nüsse enthält. Diese werden nur als Dekoration verwendet.

Wenn ich nach einem Tag voller Arbeit nach Hause komme, schmeckt mir das Essen, auch wenn es billig ist. Genießt also ein Kaufmann in der Stadt seine Tauben, seine Ente und sein Rebhuhn mehr als ich mein Brot und meine Datteln? Und kann ein Mann glücklicher sein als ich mit meiner Frau, denn welch anderes Glück findet der Mann in seiner Frau wenn nicht Liebe? – Arabische Weisheit.

Balta *oder* **Hetalia**

1 Rezept Balouza-*Pudding*

Sirup:
ca. 1 l Wasser
1 Tasse Zucker
2–3 EL Rosen oder Orangenblüten-Wasser
150 g Rosinen
100 g halbierte, blanchierte Mandeln
50 g gehackte Pistazien

Balouza zubereiten und in eine große, angefeuchtete, viereckige Schüssel gießen. Dadurch erhält man eine breite, dünne Lage *Balouza.* Abkühlen und im Eisschrank kaltstellen. Wenn er fest geworden ist, den Pudding mit einem Messer in 3 cm große Quadrate schneiden.
Den Sirup in einer großen oder zwei kleineren Schüsseln zubereiten. Wasser, Zucker nach Geschmack und Blütenwasser verrühren, bis sich der Zucker völlig aufgelöst hat. Abschmecken und evtl. nachsüßen oder mehr Wasser zugießen, wenn der Sirup zu süß ist (er wird nicht gekocht). Rosinen, Pistazien und Mandeln unterziehen.
Die *Balouza*-Quadrate aus der Form lösen und in den Sirup legen. Die Menge reicht für 10 bis 12 Personen.

Meghlie *Festlicher Reispudding mit Anis*

Dieser Pudding wird Besuchern und Gratulanten serviert, die aus Anlaß der Geburt eines Sohnes kommen. Bei der Geburt einer Tochter wird er angeblich nur dann angeboten, wenn die Eltern sich tatsächlich freuen, z. B. nach vier Söhnen eine Tochter zu bekommen.
Da der Pudding sehr aromatisch und kräftig ist, reicht man nur kleine Mengen davon.

120 g gemahlener Reis
1,3 l Wasser
8 EL Zucker
1 TL Kümmel
1 TL Fenchelsamen
1 TL Anis
1 Prise gemahlener Ingwer

Garnierung:
gehackte, blanchierte Mandeln, Pistazien, geröstete Pinienkerne, Haselnüsse (je nach Angebot)

Reis mit etwas Wasser zu einer geschmeidigen Masse verarbeiten. Zucker, Kümmel, Fenchel und Anis zufügen und gut vermischen. (Die Gewürze können auch in Pulverform verwendet werden, wenn das einfacher ist.) Das restliche Wasser in einem großen Topf mit einer Prise Ingwer zum Kochen bringen. Unter heftigem Schlagen mit einem Holzlöffel nach und nach die Reispaste einrühren. Noch einmal aufkochen und die Hitze wieder reduzieren. Gelegentlich umrühren. Etwa 1 Stunde köcheln lassen, bis die Masse dick wird. In eine große oder einzelne kleine Schüsseln gießen und kühlen.
Großzügig mit den Mandeln, Nüssen und Pistazien garnieren.

Wiegenlied für einen Sohn *

Nach der Hitze und nach der Bitterkeit und nach dem sechsten Tag des Monats,
Nachdem unsere Feinde sich an ihrer Pein gefreut hatten und sagten, »es ist ein Stein in ihrem Bauch!«
Ist der Stein in ihrem Kopf! Und das erdrückt sie.
Geh! O Bote der Neuigkeiten! Küß sie und sage ihnen, »sie hat einen Sohn geboren!«

Wiegenlied für eine Tochter *

Als sie sagten, »Es ist ein Mädchen!« – das war ein furchtbarer Augenblick.
Der Honigpudding wurde zu Asche und die Datteln wurden zu Skorpionen.
Als sie sagten, »Es ist ein Mädchen!«, zerbröckelten die Ecksteine des Hauses
Und sie brachten mir Eier in der Schale und Wasser statt Butter.
Die Hebamme, die einen Sohn entbindet, verdient eine Goldmünze, um Ohrringe daraus zu machen.
Die Hebamme, die einen Sohn entbindet, verdient eine Goldmünze, um einen Nasenring daraus zu machen.
Aber Du! O Hebamme! Verdienst dreißig Schläge mit dem Stock!
Oh! Du, die du ein Mädchen ankündigst, wenn die Kritiker hier sind!

---

* Maspéro: *Chansons populaires*

Reispudding

120 g gewaschener Milchreis
150 cm³ kaltes Wasser
1 l Milch
100–120 g Zucker (oder nach Geschmack)
1–2 EL Rosen- oder Orangenblüten-Wasser
¼ TL Mastixpulver (nach Belieben)
gehackte, blanchierte Mandeln und Pistazien zum Garnieren

Den Reis in Wasser fast gar kochen. Milch und Zucker zufügen und auf kleiner Flamme 45 Minuten kochen. Die Mischung sollte sehr cremig werden. Wird die Flüssigkeit zu schnell aufgesogen, etwas Milch nachgießen. Blütenwasser und das mit etwas Zucker vermengte Mastix unterrühren (ein im Vorderen Orient sehr beliebtes Gewürz). Einige Minuten unter Rühren weiterkochen.
In eine Schüssel gießen und mit den Mandeln und Pistazien bestreuen. Heiß oder kalt servieren.

Muhallabia

2–3 EL Maismehl
3 EL gemahlener Reis
1 l Milch
8 EL Zucker (oder nach Geschmack)
3 EL Rosen- oder Orangenblüten-Wasser oder je 1½ EL
120 g gemahlene Mandeln
gehackte Mandeln und Pistazien zum Garnieren

Maismehl und Reis mit etwas Milch zu einer geschmeidigen Masse verarbeiten. Den Rest der Milch mit Zucker aufkochen und unter ständigem Rühren langsam die Mehl-Reis-Masse daruntermischen. Auf kleiner Flamme kochen und ständig weiterrühren, jedoch ohne auf dem Boden zu kratzen. (Die Milch kann leicht am Boden ansetzen und würde dem Ganzen einen etwas angebrannten Geschmack geben.) Sobald man beim Rühren einen leichten Widerstand spürt und die Masse am Rücken des Holzlöffels kleben bleibt, ist sie dick genug.
Blütenwasser zufügen und weitere 2 Minuten kochen. Die Mandeln unterziehen und den Topf von der Platte nehmen. Etwas abkühlen lassen, dann den Pudding in eine Glasschüssel oder in kleine

Schüsselchen gießen. Kühlen, mit gehackten Mandeln und Pistazien verzieren und servieren.

Variationen: Manche Leute gießen einen Sirup aus kochendem Wasser, dem Honig und Orangenblüten-Wasser beigefügt wurde, über den Pudding. – Man kann ihn auch mit kandierten Rosenblättern oder Veilchen garnieren.

Sholezard *Persischer gelber Reispudding*

Dieses Gericht wird traditionsgemäß am Todestag eines Familienmitglieds des Propheten Mohammed serviert.

120 g Milchreis
¼ TL Safran
70 g Zucker
1 TL Zitronensaft
60 g gehackte, blanchierte Mandeln (nach Belieben)
1 TL gemahlener Zimt (nach Belieben)

Den Reis gut waschen. In 1 l Wasser Safran auflösen und den Reis darin aufkochen. Auf kleiner Flamme in ca. ¾ Stunden garen. Zukker, Zitronensaft und 150 cm^3 Wasser zu einem Sirup kochen und zu dem Reis gießen. Alles zusammen etwa ½ Stunde kochen, bis der größte Teil der Flüssigkeit aufgesogen ist.
Je nach Geschmack einige Mandeln unterziehen. Abkühlen und in eine Glasschüssel gießen. Kühlen und mit Zimt bestreut servieren.

Dattel-Bananen-Dessert

4–5 Bananen
250 g frische oder getrocknete, entkernte Datteln
300 cm^3 süße Sahne

In einer Schüssel abwechselnd eine Lage dünne Bananenscheiben und eine Lage halbierte Datteln schichten. Darüber die leicht geschlagene Sahne gießen und kühl stellen. Die Sahne wird von den Früchten aufgenommen und gibt ihnen eine weiche, leicht klebrige Konsistenz.

Ma'mounia

Dies ist eine mittelalterliche Süßigkeit, die wahrscheinlich für den Kalifen Ma'moun erfunden worden ist. Es scheint, als sei damals Reis verwendet worden, aber heute nimmt man Grieß.
Es gibt viele verschiedene und sehr bekannte Variationen dieses Rezeptes, die *Basbousa, Halawa* oder *Helva* genannt werden.
Das Grundrezept für *Ma'mounia* ist syrisch und sogar eine aleppanische Spezialität. Dort wird es fast täglich zum Frühstück gegessen, aber es ist ebenso gut als Nachspeise.

700 cm³ Wasser oder Milch
600 g Zucker
1 TL Zitronensaft
120 g Grieß
120 g ungesalzene Butter
1 TL gemahlener Zimt
Eishta *(S. 318), Crème fraîche oder Schlagsahne*

Wasser, Zucker und Zitronensaft ca. 10 Minuten aufkochen, bis die Flüssigkeit zu einem Sirup eingedickt ist.
Den Grieß auf kleiner Flamme 5 Minuten in Butter braten. Den Sirup zugießen und gut verrühren. Den Topf weitere 2 Minuten auf der Herdplatte lassen, dann herunternehmen und 20 Minuten ruhen lassen. Danach ist das Gericht fertig zum Essen. Warm und mit Zimt bestreut servieren. Über jede Portion 1 EL *Eishta,* Crème fraîche oder steif geschlagene Sahne geben.

Basbousa bil Laban Zabadi *Basbousa mit Joghurt*

250 g ungesalzene Butter
50 g blanchierte Mandeln
150 cm³ Joghurt
200 g Zucker
150 g Grieß
1 TL Backpulver
1 EL Vanillezucker oder einige Tropfen Vanilleessenz
Eishta *(S. 318), Crème fraîche oder Schlagsahne (nach Belieben)*

Sirup:
300 g Zucker
100 cm³ Wasser
Saft von ½ Zitrone

Zucker, Wasser und Zitronensaft aufkochen und so lange köcheln lassen, bis die Flüssigkeit zu einem Sirup eingedickt ist. Abkühlen lassen und kaltstellen.
120 g Butter schmelzen. Die Mandeln rösten und fein hacken. In einer großen Schüssel Joghurt und Zucker gut miteinander verschlagen. Butter und alle übrigen Zutaten außer der Sahne zufügen und gut miteinander vermischen. In eine große, rechteckige, gefettete Backform gießen und im mittelheißen Ofen bei 190° C ½ Stunde backen.
Den kalten Sirup über das heiße *Basbousa* gießen, sobald dieses aus dem Ofen kommt. In längliche Stücke schneiden und noch einmal für 3 Minuten in den Ofen schieben.
Mit 120 g geschmolzener Butter benetzen und mit *Eishta,* Crème fraîche oder steif geschlagener Sahne servieren.

Basbousa bil Goz el Hind *Basbousa mit Kokosnuß*

120 g ungesalzene Butter
250 g Grieß
200 g Zucker
60 g Kokosraspeln
50 g Mehl
120 cm³ Milch
1 TL Backpulver
einige Tropfen Vanilleessenz

Sirup:
340 g Zucker
100 cm³ Wasser
1 EL Zitronensaft

Zucker in Wasser auflösen, Zitronensaft zugießen und aufkochen. So lange köcheln lassen, bis die Flüssigkeit zu einem Sirup eingedickt ist. Abkühlen lassen und kaltstellen.
Die Butter in einem großen Topf schmelzen. Die restlichen Zutaten zufügen und gut vermengen. Die Mischung in eine große, eingefettete Backform gießen; dabei die Oberfläche so dünn wie möglich ausgießen. Im mittelheißen Ofen bei 190° C etwa ½ Stunde backen. Nach 20 Minuten nachschauen, ob es evtl. schon gar ist. Das *Basbousa* sollte kroß und goldbraun sein.
In quadratische oder längliche Formen schneiden, sobald die Form aus dem Ofen kommt, und den kalten Sirup darübergießen.
Heiß oder kalt servieren.

Basbousa bil Loz *Basbousa mit Mandeln*

600 cm³ Wasser
440 g Zucker
1 TL Zitronensaft
100 g blanchierte Mandeln
120 g Butter
120 g Grieß
ganze, blanchierte Mandeln,
Eishta *(s. u.), Crème fraîche oder*
Schlagsahne

Wasser, Zucker und Zitronensaft in einem Topf aufkochen. Einige Minuten köcheln lassen. Mandeln fein hacken und in heißer Butter zusammen mit dem Grieß anbraten, bis beides goldgelb ist. Unter ständigem Rühren den heißen Sirup langsam zufügen und auf kleiner Flamme weiterkochen, bis die Mischung eindickt. Vom Herd nehmen, den Topf zudecken und etwas abkühlen lassen.
In einzelne, gefettete Förmchen gießen. Stürzen und warm servieren. Jede Portion mit einer Mandel oder einem Klacks Sahne garnieren.

Eishta
Dicke Sahne oder orientalischer Sauerrahm

Die köstliche *Gamoussa* (Büffelmilch) des Vorderen Orients gibt, wenn sie gekocht wird, eine dicke Sahne ab, die man mit dem Messer schneiden kann. Jede Familie nimmt diese Sahne, um sie mit Marmelade, Honig oder verschiedenen Gebäcksorten zu essen. Ein *Eishta*-Ersatz, der allerdings nicht ganz so gut schmeckt, kann aus sehr fetter Sahne (Crème fraîche) und Milch hergestellt werden.
1 l Milch mit 300 cm³ fettester Schlagsahne oder Crème fraîche verrühren. In einen großen, breiten Topf gießen. Der Durchmesser sollte so groß wie möglich sein, damit eine große Oberfläche gegeben ist. Langsam zum Kochen bringen. Auf sehr kleiner Flamme 1½ Stunden köcheln lassen; die Sahne darf kaum zittern. Hitze abdrehen und 7 Stunden stehen lassen, bevor man sie in den Eisschrank stellt. Vor Gebrauch eine Nacht kalt stellen. Auf der Oberfläche der Milch wird sich eine dicke Schicht Sahne gebildet haben. Mit einem scharfen Messer die Seiten der Sahne vom Topfrand lösen und die ganze Schicht auf eine flache Schüssel oder einen Teller gleiten lassen. In Rechtecke schneiden.

Die Sahne flach auf Gebäckstücke legen oder zu kleinen Rollen aufdrehen. Crème fraîche ist ein guter Ersatz für *Eishta.*

Atr *Zuckersirup*

500 g Zucker
300 cm³ Wasser
1 EL Zitronensaft (oder mehr)
1–2 EL Rosen- oder Orangenblüten-Wasser (oder mehr) oder beides

Zucker, Wasser und Zitronensaft aufkochen, den evtl. aufsteigenden Schaum abheben, die Hitze reduzieren und 5–10 Minuten weiterköcheln, bis die Flüssigkeit eingedickt ist.
Je nach der erforderlichen Konzentration für ein bestimmtes Rezept, können die Zucker- und Wassermengen variiert werden. Man kann die Konsistenz jedoch auch durch die Länge der Kochzeit bestimmen. Je länger der Sirup gekocht wird, desto mehr wird er reduziert und dadurch dickflüssiger.
Der normale Test, um zu sehen, ob der Sirup dick genug ist, besteht darin, einen Metallöffel hineinzuhalten. Überzieht er sich mit dem Sirup, so ist dieser fertig. Erst wenn er jedoch ganz abgekühlt ist, kann man seine wirkliche Konsistenz erkennen, da der Sirup im heißen Zustand immer flüssiger erscheint.
Rosen- oder Orangenblüten-Wasser wird erst gegen Ende der Kochzeit zugegeben und nur ein bis zwei Minuten mitgekocht.
Wenn der Sirup mit Gebäck serviert wird, so darf er nur über die bereits fertigen Backwaren (gebacken oder gebraten) gegossen werden. Bei heißem Gebäck muß er sehr kalt sein.
Sirup kann man viele Wochen in einem Glasgefäß aufheben, so daß immer genügend vorrätig sein kann.

Eis

Italienische und französische Eissorten, wie z. B. *Sfogliatella, Cassata* oder *Café Liégeois,* wurden in Ägypten schon immer hervorragend zubereitet. Spezialisten jedoch übertreffen jene Eissorten durch die Herstellung einer besonderen nahöstlichen Eiscreme – der aus Milch bestehenden *Dondurma Kaymakli.*

Dondurma Kaymakli *Milchspeiseeis*

Dieses köstliche weiße Milchspeiseeis wird eigentlich mit der Stärke der sog. *Sahlab*-Wurzel gemacht und mit Mastix und Orangenblüten-Wasser aromatisiert. Da man bei uns jedoch *Sahlab* kaum bekommt, kann man es durch Maismehl ersetzen.

2 EL Sahlab*pulver oder Maismehl*
600 cm³ Milch
600 cm³ Sahne
250 g Zucker
¼ TL Mastix
1 EL Orangenblüten-Wasser
gehackte Pistazien zum Garnieren

Maismehl in etwas kalter Milch auflösen. Die restliche Milch zusammen mit der Sahne und dem Zucker in einen Topf geben und aufkochen. Die Stärkemischung unter ständigem Rühren mit einem Holzlöffel langsam zufügen. Das Mastix mit etwas grobem Zucker zu feinem Pulver zerstoßen und in die Milchmischung rühren. Es dürfen keine Klumpen entstehen. Auf sehr kleiner Flamme ca. 15 Minuten kochen, dabei gelegentlich umrühren.
Orangenblüten-Wasser zugeben und vom Herd nehmen. Mit einem Holzlöffel gut durchschlagen. In Eisschalen gießen und in das Tiefkühlfach stellen. Den Eisschrank auf die niedrigste Temperatur schalten. In regelmäßigen Abständen das Eis gut durchrühren, damit die Eiskristalle aufgelöst werden. 20 Minuten vor dem Servieren in den normalen Kühlraum des Eisschranks stellen. Das Eis sollte ganz cremig und ohne Eiskristalle sein. In kleinen Schüsseln mit Pistazien garniert servieren.

Zitronen-Granita *Ein Sorbet*

900 cm³ Wasser
250 g Zucker
1 EL Orangenblüten-Wasser
300 cm³ Zitronensaft

Wasser und Zucker einige Minuten lang kochen und so lange rühren, bis sich der Zucker aufgelöst hat. Abkühlen lassen, Orangenblüten-Wasser und Zitronensaft zufügen. Gut verrühren und in die Eisschalen des Kühlschranks füllen. Mit Folie zudecken und in das Tiefkühlfach stellen. Den Eisschrank auf die niedrigste Stufe schalten. Wenn die Mischung anfängt zu gefrieren, mit einer Gabel leicht durchmengen, ohne die Schalen aus dem Fach zu nehmen, damit sich die Eiskristalle etwas verkleinern. Diesen Vorgang in Abständen von ca. ½ Stunde einige Male wiederholen. Etwa 20 Minuten vor dem Servieren in den normalen Kühlraum des Eisschranks stellen und in hübschen Schalen anrichten.

Orangen-Granita *Ein Sorbet*

600 cm³ Orangensaft oder
500 cm³ Orangen- und
100 cm³ Zitronensaft
900 cm³ Wasser
375 g Zucker
1 EL Orangenblüten-Wasser

Je nach Geschmack den Orangensaft durch ein Sieb streichen. Zitronensaft zufügen, wenn man einen leicht säuerlichen Geschmack bevorzugt.
Wasser und Zucker 5 Minuten zusammen kochen. Vom Feuer nehmen, abkühlen lassen und den Saft sowie das Orangenblüten-Wasser zugießen.
Genauso wie das Zitronensorbet gefrieren.
Eine hübsche Art, das Sorbet zu servieren, ist, es in ausgehöhlte Orangenhälften zu füllen.

Baklava und Konafa (Kadaif)

Baklava und *Konafa* sind die bekanntesten Kuchen des Vorderen Orients. Leider kennt man in Europa meistens nur die schlechtesten Versionen, da sie, wie die meisten kommerziell zubereiteten Gerichte, billig hergestellt und dadurch minderwertig werden. Die selbst zubereiteten Gebäcksorten sind meistens nicht mit den gekauften zu vergleichen und schmecken völlig anders. *Baklava* und *Konafa* sollten leicht, knusprig und aromatisch sein. Sie sind leicht und preiswert herzustellen und können Tage vor dem Verbrauch vorbereitet werden. Man legt sie in den Eisschrank und backt sie dann an dem Tag, an dem sie serviert werden sollen. Bereits gebakkene Stücke können ohne weiteres einige Tage lang aufbewahrt werden.

Fila-Teig, der für die Herstellung verwendet wird, kann man entweder selbst zubereiten (S. 79) oder aber in einigen griechischen oder türkischen Läden fertig kaufen.

Baklava

500 g Fila (S. 79)
250 g ungesalzene Butter
250 g grob gehackte Pistazien, Walnüsse oder Mandeln
2 EL Zucker

Sirup:
250 g Zucker
150 cm³ Wasser
1 EL Zitronensaft
1 EL Orangenblüten-Wasser

Am besten kauft man fertigen *Fila*-Teig in papierdünnen Lagen. Außerdem benötigt man eine große runde oder viereckige Backform und einen Pinsel. Die Form mit geschmolzener Butter ausstreichen. Einzeln die *Fila*-Lagen hineinlegen und dabei jede Lage mit Butter bestreichen. Die Hälfte des Teigs verbrauchen.

Die gehackten Nüsse mit Zucker vermengen und die Mischung gleichmäßig auf dem Teig verteilen. Mit den restlichen Lagen be-

decken, dabei wieder jede Lage mit Butter bestreichen. Die überlappenden Kanten einschlagen. Mit einem scharfen Messer die Oberfläche diagonal aufschneiden.
Folgenden Sirup zubereiten: Zucker in Wasser und Zitronensaft auflösen und köcheln lassen, bis die Flüssigkeit so eindickt, daß sie an einem Löffel hängen bleibt. Orangenblüten-Wasser zugießen und weitere 2 Minuten kochen. Abkühlen lassen und im Eisschrank kaltstellen.
Baklava im vorgeheizten Ofen bei 160°–180° C ½ Stunde backen, dann die Hitze auf 220°–230° C erhöhen und noch einige Minuten backen. Die Oberfläche sollte goldgelb sein. Aus dem Ofen nehmen und den *sehr kalten* Sirup über das *sehr heiße Baklava* gießen. Abkühlen lassen.
Das Gebäck in Stücke schneiden und auf einer Platte servieren.

Variationen: Das sogenannte *Kul-wa-shkur* (»iß und danke«) wird mit einer Mischung aus gemahlenen Mandeln und Zucker im Verhältnis 2 : 1 gefüllt. – In manchen Gegenden wird die Nußmischung mit 1–2 TL Zimt oder Kardamom gewürzt.

Sanbusak bil Loz *Mandel-Brisoletten*

Dieses Gebäck wird aus dem Teig für *Sanbusak* (S. 75) gemacht, wobei man jedoch etwas Zucker statt Salz nimmt und eine Füllung aus 250 g gemahlenen Mandeln, die mit 250 g Zucker vermengt werden. Je nach Geschmack 2 EL Rosenwasser untermengen.
Den Teig dünn ausrollen und größere Kreise herausschneiden. 1 TL Füllung in die Mitte jedes Kreises setzen. Den Teigrand so darüberschlagen, daß Halbmonde entstehen, und die Kanten gut festdrükken.
Das Gebäck in heißem Öl goldbraun ausbacken und auf Küchenkrepp abtropfen lassen. Statt dessen kann man auch die Oberfläche mit leicht verschlagenem Eigelb bestreichen und die Brisoletten im vorgeheizten Ofen bei 180° C ½ Stunde backen.

Konafa

Der Teig für dieses Gebäck kann ebenfalls in griechischen Geschäften fertig gekauft werden. Er wird aus Mehl und Wasser hergestellt. Man schüttet den flüssigen Teig durch ein Sieb auf ein heißes Metallblech, das auf kleinem Feuer (bzw. einer Herdplatte) liegt. Der Teig zerteilt sich in Strähnchen, die man sehr schnell vom Blech herunternimmt und die weich bleiben. Sie ähneln Vermicelli oder Weizenschrot, nur daß sie weich, weiß und roh bleiben.
Konafa kann mit verschiedenen Füllungen zubereitet werden. Besonders beliebt sind Cremefüllungen oder solche mit Walnüssen und Pistazien.

500 g Konafa-*Teig*
250 g ungesalzene Butter

Sirup:
250 g Zucker
150 cm³ Wasser
1 EL Zitronensaft
1 EL Orangenblüten-Wasser

Cremefüllung:
3 EL gemahlener Reis
2 EL Zucker
600 cm³ Milch
150 cm³ Crème fraîche

Walnuß- oder Pistazienfüllung:
250 g grob gehackte Pistazien oder Walnüsse
2 EL Zucker

Den Sirup zubereiten: Zucker, Wasser und Zitronensaft auf mittlerer Hitze verrühren, dann köcheln lassen, bis die Flüssigkeit eindickt und an einem Löffel hängen bleibt. Orangenblüten-Wasser zugießen und weitere 2 Minuten kochen. Abkühlen lassen und im Eisschrank kaltstellen. Eine der beiden Füllungen zubereiten.
Cremefüllung: Reis und Zucker zusammen mit ½ Tasse Milch zu einer geschmeidigen Masse verarbeiten. Den Rest der Milch aufkochen und unter heftigem Schlagen die Reismischung dazugeben. Kochen, bis die Masse ziemlich dick ist, dabei ständig rühren. Abkühlen lassen, die steif geschlagene Sahne unterziehen und gut vermengen.
Nußfüllung: Die gehackten Nüsse mit dem Zucker gut vermengen.
Den *Konafa*-Teig in eine große Schüssel geben. Ausziehen und die Stränge so weit wie möglich teilen, so daß sie nicht zusammenkleben. Geschmolzene Butter darübergießen und vorsichtig mit den

Händen so einarbeiten, daß alle *Konafa*stränge gut mit Butter überzogen sind. Die Hälfte des Teigs in eine große, tiefe Ofenform legen. Die Füllung gleichmäßig darüber verteilen und mit dem restlichen Teig bedecken. Den Teig mit dem Handballen glätten.
Im vorgeheizten Ofen bei 160°–180° C 45 Minuten backen, dann die Hitze auf 220°–230° C erhöhen und noch einige Minuten bakken. Die Oberfläche sollte goldgelb sein. Aus dem Ofen nehmen und sofort den *kalten* Sirup darübergießen.
Heiß oder kalt servieren.

Variation: Den *Konafa*-Teig mit weichem weißen Käse füllen, z. B. mit griechischem Halumi oder italienischem Ricotta. Den kalten Sirup wiederum über das heiße Gebäck gießen. Dies ist eine Spezialität aus Jerusalem.

Luqmat el Qadi oder Zalabia
Kleine, runde Pfannkuchen in Sirup

Diese kleinen, knusprigen, goldgelben Pfannkuchen, die in Ägypten allgemein *Zalabia* genannt werden, werden bereits in al-Baghdadis mittelalterlichem Kochbuch unter demselben Namen erwähnt. Übersetzt heißt das so viel wie »Richters Happen«. Im Libanon heißen sie *Aweimat,* und die Griechen nennen eine ähnliche Süßigkeit *Loukoumades.*

500 g Mehl
15 g frische oder 7 g getrocknete Hefe
1 TL Zucker
600 cm³ lauwarmes Wasser (oder 300 cm³ Wasser und 300 cm³ Milch)

Das Mehl in eine große, warme Schüssel sieben. Die Hefe mit Zukker in etwas Wasser auflösen und an einen warmen Platz stehen lassen, bis sich Blasen bilden. Unter ständigem Schlagen das restliche Wasser unter die Hefe mischen. Die Mischung langsam unter das Mehl mengen und dabei heftig schlagen. Der sehr weiche Teig ist nicht ganz so flüssig wie normaler Pfannkuchenteig.
Mit einem sauberen Tuch die Schüssel zudecken und an einen war-

men Platz stellen. Den Teig 1 Stunde gehen lassen. Noch einmal durchschlagen und gehen lassen; das Geheimnis eines guten *Zalabia*-Teigs liegt darin, ihn in regelmäßigen Abständen gut durchzuschlagen (mindestens dreimal) und wieder gehen zu lassen. Zum Schluß sollte er sehr elastisch sein.
Während der Teig geht, einen Zuckersirup zubereiten:

1 kg Zucker
½ l Wasser
2 EL Zitronensaft
2 EL Rosenblüten-Wasser
2 EL Orangenblüten-Wasser

Zucker in Wasser und Zitronensaft auflösen und so lange köcheln lassen, bis die Mischung eindickt und an einem Löffel hängen bleibt. Blütenwasser zugießen und weitere 2 Minuten köcheln lassen. Abkühlen lassen und im Eisschrank kaltstellen. Der Sirup muß bei Gebrauch sehr kalt sein.
5 cm hoch Öl in einen Topf gießen und nicht zu heiß werden lassen. Den Teig durcharbeiten. Mit einem nassen Löffel kleine Portionen von dem Teig abstechen und in das Öl gleiten lassen. Immer nur wenige Kugeln gleichzeitig ausbacken. Sie steigen sehr schnell nach oben und sehen wie unebene Bällchen aus. Umdrehen. Wenn sie knusprig und goldbraun sind, mit einem Schaumlöffel herausheben und auf Küchenkrepp abtropfen lassen. In den kalten Sirup tauchen, solange sie noch heiß sind. Dabei wird der Sirup vollständig aufgesogen. Heiß oder kalt, mit grobem Zucker bestreut, servieren. Je nach Geschmack noch Zimt darüberstäuben.

Ma'amoul *Gefüllte Küchlein*

Ma'amoul gibt es in zahlreichen verschiedenen Formen und mit ebenso vielen Füllungen. Es ist vor allem eine Osterspezialität.
Das folgende Rezept ergibt ca. 40 *Ma'amouls*:

500 g Mehl
250 g ungesalzene Butter
1 EL Orangenblüten- oder Rosen-Wasser
2–3 EL Milch oder Wasser
Dattel- oder Nußfüllung (s. u.)
gesiebter Puderzucker

Das Mehl in eine große Schüssel sieben. Butter mit den Händen kräftig untermengen. Blütenwasser und Milch oder Wasser zugießen und solange kneten, bis der Teig weich, geschmeidig und leicht zu formen ist.
Walnußgroße Häufchen abteilen, zu Kugeln rollen und jeweils mit dem Daumen aushöhlen. Die Seiten hinaufdrücken, damit eine Art Topf entsteht. Mit einer der unten angegebenen Füllungen füllen, den Teig wieder zusammendrücken und zu einer Kugel formen. Das Gebäck auf ein großes Backblech legen. Die Oberflächen mit einer Gabel verzieren. Im vorgeheizten Ofen bei 160°–180° C backen, bis das Gebäck goldgelb ist (20–25 Minuten). Nicht braun werden lassen, da es sonst hart wird. Solange es heiß ist, wird es noch nicht gar erscheinen. Sobald es aber abgekühlt ist, wird es hart. In Puderzucker wälzen. In einem geschlossenen Gefäß halten sich die Küchlein lange Zeit.
Eine einfachere Version dieses Gebäcks ist die Dattelrolle. Dafür verwendet man die unten beschriebene Dattelfüllung. Den Teig in vier Stücke teilen und jeweils in 5 cm breite Rechtecke ausrollen. Die Füllung über jedes Rechteck dünn verteilen und der Länge nach in dicke Würstchen rollen. Diagonal in 3 cm breite Scheiben schneiden und auf der Oberfläche einstechen. Die Dattelrollen wie oben beschrieben backen und in Zucker wälzen, sobald sie kalt sind.

Füllungen für Ma'amoul:

1. *Dattelfüllung:* 500 g kernlose Datteln hacken. Mit ca. ½ Tasse Wasser in einen Topf geben. Auf kleiner Flamme kochen und dabei rühren, bis sich die Datteln zu einer homogenen Masse aufgelöst haben. Abkühlen lassen.

2. *Nußfüllung:* 250 g feingehackte Walnüsse, Mandeln oder Pistazien mit 120–250 g Zucker vermengen. 1 EL Rosenwasser zugießen, wenn man Mandeln oder Pistazien verwendet, 1 EL Zimt, wenn man Walnüsse nimmt. Gut durchmengen.

Karabij

Diese Süßigkeit besteht aus runden *Ma'amouls* in einer weißen Creme, die *Naatiffe* genannt wird.

1 Rezept Ma'amoul-*Teig*
1 Rezept Nußfüllung

Naatiffe-Creme:
60–90 g Bois de Panama (Erh halawa *oder »Seele des Süßen«* *)

250 g Zucker
1 EL Zitronensaft
1 EL Orangenblüten-Wasser
Eiweiß von 3 großen Eiern

Den *Ma'amoul*-Teig genau nach dem Grundrezept zubereiten, jedoch kein Blütenwasser und lieber Wasser statt Milch verwenden. Die *Ma'amouls* formen und füllen. Die Oberflächen nicht einstechen. Wie angegeben backen und abkühlen lassen.

Die Creme zubereiten. Den getrockneten weißen Zweig des *Bois de Panama* pulverisieren oder mahlen. Einige Stunden in 125 cm^3 Wasser einweichen. Zusammen mit dem Einweichwasser in einen *großen* Topf gießen und so lange kochen, bis die Mischung eingedickt ist und sich auf ca. $\frac{1}{4}$ des ursprünglichen Volumens reduziert hat. Vorsichtig sein, da die Mischung stark schäumt und ständig hochsteigt. Durch feines Musselin streichen. Es wird etwa eine kleine Tasse voll Flüssigkeit übrig bleiben.

Den Zucker mit 8 EL Wasser erhitzen, bis er völlig aufgelöst ist. Aufkochen und den Zitronensaft zugießen. Eindicken lassen. Orangenblüten-Wasser zugießen und vom Herd nehmen. Die heiße *Bois de Panama*-Lösung dazugeben (vorher von der Platte nehmen, damit sie nicht zu stark schäumt) und gut mit einer Gabel durchschlagen. Abkühlen lassen.

Eiweiß sehr steif schlagen. Die schwere, kalte Sirupmischung nach und nach darunterziehen; dabei ständig schlagen. Am besten einen elektrischen Mixer benutzen.

Jedes *Ma'amoul* in diese dicke, weiße Creme tauchen, so daß es gut überzogen ist. Pyramidenartig in eine Schüssel schichten und die restliche Creme darübergießen.

---

* Gibt es in allen griechischen Läden unter dem Namen *Halawa*-Holz.

Variation: Es gibt eine recht gute Alternative zu der Creme mit diesem seltenen Holz. 300 g Zucker in 1 Tasse Wasser und 2 EL Zitronensaft aufkochen und eindicken lassen. 1 EL Rosenwasser zugießen. 1 Eiweiß sehr steif schlagen, in den kalten Sirup rühren und im Eisschrank kaltstellen.

Ghorayebah

500 g ungesalzene Butter
250 g feiner Zucker
625 g gesiebtes Mehl
blanchierte Mandeln oder Pistazien zum Garnieren

Die Butter schaumig schlagen. Langsam und unter ständigem Rühren den Zucker zufügen, bis eine geschmeidige Creme entsteht. Langsam das Mehl zuschütten und mit den Händen kneten. Auch wenn keine Flüssigkeit zugegeben wird, bleibt der Teig sehr weich.
Es gibt zwei traditionelle Formen für *Ghorayebah*: Walnußgroße Bällchen formen und mit einer Seite flach auf ein Backblech drücken. Auf jedes Häufchen eine Mandel stecken. Oder den Teig in 10 cm lange und 1 cm dicke Würstchen rollen und die Enden zusammendrücken, so daß kleine Armreifen entstehen. Die Oberfläche mit gehackten Mandeln oder Pistazien garnieren. Auf ein Backblech legen und dabei genügend Zwischenraum lassen, da sie noch ziemlich aufgehen.
Im Ofen bei 160° C 20–30 Minuten backen. Die *Ghorayebah* dürfen nicht zu lange garen und auf keinen Fall braun werden. Zu Tee oder Kaffee reichen.

Variation: Eine köstliche Version entsteht, wenn man 120 g des Mehls durch 120 g gemahlene Haselnüsse ersetzt.

Assabih bi Loz *Mandelfinger*

500 g Fila-*Teigplatten (S. 79)*
ca. 200 g ungesalzene, geschmolzene Butter
250 g gemahlene Mandeln, Pistazien oder Walnüsse
120 g grober Zucker (oder nach Geschmack)
2 EL Rosen-, Orangenblüten-Wasser oder Zimt
Puderzucker zum Garnieren

Die *Fila*-Teigplatten in drei Rechtecke schneiden, jeweils etwa 12 × 24 cm groß. Übereinanderlegen, damit sie nicht austrocknen. Die Mitte jedes Rechtecks mit geschmolzener Butter bestreichen.
Eine Füllung aus gemahlenen Mandeln oder Pistazien, Zucker und Orangenblüten-Wasser herstellen, oder aus Walnüssen, Zucker und Zimt.
Einen gehäuften TL Füllung auf das schmale Ende jedes Rechtecks häufen und zu einer Zigarre aufrollen; dabei die Längsseiten ebenfalls über die Füllung schlagen. Auf ein gefettetes Backblech legen und im vorgeheizten Ofen bei 160°–180° C ca. 20 Minuten backen, bis die Oberfläche leicht gefärbt ist.
Kalt, mit grobem Zucker bestreut servieren.
Man kann das Gebäck auch in nicht zu heißem Öl kurze Zeit ausbacken. Auf Küchenkrepp abtropfen lassen und mit Puderzucker bestäuben. Heiß oder kalt servieren.

Trovados

Dies ist eine sephardische Version des arabischen *Sanbusak bil Loz* von S. 323. Der Teig wird mit süßem Rotwein gemacht, wodurch das Gebäck eine besondere Farbe und ein ungewöhnliches Aroma erhält.

Teig:
625 g Mehl
1 EL Zucker
250 g ungesalzene Butter oder Margarine
etwa 250 cm³ süßer Rotwein

Füllung:
325 g gemahlene Mandeln
250 g Zucker
2 EL Rosenwasser

Das Mehl in eine Schüssel sieben. Zucker zufügen und Butter oder Margarine darunter kneten. Langsam den Wein zugießen und so schnell verarbeiten, daß der Teig die Konsistenz von nassem Sand erhält. 15 Minuten ruhen lassen.
Den Teig dünn ausrollen und wie bei dem Rezept für *Sanbusak* verfahren. Der Durchmesser sollte nicht größer als 5 cm sein. Im vorgeheizten Ofen bei 160°–180° C etwa ½ Stunde backen, bis die *Trovados* gar und leicht gefärbt sind. Sie werden leicht rosa sein und ganz wenig nach Wein schmecken. Das Rezept ergibt etwa 40 *Trovados.*
Auf einem weiten, flachen Teller, mit Sirup beträufelt, servieren.

Ataïf *Arabische Pfannkuchen*

Diese arabische Köstlichkeit wird so oft wie möglich, vor allem zu Festen und besonderen Gelegenheiten gegessen. Es ist eine Spezialität des *Id es-Saghir* nach dem Ramadan, eine Hochzeitsspeise und vieles mehr. In Ägypten pflegte früher eine Kamel- oder Eselskarawane die Aussteuer einer Braut am Hochzeitstag in das neue Heim zu bringen. Der Bräutigam gab währenddessen eine »Junggesellen-Abschieds-Party« mit Tänzern und Sängern. Die junge Braut nahm ein rituelles Bad und wurde dann mit einer farbenprächtigen Prozession in ihr neues Heim geleitet. Die Prozession wurde angeführt von Spaßmachern und Musikanten, Tänzern, Jongleuren, Schwert- und Feuerschluckern, denen mehrere geschmückte Eselskarren folgten. Auf dem ersten Wagen fuhr ein Kaffeemacher mit Töpfen, Tassen und Feuer, um den Gratulanten Kaffee anzubieten. Auf dem zweiten fuhren *Ma'amoulbäcker* mit Platten, die mit diesem Gebäck beladen waren, um sie ebenfalls anzubieten. Auf dem dritten fuhren die Pfannkuchen-Macher, die den Vorbeikommenden *Ataïfs* anboten.
Wenn die Braut in dem Haus ankam, setzte sie sich mit ihren Gästen zusammen zu einem Fest, bei dem Hunderte von *Ataïfs* verzehrt wurden. Diese Sitte wird sogar heute noch in manchen Gegenden gepflegt.

Teig:
15 g frische oder 7 g Trockenhefe
1 TL Zucker
400 cm³ lauwarmes Wasser
250 g Mehl

Sirup:
500 g Zucker
300 cm³ Wasser
1 EL Zitronensaft
1–2 EL Orangenblüten-Wasser

Öl
Crème fraîche
gehackte Pistazien oder Mandeln

Die Hefe zusammen mit 1 TL Zucker in ½ Tasse des Wassers auflösen. Etwa 10 Minuten an einem warmen Platz stehen lassen, bis sich Blasen bilden. Das Mehl in eine große Schüssel sieben. Den Vorteig dazugeben und gut mit dem Mehl verarbeiten. Langsam und unter ständigem Rühren das restliche Wasser zugießen, bis der Teig weich ist. Mit einem sauberen Tuch zudecken und an einem warmen Platz 1 Stunde gehen lassen. Der Teig wird Blasen werfen und elastischer werden.

Für den Sirup den Zucker in kochendem Wasser und Zitronensaft auflösen. So lange weiterkochen, bis die Flüssigkeit eindickt und an einem Löffel hängen bleibt. Orangenblüten-Wasser einrühren und einige Minuten weiterkochen. Abkühlen lassen und im Eisschrank kaltstellen.

Wenn der Teig fertig ist, ein Stück Baumwolltuch in Öl tauchen und eine schwere Pfanne damit ausreiben, so daß sie mit einem dünnen Ölfilm überzogen ist. Die Pfanne stark erhitzen, dann die Temperatur reduzieren und auf Mittelhitze belassen.

Einen halben Schöpflöffel Teig in die Pfanne gießen und die Pfanne etwas schwenken, so daß er sich gut verteilt. Es wird ein kleiner, runder Pfannkuchen entstehen (nicht zu weit auslaufen lassen). Wenn der Pfannkuchen seine weiße Farbe verliert, Blasen wirft und sich leicht vom Boden löst, mit einem Bratwender herausnehmen. *Für gefüllte Pfannkuchen nur von einer Seite braten,* sonst den Pfannkuchen herumdrehen und von der anderen Seite bräunen. Die fertigen Pfannkuchen auf einen Teller stapeln und beiseite stellen. Sie sollten dicklich und leicht schwammig sein.

Die *Ataïf* können so gegessen werden, wie sie sind. Jeden einzelnen in den kalten Sirup tauchen und geschlagene Sahne darüber verteilen. Im Vorderen Orient nimmt man meist eine Sahne aus Büffelmilch, die *Eishta* genannt wird. Gehackte Pistazien oder Man-

deln über die Sahne streuen. Die angegebene Menge reicht für 3 bis 4 Personen.
Statt sie einzeln zu essen, kann man die *Ataïf* auch herrlich zu einer Pyramide schichten: die mit Sahne bestrichenen und mit gehackten Pistazien oder Mandeln bestreuten Pfannkuchen übereinanderlegen und mit Sahne und Nüssen enden.

Gefüllte Ataïf

1. *Ataïf, mit Eishta gefüllt*

Einen EL *Eishta* (S. 318) oder Crème fraîche auf die ungebratene Seite jedes Pfannkuchens häufen. In diesem Fall eignet sich weder süße noch saure Sahne, da sie schmelzen und beim Braten auslaufen würden. (Statt dessen kann man jedoch einen ungesalzenen Weichkäse, wie den italienischen Ricotta, griechischen Halumi oder Hüttenkäse verwenden.) Die Pfannkuchen einmal falten und die Kanten zusammendrücken, so daß ein Halbmond entsteht.
Jeden Pfannkuchen in sehr heißes Öl legen und 2–3 Minuten ausbacken, bis er hellgelb ist. Mit einem Schaumlöffel herausheben und auf Küchenkrepp abtropfen lassen. Die heißen *Ataïf* in kalten Sirup tauchen und heiß oder kalt servieren. Wer es gerne besonders süß mag, gießt den Sirup darüber.

2. *Ataïf, mit Nüssen gefüllt*

Eine Füllung aus 250 g gehackten Walnüssen, 3–4 EL Zucker und 2 TL Zimt bereiten. Die Pfannkuchen wie oben beschrieben füllen und ausbacken.

Eish es Seray *oder* **Ekmek Kadaif** *Palast-Brot*

Diese beliebte Süßigkeit wird meist nicht selbst gemacht. Die Qualität und der Geschmack des goldbraunen Brotes hängen von dem verwendeten Brot und Honig ab.

Einen Sirup herstellen, indem man 750 g Zucker in 300 cm³ Wasser und 1 EL Zitronensaft auflöst und so lange kocht, bis die Flüssigkeit eindickt und an einem Löffel hängen bleibt. Zwischen 150 und 300 cm³ besonders aromatischen Honig zugeben (Akazienhonig o. ä.) und 1–2 EL Rosenwasser. Gut verrühren und noch weitere 2 Minuten kochen.

Einen großen, runden Laib gutes Brot verwenden. Aus dem dicksten Teil des Brotes horizontal ein großes Stück herausschneiden, so daß eine 2 cm dicke Scheibe übrig bleibt, wenn man die Rinde ringsum entfernt hat. Diese im Ofen bei sehr niedriger Temperatur austrocknen. Den Sirup in einen breiten, niedrigen Topf gießen, in den die Scheibe hineinpaßt. Man kann den Sirup dunkel färben (die traditionelle Farbe für dieses Gericht), indem man in einer Pfanne 2 EL Zucker karamelisiert und in den Sirup rührt. Diesen wieder aufkochen, das Brot hineinlegen und auf sehr kleiner Flamme kochen. Dabei mit einem Holzlöffel das Brot etwas drücken, so daß es sich ganz mit Sirup vollsaugt. Es sollte sehr weich und schwer werden.

Herausnehmen, auf eine runde Platte legen und abkühlen lassen. Dick mit steif geschlagener Sahne, Crème fraîche oder *Eishta* (S. 318) bestreichen und mit gehackten Pistazien bestreuen.

Ebensogut kann man einzelne Scheiben Brot auf die gleiche Weise zubereiten.

Süße türkische Börek

In alten Rezepten heißt dieses kleine Gebäck *Taratir-at-turkman* oder »Türkenmützen«. Die angegebenen Mengen ergeben viele Börek.

5 Eigelb
½ TL Salz
3 EL Zucker
2 EL Brandy
5 EL Joghurt
500 g Mehl
Öl zum Ausbacken
Puderzucker

Die Eigelb in eine große Schüssel geben, Salz zufügen und so lange schlagen, bis sie schaumig und zitronenfarben sind. Zucker und Brandy zugeben und weiter schlagen. Joghurt unterziehen und gut vermengen. Das Mehl darüber sieben und zunächst mit einem Holzlöffel einrühren, dann mit den Händen verkneten. Wenn der Teig Blasen wirft, mit einer bemehlten Kuchenrolle so dünn wie möglich ausrollen. In 3 cm breite und 8 cm lange Streifen schneiden. In die Mitte jedes Streifens einen 3 cm langen Schlitz einschneiden und ein Ende durchziehen – oder die Streifen knoten, was einfacher ist.
In nicht zu heißem Öl ausbacken, bis das Gebäck aufgebläht und goldgelb ist. Mit einem Schaumlöffel herausheben, auf Küchenkrepp abtropfen lassen und mit Puderzucker bestreuen.

Sephardische Kuchen

Unter den Gerichten der Minderheiten im Vorderen Orient gibt es einige, die sephardisch-jüdischen Ursprungs sind. Das Hauptmerkmal, das sie von der nahöstlichen Küche unterscheidet, ist ihr spürbarer spanischer oder portugiesischer Einfluß.
Während des 14. und 15. Jahrhunderts, in der Zeit der Inquisition, flohen Tausende von Juden aus Spanien und Portugal, nachdem sie Hunderte von Jahren auf der Halbinsel gelebt hatten. Viele kamen in Länder des Vorderen Orients. Die arabischen Juden wurden so überwältigt von ihrem hohen Intellekt und ihrer ausgeprägten Kultur, daß sie nicht nur ihre Sprache, Sitten und Bräuche annahmen, sondern auch ihre Gerichte. Zu diesen noch heute üblichen Gerichten gehören Kuchen, die speziell für das jüdische Passahfest zubereitet werden. Das Mehl wird dabei durch gemahlene Mandeln und/oder Matzenmehl ersetzt. Diese Kuchen sind halb Pudding, halb Kuchen und ergeben, selbst wenn sie nicht ganz gar sind, einen herrlichen Nachtisch.

Orangen-Mandelkuchen

2 große Orangen
6 Eier
250 g gemahlene Mandeln
250 g Zucker
1 TL Backpulver
Butter und Mehl für die Form

Die Orangen waschen und ungeschält in ein wenig Wasser annähernd 2 Stunden kochen (im Schnellkochtopf ½ Stunde). Abkühlen lassen, dann aufschneiden und die Kerne entfernen. Die Orangen durch ein Sieb streichen oder im elektrischen Mixer pürieren. In einer großen Schüssel die Eier schaumig schlagen. Alle anderen Zutaten zufügen, gut miteinander vermengen und in eine gebutterte und bemehlte Backform gießen (am besten in eine Springform). Im vorgeheizten Ofen bei 190° C etwa 1 Stunde backen. Wenn der Kuchen nach dieser Zeit noch sehr feucht ist, noch etwas länger im Ofen lassen. In der Backform abkühlen lassen, dann auf eine Platte stürzen. Er bleibt feuchter als normale Kuchen und eignet sich gut als Nachtisch.

Noch ein Orangen-Mandelkuchen

5 Eier
220 g Zucker
75 g gemahlene Mandeln
25 g Matzenmehl oder feine Semmelbrösel
1 EL geriebene Orangenschale
1 EL Orangenblüten-Wasser

Die Eier in einer großen Schüssel gut verschlagen. Die übrigen Zutaten zufügen und kräftig durchmischen. In eine gebutterte und bemehlte Backform gießen und im vorgeheizten Ofen bei 190° C etwa ¾ Stunden backen. In der Form abkühlen lassen und stürzen.

Schokoladenkuchen

250 g Zartbitter- oder einfache Milchschokolade
2 EL Milch
120 g gemahlene Mandeln
6 EL Zucker
6 Eier (Eiweiß und Eigelb getrennt)
Butter
Mehl
Zucker zum Garnieren

Die Schokolade mit der Milch im Wasserbad schmelzen. Mandeln, Zucker und Eigelb unterrühren und alles gut durchschlagen. Das sehr steif geschlagene Eiweiß unterziehen und den Teig in eine gebutterte und bemehlte Springform gießen. Im vorgeheizten Ofen bei 180° C etwa ¾–1 Stunde backen.
Wenn der Kuchen abgekühlt ist, aus der Form stürzen und mit Zucker bestreuen.

Variationen: Die Mandeln durch Matzenmehl oder Kartoffelmehl ersetzen. – Zusammen mit dem Eiweiß noch 60 g gehackte Walnüsse unter die Schokoladenmischung ziehen.

Walnußkuchen mit Kaffeefüllung

6 Eier (Eiweiß und Eigelb getrennt)
6 EL Zucker
120 g grob gemahlene Walnüsse
90 g Matzenmehl oder Semmelbrösel
1 EL Vanillezucker
Butter
Mehl
gehackte Walnüsse zum Garnieren

Füllung:
120 g Butter
120 g Zucker
1 kleine Tasse starker schwarzer Kaffee oder 2 EL in 100 cm³ Wasser aufgelöster Instant-Kaffee

Die Eigelb mit dem Zucker schaumig schlagen. Walnüsse zufügen. (Nicht zu fein mahlen, da sie sonst zu ölig werden.) Matzenmehl oder Semmelbrösel und den Vanillezucker zugeben. Alles gut vermischen. Das steif geschlagene Eiweiß unterziehen und in eine gebutterte und bemehlte Springform gießen. Im vorgeheizten Ofen bei 180° C etwa ¾–1 Stunde backen. Abkühlen lassen und stürzen.
Wenn der Kuchen kalt ist, in zwei Hälften schneiden und die untere Hälfte mit der Kaffeefüllung bestreichen: Butter mit dem Zucker schaumig schlagen. Den Kaffee zufügen und gut mit der Buttermischung verschlagen. Abkühlen lassen, bis die Creme fest ist. Die zweite Hälfte des Kuchens darauflegen und die Oberfläche mit etwas zurückbehaltener Creme bestreichen. Mit gehackten Walnüssen bestreuen.

Haselnuß-Kuchen

6 Eiweiß
6 EL Zucker
250 g grob gehackte Haselnüsse
2 EL Matzenmehl oder Semmelbrösel
Butter
Mehl

Füllung:
6 Eigelb
6 EL Zucker
180 g Kochschokolade
1 EL Butter

Garnierung:
3–4 EL Zucker
geschälte Haselnüsse

Die Eiweiß sehr steif schlagen und den Zucker einstreuen. Die Haselnüsse unterziehen (wenn sie zu feingehackt sind, werden sie ölig). Matzenmehl oder Semmelbrösel untermengen und die Mischung in eine gebutterte und bemehlte Springform füllen. Im vorgeheizten Ofen bei 160°–180° C etwa $\frac{3}{4}$–1 Stunde backen. Abkühlen lassen und in zwei Lagen schneiden.
Für die Füllung die Eigelb mit dem Zucker schaumig schlagen. Die im Wasserbad geschmolzene Schokolade unterrühren. Die weiche Butter unter die Masse rühren, wieder ins Wasserbad stellen und weiterrühren, bis die Mischung dick wird. Abkühlen lassen.
Die Füllung auf eine Kuchenhälfte streichen, die andere Hälfte darauf legen und mit der restlichen Füllung bestreichen.
Etwas Zucker in einem kleinen Topf erhitzen, bis er flüssig und braun ist. Eine Handvoll Haselnüsse darunterrühren und auf ein geöltes Blech oder Teller schütten. Wenn die Masse hart ist, mit einem Messer in kleine Stücke brechen oder im Mörser zerstoßen. Über den Kuchen streuen.

Kokosnuß-Kuchen

6 Eier (Eiweiß und Eigelb getrennt)
6 EL Zucker
120 g Kokosflocken
1 EL Orangenblüten- oder Rosenwasser oder einige Tropfen Vanilleessenz
Butter
Mehl

Füllung:
120 g Kokosflocken
120 g Zucker
etwas Zitronensaft
1 EL Orangenblüten-Wasser
300 cm³ Sahne

Die Eigelb mit dem Zucker schaumig schlagen. Kokosflocken und das gewünschte Aroma zufügen; gut mischen. Das steif geschlagene Eiweiß unterziehen und in eine gebutterte und bemehlte Springform gießen. Im vorgeheizten Ofen bei 180° C etwa 45 Minuten backen. Abkühlen lassen und in zwei Lagen schneiden.
Die Füllung zubereiten: Die Kokosflocken mit Wasser besprenkeln, so daß sie gut durchgefeuchtet werden. Zucker in ca. 90 cm³ Wasser und etwas Zitronensaft auflösen und 5 Minuten kochen. Kokosflocken zugeben und noch einige Minuten kochen. Die Flocken werden aufquellen und cremig werden. Das Orangenblüten-Wasser zugießen. Eigentlich ist diese Mischung eine Kokosmarmelade. Sahne sehr steif schlagen. Die Hälfte der Kokoscreme auf die untere Kuchenlage streichen, die andere Lage darauf setzen und die Oberfläche mit der sehr steif geschlagenen Sahne bedecken. Die restliche Creme hübsch darauf verteilen.

Petits Fours

Unter den Gebäcksorten des Nahen Ostens gibt es einige winzige Delikatessen, die sehr einfach zu machen sind und sich hervorragend als *Petits Fours* eignen. Man reicht sie bei großen Festen oder nach dem Kaffee.

Mandeltropfen

250 g gemahlene Mandeln
120 g Puderzucker
3–4 EL Orangenblüten-Wasser
Puderzucker und halbierte Pistazien oder Mandeln zum Garnieren

Mandeln, Puderzucker und so viel Orangenblüten-Wasser miteinander vermengen, daß eine feste Masse entsteht; mit den Händen weich kneten. Die Paste einige Minuten ruhen lassen. Hände waschen und abtrocknen, dann kleine Kugeln aus dem Teig formen. In dem Puderzucker wälzen und evtl. Pistazien oder halbierte Mandeln in die Oberfläche eindrücken. In kleinen Papierschälchen servieren.

Variation: In jede Mandelkugel mit den Fingern ein Loch drücken und eine Mischung aus gehackten Pistazien und Zucker füllen. Den Mandelteig darüber zusammendrücken und die gefüllten Kugeln in Puderzucker wälzen. Mit ganzen oder halbierten Pistazien garnieren.

Arabisches Sprichwort: »Jahre, in denen es reichlich Mandeln und Datteln gibt, fördern den Wohlstand und verlängern das Leben.«

Kahk bi Loz *Mandelreifen*

Für diese Süßigkeit verwendet man einen ähnlichen Mandelteig wie für die Mandeltropfen. Zu einer Mischung aus 500 g gemahlenen Mandeln und 250 g Puderzucker gibt man das Eiweiß von 1 *kleinen* Ei und genügend Orangenblüten-Wasser, um eine feste, trockene Paste zu bekommen. Gut durchkneten und dünne Zigaretten formen. Die Enden zusammenfügen und etwas flachdrücken, so daß kleine Reifen in der Größe von Serviettenringen entstehen. Eventuell mit einigen blanchierten Mandeln garnieren. Statt dessen kann man auch kleine, abgeflachte Kugeln formen, in deren Mitte man eine Mandel steckt. Auf ein gut gebuttertes Backblech oder auf Pergamentpapier legen. Im vorgeheizten Ofen bei 200° C fünf Minuten backen. Die Reifen dürfen sich nicht verfärben. Solange sie noch heiß sind, bleiben sie weich, werden aber hart, sobald sie abkühlen. Vorsichtig vom Blech nehmen.

Diese Mandelreifen wurden früher bei dem rituellen Bad einer jungen Braut gereicht, und man ißt sie heute noch gerne bei Verlobungen und Hochzeiten. Heutzutage geht die Braut meistens in ein öffentliches Bad, von ihren Freundinnen und Verwandten begleitet. An jeder Seite neben ihr geht eine Frau, und vier Männer halten einen seidenen Baldachin über sie. Die Prozession wird von den verheirateten Frauen angeführt, danach kommen die jungen, unverheirateten Mädchen und dann erst die Braut.
Im Bad wäscht sie sich mit parfümiertem Wasser und wird dabei von allen Frauen und Mädchen beobachtet. Danach kommt das Fest. Während die Gäste von einer Sängerin unterhalten werden, reicht man große Tabletts mit Gebäck herum. Kein solches Fest wäre denkbar ohne die traditionellen *Kahk bi Loz.*
Eines der Lieder, die bei dem Bad gesungen werden, lautet folgendermaßen:

»Schimmere, schimmere, kleines Salatherz, schimmere!
Oh, mein kleiner Bruder, sie ist weiß und ihr Weiß ist getönt mit Granatapfelrot!
Oh, mein kleiner Bruder, sie ist weiß, und ihr Weiß ist verführerisch!«

Bei dieser Gelegenheit versuchen die Verwandten herauszufinden, ob das Mädchen eine gute Frau sein wird und ob sie leicht Kinder bekommt. Es werden unendlich viele Bemerkungen über ihre Hüftbreite und die Größe ihrer Brust gemacht.

*Eine persische Legende **

Ein Bauer ging in die Stadt. Als er so über den Basar schlenderte, kam er zu einer Konditorei mit allerlei verschiedenen Kuchen und Süßigkeiten, die auf der Straße ausgestellt waren. Der Ladeninhaber saß auf den Eingangsstufen.
Der Bauer ging zu ihm hin, zeigte mit zwei Fingern auf seine Augen und sagte: »Huh!«
Der Konditor fragte ihn, warum er das getan hätte.
»Ich dachte, Du wärst blind und könntest mich nicht sehen!«, kam die Antwort.
»Aber ich bin nicht blind!« sagte der Konditor.
»Wie ist es dann möglich«, fragte der Bauer, »daß Du der Versuchung widerstehst, Deine Süßigkeiten zu essen?«

* Christensen: *Contes Persans*

Gefüllte Walnüsse

120 g gemahlene Mandeln
120 g Zucker
3 EL Orangenblüten-Wasser (oder mehr)
20 geschälte Walnüsse
120 g grober Zucker

Aus Mandeln, Zucker und Orangenblüten-Wasser eine feste Paste machen. Wenn nötig, mehr Blütenwasser zufügen, um die Masse zu binden. Etwa 1 TL dieser Mischung zwischen zwei Walnußhälften füllen. Diese auf eine kalte, geölte Fläche legen.
Den groben Zucker erhitzen, bis er schmilzt und hellbraun wird. Etwas von diesem Karamel über jede Nuß gießen. Wenn er kalt und hart ist, hält er die Walnußhälften zusammen.
In kleinen Papierschalen servieren.

Rahat Lokum *Türkische Wonne*

Hier ist das Grundrezept für eine süße Köstlichkeit, die in keiner Haremsszene fehlt. Die angegebenen Mengen reichen für ein großes Tablett.

500 g Traubenzucker
2½ kg grober Zucker
375 g Maismehl
Saft 1 Zitrone
1 TL pulverisiertes Mastix
einige Tropfen Speisefarbe (nach Belieben)
3 EL Rosen- oder Orangenblüten-Wasser
90–120 g gehackte Mandeln oder Pistazien
Maismehl zum Bestäuben des Tabletts
Puderzucker

Traubenzucker und groben Zucker zusammen mit ½ l Wasser in einen großen Topf schütten. Gut verrühren und unter gelegentlichem Umrühren aufkochen.
Maismehl in einen anderen großen Topf geben. Unter Rühren langsam etwa 1½ l Wasser zugießen und gut vermischen. Unter ständigem Rühren langsam zum Kochen bringen, bis eine cremige,

weiße Masse entsteht. Diese nach und nach in den heißen Zuckersirup rühren. Aufpassen, daß keine Klumpen entstehen.
Noch einmal aufkochen und unzugedeckt auf sehr kleiner Flamme 3 Stunden köcheln lassen; dabei so oft wie möglich mit einem Holzlöffel umrühren. Wenn die Hitze zu groß ist, karamelisiert die unterste Schicht leicht.
Die Mischung hat die richtige Konsistenz, wenn sie nach dem Zusammenpressen zwischen zwei Fingern *an beiden Fingern hängen bleibt, sobald man diese wieder voneinander löst; es müssen gummiartige Fäden entstehen.* Zu diesem Zeitpunkt kann die Masse eine hellgelbe Farbe angenommen haben.
Zitronensaft und die übrigen Aromata zufügen. Das Mastix sollte mit etwas grobem Zucker gemahlen werden, damit es wirklich pulverisiert ist. Kräftig umrühren und noch einige Minuten kochen. Zum Schluß die Nüsse unterziehen.
Die heiße Mischung in tiefe, mit Maismehl bestäubte Tabletts gießen, glatt streichen und mindestens 24 Stunden ruhen lassen. Mit einem scharfen Messer in Rechtecke schneiden und in gesiebtem Puderzucker wälzen.
Die *Lokum* halten sich in verschlossenen Dosen lange Zeit.

Variationen: Für ein kräftigeres Aroma ersetzt man etwas von dem Wasser, das zu dem Maismehl gegossen wird, durch Grapefruitsaft. – Konditoreien verkaufen *Lokum* in folgender Version: Auf einen 1,20 m langen, kräftigen Zwirnsfaden etwa 500 g Walnußhälften aufziehen. Die erste und letzte Hälfte gut befestigen, damit alle Nüsse fest zusammen bleiben. Diese Kette wird in die *Lokum*-Mischung getaucht, so daß alle Hälften gut überzogen werden. Herausnehmen, abkühlen lassen und diesen Prozeß mindestens dreimal wiederholen. Wenn die Walnüsse schließlich alle dick mit der Mischung überzogen sind, die Kette einige Tage zum Trocknen aufhängen und anschließend in Puderzucker wälzen.

Glasierte Nußhäufchen

Etwa 500 g Haselnüsse, Mandeln oder Pistazien in kleinen Häufchen auf eine eingeölte Platte legen. Auf kleiner Flamme unter ständigem Rühren etwa 500 g groben Zucker schmelzen und karamelisieren. Wenn er hellbraun ist, über die Nußhäufchen gießen. Wenn der Sirup kalt wird, hält er die Nüsse zusammen.
Statt dessen kann man auch die Nüsse oder Mandeln in den karamelisierten Zucker schütten, gut umrühren, so daß sie rundherum glasiert sind und dann auf eine geölte Platte gießen. Wenn der Sirup hart ist, Stücke abbrechen. Dieses Verfahren ist zwar einfacher und schneller, aber die Häufchen sehen nicht so hübsch aus.

Variation: Die Nüsse ¾ Stunden in Honig kochen, bis dieser eindickt. – Statt der Nüsse Sesamsamen verwenden.

Apricotina *Aprikosentropfen*

250 g getrocknete Aprikosen
Puderzucker
einige Pistazien (nach Belieben)

Aprikosen mit einem feuchten Tuch abwischen. Nicht einweichen oder waschen, da sie sonst zu naß werden. Sehr fein hacken oder durch den Fleischwolf drehen. Einige EL Puderzucker zufügen (nach Geschmack) und mit den Händen gut verkneten. Dabei ab und zu die Hände naß machen, damit eine weiche, geschmeidige Paste entsteht. Kleine Bällchen formen, in Puderzucker wälzen und über Nacht trocknen lassen. Eventuell eine halbe Pistazie als farblichen Kontrast zu dem kräftigen Orange in die Oberfläche drücken.

Variation: Für gefüllte *Apricotina* folgende Mischung herstellen: 1 EL gemahlene Mandeln oder fein gehackte Pistazien mit 1 gehäuften TL grobem Zucker vermengen. In die Mitte jeder *Apricotina* ein Loch drücken, etwas von dieser Mischung einfüllen und das Loch wieder schließen. In Puderzucker wälzen.

Marmeladen und Eingemachtes – *Murabbiyat*

Genauso wie die beschriebenen Gebäcksorten erinnern mich Marmeladen lebhaft an meine Kindheit, an die Besuche bei Verwandten, bei denen die herrlichsten selbstgemachten Köstlichkeiten aufgetischt wurden. Sobald wir angekommen waren, wurden kandierte Orangen, Quittenpaste, Kokosnuß-, Feigen-, Dattel-, Rosen-, Tangerinen- und Erdbeermarmelade hereingetragen.
Obwohl diese Marmeladen und eingemachten Spezialitäten auch mit Brot gegessen werden können, schmecken sie am besten, wenn man sie einfach so zu schwarzem Kaffee oder einem Glas eiskaltem Wasser ißt. Ebenso gut sind sie als Nachtisch, mit einem Klacks süßer Sahne.

Tangerinenmarmelade

1 kg Tangerinen *1 kg Zucker*

Tangerinen halbieren und den Saft auspressen. In eine Schüssel gießen und beiseite stellen. Die dünnen Trennhäutchen in den Früchten entfernen und die Schalen in 7–10 Minuten in Wasser weichkochen. Gut abgießen, mit frischem Wasser bedecken und 12 Stunden (oder über Nacht) einweichen. Dabei das Wasser ein- bis zweimal wechseln, damit der bittere Geschmack der Schalen völlig entfernt wird.
Die Schalen abgießen und grob hacken. Den aufgehobenen Saft in einen großen Topf gießen. Zucker und die gehackten Schalen zufügen. Auf kleiner Flamme kochen, bis die Flüssigkeit eindickt und der Saft geliert, sobald man einen Tropfen auf einen Teller gibt. Das dauert ca. 15–30 Minuten. Etwas abkühlen lassen und in heiß ausgespülte Gläser füllen. Fest verschließen.

Erdbeermarmelade

1 kg Erdbeeren, am besten Walderdbeeren
1 kg Zucker
Saft von 1 Zitrone (nach Belieben)

Erdbeeren putzen und nur waschen, wenn unbedingt nötig. Abwechselnd mit Zucker in ein großes Glas oder Tongefäß schichten und 12 Stunden oder über Nacht ziehen lassen.
Erdbeeren mit ihrem Saft in einen großen Topf füllen und je nach Geschmack Zitronensaft zugießen. Langsam zum Kochen bringen und dabei gelegentlich vorsichtig umrühren oder den Topf leicht schwenken. Den aufsteigenden Schaum abheben. Je nach Reife der Früchte 10–15 Minuten kochen; Walderdbeeren brauchen nur 5 Minuten oder weniger.
Sobald die Erdbeeren weich sind, mit einem Schaumlöffel herausnehmen und in heiße, saubere Gläser füllen. Den Sirup noch etwas länger kochen, bis er eingedickt ist und an einem Löffel hängen bleibt. Über die Erdbeeren gießen und die Gläser dicht verschließen, sobald die Marmelade kalt ist.

Naring *Bittere Orangenschale in Sirup*

Da sich Orangenschale gut im Eisschrank oder in fest verschlossenen Gefäßen hält, kann man sie nach und nach sammeln. Am besten dünnhäutige Orangen verwenden. Vor Gebrauch leicht mit einem Reibeisen abreiben, um etwas von der Bitterkeit zu entfernen; in 6 Streifen schneiden.

1 kg Orangenschale
1 kg Zucker
1 l Wasser
Saft von ½ Zitrone

Die Schalen etwa ½ Stunde in dem Wasser kochen, bis sie weich sind. Gut abgießen und in frischem kalten Wasser 1 Tag einweichen, wenn man normale Orangen nimmt; dabei das Wasser ein- bis zweimal wechseln. Verwendet man bittere Orangen, die Schale 4 Tage einweichen und das Wasser zweimal am Tag wechseln.
Wenn die Schale eine dicke weiße Haut hat, diese mit einem Löffel abschaben. Die Streifen nacheinander aufrollen und auf einen dik-

ken Faden ziehen, damit sie sich nicht wieder entrollen. Die Kette in einen Sirup tauchen, der aus dem Zucker, Wasser und Zitronensaft gekocht wird. Etwa 1 Stunde darin köcheln lassen, bis die Orangenschalen den Sirup ganz aufgesogen haben. Herausnehmen, den Faden entfernen und die Rollen in ein sauberes Glas legen.
Wenn der restliche Sirup nicht dick genug ist, so lange heftig kochen, bis er an einem Löffel hängen bleibt. Über die Orangenschalen gießen, so daß sie ganz bedeckt sind, und die Gläser gut verschließen.
Die Orangenschalen entweder mit dem Sirup servieren oder in grobem Zucker wenden und wie kristallisierte Früchte anbieten.

Datteln in Sirup

Diese Konserve muß mit frischen Datteln gemacht werden. Die roten oder gelben Sorten, die manchmal in griechischen Läden angeboten werden, eignen sich recht gut.

1 kg frische Datteln
750 g Zucker (oder genausoviel, wie das Gewicht der entkernten Datteln ausmacht)
Saft von ½ Zitrone
3–4 Gewürznelken

Die Datteln vorsichtig schälen. Mit Wasser bedecken und ca. 1 Stunde kochen, bis sie weich sind. Abgießen, das Wasser aufheben, und die Datteln entkernen.
Die Dattelflüssigkeit messen und auf ¾ l mit kaltem Wasser auffüllen. Zucker und Zitronensaft zufügen und aufkochen. Nach einigen Minuten die Datteln zugeben und 20 Minuten köcheln lassen. Mit einem Schaumlöffel vorsichtig herausheben und in ein sauberes Glasgefäß geben. Dazwischen die Gewürznelken legen.
Den Sirup eindicken lassen, bis er an einem Löffel hängen bleibt oder fest wird, wenn man einen Tropfen auf einen kalten Teller gibt. Über die Datteln gießen und wie immer fest verschließen.

Variation: Die Datteln nach dem Entkernen und vor dem Kochen mit gehackten, kandierten Orangen (ca. 90 g) oder halbierten, blanchierten Mandeln füllen.

Aprikosenmarmelade

1 kg frische Aprikosen

soviel Zucker, wie das Gewicht der entkernten Aprikosen ausmacht

Die Aprikosen waschen und entkernen. Abwechselnd mit dem Zucker in ein großes Glas, einen Tontopf oder eine Porzellanschüssel schichten und über Nacht ziehen lassen. Den Inhalt des Gefäßes dann in einen großen Topf schütten, langsam aufkochen lassen und die Aprikosen in ca. 40 Minuten garen. Der Saft sollte so eingedickt sein, daß er an einem Löffel hängen bleibt. Gelegentlich umrühren, damit die Früchte nicht ansetzen.
Die Marmelade im Topf abkühlen lassen, in saubere Gläser füllen und gut verschließen.

Aprikosen in Sirup

Dieselben Mengen Aprikosen und Zucker wie im vorhergehenden Rezept nehmen. Die Früchte waschen und entkernen. Zucker mit ½ l Wasser und dem Saft von ½ Zitrone aufkochen und einige Minuten köcheln lassen. Aprikosen zufügen und auf kleiner Flamme in ca. 40 Minuten garen. Mit einem Schaumlöffel herausnehmen und in saubere, heiß ausgespülte Gläser füllen.
Den Sirup stark eindicken lassen, indem man ihn heftig kochen läßt. Leicht abkühlen lassen und über die Früchte gießen, so daß diese ganz bedeckt sind. Wie immer fest verschließen.

Eingemachte grüne Walnüsse

Eine Delikatesse, die man unbedingt versuchen sollte, wann immer es grüne (d. h. frische) Walnüsse zu kaufen gibt.

500 g geschälte, frische grüne Walnüsse
500 g Zucker

½ l Wasser
1 EL Zitronensaft
2–3 Gewürznelken

Die Walnüsse vorsichtig schälen, ohne sie zu zerbrechen. 5–6 Tage in kaltem Wasser einweichen; dabei das Wasser zweimal täglich wechseln.
Zucker mit Wasser und Zitronensaft aufkochen und eindicken lassen, so daß ein Sirup entsteht. Abkühlen lassen, dann die abgegossenen Walnüsse zufügen. Langsam zum Kochen bringen und ½ Stunde auf kleiner Flamme weiterkochen. Den Topf vom Herd nehmen und die Walnüsse über Nacht in dem Sirup ziehen lassen.
Am nächsten Tag noch einmal aufkochen und ½ Stunde köcheln lassen. Gewürznelken zugeben und die ganze Mischung in ein großes, sauberes, heiß ausgespültes Glas füllen. Abkühlen lassen und gut verschließen.

Grüne Feigen in Sirup

1 kg junge grüne Feigen
875 g Zucker
600 cm³ Wasser
Saft von ½ Zitrone
1 EL Orangenblüten-Wasser oder einige Tropfen Vanilleessenz (nach Belieben)

Kleine, unbeschädigte und nicht ganz reife Feigen wählen. Wenn sie eine vollkommen unbeschädigte Haut haben, braucht man sie nicht zu schälen. Stiele bis auf ein kleines Stück abschneiden.
Zucker mit dem Wasser und Zitronensaft aufkochen, bis die Flüssigkeit leicht eindickt. Feigen über Nacht in diesem Sirup einweichen. Am nächsten Tag die Feigen darin weichkochen. Mit einem Schöpflöffel herausnehmen und in ein sauberes Glas füllen. Falls der Sirup noch zu dünn ist, heftig einkochen lassen, bis er an einem Löffel hängen bleibt. Nach Geschmack mit Blütenwasser oder Vanille würzen, über die Feigen gießen und das Glas fest verschließen.

Marmelade aus getrockneten Feigen

1 kg getrocknete Feigen
750 g Zucker
750 cm³ Wasser
Saft von ½ Zitrone
1 TL gemahlener Anis
3 EL Pinienkerne
120 g grobgehackte Walnüsse
¼ TL pulverisiertes Mastix (nach Belieben)

Die Feigen grob hacken. Zucker, Wasser und Zitronensaft kurz aufkochen, dann die Feigen zufügen und weichkochen. Der Sirup sollte dann so dickflüssig sein, daß er an einem Löffel hängen bleibt. Ständig rühren, damit die Marmelade nicht ansetzt. Anis, Pinienkerne und Walnüsse zugeben und unter Rühren noch einige Minuten kochen. Vom Herd nehmen und das Mastix sehr gut untermengen. (Damit es wirklich pulverisiert ist, sollte es mit Zucker gemahlen werden.) In saubere, heiß ausgespülte Gläser gießen und gut verschließen.

Wishna *Schwarze Kirschmarmelade*

Diese Marmelade wird besonders gern als Nachtisch mit Schlagsahne gegessen. Man kann sie aber auch in einem Glas kaltem Wasser auflösen und trinken.

1 kg entkernte Sauerkirschen oder Schattenmorellen
1–1,2 kg Zucker
Saft von ½ Zitrone (nach Belieben)

Kirschen und Zucker in ein großes Glas oder eine Tonschüssel schichten und über Nacht ziehen lassen. Am nächsten Tag Kirschen mit Saft in einen großen Topf schütten und sehr langsam zum Kochen bringen. Dabei häufig umrühren, damit die Früchte nicht ansetzen. Etwa ½ Stunde köcheln lassen und nur Wasser zugießen, wenn nötig. Ist der Sirup am Ende der Kochzeit noch zu dünn, die Kirschen vorsichtig mit einem Schaumlöffel herausnehmen und in Gläser füllen. Den Sirup weiterkochen, bis er genügend eingedickt ist, um an einem Löffel hängen zu bleiben. Je nach Geschmack während des Kochens Zitronensaft zufügen.
Den Sirup über die Kirschen gießen und die Gläser gut verschließen.

Sind keine Sauerkirschen erhältlich, kann man auch normale, süße Kirschen verwenden. In diesem Fall jedoch weniger Zucker und mehr Zitronensaft nehmen.

Harosset

Dies ist das Rezept meiner Mutter für die traditionelle Dattel- und Rosinenpaste für das Passahfest. Angeblich symbolisiert diese Süßigkeit den Zement für das Bauen und die Hoffnung, daß die Juden immer bauen werden. Die Juden in Ägypten werden durch die Farbe und Beschaffenheit von *Harosset* an den fruchtbaren, roten Nilschlamm erinnert.

250 g entkernte Datteln
250 g große Sultaninen
¾ Glas süßer Rotwein (Passahwein)
60 g gehackte Walnüsse zum Garnieren

Datteln und Sultaninen fein hacken, in eine Schüssel geben und mit Wasser bedecken. Über Nacht einweichen. Am nächsten Tag die Früchte in dem Einweichwasser aufkochen und unter ständigem Rühren auf sehr kleiner Flamme weichkochen. Dabei mit einem Holzlöffel die Datteln und Sultaninen am Rand zerquetschen, so daß eine dicke, weiche Masse entsteht. Zucker ist nicht nötig, da die Früchte bereits süß genug sind. Noch geschmeidiger wird die Paste, wenn man sie im elektrischen Mixer püriert. Abkühlen lassen.
Kurz vor dem Servieren den Wein einrühren. In einer Glasschüssel, mit gehackten Walnüssen garniert, servieren.
An einem kühlen Ort hält sich die Paste einige Wochen. Will man sie jedoch länger aufbewahren, fügt man während des Kochens noch 250 g Zucker zu. Den Wein immer erst kurz vor dem Servieren zugeben.

Variationen: Besonders gut schmeckt *Harosset,* wenn man noch 2 geschälte und geriebene süße Äpfel, etwa 30 g gemahlene Mandeln, 1 TL gemahlenen Zimt und ½ TL gemahlenen Piment zu den eingeweichten Früchten gibt, bevor man sie kocht. – Oder man weicht zusammen mit den Datteln und Sultaninen noch 250 g gehackte Dörrpflaumen ein. In diesem Fall nimmt man nur halb so viele Sultaninen wie angegeben.

Kokosnußmarmelade

Diese Marmelade sollte man mindestens einen Tag im voraus zubereiten. Sie wird vor allem zum Passahfest serviert.

500 g Kokosflocken
2 EL Rosen- oder Orangenblüten-Wasser
500 g Zucker
1 EL Zitronensaft
60 g gehackte Pistazien oder blanchierte Mandeln

Kokosflocken in eine Schüssel geben und mit Blütenwasser und etwas frischem kalten Wasser besprenkeln. Dabei mit den Händen leicht durchmengen, bis alle angefeuchtet sind. Über Nacht stehen lassen, damit die Kokosflocken die Feuchtigkeit gut aufnehmen. Sie quellen auf und werden weich.
Zucker mit Zitronensaft und $\frac{1}{8}$ l Wasser einige Minuten aufkochen. Die Kokosflocken in den heißen Sirup schütten und noch einmal langsam zum Kochen bringen. Dabei ständig mit einem Holzlöffel umrühren. Sobald die Mischung kocht, vom Herd nehmen. Läßt man die Mischung zu lange kochen, werden die Kokosflocken hart und gelblich. Es sollte ein durchsichtiges, weißliches Püree sein. Abkühlen lassen. Die Nüsse unterziehen, in eine Glasschüssel füllen und servieren.
In einem gut verschlossenen Gefäß hält sich die Marmelade eine ganze Weile. Als Nachtisch oder zu Kaffee reichen.

Kürbismarmelade

1 großer Kürbis
Zucker
1 EL Zitronensaft
$\frac{1}{4}$ TL Mastix
60 g Mandelsplitter

Kürbis schälen und entkernen. Das Fleisch in dicke Schnitze schneiden und diese wiegen.
Genausoviel Zucker, wie das Fruchtfleisch wiegt, mit dem halben Volumen Wasser und dem Zitronensaft aufkochen und eindicken lassen. Die Kürbisschnitze unterziehen und weichkochen.

Mastix mit Zucker mahlen und gut mit der Marmelade vermengen. Noch einige Minuten kochen, dann die Mandelsplitter einrühren. In saubere, angewärmte Gläser füllen und gut verschließen.

Quittenpaste

1 kg Quitten
500 g Zucker
Saft 1 Zitrone
einige blanchierte Mandeln zum Garnieren

Quitten waschen und vierteln, aber nicht schälen und entkernen. Mit sehr wenig Wasser in 20–30 Minuten sehr weich kochen oder dünsten. Durch ein feines Sieb streichen.
Zucker mit Zitronensaft und ca. ½ Glas Wasser (150 cm^3) erhitzen und solange rühren, bis sich der Zucker aufgelöst hat. Aufkochen und eindicken lassen. Das Quittenpüree zufügen und unter ständigem Rühren auf sehr kleiner Flamme kochen, bis die Paste dick wird und sich vom Boden des Topfes löst.
Die Paste in eine flache, breite Form oder ein Backblech füllen und glattstreichen. Einige Tage trocknen lassen. Der Trocknungsprozeß kann verkürzt werden, indem man die Form einige Male in einen abkühlenden Ofen oder in ein gut gekühltes, luftiges Bord stellt.
Die geleeartige Paste in Pergamentpapier oder Folie aufbewahren. In kleine Rechtecke oder Dreiecke schneiden und zu Kaffee servieren. In die Mitte jedes Stückes eine Mandel stecken.

Variation: Vor dem Trocknen eine Schicht gemahlene oder halbierte Mandeln zwischen zwei Schichten der Paste streichen.

Quittenmarmelade

1 kg Quitten | *500 g Zucker*

Die Quitten schälen, vierteln, entkernen und in Scheiben schneiden. In etwas Wasser knapp gar kochen. Mit einem Schaumlöffel herausnehmen und beiseite stellen.
Das zurückgebliebene Wasser abmessen und auf 300 cm^3 auffüllen. Zucker zufügen und langsam erhitzen; dabei umrühren, bis sich der Zucker ganz aufgelöst hat. Weiterkochen, bis der Sirup eingedickt ist und an einem Löffel hängen bleibt. Quittenscheiben zurück in den Topf legen und kochen, bis sie sehr weich sind. Mit einem Holzlöffel zerdrücken und unter Rühren weiterkochen, bis die Marmelade eingedickt ist.
Man erhält eine geleeartige Marmelade, wenn man die Schale und Kerne in ein Musselinsäckchen füllt und in den Sirup mit den Quitten hängt. Vor dem Zerdrücken der Quitten wieder herausnehmen.
Die Marmelade in saubere, heiß ausgespülte Gläser füllen und fest verschließen.

Rosenblättermarmelade

500 g frische, möglichst rote Rosenblätter
Saft von 2 Zitronen oder mehr
500 g Zucker
2–3 EL Rosenwasser (nach Belieben)

Nur Rosenblätter verwenden, die nicht mit irgendeinem Insektenmittel gespritzt worden sind. Die weißen Enden abschneiden; waschen und abgießen. Je nach Geschmack ganz lassen oder mit etwas Zitronensaft sehr fein hacken.
Die Rosenblätter mit 600 cm^3 Wasser weichkochen. Je nach Rosenart dauert das einige Minuten oder sehr viel länger. Zucker und Zitronensaft zufügen und kochen, bis der Sirup eindickt. Rosenwasser zugeben, wenn die Blätter nicht genügend eigenes Aroma haben.

Limonaden und Drinks – *Sharbat*

In Ägypten gibt es verschiedene Sorten von Limonade oder süße Drinks. Die häufigste Art ist eine sehr süße Mischung aus Wasser und Zucker. Außerdem gibt es Limonade; die beliebteste Sorte wird aus konservierten Veilchen hergestellt. Dafür werden die Veilchen zerstampft und mit Zucker gekocht. Diese Veilchenlimonade hat eine grüne Farbe. Eine andere Art wird aus Maulbeeren gemacht; eine weitere aus Sauerampfer. In den Straßen wird auch Limonade aus Rosinen verkauft, die entsprechend heißt. Eine weitere wird aus einem kräftigen Zusatz von Lakritzen-Wurzeln hergestellt. Wiederum eine andere aus der Frucht der unechten Akazie.
Die Limonade wird in farbigen Glastassen serviert, die meistens *Kullehs* genannt werden und etwa einen knappen halben Liter Flüssigkeit fassen. Einige dieser Tassen sind mit vergoldeten Blumen etc. verziert. Die Limonadentassen werden auf ein rundes Tablett gestellt und mit einem runden, bestickten Seiden- oder Brokattuch bedeckt. Über dem rechten Arm derjenigen Person, die die Limonade serviert, hängt eine große, längliche Serviette mit einer breiten Borte aus Gold und farbiger Seide an jedem Ende. Diese Serviette wird angeboten, um den Mund nach dem Trinken abzuwischen; sie wird aber weniger benutzt als vielmehr nur vorgezeigt. Die Lippen werden selten oder nie damit berührt.*

Auch wenn diese Beschreibung vor hundert Jahren geschrieben wurde, gibt es diese Sitte manchmal noch heute.
Man sollte immer einen Holzlöffel zum Umrühren der Getränke verwenden, da Metallöffel evtl. einen metallenen Geschmack hinterlassen. Um das gleiche Volumen von Zucker und Flüssigkeit abzumessen, gießt man die Flüssigkeit in einen Meßbecher, liest die Markierung ab und füllt anschließend den abgetrockneten Meßbecher entsprechend mit Zucker.

* Lane: *Manners and Customs of the Modern Egyptians.*

Orangensirup

Dieses Getränk ist viel süßer als Orangensaft. Am besten nimmt man kleine, säuerliche Orangen mit dünner Schale.
Die Orangen waschen und auspressen. Je nach Geschmack den Saft durch ein Sieb streichen. 10 Orangen ergeben ca. 600 cm^3 Saft. Ein- bis eineinhalbmal soviel Zucker wie Saft zufügen und so lange rühren, bis der Zucker völlig aufgelöst ist. Wenn möglich, einen elektrischen Mixer verwenden.
Den gesüßten Saft in einen Topf gießen, den Saft von ½ Zitrone zufügen und langsam zum Kochen bringen. Sobald er anfängt zu kochen, den Saft vom Herd nehmen. Abkühlen lassen und in saubere Flaschen füllen.
Will man den Sirup lange Zeit aufbewahren, so gibt es eine sehr gute, traditionelle Methode der Konservierung. Die Schale von 1–2 Orangen abreiben und durch feines Musselin pressen. Einen TL dieser öligen »Würze« auf die Oberfläche des Saftes in der Flasche geben. Sie schützt den Sirup vollständig. Vor Gebrauch die Kruste mit der Messerspitze entfernen.
In eiskaltem Wasser auflösen und servieren.

Mandelmilch

Man kann die angegebenen Mengen je nach Geschmack variieren.

250 g gemahlene Mandeln
1 l Wasser
1 kg Zucker (oder mehr)
1 EL Maismehl (nach Belieben)
2 EL Orangenblüten-Wasser

Die Mandeln in ein dünnes Musselintuch oder -beutel füllen. Zubinden und dabei viel Luft in dem Beutel lassen, damit sich die Mandeln frei bewegen können.
In einer großen Schüssel die Mandeln etwa 1 Stunde in Wasser einweichen. Dabei gelegentlich mit beiden Händen das Musselin reiben und drücken. Das Wasser soll die Mandeln völlig einweichen, dann den Beutel kräftig ausdrücken, so daß die Mandelmilch mit herauskommt.
Wenn man das Gefühl hat, die Mandeln hätten alle »Milch« abge-

geben, trockendrücken. Die Mandelmilch in einen Topf gießen, Zucker zufügen und langsam zum Kochen bringen; dabei so lange rühren, bis sich der Zucker völlig aufgelöst hat. *Mindestens 1 kg Zucker verwenden, wenn der Sirup längere Zeit aufbewahrt werden soll.* Auf kleiner Flamme kochen, bis der Sirup eingedickt ist und an einem Löffel hängen bleibt.
Will man den Sirup noch stärker eindicken, das Maismehl in etwas kaltem Wasser auflösen und langsam in die kochende Flüssigkeit gießen. Zwei Minuten, bevor man den Sirup vom Herd nimmt, das Orangenblüten-Wasser zugeben. Abkühlen lassen und in saubere, trockene Flaschen füllen. Gut verschließen.
In eiskaltem Wasser auflösen und servieren.

Rosenwasser-Sirup

500 g Zucker
300 cm³ Wasser
1 EL Zitronensaft
2 TL rote Speisefarbe
60 cm³ Rosenwasser

Aus Zucker, Wasser und Zitronensaft einen Sirup kochen. Speisefarbe unterrühren, dann das Rosenwasser zugießen und noch 1 bis 2 Minuten kochen. Abkühlen lassen und in saubere, trockene Flaschen füllen. Gut verschließen.
In eiskaltem Wasser auflösen und servieren.

Maulbeeren-Sirup

Sehr reife, schwarze Maulbeeren pflücken oder kaufen. In einen dünnen Musselinbeutel füllen und fest auspressen oder mit einem Holzlöffel durch ein Haarsieb streichen. Den Saft abmessen und in einen Topf gießen. Doppelt so viel Zucker und 1 EL Zitronensaft pro 300 cm³ Saft zufügen und unter ständigem Rühren langsam zum Kochen bringen. So lange kochen, bis der Sirup eindickt, dabei gelegentlich umrühren. Aufsteigenden Schaum abheben. Abkühlen lassen und in saubere, trockene Flaschen füllen.
Zum Servieren etwa 1 EL Sirup in einem Glas eiskaltem Wasser auflösen.

Tamarinden-Sirup

In Ägypten kann man diesen dunklen, dicken, süß-sauren Sirup fertig kaufen. Er wird in Eiswasser aufgelöst und ergibt ein köstliches Getränk; man nimmt ihn auch zum Würzen von Stews und anderen Gerichten. Der Sirup ist auch in Italien sehr beliebt und wird dort in Apotheken verkauft. In indischen Läden kann man getrocknete, zimtfarbene Tamarindenschoten unter dem Namen *Imli* oder *Tamarindo* bekommen; meistens sind sie geöffnet und ohne Samen. Diese Schoten müssen sehr sorgfältig gesäubert und gewaschen werden, bevor man sie einweicht. Sirup aus dieser Tamarinde wird nicht so dunkel wie der im Vorderen Orient.

500 g Tamarindenschoten
500–1000 g Zucker (oder mehr)

Die Schoten gut waschen. Über Nacht in 1 l kaltem Wasser einweichen. Dadurch werden sie sehr weich. Durch ein feines Sieb streichen. Die harten Teile bleiben zurück. Das Mark zurück in das Wasser sieben. Jetzt das aufgelöste Mark durch ein Musselintuch in einen Topf drücken, indem man das Musselintuch kräftig drückt und reibt. Bevorzugt man einen sauren Tamarindensirup oder will man ihm zum Kochen verwenden, nur 500 g Zucker zufügen. Sonst je nach Geschmack mehr nehmen. (Will man den Sirup aufheben, auf jeden Fall 1 kg nehmen.) Langsam zum Kochen bringen; dabei ständig rühren, bis sich der Zucker aufgelöst hat. So lange kochen, bis die Flüssigkeit eindickt. Abkühlen lassen und in saubere, trockene Flaschen füllen. Gut verschließen.

Sekanjabin

Die Mengenverhältnisse für diesen persischen Essig-Zucker-Sirup variieren von Familie zu Familie.

600 cm³ Wasser
1 kg Zucker
300 cm³ Weinessig
6 Zweige frische Minze

Wasser mit dem Zucker aufkochen und so lange umrühren, bis der Zucker aufgelöst ist. Essig zufügen und 20 Minuten weiterkochen.

Den Topf vom Herd nehmen und die Minze hineinlegen. Während der Sirup abkühlt, verbindet sich das Aroma der Minze mit ihm. In eiskaltem Wasser auflösen und servieren.
Manchmal wird dem Drink etwas Gurkenschale beigegeben.

Joghurt-Drink

Dieser erfrischende Drink wird von den Persern *Abdug* genannt, von den Libanesen *Ayran*, und *Laban* von anderen.

600 cm³ Joghurt
475–600 cm³ kaltes Wasser
Salz
1–3 EL getrocknete und zerriebene Minze (nach Belieben)

Joghurt in einer großen Schüssel kräftig schlagen. Wasser zugießen und gut mit dem Joghurt verschlagen. Möglichst einen elektrischen Mixer verwenden. Mit Salz und Minze würzen.
Gekühlt, am besten mit einem Eiswürfel, servieren.

Sahlab

Ein hervorragendes Wintergetränk, das aus Milch und einem pulverisierten Harz gemacht wird, das *Sahlab* (bei den Griechen *Saleb*) heißt.

½ l Milch
1 EL Sahlab
2 TL feingehackte Pistazien
gemahlener Zimt

Die Milch erhitzen. *Sahlab*pulver zufügen, heftig miteinander verschlagen und auf sehr kleiner Flamme unter ständigem Rühren kochen, bis die Flüssigkeit eindickt (ca. 5–10 Minuten). In Tassen mit Zimt und Pistazien bestreut servieren.

Türkischer Kaffee

Die ersten Länder im Vorderen Orient, in denen Kaffee getrunken wurde, waren der Jemen und Saudi-Arabien. Wahrscheinlich kam er von Abessinien dorthin, wo er wild wächst. Der Legende nach wurde er besonders von den yemenitischen Sufis geschätzt, die annahmen, daß seine Auswirkungen ihre religiösen Zeremonien günstig beeinflußten. Dadurch bekam das Kaffeetrinken zeremoniellen Charakter.
Auch heute noch ist das Kaffeetrinken eine sehr wichtige Angelegenheit im Nahen Osten. Geschäft und Handel gehen nie ohne Kaffee vor sich, zu Hause wird er serviert, sobald ein Gast ankommt, und normalerweise wird er aus ganz frischen Kaffeebohnen zubereitet. Man macht immer nur kleine Portionen, damit jeder neue Besucher frischen Kaffee bekommt, der in Kupfer- oder Messingbehältern, *Tanaka* genannt, gekocht wird.
Die Kaffeetassen sind sehr klein und meistens zylindrisch geformt. In manchen Ländern haben sie keine Henkel; in anderen sind Porzellanbecher in kleine Metallhüllen eingepaßt, die aus demselben Metall sind wie das Serviertablett: aus Kupfer, Messing oder Silber.
Noch immer werden beim Servieren bestimmte Regeln der Etikette beachtet. Zunächst bekommt die Person mit dem höchsten Rang eine Tasse angeboten, dann die älteste Person. Bis vor einigen Jahren wurden immer zuerst die Männer bedient, aber heute haben, vor allem in den stärker europäisierten Ländern, die Frauen den Vorrang. Da der Zucker immer zusammen mit dem Kaffee gekocht wird, fragt man jede Person vorher, wie sie den Kaffee möchte: süß (*helou* oder *sukkar ziada*), mittel (*mazbout*) oder ungesüßt (*murra*).
Ein sehr treffendes Bild davon, wie Kaffee im letzten Jahrhundert in Ägypten zubereitet wurde, gibt E. W. Lane in *Sitten und Gebräuche im modernen Ägypten:*

> Für die Zubereitung des Kaffees wird zuerst das Wasser zum Kochen gebracht; dann wird der Kaffee (frisch geröstet und gemahlen) dazugegeben und umgerührt; danach wird der Topf wieder auf das Feuer gestellt – ein- oder zweimal – bis der Kaffee anfängt zu kochen: in dem Augenblick nimmt man ihn vom Herd und gießt ihn in die Tassen, so lange die Oberfläche noch cremig ist. Die Ägypter trinken überaus gerne

schwarzen, starken Kaffee und geben sehr selten Zucker dazu (obwohl einige den Kaffee zuckern, wenn sie sich krank fühlen) und nie Milch oder Sahne; oft dagegen tut man Kardamom-Samen hinein. Es ist auch sehr gebräuchlich, die Tasse mit dem Rauch von Mastix zu räuchern; und die reichen Leute aromatisieren ihren Kaffee manchmal mit dem köstlichen Ambra. Die üblichste Methode, ihn so zu würzen, besteht darin, etwa ein Karat Ambra in eine Tasse zu geben und dieses über einem Feuer zu schmelzen; dann den Kaffee in einem anderen Topf kochen wie vorher beschrieben. Wenn er sich etwas gesetzt hat, gießt man ihn in die Tasse mit dem Ambra. Einige Leute benutzen das Ambra auf eine andere Art und Weise zu demselben Zweck: sie legen ein Stück Ambra mit dem Gewicht von ein bis zwei Karat in die Tasse und gießen den Kaffee darüber. Ein solches Stück reicht dann für zwei bis drei Wochen.
Diese Methode wird oft von denjenigen bevorzugt, die ihren eigenen Kaffee gerne so aromatisiert trinken, ihren Gästen aber nicht denselben Luxus bieten wollen.

Hier ist meine Methode:

Pro Person:
1 gut gehäufter TL gemahlener Kaffee
1 gehäufter TL Zucker (oder weniger)
1 kleine Tasse Wasser

Obwohl meistens Wasser und Zucker zuerst gekocht werden, bevor man den Kaffee dazugibt, kocht man in meiner Familie Kaffee, Wasser und Zucker gleichzeitig in dem *Tanaka* oder einem Topf. Mit »sehr gehäuft« meine ich eine Menge, die mehr als 2 TL entspricht.
Die Mischung aufkochen und vom Herd nehmen, sobald Schaum aufsteigt. Umrühren, wieder auf die Flamme stellen und warten, bis erneut Schaum aufsteigt. Diese Prozedur noch einmal wiederholen und dann in die Tassen verteilen. Dabei sollte etwas Schaum in jede Tasse kommen. Sehr heiß servieren. Der Satz sinkt auf den Tassenboden. Nicht umrühren oder ihn mittrinken.
Man kann auch einmal probieren, den Kaffee während des Kochens mit einigen Tropfen Orangenblüten-Wasser, Zimt oder Kardamom zu aromatisieren.

Marokkanischer Minztee

Diese erfrischende Mischung aus grünem Tee und Minze wird traditionsgemäß in reich gravierten Silberkannen serviert und von hoch oben in die Gläser gegossen. Die Minze muß aus der Familie der *mentha viridis* sein. Der Tee wird erst in der Kanne gesüßt.

1½ EL grüner Tee
eine Handvoll frische oder getrocknete Minzblätter
Würfelzucker nach Geschmack (150–180 g)

Die Teekanne erwärmen. Teeblätter einfüllen und etwas kochendes Wasser darübergießen. Herumschwenken und schnell das Wasser wieder ausgießen, ohne jedoch dabei die Blätter mit wegzugießen. Minze und Zucker nach Geschmack zugeben und etwa 1 l kochendes Wasser darübergießen. 5–8 Minuten ziehen lassen, dann alle Minze abschöpfen, die evtl. nach oben gestiegen ist. In einem kleinen Glas etwas von dem Tee probieren und nachsüßen, wenn nötig.
In Gläsern servieren.

Alphabetisches Register

L

Z

Register nach Sachgruppen

VORSPEISEN - MEZZE

SALATE - SALATAT

JOGHURT

PIKANTE PASTETEN

SUPPEN - SHORBAH

EIERGERICHTE - BEID

FISCH - SAMAK

GEFLÜGEL

FLEISCHGERICHTE

NAHRHAFTE GERICHTE AUS HÜLSENFRÜCHTEN

GEMÜSE – KHODAR

EINGELEGTES - MEKHALEL

REIS - ROZ

BROT – KHUBZ

PUDDINGS, KUCHEN UND ALLERLEI SÜSSES – HALWIYAT

MARMELADEN UND EINGEMACHTES - MURABBIYAT

LIMONADEN UND DRINKS - SHARBAT

Heyne Kochbücher

Ilse Froidl
Das Wild-Kochbuch
07/4019 - DM 3,80

Ilse Froidl
Das Gemüse-Kochbuch
07/4030 - DM 4,80

Eva Trauter
Das Heyne-Gewürzbuch
07/4031 - DM 4,80

Emil Reimers
Alles vom Ei
07/4032 - DM 4,80

Heinz Denckler
Das Pilz-Kochbuch
07/4038 - DM 4,80

Ilse Froidl
Rezeptbuch für Kleingebäck
07/4042 - DM 5,80

Heinz Denckler
Das Heyne-Einmachbuch
07/4055 - DM 3,80

Ilse Froidl
Salate über Salate
07/4057 - DM 4,80

Heinz Denckler
Das Taschenbuch der Tiefkühlkost
07/4066 - DM 3,80

Hannes W. A. Schoeller
Das Junggesellen-Kochbuch
07/4069 - DM 4,80

Ilse Froidl
Kuchen und Torten
07/4071 - DM 4,80

Emil Reimers
Das große Saucen-Kochbuch
07/4073 - DM 4,80

Ilse Froidl
Vegetarische Küche
07/4080 - DM 4,80

Eva Exner
Kochen mit Milch, Quark und Joghurt
07/4082 - DM 4,80

Emil Reimers
Das Fleisch-Kochbuch
07/4086 - DM 3,80

Trudl Kirchdorfer
Leckere Nudelgerichte
07/4087 - DM 3,80

Sybille Schall
Die Fondue-Party
07/4089 - DM 3,80

Theodor Böttiger
Das Grillbuch
07/4092 - DM 4,80

Eva Exner
Kalte Küche für heiße Tage
07/4096 - DM 3,80

Ilse Froidl
Rohkostgerichte
07/4097 - DM 4,80

Emil Reimers
Pizzas, Toasts und Waffeln
07/4102 - DM 4,80

Ilse Froidl
200 leichte Abendessen
07/4120 - DM 3,80

Ilse Froidl
200 Mittagessen
07/4128 - DM 4,80

Emil Reimers
Das Spargel-Kochbuch
07/4132 - DM 3,80

Friederun Köhnen
Backen – Braten – Grillen mit Alufolie
07/4135 - DM 4,80

Fritz Saur
Kochen im Schnellkochtopf
07/4140 - DM 4,80

Theodor Böttiger
Gerichte mit Geschichte
07/4145 - DM 4,80

Hilde Emmert
Kochen im Tontopf
07/4148 - DM 4,80